Moritz Nikolaus Koch

Dreigliedrige Standortsicherungsvereinbarungen

FORUM ARBEITS- UND SOZIALRECHT

herausgegeben von
Prof. Dr. Richard Giesen, Prof. Dr. Matthias Jacobs,
Prof. Dr. Dr. h.c. Horst Konzen und Prof. Dr. Meinhard Heinze

Band 35

Moritz Nikolaus Koch

Dreigliedrige Standortsicherungsvereinbarungen

Centaurus Verlag & Media UG

Zum Autor:
Moritz Nikolaus Koch studierte Rechtswissenschaften an der Bucerius Law School in Hamburg sowie der University of Cape Town. Er arbeitet als Rechtsanwalt.

Bibliografische Informationen der Deutschen Nationalbibliothek
Die Deutsche Nationalbibliothek verzeichnet diese Publikation in der Deutschen Nationalbibliografie; detaillierte bibliografische Daten sind im Internet über http://dnb.d-nb.de abrufbar.
Zugl.: Hamburg, Bucerius Law School, 2011

Gedruckt auf säurefreiem und chlorfrei gebleichtem Papier.

ISBN 978-3-86226-145-1   ISBN 978-3-86226-997-6 (eBook)
DOI 10.1007/978-3-86226-997-6

ISSN 0936-028X

Alle Rechte, insbesondere das Recht der Vervielfältigung und Verbreitung sowie der Übersetzung, vorbehalten. Kein Teil des Werkes darf in irgendeiner Form (durch Fotokopie, Mikrofilm oder ein anderes Verfahren) ohne schriftliche Genehmigung des Verlages reproduziert oder unter Verwendung elektronischer Systeme verarbeitet, vervielfältigt oder verbreitet werden.

© CENTAURUS Verlag & Media KG, Freiburg 2012
www.centaurus-verlag.de

Satz: Vorlage des Autors
Umschlaggestaltung: Jasmin Morgenthaler, Visuelle Kommunikation

Meinen Eltern

Vorwort

Die vorliegende Arbeit wurde vom Promotionsausschuss der Bucerius Law School, Hochschule für Rechtswissenschaft, Hamburg, im Herbsttrimester 2011 als Dissertation angenommen. Die mündliche Prüfung erfolgte am 7. Dezember 2011. Das Manuskript wurde im Frühjahr 2011 abgeschlossen. Bis Dezember 2011 veröffentlichte Literatur wurde nachgetragen.

Mein besonderer Dank gilt meinem hoch geschätzten Doktorvater Professor Dr. Matthias Jacobs, der mir während der Anfertigung dieser Arbeit stets mit Rat und Tat zur Seite gestanden hat. Ebenso gilt mein Dank Professor Dr. Hans Hanau, Helmut Schmidt Universität/Universität der Bundeswehr, Hamburg, für die zügige Erstellung des Zweitgutachtens.

Ferner danke ich dem Arbeitskreis Wirtschaft und Recht im Stifterverband für die Deutsche Wissenschaft, der die Arbeit mit einem Promotionsstipendium großzügig gefördert hat.

Mein größter Dank gilt jedoch meiner Familie sowie meiner Freundin Charlotte Dobers, die durch ihre stets liebevolle Unterstützung ganz wesentlich zum erfolgreichen Abschluss dieser Arbeit beigetragen haben. Meine viel zu früh verstorbene Mutter wäre vermutlich sehr stolz auf dieses Werk.

Hamburg, im März 2012

Übersicht

A. Einleitung 1
  I. Einführung in die Problematik 1
  II. Gang der Untersuchung 3
B. Grundlagen 5
  I. Begriffsdefinition und typischer Regelungsinhalt 5
  II. Verbreitung von Standortsicherungsvereinbarungen ... 6
  III. Hintergrund und Motivation für den Abschluss dreigliedriger Vereinbarungen 8
  IV. Überlegungen und rechtliche Grundlagen für die Zusammenarbeit von Gewerkschaft und Betriebsrat 9
  V. Rechtliche Ausgangssituation zur Abänderung von Arbeitsbedingungen 12
  VI. Personalpolitische und ökonomische Überlegungen ... 15
C. Abgrenzung dreigliedriger Standortsicherungsvereinbarungen zu anderen arbeitsrechtlichen Kollektivvereinbarungen 17
  I. Firmentarifvertrag 17
  II. Mehrgliedriger Tarifvertrag 17
  III. Betriebliches Bündnis für Arbeit 18
  IV. Interessenausgleich und Sozialplan 21
  V. Tarifsozialplan 22
  VI. Außertarifliche Sozialpartnervereinbarungen 23
  VII. Fazit 24
D. Rechtsprechung zu dreigliedrigen Standortsicherungsvereinbarungen .. 25
  I. BAG vom 7.11.2000 – 1 AZR 175/00 25
  II. BAG vom 23.1.2008 – 4 AZR 602/06 26
  III. BAG vom 15.4.2008 – 1 AZR 86/07 27
  IV. BAG vom 15.4.2008 – 9 AZR 159/07 29
  V. Schlussfolgerungen 30
E. Rechtsnatur dreigliedriger Standortsicherungsvereinbarungen 32
  I. Wirksamkeit als Firmentarifvertrag 32
  II. Wirksamkeit als Betriebsvereinbarung 80
  III. Wirksamkeit als Regelungsabrede 120

IV. Wirksamkeit als Vereinbarung *sui generis* 121
V. Zulässigkeit der äußerlichen Kombination von Firmentarifvertrag und Betriebsvereinbarung 124
VI. Ergebnis zur dogmatischen Einordnung von dreigliedrigen Standortsicherungsvereinbarungen 127

F. Handhabung und Rechtsfolgen dreigliedriger Standortsicherungsvereinbarungen 128

    I. Auslegung von dreigliedrigen Standortsicherungsvereinbarungen 128
    II. Teil- oder Gesamtnichtigkeit bei Unwirksamkeit einzelner Regelungen einer dreigliedrigen Standortsicherungsvereinbarung 140
    III. Beendigung von dreigliedrigen Standortsicherungsvereinbarungen 146

G. Gestaltungsmöglichkeiten für dreigliedrige Standortsicherungsvereinbarungen 188

    I. Abschluss in Gesamtheit als Firmentarifvertrag oder Betriebsvereinbarung 188
    II. Getrennter Abschluss von Firmentarifvertrag und Betriebsvereinbarung mit gemeinsamer dreigliedriger Absichtserklärung 189
    III. Typengemischte dreigliedrige Kollektivvereinbarung 191

H. Zusammenfassung der wesentlichen Ergebnisse 193

Literaturverzeichnis 197

Gliederung

A. Einleitung 1
   I. Einführung in die Problematik 1
   II. Gang der Untersuchung 3

B. Grundlagen 5
   I. Begriffsdefinition und typischer Regelungsinhalt 5
   II. Verbreitung von Standortsicherungsvereinbarungen 6
   III. Hintergrund und Motivation für den Abschluss dreigliedriger Vereinbarungen 8
   IV. Überlegungen und rechtliche Grundlagen für die Zusammenarbeit von Gewerkschaft und Betriebsrat 9
      1. Dualismus der Interessenvertretungen 9
      2. Allgemeines Kooperationsgebot gemäß § 2 Abs. 1 BetrVG 10
   V. Rechtliche Ausgangssituation zur Abänderung von Arbeitsbedingungen 12
      1. Tarifvertragliche Handlungsmöglichkeiten 12
      2. Betriebsverfassungsrechtliche Handlungsmöglichkeiten ... 13
      3. Individualvertragliche Handlungsmöglichkeiten 14
   VI. Personalpolitische und ökonomische Überlegungen 15

C. Abgrenzung dreigliedriger Standortsicherungsvereinbarungen zu anderen arbeitsrechtlichen Kollektivvereinbarungen 17

   I. Firmentarifvertrag 17
   II. Mehrgliedriger Tarifvertrag 17
   III. Betriebliches Bündnis für Arbeit 18
      1. Die Fälle Viessmann und Burda 19
      2. Kritik und rechtspolitische Reformbemühungen 20
   IV. Interessenausgleich und Sozialplan 21
      1. Interessenausgleich 21
      2. Sozialplan 21
   V. Tarifsozialplan 22
   VI. Außertarifliche Sozialpartnervereinbarungen 23
   VII. Fazit 24

D. Rechtsprechung zu dreigliedrigen Standortsicherungsvereinbarungen .. 25
  I. BAG vom 7.11.2000 – 1 AZR 175/00 25
  II. BAG vom 23.1.2008 – 4 AZR 602/06 26
  III. BAG vom 15.4.2008 – 1 AZR 86/07 27
  IV. BAG vom 15.4.2008 – 9 AZR 159/07 29
  V. Schlussfolgerungen 30
E. Rechtsnatur dreigliedriger Standortsicherungsvereinbarungen 32
  I. Wirksamkeit als Firmentarifvertrag 32
    1. Grundlagen zum Firmentarifvertrag 32
      a) Begriff und Abschluss von Firmentarifverträgen 32
      b) Inhalt von Firmentarifverträgen 33
        aa) Schuldrechtlicher Teil 33
        bb) Normativer Teil 34
          (1) Individualnormen 34
          (2) Betriebsbezogene Normen 34
          (3) Normen mit Doppelcharakter 35
    2. Normcharakter und Normwirkung typischer Regelungen in
       Standortsicherungsvereinbarungen 36
      a) Regelungen zur Arbeitszeit 36
        aa) Inhaltsnorm 36
        bb) Betriebsbezogene Norm – Norm mit Doppelcharakter? 37
      b) Regelungen zum Entgelt 40
        aa) Inhaltsnorm 40
        bb) Betriebsbezogene Norm – Norm mit Doppelcharakter? 40
      c) Ausschluss betriebsbedingter Kündigungen 41
        aa) Beendigungsnorm 41
        bb) Betriebsbezogene Norm – Norm mit Doppelcharakter? 41
      d) Abgabe einer Standortgarantie 42
        aa) Keine normative Regelung 42
        bb) Schuldrechtliche Regelung 43
    3. Wirksamer *Abschluss* einer dreigliedrigen
       Standortsicherungsvereinbarung als Firmentarifvertrag 44
      a) Kategorische Unwirksamkeit wegen Mitwirkung nicht
         tariffähiger Parteien? 44

b) Keine Unwirksamkeit bei Mitwirkung nicht tariffähiger Parteien 44
c) Zwischenergebnis 45
4. Verfassungsrechtliche Grenzen der Regelungsbefugnis der Tarifvertragsparteien zum Abschluss von Standortsicherungsvereinbarungen 45
   a) Grundrechtsbindung der Tarifvertragsparteien 46
      aa) Die Entwicklung von einer unmittelbaren zu einer mittelbaren Grundrechtsbindung 46
      bb) Fazit 48
   b) Inhalt und Grenzen der Tarifautonomie als Maßstab für die inhaltliche Regelbarkeit von Standortsicherungsvereinbarungen 48
      aa) Grundlagen der Tarifautonomie 49
      bb) Innenschranken – Reichweite der „Arbeits- und Wirtschaftsbedingungen" im Sinne des Art. 9 Abs. 3 Satz 1 GG 51
         (1) Lohn- und Arbeitsbedingungen 52
         (2) Selbständige Bedeutung der Wirtschaftsbedingungen 53
         (3) Vermittelnde Ansichten 53
         (4) Aussagen der Rechtsprechung 54
         (5) Auslegung 56
            (a) Wortlaut 56
            (b) Entstehungsgeschichte 57
            (c) Systematik 58
            (d) Sinn oder Zweck 59
            (e) Fazit 60
         (6) Schlussfolgerungen für typische Inhalte von Standortsicherungsvereinbarungen 61
      cc) Außenschranken – Unternehmerfreiheit als Grenze der Tarifmacht 62
         (1) Unternehmerfreiheit als Teil der Berufsfreiheit (Art. 12 Abs. 1 GG) 62
         (2) Reichweite der Unternehmerfreiheit 63
            (a) Keine Einflussnahme auf unternehmerische Grundlagenentscheidungen 64

			(b)	Keine Begrenzung der tariflichen Regelungsbefugnis 65

            (b) Keine Begrenzung der tariflichen Regelungsbefugnis 65
            (c) Vermittelnde Position – Zulässigkeit freiwilliger Tarifverträge 66
            (d) Persönlicher Ansatz 67
          (3) Fazit 69
        dd) Zwischenergebnis 69
    5. Europarechtliche Grenzen für Standortsicherungsvereinbarungen....70
    6. Vereinbarkeit typischer Regelungen in Standortsicherungsvereinbarungen mit einfachem Gesetzesrecht 70
        a) Kein Verstoß gegen zwingende Bestimmungen des Kündigungsschutzgesetzes 71
        b) Keine Umwandlung von Vollzeitbeschäftigungsverhältnissen in Teilzeitbeschäftigung 71
        c) Fazit 72
    7. Beschränkung der tarifvertraglichen Regelungsmöglichkeit von Standortsicherungsvereinbarungen durch §§ 111 ff. BetrVG? 72
        a) Relevanz der Frage für Standortsicherungsvereinbarungen 73
        b) Begründungsansätze für eine Sperrwirkung...............................74
            aa) Schutz des Arbeitgebers...74
            bb) Schutz des Betriebsrats 75
            cc) Schutz der Arbeitnehmer 75
            dd) Argumente gegen die Annahme einer Sperrwirkung...........76
        c) Fazit 80
    8. Zwischenergebnis...80
II. Wirksamkeit als Betriebsvereinbarung...80
    1. Grundlagen zur Betriebsvereinbarung 81
        a) Begriff und Rechtsnatur von Betriebsvereinbarungen 81
        b) Abschluss, Geltungsbereich und Rechtswirkungen von Betriebsvereinbarungen...81
    2. Wirksamer *Abschluss* einer dreigliedrigen Standortsicherungsvereinbarung als Betriebsvereinbarung 82
        a) Unwirksamkeit wegen Mitwirkung der Gewerkschaft?.............82
        b) Fazit 83

3. Umfang und Grenzen der Regelungsbefugnis der Betriebsparteien zum Abschluss von Standortsicherungsvereinbarungen 83
   a) Regelungsgegenstand der Betriebsvereinbarung 84
   b) Vereinbarkeit von Standortsicherungsvereinbarungen mit der Unternehmerfreiheit 86
      aa) Freiwillige Betriebsvereinbarungen nach § 88 BetrVG 87
      bb) Erzwingbare Betriebsvereinbarungen 88
      cc) Fazit 89
   c) Regelungssperre des § 77 Abs. 3 BetrVG 89
      aa) Normzweck der Regelung 90
      bb) Rechtspolitische Diskussion 90
      cc) Sachlich-gegenständlicher Anwendungsbereich der Regelungssperre 92
         (1) Arbeitsentgelt 92
         (2) Sonstige Arbeitsbedingungen 93
         (3) Fazit 93
      dd) Voraussetzungen der Regelungssperre 93
         (1) Regelung durch Tarifvertrag 94
         (2) Tarifübliche Regelung 95
      ee) Rechtsfolgen eines Verstoßes gegen § 77 Abs. 3 Satz 1 BetrVG 96
      ff) Ausnahmen von der Regelungssperre 96
         (1) Sozialplan 96
         (2) Tarifvertragliche Öffnungsklauseln gemäß § 77 Abs. 3 Satz 2 BetrVG 97
            (a) Rechtsfolgen einer Öffnungsklausel 97
            (b) Voraussetzungen einer Öffnungsklausel 99
               (aa) Regelung in einem Tarifvertrag 99
               (bb) Erfordernis der Ausdrücklichkeit 100
                  (i) Heilungsmöglichkeit eines Verstoßes gegen die Regelungssperre 101
                  (ii) Ansatz von Adomeit – venire contra factum proprium 101

(iii) Keine Berufung auf Unwirksamkeit der Betriebsvereinbarung bei Mitunterzeichnung 102
(cc) Vorliegen einer „ergänzenden Betriebsvereinbarung" 104
(c) Fazit 104
(3) Vorrang des § 87 Abs. 1 Satz 1 BetrVG 105
(a) Regelungen zur Arbeitszeit 106
(aa) Dauer der Arbeitszeit 106
(bb) Vorübergehende Veränderung der Arbeitszeit 106
(b) Regelungen zum Arbeitsentgelt 108
(c) Betriebliche Lohngestaltung 108
(aa) Zielvereinbarungen 109
(bb) Provisionen 110
(cc) Zulagen 110
(d) Fazit 111
4. Umdeutung einer unwirksamen Betriebsvereinbarung in eine wirksame Vereinbarung 111
   a) Analoge Anwendung von § 140 BGB auf Betriebsvereinbarungen 111
   b) Umdeutung in eine Regelungsabrede 112
      aa) Anwendbarkeit der Regelungssperre auf eine Regelungsabrede 112
      bb) Voraussetzungen der Umdeutung 113
         (1) Nichtigkeit der Betriebsvereinbarung 113
         (2) Kongruenz des Ersatzgeschäfts 114
         (3) Hypothetischer Parteiwille 114
      cc) Fazit 115
   c) Umdeutung in eine vertragliche Einheitsregelung 115
      aa) Kongruenz des Ersatzgeschäfts 116
      bb) Hypothetischer Parteiwille 117
      cc) Verstoß gegen den Günstigkeitsgrundsatz 118
      dd) Fazit 118
   d) Umdeutung in einen Firmentarifvertrag 118

		aa) Kongruenz des Ersatzgeschäfts 119
		bb) Hypothetischer Parteiwille 119
		cc) Fazit 120

        5. Zwischenergebnis 120
   III. Wirksamkeit als Regelungsabrede 120
   IV. Wirksamkeit als Vereinbarung *sui generis* 121
        1. Arbeitsrechtliche Vereinbarungen *sui generis* 121
            a) Notwendigkeit einer Vereinbarung sui generis 122
            b) Fehlendes Parteiinteresse 123
        2. Fazit 124
   V. Zulässigkeit der äußerlichen Kombination von Firmentarifvertrag und Betriebsvereinbarung 124
        1. Grundsätzliche Zulässigkeit bei Einhaltung des Gebots der Rechtsquellenklarheit 124
        2. Parallelen bei mehrgliedrigen Tarifverträgen 125
        3. Fazit 126
   VI. Ergebnis zur dogmatischen Einordnung von dreigliedrigen Standortsicherungsvereinbarungen 127

F. Handhabung und Rechtsfolgen dreigliedriger Standortsicherungsvereinbarungen 128
   I. Auslegung von dreigliedrigen Standortsicherungsvereinbarungen 128
        1. Auslegung als Verstoß gegen das Gebot der Rechtsquellenklarheit? 129
        2. Auslegungsmaßstab – Gesetzesauslegung oder Vertragsauslegung? 130
            a) Wortlaut 133
            b) Gesamtzusammenhang 136
            c) Entstehungsgeschichte 138
            d) Sinn oder Zweck 138
            e) Fazit 140
   II. Teil- oder Gesamtnichtigkeit bei Unwirksamkeit einzelner Regelungen einer dreigliedrigen Standortsicherungsvereinbarung 140
        1. Rechtsfolgen bei einheitlicher Qualifizierung als Firmentarifvertrag oder Betriebsvereinbarung 141
            a) § 139 BGB als Ausgangspunkt 141

- b) Grundsätzlich keine Anwendbarkeit von § 139 BGB im Rahmen von Tarifverträgen und Betriebsvereinbarungen........141
- c) Störung des Äquivalenz- und Ordnungsgefüges bei Teilnichtigkeit einer dreigliedrigen Standortsicherungsvereinbarung?...........142
  2. Rechtsfolgen bei typengemischten Kollektivvereinbarungen..........144
  3. Wirkung salvatorischer Klauseln 146
  4. Fazit...............146
III. Beendigung von dreigliedrigen Standortsicherungsvereinbarungen.......146
  1. Beendigungsmöglichkeiten bei einheitlicher Qualifizierung als Tarifvertrag 147
   - a) Beendigung infolge Zeitablaufs oder Zweckerreichung 147
   - b) Ausschluss der ordentlichen Kündigung bei befristeten Standortsicherungsvereinbarungen..........148
   - c) Außerordentliche Kündigung 150
     - aa) Formelle Voraussetzungen...............150
     - bb) Materielle Voraussetzungen...............151
       - (1) Wirtschaftliche Unzumutbarkeit als wichtiger Kündigungsgrund? 152
         - (a) Heranziehung von Beurteilungskriterien aus anderen, aber vergleichbaren Fallgestaltungen..154
           - (aa) Lösungsmöglichkeit auf individualrechtlicher Ebene durch Änderungskündigung...............154
           - (bb) Leistungsverweigerung wegen wirtschaftlicher Notlage i.S.v. § 7 Abs. 1 Satz 3 Nr. 5 BetrAVG a.F. 156
         - (b) Stellungnahme 156
       - (2) Exkurs: Darlegungspflicht bezüglich Existenzgefährdung und Unternehmensautonomie...158
         - (a) Keine Einflussnahme der Gewerkschaft auf die Geschäftspolitik 158
         - (b) Pflicht zur Offenlegung von internen Unterlagen...............159
     - cc) Rechtsfolge der außerordentlichen Kündigung 159

dd) Fazit 161
d) Störung der Geschäftsgrundlage als Beendigungsgrund? 161
e) Beendigung nach dem Ablösungsprinzip 162
    aa) Aufhebungsvertrag 163
    bb) Änderungsvertrag 163
f) Beendigung durch den Abschluss einer neuen Standortsicherungsvereinbarung mit einer anderen Gewerkschaft 164
    aa) Kollision normativer Regelungen 165
        (1) Abschluss eines neuen Firmentarifvertrags 165
        (2) Vorliegen normativer Regelungen 165
    bb) Auflösung der Konkurrenzsituation 166
        (1) Tarifkonkurrenz 166
        (2) Tarifpluralität 168
    cc) Fazit 170
g) Beendigung durch Unternehmensumstrukturierungen 170
    aa) Verschmelzung 170
    bb) Spaltung 171
    cc) Vermögensübertragung 173
    dd) Formwechsel 173
    ee) Herbeiführung eines Inhaberwechsels 174
    ff) Fazit 174

2. Beendigungsmöglichkeiten bei einheitlicher Qualifizierung als Betriebsvereinbarung 174
  a) Beendigung der Vereinbarung infolge Zeitablaufs oder Zweckerreichung 175
  b) Ordentliche Kündigung 175
  c) Außerordentliche Kündigung 175
  d) Störung der Geschäftsgrundlage 176
  e) Aufhebungs- und Änderungsvertrag 176
  f) Beendigung durch Unternehmensumstrukturierungen 176
    aa) Unternehmensinterne Umstrukturierungen als Beendigungsgrund? 177
        (1) Betriebsstilllegung 177
        (2) Verlust der Betriebsidentität 178

		(a)	Ersatzloser Wegfall der Betriebsvereinbarung .. 178
		(b)	Anwendung von § 613a Abs. 1 Satz 2 BGB analog 179
		(c)	Kollektive Fortgeltung in Anlehnung an das Übergangsmandat gemäß § 21a BetrVG 179
		(d)	Gestaltungsaufgabe der Betriebsvereinbarung als zentrales Kriterium für deren Fortgeltung.... 180
	bb)	Fazit 183
3.	Beendigung von typengemischten Kollektivvereinbarungen 183
	a)	Parteiwille als Ausgangspunkt 183
	b)	Getrennte oder gemeinsame Beendigung als Regelfall? 184
	c)	Fazit 187

G. Gestaltungsmöglichkeiten für dreigliedrige Standortsicherungsvereinbarungen 188

    I.   Abschluss in Gesamtheit als Firmentarifvertrag oder Betriebsvereinbarung 188

    II. Getrennter Abschluss von Firmentarifvertrag und Betriebsvereinbarung mit gemeinsamer dreigliedriger Absichtserklärung 189

    III. Typengemischte dreigliedrige Kollektivvereinbarung 191

H. Zusammenfassung der wesentlichen Ergebnisse 193

Literaturverzeichnis 197

A. Einleitung

I. Einführung in die Problematik

Ende 2009 hat Deutschland seine Spitzenposition als Exportweltmeister an China eingebüßt.[1] Dies ist nicht auf einen etwaigen Qualitätsverlust deutscher Produkte zurückzuführen. Ganz im Gegenteil: „Made in Germany" genießt in der Welt nach wie vor höchstes Ansehen. Ausschlaggebend sind vielmehr die sehr viel niedrigeren Kostenstrukturen, zu denen beispielsweise in China produziert werden kann und die Weltmarktpreise ermöglichen, die weit unter denen deutscher Wettbewerber liegen.[2] Zweifelsohne hat Qualität ihren Preis. Dennoch führen im internationalen Vergleich hohe Arbeitskosten[3] – neben einer als zu hoch empfundenen Steuerlast und einem als zu arbeitnehmerfreundlich bewerteten Arbeitsrecht – dazu, dass der Standort Deutschland für viele Unternehmen zunehmend unattraktiver wird.[4] Massiv verstärkt wurde die Notwendigkeit einer zügigen Anpassung von Personalkosten- und Personalzusatzkosten durch die internationale Finanz- und Wirtschaftskrise seit dem 2. Halbjahr 2008, die in manchen Branchen Umsatzeinbußen von bis zu 80 % verursacht hat.[5] Ein Ausweg aus dieser Kostenfalle, der für viele

---

[1] Nach Angaben der chinesischen Zollbehörden betrug die Summe der chinesischen Exporte im Jahr 2009 umgerechnet EUR 840 Milliarden. Die deutschen Exporte beliefen sich nach Angaben des Außenhandelsverbandes BGA auf EUR 816 Milliarden, vgl. FAZ v. 10.1.2010, S. 11.

[2] Vgl. FAZ v. 10.1.2010, S. 11; Freilich spielt neben den geringen Produktionskosten auch der immer noch sehr niedrige Außenwert des chinesischen Renminbi und dessen Koppelung an den US-Dollar eine wichtige Rolle für die Exportstärke Chinas. Die chinesische Zentralbank hat im Juni 2010 überraschend angekündigt, das „Wechselkursregime weiter zu reformieren" und seine „Flexibilität zu verbessern" wobei jedoch „keine abrupte Neuausrichtung" geplant sei, vgl. FAZ v. 21.6.2010, S. 9.

[3] Laut einer Untersuchung des Instituts der deutschen Wirtschaft Köln (IW) aus dem Jahr 2009 ist Westdeutschland mit Arbeitskosten von EUR 35,22 je Arbeitsstunde im verarbeitenden Gewerbe auch im Jahr 2008 einer der weltweit teuersten Industriestandorte gewesen. Nur in Norwegen und Belgien sind die Kosten höher. In Ungarn (EUR 7,52), Polen (EUR 7,02), Rumänien (EUR 3,52) und Bulgarien (EUR 2,18) liegen die Arbeitskosten je Stunde deutlich unter den deutschen Kosten, vgl. *Schröder*, IW-Trends 2009, Heft 3, 2009; *Wagner*, Betriebliche Bündnisse für Arbeit, S. 29 spricht in Anbetracht derartiger Zahlen von einem verständlichen „Treck nach Osten".

[4] So oder ähnlich *Federlin*, in: 50 Jahre BAG, S. 645; *Kort*, NJW 1997, 1476 f.; *Krois*, ZfA 2009, 575, 576; *Rieble*, ZfA 2005, 245, 259 f., 263; *Wagner*, Betriebliche Bündnisse für Arbeit, S. 29, 33 f.

[5] Vgl. *Kreßel*, in: FS Bauer, S. 593; Ausweislich einer repräsentativen Umfrage des Instituts für Arbeitsmarkt- und Berufsforschung (IAB) unter 8.000 Betrieben aller Wirtschaftssektoren, sahen sich ca. 39 % aller Betriebe von der Wirtschaftskrise betroffen und sieben Prozent fühlten sich sogar existenziell gefährdet. Im Metallgewerbe wurden diese Werte mit rund 70 % beziehungsweise 20 % sogar deutlich überschritten, vgl. *Heckmann/Kettner/Pausch/Szameitat/Vogler-Ludwig*, IAB-Kurzbericht 18/2009, 1, 2; Im Jahr 2009 sind ausweislich einer Untersuchung des

mittelständische und große Unternehmen vor 20 bis 30 Jahren noch unvorstellbar schien, ist die Verlagerung von Produktionskapazitäten ins Ausland. Hierbei rücken neben den asiatischen Ländern insbesondere die neuen Mitgliedsstaaten aus der Europäischen Union in den Fokus. Für Unternehmen, denen eine Verlagerung von Produktionskapazitäten ins Ausland – aus welchen Gründen auch immer – nicht möglich ist, hat der fortschreitende globale Preiskampf auf längere Sicht häufig eine Betriebs(teil)schließung zur Folge.

Die „Radikallösung" der Standortschließung oder -verlagerung – neudeutsch auch als „offshoring" bezeichnet[6] – kann jedoch nur *ultima ratio* sein. Sie bedeutet nicht nur für die öffentliche Hand einen Verlust von Steuereinnahmen, sondern bewirkt in der Regel auch einen Verlust sämtlicher Arbeitsplätze am betroffenen Standort. In den allerwenigsten Fällen werden Arbeitnehmer nämlich bereit sein, mit dem Unternehmen den Schritt ins Ausland zu wagen. Darüber hinaus ist eine Standortverlagerung ins Ausland für einen Unternehmer mit vielen schwer vorhersehbaren Faktoren verbunden. Neben den finanziellen und zeitlichen Hürden, die so eine Verlagerung mit sich bringt, können auch die politische Situation und die Qualitätsstandards vor Ort ein erhebliches Risiko darstellen.

Vor diesem Hintergrund setzt sich auf Seiten der Arbeitnehmer und ihrer Interessenvertretungen vermehrt die Erkenntnis durch, dass es notwendig sein kann, gewisse Besitzstände aufzugeben, um die Wettbewerbsfähigkeit des Unternehmens und damit zugleich den eigenen Arbeitplatz zu sichern. Ein sich immer größerer Beliebtheit erfreuender Lösungsansatz zur Begegnung existenzgefährdender Wettbewerbssituationen ist der Abschluss so genannter Standort- oder Beschäftigungssicherungsvereinbarungen. Der Inhalt solcher Vereinbarungen ist im wesentlichen immer derselbe: die Arbeitnehmer erklären sich zu Zugeständnissen bezüglich Arbeitszeit und Entgelt bereit, während der Arbeitgeber für die Dauer der Vereinbarung auf betriebsbedingte Kündigungen verzichtet und/oder eine Standortgarantie abgibt. Solche Vereinbarungen sind grundsätzlich nichts Neues. Bereits 1993/1994 wurde zwischen der Volkswagen AG und der IG Metall eine Vereinbarungen zur Sicherung der Beschäftigung geschlossen, in der – in diesem Umfang erstmalig – eine Beschäftigungssicherung für sämtliche in Deutschland beschäftigte Mitarbeiter der Volkswagen AG gegen Entgeltkürzungen vereinbart worden war. Dieses

---

Instituts der deutschen Wirtschaft Köln (IW) die Arbeitskosten erstmals zurückgegangen. Dies wird vor allem auf die Arbeitszeitverringerung zurückgeführt, die viele Unternehmen bedingt durch die Finanz- und Wirtschaftskrise mit ihren Arbeitnehmern vereinbart haben, vgl. FAZ v. 1.6.2010, S. 12.

[6] *Krause*, Standortsicherung und Arbeitsrecht, S. 12.

Verhandlungsergebnis hatte seinerzeit national wie international große Resonanz hervorgerufen.[7] Ein relativ neuartiges Phänomen hingegen ist der Abschluss solcher Vereinbarungen zwischen drei Parteien – nämlich Arbeitgeber, Gewerkschaft und Betriebsrat. Man spricht dann von dreigliedrigen[8] beziehungsweise dreiseitigen[9] Vereinbarungen. Die Herausforderung und zugleich das Problem von dreigliedrigen Vereinbarungen besteht darin, dass die Parteien durch ihr Zusammenwirken bekanntes Terrain für arbeitsrechtliche Kollektivvereinbarungen verlassen. Das deutsche Arbeitsrecht kennt im Wesentlichen nämlich nur den Tarifvertrag und die Betriebsvereinbarung als Gestaltungsvarianten für kollektivrechtliche Normenverträge. Ein Zusammenwirken von Gewerkschaft und Betriebrat an einer gemeinsamen Vereinbarung sieht hingegen weder das Tarifvertragsgesetz noch das Betriebsverfassungsgesetz vor. Vor diesem Hintergrund stellt sich die Frage, ob dreigliedrige Vereinbarungen zwischen Arbeitgeber, Gewerkschaft und Betriebsrat überhaupt zulässig sind und – sofern man diese Frage bejaht –, wie sie dogmatisch einzuordnen sind. Dies stellt keine reine Rechtsförmelei dar, da sich Tarifvertrag und Betriebsvereinbarung trotz vieler Ähnlichkeiten in wichtigen Punkten unterscheiden.[10] In der Vergangenheit hat sich das BAG bereits vereinzelt mit dreigliedrigen Vereinbarungen befasst. Diese Entscheidungen enthalten Hinweise über die Zulässigkeit und den Umgang mit dreigliederigen Vereinbarungen, eine klare Leitlinie für deren rechtliche Einordnung geben sie jedoch nicht vor. Demzufolge bergen derartige Vereinbarungen nach wie vor erhebliche Unsicherheiten in sich.

Die nachfolgende Untersuchung soll einen Beitrag zur Diskussion um die rechtliche Einordnung und Behandlung und die damit verbundenen rechtlichen Unsicherheiten von dreigliedrigen Standortsicherungsvereinbarungen leisten.

II. Gang der Untersuchung

Zu Beginn der Arbeit werden begriffliche und rechtliche Grundlagen sowie wirtschaftliche Überlegungen zu dreigliedrigen Standortsicherungsvereinbarungen dargelegt (B.). Anschließend werden zum besseren Verständnis unter C. die wesentlichen und zum Teil wesensverwandten arbeitsrechtlichen Kollektivvereinbarungen

---

[7] Vgl. *Peters/Schwitzer/Volkert/Widuckel-Mathias*, WSI-Mitteilungen 1994, 165, 169; weitere Beispiele für ähnliche Vereinbarungen finden sich auch bei *Jacobs*, ZAAR Schriftenreihe, 91, 93 f.

[8] So zum Beispiel *Grau/Döring*, NZA 2008, 1335; *Thüsing*, NZA 2008, 201; *ders.*, in: Wiedemann, TVG, § 1 Rn. 305.

[9] So zum Beispiel *Bayreuther*, NZA 2010, 378, 380; *Kolbe*, AP Nr. 96 zu § 77 BetrVG 1972 (Anmerkung); *Ruch*, Dreiseitige Vereinbarungen, S. 18; *Salamon*, ArbRAktuell 2009, 199.

[10] Vgl. *Grau/Döring*, NZA 2008, 1335, 1336.

dargestellt, bevor die Leitlinien der bisherigen Rechtsprechung zu dreigliedrigen Standortsicherungsvereinbarungen aufgezeigt werden (D.). Zentraler Bestandteil dieser Arbeit ist sodann die dogmatische Einordnung von dreigliedrigen Standortsicherungsvereinbarungen (E.). Hierbei liegt der Schwerpunkt auf der Beantwortung der Frage, ob es sich bei derartigen Vereinbarungen um einen Firmentarifvertrag, eine Betriebsvereinbarung oder um eine typengemischte Kollektivvereinbarung handelt. Zudem wird im Rahmen der dogmatischen Einordnung auf die Grenzen der Gestaltungsmöglichkeiten eingegangen. Hierbei richtet sich der Blick insbesondere auf die verfassungsrechtlich geschützte Unternehmerfreiheit und deren Verhältnis zur Tarif- und Betriebsautonomie. Unter F. wird sodann untersucht, wie mit bereits abgeschlossenen Vereinbarungen zu verfahren ist. Im Mittelpunkt stehen dabei die Auslegung dreigliedriger Vereinbarungen sowie die Rechtsfolgen bei teilweiser Unwirksamkeit. Ein weiterer Schwerpunkt liegt auf den Beendigungsmöglichkeiten dreigliedriger Standortsicherungsvereinbarungen. Sodann werden unter G. Gestaltungsmöglichkeiten für dreigliedrige Standortsicherungsvereinbarungen aufgezeigt. Den letzten Abschnitt bildet eine Zusammenfassung der wichtigsten Thesen und Ergebnisse unter H.

B. Grundlagen

I. Begriffsdefinition und typischer Regelungsinhalt

Eine feststehende Begriffsdefinition für Standortsicherungsvereinbarungen, gleichgültig ob zwei- oder dreigliedrig, gibt es nicht. Zum Teil wird von „Standortsicherungsvereinbarung",[11] „Standortsicherungsvertrag"[12] oder schlicht „Standortvereinbarung"[13] gesprochen. Ebenso hat sich auch der Begriff „Beschäftigungssicherungsvereinbarung"[14] oder „Konsolidierungsvertrag"[15] etabliert. Zweiseitige Vereinbarungen zwischen den Betriebsparteien werden häufig als „Bündnis für Arbeit" bezeichnet. Zum Teil findet man auch exotischere Bezeichnungen wie beispielsweise „Beschäftigungspakt" oder „Vereinbarung zur Sicherung der betrieblichen Zukunft".[16] Letztlich ist nicht ausschlaggebend, wie eine Vereinbarung bezeichnet wird, sondern charakterisierend für die hier behandelten Vereinbarungen ist vielmehr ihr Regelungsgegenstand.

Freilich lässt sich auch diesbezüglich keine abschließende Aussage treffen. Die Erscheinungsformen sind mannigfaltig.[17] Folglich gibt es auch keinen vordefinierten Regelungskatalog, der sich für jede Vereinbarung heranziehen ließe. Ein solches Verständnis ginge auch an der Realität vorbei, da jede Vereinbarung ein individuell ausgehandeltes Vertragswerk ist, das unterschiedlichen Interessen und Bedürfnissen gerecht werden muss. Gemeinsam ist den Vereinbarungen jedoch, dass sie fast ausnahmslos die Regelungskomplexe Entgelt, Arbeitszeit und Beschäftigungssicherung beinhalten. Verallgemeinernd lässt sich für Standortsicherungsvereinbarungen sagen, dass diese in Unternehmen entweder präventiv zur Verhinderung oder aktiv zur Bekämpfung einer wirtschaftlichen Schieflage abgeschlossen werden. Zumeist geschieht dies, indem bestehende Arbeitsbedingungen zeitlich befristet zum – vermeintlichen – Nachteil der Arbeitnehmer abgeändert werden. Den Arbeitnehmern werden Zugeständnisse bei Arbeitszeit und Arbeitsentgelt abverlangt. Im Gegenzug verspricht der Arbeitgeber für eine gewisse Dauer auf ordentliche betriebsbedingte Kündigungen zu verzichten oder an der Größe der Belegschaft, am Standort der Betriebe, am Umfang der Produktion oder anderen

---

[11] So zum Beispiel *Grau/Döring*, NZA 2008, 1335.
[12] So in BAG v. 23.1.2008, AP Nr. 63 zu § 1 TVG Bezugnahme auf Tarifvertrag.
[13] So zum Beispiel *Thüsing*, NZA 2008, 201.
[14] So zum Beispiel *Lindemann/Simon*, BB 2008, 2795, 2798.
[15] So in BAG v. 7.11.2000, NZA 2001, 727 ff.
[16] Vgl. *Thüsing*, NZA 2008, 201.
[17] *Fröhlich*, ArbRB 2009, 208.

Grunddaten des Unternehmens einseitig nichts zu ändern.[18] In welcher Form der Arbeitgeber den Arbeitnehmern Zugeständnisse abverlangt, kann von verschiedenen Faktoren abhängen. Bei Auslastungsproblemen wird der Arbeitgeber an einer Reduzierung der Wochenarbeitszeit bei gleichzeitiger Reduzierung der Löhne interessiert sein. Geht es dem Arbeitgeber trotz starker Auslastung um eine Rentabilitätssteigerung, wird eher eine Erhöhung der Arbeitszeit ohne Lohnausgleich in Betracht kommen. Diese Variante lässt sich den Arbeitnehmern häufig leichter vermitteln, da sie in der Regel eher bereit sind auf einen Teil ihrer Freizeit zu verzichten, als Kürzungen ihrer bereits fest eingeplanten Vergütungsbestandteile hinzunehmen.[19] Hinsichtlich der einzubeziehenden Regelungsmaterien sind der Fantasie der Parteien je nach anzutreffender Ausgangssituation grundsätzlich keine Grenzen gesetzt. Ziel einer Standortsicherungsvereinbarung wird es jedoch stets sein, die Produktion an dem jeweiligen Standort wirtschaftlicher zu gestalten, um auf diese Weise dem verschärften Wettbewerbsdruck standhalten und den Arbeitnehmern eine gesicherte Beschäftigungsperspektive bieten zu können.

Es ist unmöglich, in dieser Arbeit auf sämtliche in einer Standortsicherungsvereinbarung infrage kommenden Regelungen einzugehen. Daher wird im Rahmen der weiteren Ausführungen abstrakt zugrunde gelegt, dass der Inhalt von Standortsicherungsvereinbarungen Einschnitte bei Entgelt und Arbeitszeit regelt, wofür im Gegenzug betriebsbedingte Kündigungen für die Dauer der Laufzeit der Vereinbarung durch den Arbeitgeber ausgeschlossen werden. Wo dies sinnvoll ist, werden auch andere Regelungen erörtert werden, um den Gestaltungsspielraum aber auch die Grenzen derartiger Vereinbarungen aufzuzeigen.

II. Verbreitung von Standortsicherungsvereinbarungen

Nicht zuletzt durch die internationale Finanz- und Wirtschaftskrise[20] beschleunigt, hat sich aus Sicht der Arbeitnehmer ein zunehmender Trend dahin entwickelt, Beschäftigungssicherung den Vorrang vor Lohnforderungen zu geben. Prominentes Beispiel aus der jüngeren Vergangenheit sind die Tarifverhandlungen der IG Metall mit den Arbeitgebern aus dem Frühjahr 2010. Die IG Metall schlug in der Verhandlungsführung einen für sie neuartigen Weg ein, indem sie keine Lohnforde-

---

[18] Vgl. *Steinau-Steinrück/Mosch*, NJW-Spezial 2009, 210; *Wiedemann*, in: Wiedemann, TVG, Einl. Rn. 326.
[19] So *Willemsen*, in: FS ARGE, S. 1013.
[20] Siehe ausführlich zu den Ursachen und Hintergründen der internationalen Finanz- und Wirtschaftskrise *Rudolph*, ZGR 2010, 1 ff.

rungen stellte, sondern die Sicherung der bestehenden Beschäftigung in den Vordergrund rückte.[21] Ein Szenario, welches vor Jahren kaum denkbar gewesen wäre.

In der deutschen Wirtschaft haben eine Vielzahl von Unternehmen Standortsicherungsvereinbarungen abgeschlossen. Von 30 DAX-Unternehmen hat rund ein Viertel ein solches oder ähnliches Abkommen bereits unterzeichnet.[22] Hierbei ist auffällig, dass fast alle Automobilhersteller hierunter vertreten sind. In den deutschen BMW-Werken sind betriebsbedingte Kündigungen bis 2015 ausgeschlossen. Daimler hat sich verpflichtet, bis Juni 2010 niemanden zu erlassen. Im Mercedes-Werk in Sindelfingen gibt es sogar eine Beschäftigungsgarantie bis 2019. Die Münchener MAN garantiert ihren Beschäftigten bis 2011 ihren Arbeitsplatz. Der Chemiekonzern Bayer und der Energieriese e.on verzichten bis Ende 2012 auf betriebsbedingte Kündigungen. Auch die Commerzbank will bis 2013 niemanden entlassen.[23] Bei der Deutschen Bahn läuft der Pakt zur Beschäftigungssicherung Ende 2010 aus. Er soll jedoch verlängert werden.[24] Zuletzt ist die Volkswagen AG nachgezogen und hat sich nach nur dreitägigen Verhandlungen mit der IG Metall darauf geeinigt, ihre rund 91.000 Mitarbeiter aus den westdeutschen Werken bis Ende 2014 vor betriebsbedingten Kündigungen zu schützen. Diese Vereinbarung soll auch auf die ostdeutschen Werke ausgeweitet werden. Zudem steht zu erwarten, dass die VW-Tochtergesellschaft Audi mit einer ähnlichen Vereinbarung nachzieht, wovon sämtliche Mitarbeiter in den Werken Ingolstadt und Neckarsulm profitieren würden.[25] In der Vergangenheit haben bereits namhafte Unternehmen wie AEG, Bosch, Continental, Heidelberger Druckmaschinen, Infineon, Opel, Schaeffler und Siemens mit Überlegungen zu Standortschließungen oder -verlagerungen von sich Reden gemacht und hiervon, nach Zugeständnissen der Arbeitnehmerseite, zum Teil wieder Abstand genommen.[26]

Ausweislich einer repräsentativen Umfrage des Instituts für Arbeitsmarkt und Berufsforschung unter 8.000 Betrieben und Verwaltungen über alle Wirtschaftsbereiche hinweg, hatten 12 % der von der Finanz- und Wirtschaftskrise betroffenen Betriebe bis zum 2. Quartal 2009 Lohn- und/oder Arbeitszeitkürzungen durchgesetzt oder standen mit den Belegschaften oder deren Vertretern in Verhandlungen dar-

---

[21] Vgl. hierzu FAZ v. 10.2.2010, S. 10.
[22] FAZ v. 20.2.2010, S. 13.
[23] Hiervon ausgenommen soll der Personalüberhang sein, der mit der Übernahme der Dresdner Bank zusammenhängt.
[24] Alle Beispiele aus der FAZ v. 20.2.2010, S. 13.
[25] Vgl. FAZ v. 17.2.2010, S. 9 sowie vom 20.2.2010, S. 13.
[26] Vgl. *Krause*, Standortsicherung und Arbeitsrecht, S.11 sowie FAZ v. 27.5.2009, S. 15.

über. Unter den existenziell gefährdeten Betrieben betrug der Anteil sogar 29 %.[27] Die Untersuchung macht zwar keine Aussagen, in wie vielen Fällen den Arbeitnehmern im Gegenzug Beschäftigungsgarantien gegeben wurden. Es kann jedoch davon ausgegangen werden, dass die Zugeständnisse der Belegschaft nicht ohne Gegenleistung erfolgt sind. In der Regel wird dies eine Beschäftigungsgarantie sein.

III. Hintergrund und Motivation für den Abschluss dreigliedriger Vereinbarungen

Als zweiseitige Vereinbarungen zwischen Arbeitgeber und Gewerkschaft oder Betriebsrat kommen Standortsicherungsvereinbarungen bereits häufig vor. Es handelt sich dann entweder um Firmentarifverträge oder um Betriebsvereinbarungen. Dreiseitige Vereinbarungen zwischen Arbeitgeber, Gewerkschaft und Betriebsrat sind hingegen weitaus weniger verbreitet.[28] Die Motivation zum Abschluss einer dreiseitigen Vereinbarung liegt jedoch auf der Hand. Durch ihr Zusammenwirken wollen die Parteien das klare Signal an die von den Einsparungen unmittelbar betroffenen Arbeitnehmer senden, dass alle Parteien an einem Strang ziehen und es keine Alternative zu der getroffenen Vereinbarung gibt. Eine nach dem „Mehr-Schultern-Prinzip"[29] getroffene Vereinbarung lässt sich folglich einfacher den betroffenen Mitarbeitern vermitteln, da sie durch die Legitimation seitens der Gewerkschaft und des Betriebsrats einen deutlich größeren Vertrauenstatbestand erzeugt.[30] Nicht zu Unrecht, denn gelingt der Abschluss einer solchen Vereinbarung unter der Beteiligung sämtlicher Akteure, „spricht viel dafür, dass die richtige Entscheidung getroffen wurde".[31] Wenn alle relevanten Parteien an der Vereinbarung mitgewirkt haben und sie tragen, lässt dies zudem die Widerstandmöglichkeiten des Einzelnen gegen die Entscheidung weniger aussichtsreich erscheinen.[32] Zudem erleichtert der gemeinsame Abschluss der Parteien den Konsens untereinander und kann in dieser Situation helfen, wichtige Zeit zu sparen. Zumal Standortsicherungsvereinbarungen in aller Regel bei einer wirtschaftlichen Schieflage eines Unternehmens abgeschlossen werden, was ein schnelles Handeln der Beteiligten erforderlich macht. Letztlich „ersparen sich die Beteiligten – vermeintlich –Überlegungen dazu, wel-

---

[27] Vgl. *Heckmann/Kettner/Pausch/Szameitat/Vogler-Ludwig*, IAB-Kurzbericht 18/2009, 1, 6.
[28] Es kommt zuweilen auch vor, dass anstelle oder neben Arbeitgeber, Gewerkschaft und Betriebsrat noch weitere Parteien an einer mehrgliedrigen Vereinbarung beteiligt werden, vgl. die Beispiele bei *Gravenhorst*, FA 2008, 330.
[29] So *Grau/Döring*, NZA 2008, 1335.
[30] *Fröhlich*, ArbRB 2009, 208; *Grau/Döring*, NZA 2008, 1335; *Salamon*, ArbRAktuell 2009, 199.
[31] *Thüsing*, NZA 2008, 201, 207.
[32] *Braun*, ArbRB 2008, 303.

che Partei nicht zuletzt vor dem Hintergrund der grundsätzlich fehlenden Regelungsmacht der Tarifvertragsparteien für nicht organisierte Arbeitnehmer sowie den aus den §§ 77 Abs. 3, 87 Abs. 1 BetrVG folgenden Kompetenzbeschränkungen für die Betriebspartner für welche Regelungsbereiche zuständig beziehungsweise verantwortlich ist".[33] Der Gedanke, dass sich die Vereinbarung durch die Beteiligung aller drei Parteien einen geeigneten Weg der Rechtmäßigkeit schon suchen werde, ist in den meisten Fällen allerdings ein Trugschluss. Eine sorgfältig ausgearbeitete dreigliedrige Standortsicherungsvereinbarung bringt im Hinblick auf deren Glaubwürdigkeit und Akzeptanz in der Belegschaft erhebliche Vorteile mit sich.

IV. Überlegungen und rechtliche Grundlagen für die Zusammenarbeit von Gewerkschaft und Betriebsrat

Zum besseren Verständnis des Zusammenwirkens von Gewerkschaft und Betriebsrat mit dem Arbeitgeber wird nachfolgend ein kurzer Überblick über deren jeweilige Aufgaben und Zielsetzungen, aber auch über die gesetzlichen Grundlagen einer möglichen Zusammenarbeit gegeben.

1. Dualismus der Interessenvertretungen

Ausgangspunkt jeder Überlegung über das Zusammenwirken von Betriebsrat und Gewerkschaft ist deren institutionelle Trennung, was freilich auch unterschiedliche Zielsetzungen ihrer Arbeit mit sich bringt.[34] Ausweislich der Gesetzesmaterialien zum BetrVG ist der Betriebsrat als ein von der Gewerkschaft unabhängiges Organ verfasst.[35] Seine Aufgabe besteht in der Vertretung der Interessen der gesamten Belegschaft gegenüber dem Arbeitgeber.[36] Seine rechtliche Legitimation hierzu bezieht er folglich aus einer demokratischen Wahl durch sämtliche betriebsangehörige Arbeitnehmer, nicht nur der Organisierten.[37] Diese Betriebsbezogenheit spiegelt sich auch im Gesetz wider, wonach der Betriebsrat dazu verpflichtet ist, „zum Wohl der Arbeitnehmer und des Betriebs" vertrauensvoll mit dem Arbeitgeber zu-

---

[33] *Grau/Döring*, NZA 2008, 1335.
[34] Vgl. *Däubler*, Gewerkschaftsrechte im Betrieb, Rn. 71 ff.; einen guten Überblick über die historische Entwicklung und das daraus gewachsene Verhältnis von Gewerkschaft und Betriebsrat gibt *Krause*, RdA 2009, 129, 130 ff.; ein rechtsvergleichender Einblick über deren Verhältnis in Frankreich, Italien und England findet sich bei *Gamillscheg*, in: FS Stahlhacke, S. 138 ff.
[35] Vgl. BT-Drucks. 6/1786, S. 33 sowie BT-Drucks. 6/2729, S. 10 f.
[36] *Fitting*, BetrVG, § 1 Rn. 188; *Franzen*, in: GK-BetrVG, § 1 Rn. 64; *Krause*, RdA 2009, 129, 133; *Richardi*, in: Richardi, BetrVG, Einl. Rn. 101.
[37] *Däubler*, Gewerkschaftsrechte im Betrieb, Rn. 71; *Fitting*, BetrVG, § 1 Rn. 188; *Krause*, RdA 2009, 129, 133.

sammenzuarbeiten (§ 2 Abs. 1 BetrVG). Ein nicht zu vernachlässigender Punkt ist die Nennung des Betriebswohls. Hierdurch kommt zum Ausdruck, dass der Betriebsrat nicht alleine den Interessen der Arbeitnehmer verpflichtet ist. Vielmehr muss er bei der Durchsetzung seiner Forderungen die „wirtschaftliche Vertretbarkeit für das Unternehmen" mitberücksichtigen.[38]

Hingegen sind Gewerkschaften „frei gebildete Zusammenschlüsse, die das Ziel verfolgen, im Wege der Selbsthilfe die strukturelle Unterlegenheit des einzelnen Arbeitnehmers beim Abschluss von Arbeitsverträgen gegenüber dem Arbeitgeber durch einen kollektiven Verhandlungs- und Vertragsmechanismus zu kompensieren".[39] Aus ihrer mitgliedschaftlich organisierten Verfassung folgt – allein aus Eigeninteresse –, dass die Gewerkschaft vorrangig die Interessen ihrer Mitglieder vertritt.[40] Betriebliche Interessen können – sofern sie nicht zugleich die Interessen der Mehrheit der Mitglieder widerspiegeln – in der Regel keine Rolle spielen, da die Gewerkschaft andernfalls ihren restlichen Mitgliedern nicht gerecht werden würde.

Freilich mögen sich die Interessen von Gewerkschaft und Betriebsrat häufig decken. Aufgrund ihrer unterschiedlichen Legitimation kann es jedoch durchaus zu einer Interessenkollision kommen. Dies ist zum Beispiel der Fall, wenn sich der Betriebsrat aus Gründen der Arbeitsplatzsicherheit dazu bereit erklärt, das tarifliche Entgeltniveau zu unterschreiten oder sich der Tarifbindung vollständig zu entledigen. Hierbei handelt es sich um ein typische Szenario für den Abschluss einer Standortsicherungsvereinbarung. In solchen Fällen treffen regelmäßig der überbetriebliche Blickwinkel der Gewerkschaften und der von ihnen seit jeher gefürchtete und gegeißelte „Betriebsegoismus"[41] des Betriebsrats aufeinander. Die Wünsche der Belegschaft – in diesem Fall der nach Arbeitsplatzsicherheit – sind den in ihrem Amt von der Wiederwahl abhängigen Betriebsratsmitgliedern nämlich in der Regel wichtiger, als weitgespannte wirtschaftliche und sozialpolitische Ziele einer Gewerkschaft.

2. Allgemeines Kooperationsgebot gemäß § 2 Abs. 1 BetrVG

Trotz dieser Zweigleisigkeit der Interessenvertretungen ist eine Zusammenarbeit von Gewerkschaft und Betriebsrat keinesfalls ungewöhnlich oder gar ausgeschlos-

---

[38] *Müller*, ZfA 1972, 213, 237.
[39] So *Krause*, RdA 2009, 129, 134 m.w.N.; ausführlich zum Machtgefälle zwischen Arbeitnehmer und Arbeitgeber *Gamillscheg*, Kollektives Arbeitsrecht, Band I, S. 3 ff.
[40] *Gamillscheg*, Kollektives Arbeitsrecht, Band I, S. 395.
[41] So *Gamillscheg*, in: FS Stahlhacke, S. 142.

sen. Allerdings sehen weder das Tarifvertragsgesetz noch das Betriebsverfassungsgesetz Regelungen über dreigliedrige Vereinbarungen zwischen Arbeitgeber, Gewerkschaft und Betriebsrat vor. Zumindest dem Betriebsverfassungsgesetz lassen sich jedoch vereinzelt Hinweise über das Verhältnis und Zusammenwirken von Betriebsrat und Gewerkschaft entnehmen.

In § 2 Abs. 1 BetrVG hat der Gesetzgeber festgelegt, dass Arbeitgeber und Betriebsrat unter Beachtung der geltenden Tarifverträge vertrauensvoll und im Zusammenwirken mit den im Betrieb vertretenen Gewerkschaften zum Wohl der Arbeitnehmer und des Betriebs zusammenarbeiten sollen. Das Betriebsverfassungsgesetz geht zwar von der grundsätzlichen Trennung der Aufgaben des Betriebsrats und der Gewerkschaft aus.[42] Das zeigt sich einmal in § 2 Abs. 3 BetrVG sowie in der Pflicht zur gewerkschaftlich neutralen Amtsführung in § 75 BetrVG.[43] Als selbständige Interessenvertreter mit jeweils grundsätzlich eigenen Aufgaben sollen Betriebsrat und Gewerkschaft jedoch vertrauensvoll zusammen- und nicht gegeneinander arbeiten. Die Gesetzesmaterialien bezeichnen eine innerbetriebliche Zusammenarbeit von Gewerkschaft und Betriebsrat im Interesse der Belegschaft als sachlich geboten.[44] Zwischen beiden soll ein Verhältnis der Kooperation, nicht der Konkurrenz bestehen.[45] Diese Kooperation kommt in verschiedenen Gesetzesregelungen zum Ausdruck. So sieht § 31 BetrVG die beratende Teilnahme eines Gewerkschaftsvertreters an Betriebsratssitzungen vor. § 46 Abs. 1 BetrVG erweitert dieses Recht auf Betriebs- und Abteilungsversammlungen. Faktisch spiegelt sich dieses Verhältnis am deutlichsten darin wider, dass in der Industrie nach wie vor der größte Teil der Betriebsratsmitglieder und insbesondere der Betriebsratsvorsitzenden gewerkschaftlich organisiert ist.[46]

Aus der natürlichen Nähe des Betriebsrats zu seinem Arbeitgeber und einem daraus erwachsenden Informationsvorsprung gegenüber der Gewerkschaft ergeben sich jedoch auch Grenzen der Kooperation zwischen beiden Interessenvertretungen zum Schutz des Arbeitgebers. So sehr eine fruchtbare Kooperation zwischen Betriebsrat und Gewerkschaft wünschenswert erscheint, darf diese nicht dazu führen, dass Betriebsratsmitglieder vertraulich erlangte Informationen mit den Gewerkschaften

---

[42] *Fitting*, BetrVG, § 2 Rn. 45; *Franzen*, in: GK-BetrVG, § 2 Rn. 21; *Koch*, in: ErfK, § 2 BetrVG Rn. 2.
[43] *Franzen*, in: GK-BetrVG, § 2 Rn. 21.
[44] BT-Drucks. 6/2729, S. 11.
[45] *Däubler*, Gewerkschaftsrechte im Betrieb, Rn. 76.
[46] Vgl. *Gamillscheg*, Kollektives Arbeitsrecht, Band I, S. 245 f.; *Krause*, RdA 2009, 129, 130 (Fn. 4) m.w.N. zu den Zahlenverhältnissen bei den Betriebsratswahlen 2006.

teilen, ohne dass der Arbeitgeber hierzu seine Zustimmung erteilt hat.[47] Dass sich diese Forderung aufgrund der Gewerkschaftszugehörigkeit vieler Betriebsratsmitglieder in der Praxis schwer realisieren lässt, liegt auf der Hand. Das Problem verliert jedoch an Schärfe, wenn man sich vor Augen führt, dass es den Betriebsratsmitgliedern in vielen Situationen, insbesondere solchen, die mit strukturellen Veränderungen einhergehen, erlaubt ist, einen Berater hinzuzuziehen.[48] Dies wird nicht selten ein Gewerkschaftsvertreter sein. Sofern die Parteien sich konsensual zur Verhandlung über eine von allen getragene Vereinbarung zusammenfinden, werden in der Regel ohnehin alle relevanten Fakten auf den Tisch gelegt werden. In diesem Fall besteht für den Betriebsrat keine Gefahr, betriebliche Interna in unzulässiger Weise weiterzugeben.

Das allgemeine Kooperationsgebot bietet, trotz der unterschiedlichen Aufgaben- und Wirkungsbereiche von Gewerkschaft und Betriebsrat, eine gesetzliche Grundlage für das vertrauensvolle Zusammenwirken beider Parteien. Ob diese Kooperation so weitgehend ist, dass die Parteien gemeinsam arbeitsrechtliche Kollektivvereinbarungen abschließen können, wird im Rahmen der Wirksamkeit solcher Vereinbarungen zu erörtern sein.[49]

V. Rechtliche Ausgangssituation zur Abänderung von Arbeitsbedingungen

1. Tarifvertragliche Handlungsmöglichkeiten

Arbeitsbedingungen wie Arbeitsentgelt und Arbeitszeit werden in Deutschland nach wie vor zu einem großen Teil durch Tarifverträge geregelt. Zwar nimmt der Organisationsgrad der Arbeitnehmer stetig ab. Dennoch entspricht es der gängigen Praxis, dass auch für nicht tarifgebundene Arbeitnehmer die tariflichen Arbeitsbedingungen über so genannte Bezugnahmeklauseln oder Gleichstellungsabreden zur Anwendung kommen.[50] Die Änderung von tariflich geregelten Arbeitsbedingungen

---

[47] Vgl. *Krause*, RdA 2009, 129, 141.
[48] Für den Fall einer geplanten Betriebsänderung ist dies beispielsweise in § 111 Satz 2 BetrVG vorgesehen.
[49] Vgl. hierzu unter E.
[50] Laut einer Untersuchung des Instituts für Arbeitsmarkt und Berufsforschung (IAB) aus dem Jahre 2008 waren im Jahr 2007 in Westdeutschland insgesamt 81 % der Beschäftigten unmittelbar oder mittelbar an einen Tarifvertrag gebunden. 52 % der Beschäftigten wurden von einem Branchentarifvertrag und 7 % von einem Firmentarifvertrag erfasst. Für 22 % galt keine unmittelbare Tarifbindung, jedoch orientierten sich ihre Arbeitsbedingungen an Tarifverträgen. Lediglich für 19 % der Beschäftigten galt kein Tarifvertrag. In Ostdeutschland galt für insgesamt 72 % der Beschäftigten ein Tarifvertrag unmittelbar oder mittelbar. Für 33 % galt ein Branchentarifvertrag, für 12 % ein Firmentarifvertrag und bei 27 % der Beschäftigten orientierten sich die Ar-

kann somit für einen Großteil der Beschäftigten in Deutschland ohne weiteres durch die Tarifvertragsparteien erfolgen. Dies kann entweder durch eine Änderung der bestehenden oder durch den Abschluss neuer Tarifverträge geschehen. Einer Neuregelung durch eine Betriebsvereinbarung steht in der Regel § 77 Abs. 3 Satz 1 BetrVG entgegen. Auch hier haben die Tarifparteien jedoch die Möglichkeit, Gestaltungsaufgaben an die Betriebsparteien abzugeben, indem sie tarifvertragliche Öffnungsklauseln vereinbaren.[51] Die Verantwortung für die volkswirtschaftliche Gestaltung von Arbeitsbedingungen liegt somit zu einem großen Teil bei den Tarifvertragsparteien.[52]

2. Betriebsverfassungsrechtliche Handlungsmöglichkeiten

Die Änderung von Arbeitsbedingungen durch die Betriebsparteien kommt in der Regel nur in Betracht, wenn die Tarifparteien dies durch eine Öffnungsklausel zugelassen haben. Nach § 77 Abs. 3 Satz 1 BetrVG können Arbeitsentgelte und sonstige Arbeitsbedingungen, die durch Tarifvertrag geregelt sind oder üblicherweise geregelt werden, nicht Gegenstand von Betriebsvereinbarungen sein. Etwas anderes gilt nach Satz 2 ausnahmsweise nur, wenn der Tarifvertrag den Abschluss ergänzender Betriebsvereinbarungen ausdrücklich zulässt. Als Instrument zur Flexibilisierung von Arbeitsbedingungen auf betrieblicher Ebene gewinnen Öffnungsklauseln an Bedeutung. Betrachtet man die Tariflandschaft als Ganzes, sind sie jedoch immer noch eher die Ausnahme als die Regel.[53] Es entspricht allerdings der Rechtswirklichkeit, dass bestehende Tarifverträge trotz fehlender Öffnungsklauseln nicht selten durch betriebliche Vereinbarungen unterlaufen werden, da die Betriebsräte – als Arbeitnehmervertreter vor Ort – die schwierige Wettbewerbslage des Unternehmens besser kennen und sich mit Abweichungen von Tarifverträgen zur Vermeidung von Entlassungen zumindest befristet einverstanden erklären.[54] Dies hat *Rüthers* dazu veranlasst, § 77 Abs. 3 BetrVG als die „am meisten mit Füßen getretene Norm des deutschen Arbeitsrechts zu bezeichnen".[55] Dieser Umstand wird von den Gewerkschaften zum Teil sehenden Auges hingenommen, da sie um

---

beitsbedingungen an Tarifverträgen. Für 28 % der Beschäftigten galt hingegen kein Tarifvertrag; vgl. *Kohaut/Ellguth*, IAB-Kurzbericht, 16/2008, 1 ff.
[51] Hierzu später unter E.II.3.c)ff)(2)
[52] *Lesch*, in: FS Eich, S. 71.
[53] Vgl. *Wagner*, Betriebliche Bündnisse für Arbeit, S. 38.
[54] Laut *Gentz*, ehemaliges Vorstandsmitglied der Daimler AG, gibt es in Deutschland kaum noch Unternehmen in der Metall- und Elektroindustrie, die nicht bewusst gegen Tarifverträge verstoßen und entsprechende Vereinbarungen mit den Betriebsräten geschlossen haben, vgl. *Gentz*, in: FS Schaub, S. 205 f.; siehe hierzu auch *Dieterich/Hanau/Henssler/Oetker/Wank/Wiedemann*, RdA 2004, 65, 66; *Linnenkohl*, BB 1994, 2077, 2078 f.; *Stein*, RdA 2000, 129, 130.
[55] *Rüthers*, RdA 1994, 177.

die Tolerierung der Abweichungen „vor Ort" wissen. Die bewusste Verletzung von Tarifverträgen geschieht schließlich nicht aus Willkür, sondern zum Erhalt von Arbeitsplätzen vor dem Hintergrund sich verändernder wirtschaftlicher Bedingungen. Der Umstand, dass Betriebsräte und Gewerkschaften sich hierauf einlassen, deutet auf einen in den letzten Jahren eingeleiteten Strategiewechsel hin, der sich von dem Prinzip „beschäftigen statt entlassen"[56] leiten lässt. Die Tarif- und Betriebsparteien erkennen vor den sich verändernden wirtschaftlichen Rahmenbedingungen vermehrt, dass sie durch die ihnen zur Verfügung stehenden Handlungsinstrumente beschäftigungspolitische Verantwortung übernehmen können und müssen.

In bestimmten Fällen kann sich für die Betriebsparteien auch aus § 87 Abs. 1 BetrVG die Möglichkeit ergeben, Betriebsvereinbarungen über Arbeitsbedingungen abzuschließen. Ob hierdurch die Möglichkeit gegeben ist, von tariflich geregelten Arbeitsbedingungen zu Lasten der Arbeitnehmer abzuweichen, wird nachfolgend noch zu erörtern sein.[57]

3. Individualvertragliche Handlungsmöglichkeiten

Wenn keine der Arbeitsvertragsparteien tarifgebunden ist, kann eine Änderung der Arbeitsbedingungen auch individualvertraglich herbeigeführt werden. Sofern der Arbeitgeber tarifgebunden ist, besteht diese Möglichkeit zumindest hinsichtlich der nicht tarifgebundenen Arbeitnehmer. Im Idealfall gelingt es den Parteien einvernehmlich eine Änderung der Arbeitsbedingungen herbeizuführen. Sollte dies nicht möglich sein, kann der Arbeitgeber auf das Mittel der Änderungskündigung zurückgreifen. Diese ist jedoch zeitintensiv und nur unter strengen Voraussetzungen zulässig. Sie birgt zudem das Risiko einer gerichtlichen Überprüfung nicht standzuhalten. Insbesondere eine Änderungskündigung zum Zwecke der Entgeltabsenkung ist nur unter sehr engen, kaum erfüllbaren Voraussetzungen möglich.[58]

Ist der Arbeitgeber Partei eines Firmentarifvertrags oder Mitglied eines tarifvertragsschließenden Arbeitgeberverbands und der Arbeitnehmer Mitglied der tarifvertragsschließenden Gewerkschaft, ist eine individualvertragliche Abweichung von den Vereinbarungen des einschlägigen Tarifvertrags grundsätzlich nicht möglich. Dies folgt aus der zwingenden Wirkung des Tarifvertrags gemäß § 4 Abs. 1 TVG. Abweichende Abmachungen sind nach § 4 Abs. 3 TVG nur möglich, soweit

---

[56] Vgl. *Seifert*, WSI-Mitteilungen 2000, S. 437.
[57] Hierzu unter E.II.3.c)ff)(3).
[58] Vgl. zur Änderungskündigung zum Zwecke der Entgeltsenkung *Bernhardt/Bartel*, AuA 2006, 269 f. sowie ausführlich *Krois*, ZfA 2009, 575 ff.

sie durch den Tarifvertrag gestattet sind oder eine Änderung der Regelungen zugunsten der Arbeitnehmer enthalten. Letzteres trifft für die typischen Regelungen in Standortsicherungsvereinbarungen nicht zu.

VI. Personalpolitische und ökonomische Überlegungen

Der Abschluss einer Standortsicherungsvereinbarung bringt nicht nur aus personalpolitischer, sondern auch aus ökonomischer Sicht Vorteile mit sich.

Im Idealfall soll durch die betriebliche Umverteilung von Arbeit die Zahl der Beschäftigten trotz eines sinkenden Arbeitsvolumens beibehalten werden. Dies kann durch verschiedene Formen der Arbeitszeitverkürzung (zum Beispiel Überstundenabbau, Ausweitung der Teilzeitarbeit, Sonderurlaub) geschehen, um ein stagnierendes Arbeitsvolumen auf eine größere Zahl an Beschäftigten zu verteilen. Darüber hinaus soll durch Kostenreduzierungen die Wettbewerbssituation verbessert und somit die Beschäftigung gesichert oder sogar ausgeweitet werden. Weiterhin können arbeitsorganisatorische Restrukturierungsmaßnahmen, zusätzliche Qualifizierungsaktivitäten sowie die Einrichtung von Arbeitszeitkonten im Zusammenhang mit dem Abbau von Überstunden zu Produktivitätssteigerungen führen. Diese Ansätze erhöhen zugleich die betriebsinterne Flexibilität. Dieser im Rahmen von Beschäftigungssicherungsvereinbarungen verfolgte personalpolitische Ansatz, die Beschäftigung durch erweiterte interne Flexibilität zu stabilisieren, bietet in prekären Wirtschafts- und Beschäftigungssituationen personalpolitisch eine vorteilhafte Alternative zum Personalabbau. Speziell in sozialplanpflichtigen Situationen werden so Kosten vermieden, die Entlassungen sowie eine Personalselektion nach Sozialplankriterien mit sich bringen würden. Zudem werden die durch einen Personalabbau kaum zu vermeidenden internen Turbulenzen, welche einen organisatorischen Restrukturierungsprozess zwangsläufig behindern können, vermieden. Eine Beschäftigungsgarantie wirkt sich nicht nur positiv auf das Betriebsklima aus, sondern rechnet sich auch unter finanziellen Gesichtspunkten. Bei wieder anspringender Nachfrage nach Gütern oder Dienstleistungen ersparen sich Unternehmen Rekrutierungs- und Wiedereinstellungskosten für eine notwendige Personalaufstockung.[59] Beschäftigungssicherung bietet folglich die Möglichkeit, langfristig Humankapitalinvestitionen zu amortisieren. Zudem wird Wissen im Unternehmen gehalten, eingespielte Arbeitsteams bleiben bestehen und sichern nicht nur die Teamproduktivität, sondern bilden auch eine wichtige Grundlage für das Gelingen betrieblicher Umstrukturierungsprozesse.

---

[59] *Heckmann/Kettner/Pausch/Szameitat/Vogler-Ludwig*, IAB-Kurzbericht 18/2009, 1, 4.

Nachteilig kann sich für Arbeitgeber hingegen auswirken, dass sie aufgrund einer abgegebenen Beschäftigungsgarantie ihre personalpolitischen Anpassungsoptionen ungeachtet der Unsicherheiten über die weitere wirtschaftliche Entwicklung für einen bestimmten Zeitraum stark einschränken.

Für die Arbeitnehmer steht als herausragender Punkt der Erhalt der bedrohten Arbeitsplätze auf der Habenseite. Abhängig von der beruflichen Qualifikation kann hinzu kommen, dass sie das Risiko vermeiden, aufgrund einer gegebenenfalls erzwungenen Mobilität im Falle einer Standortverlegung einen Teil ihrer Qualifikationen nicht mehr verwerten zu können und so möglicherweise Einkommenseinbußen hinnehmen zu müssen.[60] Andererseits besteht für die Arbeitnehmer das Risiko, dass die Zusagen des Arbeitgebers nicht eingehalten werden können und die Sicherung der Arbeitsplätze nicht gelingt. In diesem Fall haben sie Zugeständnisse erbracht, ohne die dafür zugesagte Gegenleistung in Form eines sicheren Arbeitsplatzes zu erhalten.

Unter gesamtwirtschaftlichen Gesichtspunkten ist der Abschluss von Standortsicherungsvereinbarungen ebenfalls zu befürworten, da mit jedem gesicherten oder hinzugewonnenen Arbeitsplatz Arbeitslosigkeit und die damit verbundenen Sozialausgaben vermieden werden.[61]

---

[60] Vgl. *Seifert*, WSI Mitteilungen 2000, S. 448.
[61] *Walker*, in: FS Wiese, S. 605.

C. Abgrenzung dreigliedriger Standortsicherungsvereinbarungen zu anderen arbeitsrechtlichen Kollektivvereinbarungen

Eingangs wurde bereits erwähnt, dass dreigliedrige Standortsicherungsvereinbarungen zwar von ihrem Erscheinungsbild, nicht jedoch von ihrem Inhalt eine relativ neuartige Erscheinung sind. Jedoch lassen sich auch hinsichtlich der Mehrgliedrigkeit Parallelen zu bereits existierenden Kollektivvereinbarungen finden. Nachfolgend sollen kollektivrechtliche Regelungsinstrumente des Arbeitsrechts kurz dargestellt werden, um gegebenenfalls bestehende Parallelen und auch Unterschiede aufzuzeigen und somit eine Einordnung von dreigliedrigen Standortsicherungsvereinbarungen in den Kanon der bestehenden Regelungen zu erleichtern.

I. Firmentarifvertrag

Bei einem Firmentarifvertrag handelt es sich um einen Tarifvertrag, bei dem der Arbeitgeber selbst, und nicht ein Verband, Tarifpartei ist. Firmentarifverträge erlauben eine „betriebsnahe Tarifpolitik",[62] da sie es den Tarifparteien ermöglichen, individuell auf ein Unternehmen zugeschnittene Lösungen zu vereinbaren, ohne die Wünsche und Bedürfnisse anderer Verbandsmitglieder berücksichtigen zu müssen. Sie tragen dadurch bereits in einem starken Maße zur Flexibilisierung der von Flächentarifverträgen geprägten Tariflandschaft bei. Zwar gehören sie begrifflich nicht ohne weiteres in die Kategorie der Flexibilisierungsinstrumente für Arbeitsbedingungen. Ihr Merkmal ist vielmehr die stärkere Berücksichtigung von Unternehmensbesonderheiten als dies im Verbandstarifvertrag möglich ist.[63] Allerdings schließt dies nicht aus, dass in einem Firmentarifvertrag auch variable Lösungen hinsichtlich des Entgelts oder der Arbeitszeit getroffen werden können.

II. Mehrgliedriger Tarifvertrag

Mehrgliedrige Tarifverträge kennzeichnet, dass auf mindestens einer Seite mehrere Tarifvertragsparteien auftreten. Ebenso kann ein mehrgliedriger Tarifvertrag dadurch zustande kommen, dass sich eine weitere Partei einem bereits bestehenden Tarifvertrag anschließt.[64] Dabei kann es sich um mehrere Verbände, mehrere ein-

---

[62] So *Peter*, in: Däubler, TVG, § 2 Rn. 139.
[63] So *Stein*, RdA 2000, 129; Vgl. ausführlich zu den Vorteilen des Firmentarifvertrags gegenüber dem Flächentarifvertrag sowie dessen Stellung in der Tarifpraxis *Dunker*, Unternehmensbezogene Tarifverträge, S. 51 ff.
[64] Hiervon zu unterscheiden ist allerdings der Anschlusstarifvertrag, bei dem eine Tarifpartei in einem rechtlich eigenständigen Tarifvertrag Tarifinhalte eines anderen Tarifvertrags übernimmt; vgl. hierzu *Reim*, in: Däubler, TVG, § 1 Rn. 73a.

zelne Arbeitgeber oder einen Arbeitgeberverband und einzelne Arbeitgeber handeln.[65] Derartige Tarifverträge waren früher geläufiger, als die Arbeitgeber noch in Berufsverbänden (im engeren Sinn) und nicht in Industrieverbänden organisiert waren.[66] Jedoch sind mehrgliedrige Tarifverträge auch heute noch fester Bestandteil der deutschen Tariflandschaft. Bekanntestes Beispiel ist der Tarifvertrag für den öffentlichen Dienst (TVöD), der zwischen der Bundesrepublik Deutschland und der Vereinigung der kommunalen Arbeitgeberverbände einerseits und ver.di andererseits verhandelt und abgeschlossen wurde.[67] Bei mehrgliedrigen Tarifverträgen kann es sich um einen Einheitstarifvertrag oder um mehrere voneinander unabhängige, lediglich äußerlich verbundene Tarifverträge handeln. Davon ist beispielsweise abhängig, ob Gestaltungsrechte von jeder Partei einzeln oder nur gemeinsam ausgeübt werden können.[68] Was die Parteien gewollt haben, ist durch Auslegung zu ermitteln. Hinsichtlich des Mehrpersonenverhältnisses besteht eine starke Parallele zu dreigliedrigen Standortsicherungsvereinbarungen. Ob sich auf mehrgliedrige Tarifverträge anwendbare Regeln und Grundsätze auf dreigliedrige Standortsicherungsvereinbarungen übertragen lassen, wird zu erörtern sein.[69]

III. Betriebliches Bündnis für Arbeit

Als betriebliches Bündnis für Arbeit werden gemeinhin Vereinbarungen zwischen Arbeitgeber und Betriebsrat bezeichnet, in denen sich die Arbeitnehmer bereit erklären, schlechtere als die tariflich vereinbarten Arbeitsbedingungen zu akzeptieren, um Kündigungen oder Standortverlagerungen zu vermeiden.[70] Charakteristisch für derartige Bündnisse auf betrieblicher Ebene ist in der Regel, dass sie mit großer Unterstützung seitens der Belegschaft zustande kommen. Sie können entweder als Betriebsvereinbarung oder Regelungsabrede abgeschlossen werden. Inhaltlich handelt es sich bei solchen Vereinbarungen klassischerweise um Standortsicherungsvereinbarungen.

---

[65] Vgl. *Thüsing*, in: Wiedemann, TVG, § 1 Rn. 209; *Oetker*, in: J/K/O, Tarifvertragsrecht, § 8 Rn. 20; *Zachert*, in: Kempen/Zachert, TVG, § 1 Rn. 38.
[66] Vgl. *Thüsing*, in: Wiedemann, TVG, § 1 Rn. 209 m.w.N.
[67] Siehe *Löwisch/Rieble*, TVG, § 1 Rn. 472, allerdings noch zum Bundes-Angestelltentarifvertrag (BAT). Weitere Beispiele mehrgliedriger Tarifverträge finden sich bei *Spinner*, ZTR 1999, 546.
[68] Zur Beendigung mehrgliedriger Tarifverträge siehe *Oetker*, in: J/K/O, Tarifvertragsrecht, § 8 Rn. 20 f.
[69] Vgl. hierzu unter E.V.2 sowie F.III.3.
[70] Ursprünglich tauchte der Begriff „Bündnis für Arbeit" als Bezeichnung für die Bemühungen auf, durch Gespräche zwischen den Tarifpartnern und der Bundesregierung die Rahmenbedingungen im Arbeitsrecht zu verbessern und auf diese Weise für mehr Beschäftigung zu sorgen; vgl. *Raab*, ZfA 2004, 371, 372 sowie *Walker*, in: FS Wiese, S. 603 f.; vgl. allgemein zu solchen Bündnissen *Federlin*, in: FS 50 Jahre BAG, S. 645 ff.; *Wank*, in: FS Schaub, S. 603 ff.

Stellvertretend für diese Art von betrieblichen Bündnissen stehen die Vereinbarungen, die in den Unternehmen *Viessmann*[71] und *Burda*[72] abgeschlossen wurden und anschließend die Arbeitsgerichte sowie die juristische Wissenschaft beschäftigten.

1. Die Fälle Viessmann und Burda

Im Fall *Viessmann* beabsichtigte das gleichnamige Heizungsbauunternehmen, eine neu entwickelte Gastherme, der für die weitere wirtschaftliche Entwicklung des Unternehmens große Bedeutung beigemessen wurde, wegen der hohen Personalkosten nicht mehr am deutschen Standort produzieren zu lassen, sondern in einem eigens hierfür neu zu gründenden Unternehmen in Tschechien. Dieses organisatorisch bereits vorangetriebene Vorhaben hätte in Deutschland zu empfindlichem Personalabbau geführt. Nach eingehenden Beratungen gelang es dem Betriebsrat auf Grundlage der Stimmenmehrheit der nichtorganisierten Betriebsratsmitglieder, mit dem Arbeitgeber eine als „Regelungsabrede" bezeichnete Vereinbarung abzuschließen, wonach die wöchentliche Arbeitszeit für die Dauer von drei Jahren von den tariflich vorgesehenen 35 Stunden auf 38 Stunden bei gleich bleibender Bezahlung verlängert werden sollte. Im Gegenzug sicherte der Arbeitgeber unter anderem den Verzicht auf betriebsbedingte Kündigungen zu und es wurde die beabsichtigte Verlagerung von Produktionsteilen nach Tschechien rückgängig gemacht. Bei einer anschließenden Belegschaftsbefragung stimmten fast 97 % der damals 3.800 Mitarbeiter der Vereinbarung zu.

Der Fall *Burda* liest sich sowohl hinsichtlich der Ausgangslage als auch hinsichtlich des Vorgehens der Betriebsparteien geradezu wie eine Kopie des Falles *Viessmann*.[73] Betroffen war eine Druckerei, in der Druckerzeugnisse des Burda-Verlages hergestellt wurden. Im Jahr 1996 wurde den Beschäftigten mitgeteilt, dass man sich mit dem Betriebsrat aus wirtschaftlichen Gründen darauf geeinigt habe, bestimmte tarifliche Zuschläge abzuschaffen und die wöchentliche Arbeitszeit abweichend von dem geltenden Flächentarifvertrag mit nur teilweisem Lohnausgleich um vier Stunden anzuheben. Im Gegenzug erhielten die Arbeitnehmer eine Beschäftigungsgarantie. Die veränderten Arbeitsbedingungen sollten jedoch nur gelten, wenn die Arbeitnehmer der Vereinbarung einzelvertraglich zustimmten, was letztlich annähernd 99 % der Beschäftigten taten.

---

[71] ArbG Marburg v. 7.8.1996, NZA 1996, 1331 ff.; hierzu *Buchner*, NZA 1996, 1304 ff.; *Kort*, NJW 1997, 1476 ff.; *Walker*, in: FS Wiese, S. 603 ff.
[72] BAG v. 20.4.1999, NZA 1999, 887 ff.; hierzu *Buchner*, NZA 1999, 897 ff.; *Löwisch*, BB 1999, 2080 ff.; *Reuter*, SAE 1999, 262 ff.; *Thüsing*, DB 1999, 1552 ff.; *Trappehl/Lambrich*, NJW 1999, 3217 ff.; *Walker*, ZfA 2000, 29 ff.
[73] So *Raab*, ZfA 2004, 371, 373.

In beiden Fällen wandte sich die Gewerkschaft, die den in dem Unternehmen geltenden Tarifvertrag abgeschlossen hatte, gegen die Vereinbarungen und versuchte sie im Klageweg zu Fall zu bringen. Auch wenn die Gewerkschaften nicht mit allen ihren Prozessanträgen Erfolg hatten, fiel das Verdikt der Arbeitsgerichte über die Vereinbarungen dennoch eindeutig aus. Vom Tarifvertrag zum Nachteil der Arbeitnehmer abweichende Vereinbarungen seien – so das übereinstimmende Votum – unzulässig und unwirksam und verletzten die Koalitionsfreiheit des tarifschließenden Verbandes. Dies gelte ungeachtet der den Arbeitnehmern im Gegenzug zugesicherten Beschäftigungsgarantie.[74] Im Rahmen des Günstigkeitsvergleichs (§ 4 Abs. 3 TVG) könne dieser Umstand nicht berücksichtigt werden, da Arbeitszeit und Arbeitsentgelt einerseits und eine Beschäftigungsgarantie andererseits völlig unterschiedlich geartete Regelungsgegenstände seien, für deren Bewertung es keinen gemeinsamen Maßstab gebe („Vergleich von Äpfeln mit Birnen").[75]

2. Kritik und rechtspolitische Reformbemühungen

Beide Entscheidungen sind in der Rechtswissenschaft auf breite Kritik gestoßen.[76] Hauptkritikpunkte sind insbesondere die Zubilligung eines gewerkschaftlichen Unterlassungsanspruchs nach Art. 9 Abs. 3 GG i.V.m. §§ 823, 1004 BGB gegen Regelungsabreden und vertragliche Einheitsregelungen, die Verkennung der Reichweite und Schranken der Tarifautonomie sowie die Nichteinbeziehung einer Beschäftigungsgarantie in den Günstigkeitsvergleich. Es komme einer Bevormundung der tarifgebundenen Arbeitnehmer gleich, wenn die Gewerkschaft ihren eigenen Willen aus Gründen des Machterhalts durchsetze, obwohl dieser von dem Willen der Mehrzahl der Arbeitnehmer abweiche.[77] In Rechtswissenschaft und Politik haben diese Entscheidungen für viel Wirbel gesorgt und eine neuerliche Diskussion über das Verhältnis von Tarif- und Betriebsautonomie ausgelöst. Mehrere Geset-

---

[74] Vgl. im Einzelnen BAG v. 20.4.1999, NZA 1999, 889 ff.; ArbG Marburg v. 7.8.1996, NZA 1996, 1331, 1337.

[75] So das BAG v. 20.4.1999, NZA 1999, 887, 893; kritisch hierzu *Buchner*, NZA 1999, 897, 901 („Auch ein Richter des BAG wird, selbst wenn er normalerweise lieber Äpfel isst und solche (nach dem Vergleich verschiedener Äpfel - was wohl nicht „unmöglich" ist -) kauft, sich im Einzelfall für Birnen entscheiden, wenn die bei dem Händler vorrätigen Äpfel verfault sind. Auch wenn er dabei, weil für ihn methodisch unmöglich, Äpfel nicht mit Birnen vergleicht, kommt er doch, auf welchem Erkenntniswege auch immer, zur Vorzugswürdigkeit der Birnen und entscheidet sich für diesen ihm günstiger erscheinenden Erwerb.").

[76] Vgl. nur *Bauer*, NZA 1999, 957 ff.; *Bauer/Haußmann*, NZA-Beilage 2000, 42 ff.; *Buchner*, NZA 1999, 897 ff.; *Kast/Stuhlmann*, BB 2000, 614 ff.; *Löwisch*, BB 1999, 2080 ff.; *Niebler/Schmiedl*, BB 2001, 1631 ff.; *Trappehl/Lambrich*, NZA 1999, 3217 ff.

[77] *Kast/Stuhlmann*, BB 2000, 614.

zesentwürfe befassten sich mit einer Neuordnung des Verhältnisses von Tarifvertrag und Betriebsvereinbarung, die letztlich jedoch alle scheiterten.[78]

IV. Interessenausgleich und Sozialplan

Interessenausgleich und Sozialplan stellen ebenfalls betriebliche Regelungsinstrumente dar, welche in unternehmerischen Krisen zur Anwendung kommen können. Sie unterscheiden sich jedoch in wesentlichen Punkten von den hier zu behandelnden Standortsicherungsvereinbarungen.

1. Interessenausgleich

Der Interessenausgleich stellt – ebenso wie der Sozialplan – ein Instrument der repressiven Beschäftigungssicherung dar.[79] Gegenstand des Interessenausgleichs ist nach § 112 Abs. 1 Satz 1 BetrVG eine geplante Betriebsänderung, zu der insbesondere auch eine Betriebsschließung oder -verlegung gehören können (§ 111 Satz 3 Nr. 1 und 2 BetrVG). Durch einen Interessenausgleich werden die Modalitäten einer bevorstehenden Betriebsänderung geregelt. Unternehmer und Betriebsrat verständigen sich in ihm über das Ob, Wann und Wie der geplante Betriebsänderung.[80] Ein Interessenausgleich ist zudem nicht erzwingbar. Entlassungen kann der Betriebsrat somit nicht verhindern. Selbst von einem geschlossenen Interessenausgleich kann, wie sich aus § 113 Abs. 1 BetrVG ergibt, bei Vorliegen eines wichtigen Grundes sanktionslos und ohne einen solchen Grund um den Preis von nach Maßgabe des § 10 KSchG zu bestimmenden Abfindungen abgewichen werden. Ziel des Interessenausgleichs ist es, bereits in der Planungsphase einer Betriebsänderung die Entstehung wirtschaftlicher Nachteile für die betroffenen Arbeitnehmer zu verhindern oder abzumildern. Im Gegensatz dazu wollen die Parteien mit dem Abschluss einer Standortsicherungsvereinbarung verhindern, dass es überhaupt zu einer Betriebsänderung kommt. Es handelt sich also um eine präventiv wirkende Vereinbarung.

2. Sozialplan

Der Sozialplan hat – anders als der Interessenausgleich – nicht die geplante Betriebsänderung selbst zum Inhalt, sondern den Ausgleich und die Abmilderung von wirtschaftlichen Nachteilen, die aufgrund der Betriebsänderung für die Arbeitneh-

---

[78] Vgl. zu den rechtspolitischen Reformbemühungen ausführlich unter E.II.3.c)bb).
[79] *Löwisch*, DB 2005, 554 m.w.N.
[80] BAG v. 20.4.1994, NZA 1995, 89, 90; ebenso *Annuß*, in: Richardi, BetrVG, § 112 Rn. 18; *Kania*, in: ErfK, §§ 112, 112a BetrVG Rn. 1; *Oetker*, in: GK-BetrVG, § 112, 112a Rn. 6.

mer entstehen. Hierbei handelt es sich in der Regel um Abfindungen oder Transferleistungen, wie beispielsweise die Überführung in Beschäftigungsgesellschaften oder Qualifizierungsmaßnahmen. Es handelt sich also ebenfalls um Maßnahmen der Reaktion und nicht der Prävention.

Im Gegensatz zum Interessenausgleich ist der Sozialplan nach § 112 Abs. 1 Satz 2 BetrVG erzwingbar. Er unterfällt nach § 112 Abs. 1 Satz 4 BetrVG nicht der Regelungssperre des § 77 Abs. 3 BetrVG, so dass etwa über tariflich vorgesehene Maßnahmen hinausgehende Verpflichtungen des Arbeitgebers zur Qualifizierung und Unterstützung der Arbeitnehmer vereinbart werden können.[81] Aufgrund der Ausnahme von der Regelungssperre kann es gegebenenfalls interessant sein, sozialplanähnliche Inhalte in einer Standortsicherungsvereinbarung zu regeln, sofern dies zulässig ist.[82]

V. Tarifsozialplan

Eine besondere Art des Sozialplans stellt ein so genannter Tarifsozialplan dar. Es handelt sich hierbei um einen Tarifvertrag, der Regelungen eines Sozialplans (insbesondere Abfindungen) zum Inhalt hat. Angesichts der eindeutigen dogmatischen Verortung von Sozialplänen im Betriebsverfassungsgesetz sieht *Kreft* in diesem noch relativ neuartigen Regelungsinstrument eine Entdeckung des Arbeitsrechts.[83] Zeigt sich hierin doch, dass betriebsverfassungsrechtliche Inhalte keinesfalls exklusiv durch betriebsverfassungsrechtliche Regelungsinstrumente geregelt werden müssen, sondern es durchaus tarif- und betriebsverfassungsrechtliche Kombinationsmöglichkeiten geben kann.

Bei einem Tarifsozialplan fordert folglich die Gewerkschaft von einzelnen Arbeitgebern oder einem Arbeitgeberverband für eines seiner Mitgliedsunternehmen den Abschluss eines Sozialplans, mit dem aus einer Betriebsänderung resultierende wirtschaftliche Nachteile ausgeglichen oder abgemildert werden sollen. Der wesentliche Unterschied zu einem betrieblichen Sozialplan liegt darin, dass die Gewerkschaft zur Durchsetzung ihrer Forderungen auf das Mittel des Streiks zurückgreifen kann. Ob dies zulässig ist, war lange umstritten und wurde trotz heftiger Kritik der Literatur[84] durch das BAG bejaht.[85] Insbesondere hat das BAG eine

---

[81] *Oetker*, in: GK-BetrVG, §§ 112, 112a Rn. 122; *Fitting*, BetrVG, §§ 112, 112a Rn. 212.
[82] Vgl. hierzu unter E.II.3.c)ff)(1).
[83] *Kreft*, BB-Special Arbeitsrecht zu Heft 14/2008, 14, 15.
[84] Vgl. *Gamillscheg*, Kollektives Arbeitsrecht, Band II, S. 345; *Hohenstatt/Schramm*, DB 2004, 2214 ff.; *Nicolai*, RdA 2006, 33 ff.; *Willemsen/Stamer*, NZA 2007, 413 ff.
[85] BAG v. 24.4.2007, NZA 2007, 987 ff.

Sperrwirkung der §§ 111 ff. BetrVG zulasten tariflicher Sozialpläne verneint.[86] Auch könne eine mögliche „Zangenwirkung" betrieblicher und tariflicher Verhandlungen „in Hinblick auf die Koalitionsbetätigungsgarantie jedenfalls nicht zulasten der Tarifvertragsparteien aufgelöst werden".[87] Aufgrund dieses starken Druckmittels, welches nur den Gewerkschaften zur Verfügung steht, sind die Forderungen, mit denen sie in die Verhandlungen gehen, exorbitant gestiegen. Dieser Umstand legt den Verdacht nahe, dass es den Gewerkschaften eigentlich um die Verhinderung der geplanten Betriebsänderung als um die Kompensation der wirtschaftlichen Nachteile nach § 112 Abs. 1 Satz 2 BetrVG geht.[88]

VI. Außertarifliche Sozialpartnervereinbarungen

Außertarifliche Sozialpartnervereinbarungen, wie sie bisher hauptsächlich in der chemischen Industrie vorkommen,[89] sind zumeist schuldrechtliche Vereinbarungen zwischen den Tarifparteien.[90] Sie erzeugen keine verbindlichen Rechtswirkungen für die Arbeitnehmer. Bei derartigen Vereinbarungen handelt es sich um ein partnerschaftliches Gestaltungsinstrument der Personal- und Sozialpolitik.[91] *Eich* sieht in ihnen im Idealfall Vereinbarungen, die auf Vertrauen und Verlässlichkeit fußen, um ein Klima zwischen den Parteien zu schaffen, in dem die Rolle des jeweils anderen positiv und partnerschaftlich gesehen und von ihm niemals etwas verlangt wird, das man selbst als unzumutbar empfinden würde.[92] Obwohl es sich bei den Vereinbarungen meist nur um unverbindliche Richtlinienverträge mit konkreten an die Betriebsparteien gerichteten Handlungsempfehlungen handelt, ist ihre praktische Wirkung bestätigt.[93] Explizit mit Fragen der Beschäftigungssicherung haben sich die Chemie-Tarifvertragsparteien im Januar 2004 befasst, als sie als Teil eines Chemietarif-Gesamtergebnisses unverbindliche „Empfehlungen zur Beschäftigungssicherung" in Form einer Sozialpartnervereinbarung formulierten.[94] Darin hatten

---

[86] Vgl. hierzu ausführlich unter E.I.7.
[87] So BAG v. 24.4.2007, NZA 987, 996.
[88] So *Liebers*, in: MAH, § 54 Rn. 123.
[89] Vgl. *Däubler*, in: Däubler, TVG, Einl. 851; *Molitor*, in: FS Stahlhacke, S. 339 f.; *Zachert*, in: FS Hanau, S. 137 f.; ausführlich auch *Eich*, NZA 1995, 149 ff.; einen umfassenden Überblick über die einzelnen Vereinbarungen in der chemischen Industrie gibt auch *Karsten*, Schuldrechtliche Tarifverträge und außertarifliche Sozialpartnervereinbarungen, S. 187 ff.
[90] *Krause*, in: J/K/O, Tarifvertragsrecht, § 4 Rn. 167.
[91] *Molitor*, in: FS Stahlhacke, S. 341.
[92] *Eich*, NZA 1995, 149, 150.
[93] Vgl. die konkreten Beispiele bei *Molitor*, in: FS Stahlhacke, S. 343 f.
[94] Eine ähnliche Empfehlung zur Beschäftigungsförderung haben die Tarifparteien auf Bundesebene bereits 1994 geschlossen. Diese Empfehlung gleicht inhaltlich der aus dem Jahr 2004 in vielen Punkten, vgl. *Karsten*, Schuldrechtliche Tarifverträge und außertarifliche Sozialpartnervereinbarungen, S. 199 f.

die Tarifvertragsparteien vor dem Hintergrund der wirtschaftlichen Rezession und dadurch entstandener Beschäftigungsprobleme in der chemischen Industrie die Betriebsparteien aufgefordert, die in der Vereinbarung aufgeführten Hinweise prüfend in ihren Entscheidungsprozess einzubeziehen. Als Materien für solche Einwirkungsmöglichkeiten waren konkret genannt die flexible Arbeitszeit, die Arbeitsdifferenzierung, der Freizeitausgleich bei Mehrarbeit, die Kurzarbeit, die Teilzeitarbeit, die unbezahlte Freistellung von der Arbeit, die Weiterbildung und die Übernahme von Auszubildenden. Auch hierbei handelte es sich nur um einen Richtlinienvertrag, da eine Verpflichtung der Betriebsräte gar nicht möglich gewesen wäre. Dennoch haben diese sich in der Praxis entsprechend der „Aufforderung" verhalten.[95]

VII. Fazit

Aufgrund ihres präventiven Wirkungsansatzes werden für Standortsicherungsvereinbarungen insbesondere ein Firmentarifvertrag und/oder eine Betriebsvereinbarung als Regelungsinstrumente in Betracht kommen. Interessenausgleich und Sozialplan werden wegen ihres Bezugs zu einer konkret bevorstehenden Betriebsänderung in der Regel keine geeigneten Regelungsinstrumente sein. Zu einer Betriebsänderung soll es aufgrund der Standortsicherungsvereinbarung gerade nicht kommen. Mangels normativer Wirkung dürften außertarifliche Sozialpartnervereinbarungen den Bedürfnissen der Parteien ebenfalls nicht gerecht werden.

---

[95] *Molitor*, in: FS Stahlhacke, S. 344.

D. Rechtsprechung zu dreigliedrigen Standortsicherungsvereinbarungen

Vereinzelt hat sich bereits die Rechtsprechung mit dreigliedrigen Standortsicherungsvereinbarungen zwischen Arbeitgeber, Gewerkschaft und Betriebsrat auseinandergesetzt. Die wesentlichen Aussagen dieser Entscheidungen werden nachfolgend kurz dargestellt. Freilich gibt es darüber hinaus eine Vielzahl von Entscheidungen, die Themenkomplexe dieser Arbeit betreffen. Sofern dies erforderlich ist, wird auf diese Entscheidungen an geeigneter Stelle eingegangen werden.

I. BAG vom 7.11.2000 – 1 AZR 175/00

In der Entscheidung vom 7.11.2000[96] wandte sich der Kläger gegen die Kürzung von Urlaubsgeld. Der Kläger war seit 1982 bei der Beklagten beschäftigt. Auf das Arbeitsverhältnis fanden die Tarifverträge der Metallindustrie Anwendung. 1996 trat die Beklagte aus dem Arbeitgeberverband aus. Vor dem Hintergrund wirtschaftlicher Schwierigkeiten schlossen die Betriebspartner sowie die IG Metall 1998 eine „Betriebsvereinbarung über einen Konsolidierungsvertrag". Diese sah unter anderem einen Teilverzicht auf die Vergütung im Jahr 1999 sowie eine „Variabilisierung" der tariflichen Sonderzahlung (Urlaubs- und Weihnachtsgeld) vor, wonach die Zahlung gewinnabhängig erfolgen sollte. Wirksamkeitsvoraussetzung der Vereinbarung war der Abschluss eines Anerkennungstarifvertrags, welcher zwischen der IG Metall und der Beklagten geschlossen wurde. Der Konsolidierungsvertrag war in der Liste der anerkannten Tarifverträge nicht aufgeführt. Die Beklagte kürzte entsprechend dem Konsolidierungsvertrag das Arbeitsentgelt des Klägers und zahlte kein tarifliches Urlaubsgeld. Der Kläger vertrat die Auffassung, der Konsolidierungsvertrag sei eine Betriebsvereinbarung und habe seine aufgrund von Tarifbindung bestehenden Ansprüche nicht mindern können.

Das Arbeitsgericht wies die Klage ab.[97] Das Landesarbeitsgericht gab ihr statt.[98] Der 1. Senat des BAG hat den Konsolidierungsvertrag zwischen Arbeitgeber, Betriebsrat und Gewerkschaft als Tarifvertrag angesehen.

Das BAG stellte fest, dass die Bestimmung der Rechtsnatur einer Kollektivvereinbarung nach den Grundsätzen der Gesetzesauslegung zu erfolgen habe. Es sei mithin vom Wortlaut auszugehen. Dabei sei aber nicht am Buchstaben zu haften, sondern der maßgebliche Sinn der Erklärung zu erforschen, soweit er in den Vorschriften seinen Niederschlag gefunden habe. Bei einer von drei Parteien geschlossenen

---

[96] BAG v. 7.11.2000, NZA 2001, 727 ff.
[97] ArbG Solingen v. 20.7.1999, Az.: 5 Ca 1119/99, n.v. (juris).
[98] LAG Düsseldorf v. 27.1.2000, Az.: 5 (6) Sa 1259/99, n.v. (juris).

Vereinbarung sei auch nicht die Bezeichnung als Betriebsvereinbarung oder Firmentarifvertrag ausschlaggebend, sondern maßgeblich sei allein der typische Inhalt der Vereinbarung.[99]

Folglich konnte der Senat den als „Betriebsvereinbarung" überschriebenen Konsolidierungsvertrag als Haustarifvertrag auslegen. Als wesentliches Argument für dieses Auslegungsergebnis zog er die Sperrwirkung des § 77 Abs. 3 Satz 1 BetrVG heran. Der Konsolidierungsvertrag griff in bestehende tarifliche Regelungen ein, so dass eine Betriebsvereinbarung wegen Verstoßes gegen die Regelungssperre unwirksam gewesen wäre. Da den Parteien jedoch an dem Abschluss einer wirksamen Vereinbarung gelegen sein müsste, könne es sich bei der Vereinbarung nur um einen Tarifvertrag handeln.[100] Dem wirksamen Abschluss eines Tarifvertrages stehe auch nicht die Mitunterzeichnung der Vereinbarung durch den Betriebsrat entgegen. Dieser Umstand beruhe vielmehr darauf, dass zunächst auf betrieblicher Ebene verhandelt worden sei, letztlich die Vereinbarung aber unter Mitverantwortung der Gewerkschaft rechtswirksam mit dieser abgeschlossen werden sollte. Ebenso wenig stehe der Annahme eines Tarifvertrages entgegen, dass die Vereinbarung Geltung für außertarifliche Arbeitnehmer haben sollte, da es den Tarifvertragsparteien freistehe, bestimmte Regelungen auch für solche Arbeitnehmer zu treffen, die von anderen Tarifverträgen nicht erfasst werden.[101]

II. BAG vom 23.1.2008 – 4 AZR 602/06

In der zugrunde liegenden Entscheidung[102] machte der nicht tarifgebundene Kläger, dessen Arbeitsvertrag eine Bezugnahmeklausel enthielt, Zahlungsansprüche auf Urlaubs- und Weihnachtsgeld gelten. Arbeitgeber, Gewerkschaft und Betriebsrat hatten eine als „Standortsicherungsvertrag" bezeichnete Vereinbarung abgeschlossen, in der ein Verzicht auf das tariflich geregelte Urlaubs- und Weihnachtsgeld festgelegt war. Daneben enthielt die Vereinbarung auch Regelungen zu einer bestehenden Betriebsvereinbarung. Der Kläger war der Ansicht, dass die Bezugnahmeklausel seines Vertrages nur für Verbandstarifverträge, nicht jedoch für Firmentarifverträge gelte. Um einen solchen handele es sich bei Teilen des „Standortsicherungsvertrages" jedoch. Im Übrigen handele es sich bei der Vereinbarung um eine Betriebsvereinbarung, die gegen § 77 Abs. 3 BetrVG verstoße.

---

[99] So bereits BAG v. 16.5.1995, NZA 1995, 1166, 1167 zu einer nur zwischen Arbeitgeber und Gewerkschaft geschlossenen Vereinbarung, die diese als „Interessenausgleich und Sozialplan" bezeichnet hatten; ebenso *Thüsing*, in: Wiedemann, TVG, § 1 Rn. 25.
[100] Unter 1.b)bb) der Gründe.
[101] Unter 1.b)cc) der Gründe.
[102] BAG v. 23.1.2008, AP Nr. 63 zu § 1 TVG Bezugnahme auf Tarifvertrag.

Der Kläger hatte mit seiner Revision Erfolg.[103] Das BAG beschäftigte sich nur am Rande mit dem „Standortsicherungsvertrag", kam jedoch zu dem Ergebnis, dass es sich dabei um einen Firmentarifvertrag handele und dieser von der Bezugnahmeklausel im Arbeitsvertrag des Klägers nicht erfasst sei. In weiten Teilen seiner Begründung verweist der 4. Senat auf die Entscheidung des 1. Senats vom 7.11.2000. Insbesondere sei eben bei der Auslegung zu berücksichtigen, dass die Tarifvertragsparteien Regelungen treffen wollten, die von ihrer Regelungskompetenz erfasst werden und damit auch Wirksamkeit entfalten können.[104] Ausschlaggebend für den tariflichen Reglungswillen der Parteien sei gewesen, dass diese mit der Vereinbarung bestehende tarifliche Ansprüche abändern wollten und dass dies aufgrund der Regelungssperre nur mittels eines Tarifvertrags möglich gewesen wäre. Der Umstand, dass die Vereinbarung eindeutig auch eine Betriebsvereinbarung betreffende Regelungen enthielt, stünde einer tarifvertraglichen Qualifizierung der entscheidungsrelevanten Normen nicht entgegen. Bei dem „Standortsicherungsvertrag" handele es sich um die Verbindung eines Tarifvertrags und einer Betriebsvereinbarung in einer Urkunde. Dies sei möglich, da die tarifvertraglichen und die übrigen Regelungen deutlich erkennbar voneinander getrennt seien.

III. BAG vom 15.4.2008 – 1 AZR 86/07

In der Entscheidung vom 14.4.2008[105] wandte sich der nicht gewerkschaftsangehörige Kläger gegen den Abzug von 200 Arbeitsstunden von seinem Arbeitszeitkonto. Grundlage hierfür war ein zwischen Arbeitgeber, Betriebsrat sowie Konzernbetriebsrat und der IG Metall abgeschlossener „Standortsicherungsvertrag" nebst einer diesen ergänzenden Betriebsvereinbarung. In dem Standortsicherungsvertrag waren unter der Überschrift „Abänderung des Tarifvertrags" zunächst verschiedene firmenspezifische Abweichungen von den für den Arbeitgeber kraft Verbandszugehörigkeit einschlägigen Tarifverträgen der bayerischen Metallindustrie, auf welche im Arbeitsvertrag des Klägers verwiesen wurde, geregelt. Unter der Überschrift „Abänderung von Betriebsvereinbarungen" war der streitgegenständliche Verzicht auf Zeitguthaben von den Gleitzeit- beziehungsweise Langzeitkonten geregelt. Unter der weiteren Überschrift „Kündigung von Arbeitnehmern" folgten sodann mit Untertiteln wie „Interessenausgleich" und „Sozialplan" überschriebene nähere Regelungen zu Umfang und Umsetzung eines Personalabbaus. Letztlich

---

[103] Das Arbeitsgericht München hatte der Klage mit Urteil vom 18.3.2005, Az.: 3 Ca 15020/04 (juris) stattgegeben, das LAG München hatte sie abgewiesen, vgl. Urteil v. 8.2.2006, Az.:10 Sa 465/05, n.v. (juris).
[104] Unter I.1.b)bb)(2) der Gründe.
[105] BAG v. 15.4.2008, NZA 2008, 1074 ff.

sicherte der Arbeitgeber unter der Überschrift „Standortsicherung/Gegenleistung" zu, den Standort zumindest vorübergehend zu erhalten.

Das Arbeitsgericht gab der Klage statt.[106] Das LAG hielt die Standortsicherungsvereinbarung hingegen für wirksam und wies die Klage ab.[107] Das BAG sah die Revision als begründet an und gab dem Kläger Recht.

Nach Ansicht des BAG handelte es sich bei dem „Standortsicherungsvertrag" um eine gemischte Mehrparteienvereinbarung, die deshalb unwirksam sei, weil sich die Urheberschaft für die einzelnen Regelungen nicht mit der erforderlichen Eindeutigkeit feststellen lasse. Die Rechtsqualität der Regelung zum Verzicht auf geleistete Überstunden sei nicht hinreichend eindeutig. Diese fehlende Normurheberschaft widerspreche jedoch dem für kollektive arbeitsrechtliche Normenverträge geltenden Gebot der Rechtsquellenklarheit. Habe ein Normenvertrag unterschiedliche Rechtsquellen zum Inhalt, müsse die Frage, ob eine bestimmte Regelung zu einem Tarifvertrag, einer Betriebsvereinbarung oder gar etwas Drittem gehöre, einer raschen und zuverlässigen Beantwortung zugänglich sein. Dies folge aus den Erfordernissen der Rechtssicherheit und habe seine gesetzliche Grundlage in den Schriftformgeboten insbesondere des § 1 Abs. 2 TVG und des § 77 Abs. 2 Satz 1 und 2 BetrVG. Diese verlangten nicht nur, dass der Inhalt der Vereinbarung schriftlich niedergelegt werde, sondern vielmehr sei darüber hinaus erforderlich, dass die Vereinbarung eigenhändig unterzeichnet sei. Dadurch solle nicht nur für Klarheit darüber gesorgt werden, was vereinbart sei, sondern auch, wer die Vereinbarungen getroffen habe und um welche Rechtsquellen es sich deshalb handele. Dies sei vor dem Hintergrund, dass zwischen Tarifverträgen und Betriebsvereinbarungen in vielfacher Hinsicht gravierende Unterschiede bestünden, notwendig, um den Rechtscharakter eines kollektiven Normenvertrages zweifelsfrei bestimmen zu können.

---

[106] ArbG München v. 17.3.2006, Az.: 39 Ca 3891/05, n.v. (juris).
[107] LAG v. 22.8.2006, Az.: 8 Sa 569/06, n.v. (juris); Das LAG München neigte zwar ebenfalls dazu, der Vereinbarung tarifvertraglichen Charakter beizumessen. Ergänzend führte es jedoch aus, dass es die Vereinbarung auch als Betriebsvereinbarung für wirksam halte. Zwar verstoße eine solche grundsätzlich gegen § 77 Abs. 3 Satz 1 BetrVG, jedoch bewirke die Mitunterzeichnung einer tarifvorbehaltswidrigen Betriebsvereinbarung durch die Gewerkschaft eine Heilung. Es könne schließlich nicht davon ausgegangen werden, dass die Gewerkschaft „sehenden Auges" einen Verstoß gegen die Regelungssperre hinnehmen wollte; vgl. näher zu dieser Argumentation unter E.II.3.d)ff)(2)(b)(bb).

IV. BAG vom 15.4.2008 – 9 AZR 159/07

In einer Entscheidung vom selben Tag[108] hatte sich der 9. Senat ebenfalls mit einer dreigliedrigen Vereinbarung auseinanderzusetzen.

Der tarifgebundene Kläger hatte mit der Beklagten einen Altersteilzeitvertrag geschlossen. Dieser verwies hinsichtlich der Vergütungsregelungen auf einen so genannten „Firmentarifvertrag zur Förderung der Altersteilzeit" (FTV ATZ), der zwischen der Beklagten, der Gewerkschaft und dem Gesamtbetriebsrat abgeschlossen worden war. Dieser FTV ATZ war an einigen Stellen auch als „Betriebs- und Gesamtbetriebsvereinbarung" bezeichnet worden. Nachfolgend trat die Beklagte einem anderen Industrieverband bei und wendete fortan dessen einschlägige Verbandstarifverträge an. Hierdurch entstanden für den Kläger Lohndifferenzen. Mit seiner Klage verfolgte der Kläger unter anderem den Ausgleich dieser durch den Tarifwechsel entstandenen Lohneinbußen.

Das BAG hatte unter anderem über die Rechtsnatur des FTV ATZ zu entscheiden. Der Senat legte die als „Firmentarifvertrag" bezeichnete dreigliedrige Vereinbarung auf Basis der allgemeinen Regeln über das Zustandekommen und die Auslegung schuldrechtlicher Verträge gemäß §§ 133, 157 BGB aus. Er kam zu dem Ergebnis, dass es sich um einen Tarifvertrag und nicht um eine Gesamtbetriebsvereinbarung handele.[109] Die Abgrenzung zwischen Tarifvertrag und Betriebsvereinbarung richte sich zwar nicht nach der bloßen Bezeichnung einer Vereinbarung. Allerdings sei es ein Anzeichen für einen tariflichen Regelungswillen, wenn tariffähige Parteien die Vereinbarung als Tarifvertrag bezeichneten. Das Zustandekommen eines Tarifvertrags werde auch nicht dadurch gehindert, dass Mitglieder des (Gesamt-)Betriebsrats die Vereinbarung mitunterzeichnet hätten.[110] Ausschlaggebend für die Annahme eines Tarifvertrags sei vielmehr, dass der Gesamtbetriebsrat weder originär noch durch Delegation ein Mitbestimmungsrecht nach § 87 Abs. 1 BetrVG gehabt habe. Da eine Betriebsvereinbarung folglich wegen der Sperrwirkung des § 77 Abs. 3 BetrVG unwirksam gewesen wäre, musste den Vertragsschließenden daran gelegen sein, einen Tarifvertrag zu schließen.

---

[108] BAG v. 15.4.2008, NZA-RR 2008, 586 ff.
[109] BAG v. 15.4.2008, NZA-RR 2008, 586, 588 f.
[110] BAG v. 15.4.2008, NZA-RR 2008, 586, 589.

V. Schlussfolgerungen

Bei den skizzierten Entscheidungen handelt es sich freilich um sehr unterschiedliche Fälle. Dennoch lassen sich ihnen wertvolle Hinweise zur Einordnung und dem Umgang mit dreigliedrigen Vereinbarungen entnehmen.

Die Entscheidungen stellen übereinstimmend fest, dass die Rechtsnatur einer dreigliedrigen Vereinbarung durch Auslegung zu bestimmen ist. Hierbei kann die Bezeichnung der Vereinbarung ein Indiz für ihre Rechtsqualität sein, sie ist jedoch keinesfalls maßgeblich. Das Gericht kann eine Vereinbarung durch Auslegung also „retten", wenn sich die Parteien bei der Bezeichnung im Ausdruck vergriffen haben.[111] Pragmatisch ist zudem der Ansatz des 1. Senats in seiner Entscheidung aus dem Jahr 2000, bei der Auslegung als wesentliches Merkmal zu berücksichtigen, dass den Parteien am Abschluss einer wirksamen Vereinbarung gelegen gewesen sein musste und der Abschluss einer Betriebsvereinbarung wegen Verstoßes gegen die Regelungssperre des § 77 Abs. 3 Satz 1 BetrVG daher schwerlich gewollt gewesen sein könnte. Diese Argumentation ist jedoch nachvollziehbar, schließlich entspricht es einem anerkannten Auslegungsgrundsatz, dass einem interpretationsbedürftigen Vertrag im Zweifel ein Inhalt beizumessen ist, der zu seiner Wirksamkeit führt.[112]

Besondere Bedeutung kommt der Entscheidung des 1. Senats vom 15.4.2008 zu. Zwar unterlässt der Senat es, eine dogmatische Einordnung vorzunehmen, jedoch definiert er mit dem Gebot der Rechtsquellenklarheit einen Maßstab für die Zulässigkeit und Wirksamkeit dreigliedriger Vereinbarungen. Danach ist eine dreigliedrige Vereinbarung zumindest hinsichtlich der Regelungskomplexe unwirksam, deren Urheberschaft und somit Rechtsnatur sich nicht sofort zweifelsfrei erkennen lässt. Das BAG begründet seine Anforderungen an die Rechtsquellenklarheit mit den Erfordernissen der Rechtssicherheit. Aufgrund der zum Teil gravierenden Unterschiede zwischen Tarifvertrag und Betriebsvereinbarung[113] müsse der Adressat einer normativ wirkenden Regelung wissen, woran er sei. Die Anwendung dieses strengen Prüfungsmaßstabs ist umso bemerkenswerter, als derselbe Senat in seiner Entscheidung vom 7.11.2000 noch keine Probleme damit hatte, eine in sich wider-

---

[111] So *Schaub*, EWiR 2001, 639, 640.
[112] Vgl. *Ehmann/Lambrich*, AP Nr. 14 zu § 77 BetrVG 1972 Tarifvorbehalt (Anmerkung); näher hierzu unter F.I.2.b).
[113] Das BAG nennt beispielhaft das Recht zu Teilkündigungen bei Tarifverträgen beziehungsweise Betriebsvereinbarungen, die unterschiedlichen Regeln zu deren Nachwirkung sowie unterschiedliche Rechtsfolgen beim Betriebsübergang, vgl. NZA 2008, 1074, 1076.

sprüchlich Vereinbarung großzügig als Tarifvertrag auszulegen. Diese früher praktizierte Auslegung erachtet der Senat nunmehr als „nicht ganz unbedenklich".[114] Überraschend ist die Verschärfung der Anforderungen an dreigliedrige Vereinbarungen durch den 1. Senat auch vor dem Hintergrund, dass sowohl der 9. Senat in seiner Entscheidung vom selben Tag als auch der 4. Senat in einer wenige Wochen zuvor ergangenen Entscheidung vom 23.1.2008 das Gebot der Rechtsquellenklarheit mit keinem Wort erwähnen. Vielmehr ähneln beide Entscheidung in ihrer Begründung stark derjenigen des 1. Senats aus dem Jahr 2000, wonach sich die Rechtsqualität einer Vereinbarung vor allem danach bemisst, ob diese in der gewählten Form wirksam ist. Beachtlich ist auch die eher beiläufige Feststellung, dass eine dreigliedrige Vereinbarung durchaus aus mehreren selbständigen Teilvereinbarungen bestehen kann, die lediglich in einer einheitlichen Urkunde zusammengefasst sind. Unter welchen Voraussetzungen eine solche Kombination möglich ist, wird jedoch nicht näher spezifiziert.

Mit dem Gebot der Rechtsquellenklarheit hat das BAG einen strengen Prüfungsmaßstab aufgestellt. Die Bezeichnung einer Vereinbarung und ein möglicher Verstoß gegen die Regelungssperre scheinen zwar nach wie vor wichtige Auslegungskriterien zur Bestimmung der Rechtsqualität zu sein. Jedoch ist für die Wirksamkeit einer typengemischten Vereinbarung anscheinend maßgeblich, dass die Urheber der einzelnen Regelungskomplexe zweifelsfrei und eindeutig erkennbar sind. Wie mit diesen Anforderungen in der Praxis umzugehen sein wird, wird nachfolgend zu untersuchen sein.

---

[114] NZA 2008, 1074, 1077.

E. Rechtsnatur dreigliedriger Standortsicherungsvereinbarungen

Die Entscheidungen des BAG haben gezeigt, dass bei dreigliedrigen Vereinbarungen eine wesentliche Schwierigkeit in deren rechtlicher Qualifizierung besteht. In Betracht kommen insbesondere Firmentarifvertrag,[115] Betriebsvereinbarung oder die Kombination von tarifvertraglichen und betriebsverfassungsrechtlichen Regelungen in einer Urkunde. Ebenso ließe sich daran denken, dass es sich um eine Vereinbarung *sui generis* handelt. Nachfolgend soll untersucht werden, ob Firmentarifvertrag und Betriebsvereinbarung für sich genommen als Regelungsinstrumente in Betracht kommen. Sofern dies der Fall ist, wird zu erörtern sein, ob der Abschluss einer Mischvereinbarung rechtlich zulässig und sinnvoll ist. Anschließend wird erörtert, ob es der Rechtsfigur der Vereinbarung *sui generis* bedarf.

I. Wirksamkeit als Firmentarifvertrag

1. Grundlagen zum Firmentarifvertrag

Für ein besseres Verständnis ist es hilfreich, vorab einige Grundlagen zu Firmentarifverträgen darzustellen.[116]

a) Begriff und Abschluss von Firmentarifverträgen

Das Tarifvertragsgesetz enthält keine Legaldefinition des Tarifvertrags.[117] Nach der heute gebräuchlichen Begriffsbestimmung handelt es sich um einen schriftlichen Vertrag zwischen Tarifvertragsparteien, der sowohl deren Rechte und Pflichten als auch die Arbeitnehmer betreffende Rechtsnormen enthalten kann.[118] Es wurde bereits erörtert, dass die Besonderheit eines Firmentarifvertrags darin besteht, dass auf Arbeitgeberseite kein Verband als Vertragspartei auftritt, sondern der Arbeitgeber vielmehr selbst Tarifpartei ist.[119] Der Abschluss eines Firmentarifvertrages erfordert daher korrespondierende Willenserklärungen des Arbeitgebers und einer Gewerkschaft (vgl. § 2 Abs. 1 TVG). Die Vereinbarung bedarf der Schriftform (§ 1

---

[115] In Bezug auf die tarifvertragliche Regelbarkeit beschränken sich die Überlegungen im Rahmen dieser Arbeit auf Firmentarifverträge. Unternehmensbezogene Verbandstarifverträge, die unmittelbar auf einen Standorterhalt abzielen, werden von den Gewerkschaften soweit ersichtlich nicht angestrebt, vgl. *Krause*, Standortsicherung und Arbeitsrecht, S. 56.
[116] Vgl. ausführlich zu den tarifrechtlichen Grundproblemen des Firmentarifvertrags *Witt*, Der Firmentarifvertrag, S. 63 ff.
[117] *Plander*, ZTR 1997, 145.
[118] Vgl. *Reim*, in: Däubler, TVG, § 1 Rn. 1; ähnlich *Franzen*, in: ErfK, § 1 TVG Rn. 19; *Stein*, Tarifvertragsrecht, Rn. 3; *Zachert*, in: Kempen/Zachert, TVG, § 1 Rn. 1 f.
[119] Vgl. zur Tariffähigkeit des Arbeitgebers nach § 2 Abs. 1 TVG *Witt*, Der Firmentarifvertrag, S. 64 ff.

Abs. 2 TVG). Der Zweck des Schriftformerfordernisses dient – anders als in vielen anderen Fällen – nicht einem Übereilungsschutz für die Parteien, sondern zur Klarstellung der Tarifinhalte für alle von der Vereinbarung möglicherweise Betroffenen.[120] Dies sind in der Regel die tarifgebundenen Arbeitnehmer.

b) Inhalt von Firmentarifverträgen

Die typischen Regelungen in Standortsicherungsvereinbarungen unterfallen verschiedenen Normtypen, was wiederum Einfluss auf deren personellen Regelungsbereich hat. Insofern soll nach einer kurzen Darstellung der verschiedenen Normtypen eine Zuordnung der Regelungen in Standortsicherungsvereinbarungen vorgenommen werden. Wie bei fast jedem Tarifvertrag lässt sich der Inhalt grundsätzlich in einen schuldrechtlichen und einen normativen Teil untergliedern.[121]

aa) Schuldrechtlicher Teil

Der schuldrechtliche Teil des Tarifvertrags regelt mit den Rechten und Pflichten der Tarifparteien deren Binnenbeziehung. Mit den Rechten und Pflichten sind in erster Linie diejenigen gemeint, die im Dienst der Tarifnormen stehen.[122] Dies sind die Friedenspflicht und die Durchführungspflicht.[123] Darüber hinaus können die Parteien im schuldrechtlichen Teil aber auch alle Arbeitsbedingungen regeln, denen sie keine normative Wirkung beimessen wollen oder bei denen eine normative Regelung nicht sinnvoll erscheint.[124] Im Rahmen des schuldrechtlichen Teils müssen sich die Parteien, anders als bei den Regelungen des normativen Teils, nicht ausschließlich innerhalb des Schutzbereichs des Art. 9 Abs. 3 GG bewegen. Sobald sie diesen Bereich verlassen, greift die allgemeine Vertragsfreiheit ein, auf die sich auch die Tarifparteien berufen können.[125]

---

[120] *Löwisch/Rieble*, TVG, § 1 Rn. 540; *Oetker*, in: J/K/O, Tarifvertragsrecht, § 3 Rn. 54; *Reim*, in: Däubler, TVG, § 1 Rn. 148; *Wiedemann*, in: Wiedemann, TVG, § 1 Rn. 228.
[121] Hiervon gibt es auch Ausnahmen. Insbesondere gibt es Tarifverträge mit rein schuldrechtlichem Inhalt, wie beispielsweise Schlichtungsabkommen, Arbeitskampfvereinbarungen und kollektive Schiedsgerichtsverträge; vgl. *Thüsing*, in: Wiedemann, TVG, § 1 Rn. 9.
[122] So *Löwisch/Rieble*, TVG, § 1 Rn. 364; zustimmend *Krause*, in: J/K/O, Tarifvertragsrecht, § 4 Rn. 123.
[123] Vgl. eingehend zu diesen Pflichten *Krause*, in: J/K/O, Tarifvertragsrecht, § 4 Rn. 125 ff. und 146 ff.
[124] *Gamillscheg*, Kollektives Arbeitsrecht, Band I, S. 626.
[125] *Gamillscheg*, Kollektives Arbeitsrecht, Band I, S. 626; *Krause*, in: J/K/O, Tarifvertragsrecht, § 4 Rn. 123; *Reim*, in: Däubler, TVG, § 1 Rn. 960a f.

bb) Normativer Teil

Der normative Teil beinhaltet in aller Regel Arbeitsbedingungen, die zwischen den beiderseits tarifgebundenen Arbeitsvertragsparteien unmittelbar und zwingend gelten.[126] Diese grobe Unterteilung lässt sich weiter untergliedern. Gemäß § 1 Abs. 1 TVG enthält der Tarifvertrag „Rechtsnormen, die den Inhalt, den Abschluss und die Beendigung von Arbeitsverhältnissen sowie betriebliche und betriebsverfassungsrechtliche Fragen ordnen können". Man unterscheidet daher so genannte Inhalts-, Abschluss- und Beendigungsnormen (Individualnormen) sowie betriebsbezogene Normen.[127]

(1) Individualnormen

Inhalts-, Abschluss- und Beendigungsnormen regeln das Rechtsverhältnis zwischen Arbeitgeber und Arbeitnehmer und werden daher als Individualnormen bezeichnet.[128] Die Inhaltsnormen regeln dabei die Rechte und Pflichten der Arbeitsvertragsparteien im Arbeitsverhältnis. Dies sind häufig die Arbeitszeit und das Arbeitsentgelt betreffende Fragen. Gegenstand der Abschlussnormen ist das Ob und das Wie des Zustandekommens von Arbeitsverträgen. Beendigungsnormen regeln das Ob und das Wie der Beendigung von Arbeitsverhältnissen. Hierzu gehören beispielsweise Kündigungsreglungen oder Kündigungsausschlüsse.[129] Individualnormen entfalten grundsätzlich nur zwischen den beiderseits Tarifgebundenen eine unmittelbare und zwingende Wirkung (§ 4 Abs. 1 TVG).[130]

(2) Betriebsbezogene Normen

Betriebsbezogene Normen untergliedern sich in betriebliche und betriebsverfassungsrechtliche Normen, wobei letztere nicht unmittelbar die Arbeitsbedingungen der betroffenen Arbeitnehmer regeln, sondern sich auf die Errichtung, Organisation und die Rechte einer betrieblichen Arbeitnehmervertretung beziehen.[131] Betriebsbezogenen Normen ist gemeinsam, dass sie das betriebliche Rechtsverhältnis zwi-

---

[126] *Krause*, in: J/K/O, Tarifvertragsrecht, § 4 Rn. 1; *Thüsing*, in: Wiedeman, TVG, § 1 Rn. 334.
[127] Betriebsbezogene Normen werden teilweise auch als „Betriebsnormen" bezeichnet, vgl. *Krause*, in: J/K/O, Tarifvertragsrecht, § 4 Rn. 53.
[128] So *Löwisch/Rieble*, TVG, § 1 Rn. 21.
[129] Vgl. *Krause*, in: J/K/O, Tarifvertragsrecht, § 4 Rn. 48 ff.
[130] Etwas anderes gilt, wenn Individualnormen zugleich betriebsbezogene Normen sind (Normen mit Doppelcharakter) oder ein Tarifvertrag gemäß § 5 TVG für allgemeinverbindlich erklärt wird. In einem solchen Fall erstreckt sich die Wirkung der entsprechenden Normen auf alle Arbeitnehmer eines Betriebs.
[131] *Krause*, in: J/K/O, Tarifvertragsrecht, § 4 Rn. 77.

schen dem Arbeitgeber und der Belegschaft als Kollektiv regeln.[132] Sie dienen dazu, gewisse betriebliche Angelegenheiten, die aus organisatorischen Gründen für alle Arbeitnehmer des Betriebes gelten sollen, einheitlich zu regeln. Aus diesem Grund entfalten sie für alle Arbeitnehmer eines Betriebs unmittelbare und zwingende Wirkung, sofern zumindest der Arbeitgeber tarifgebunden ist (§ 3 Abs. 2 i.V.m. § 4 Abs. 1 Satz 2 TVG). Betriebsbezogene Normen bewirken von ihrer Wirkung eine auf den Betrieb bezogene Allgemeinverbindlichkeit der Regelung.[133] Dies begründet freilich die Gefahr einer gewissen „Sogwirkung" tarifpolitische Ziele, die flächendeckend wirken sollen, in die Form betriebsbezogener Normen zu kleiden.[134] Vor dem Hintergrund der Geltungserstreckung betriebsbezogener Normen auch auf Außenseiter wird die Verfassungsmäßigkeit von Teilen der Literatur kritisch beurteilt.[135] Das BAG und der überwiegende Teil der Literatur gehen hingegen von der Verfassungsmäßigkeit betriebsbezogener Normen aus.[136] Das BAG grenzt den Anwendungsbereich betriebsbezogener Normen jedoch ein, indem es sich um Regelungen handeln muss, „die in der sozialen Wirklichkeit aus tatsächlichen oder rechtlichen Gründen nur einheitlich gelten können".[137] Dies kann bereits der Fall sein, wenn „eine individualvertragliche Regelung wegen evident sachlogischer Unzweckmäßigkeit ausscheidet".[138]

(3) Normen mit Doppelcharakter

Tarifvertragliche Normen können nicht ausschließlich nur einer Normkategorie zugeordnet werden. Es gibt vielmehr Normen, die sich beiden Gruppen zuordnen lassen, da sie sowohl das Individualarbeitsverhältnis als auch das betriebliche Rechtsverhältnis gestalten. Hierbei handelt es sich dann um so genannte Normen

---

[132] *Löwisch/Rieble*, TVG, § 1 Rn. 105; *Krause*, in: J/K/O, Tarifvertragsrecht, § 4 Rn. 53 f.; *Reim*, in: Däubler, TVG, § 1 Rn. 317; *Zachert*, in: Kempen/Zachert, TVG, § 1 Rn. 86.
[133] So *Säcker/Oetker*, Grundlagen und Grenzen der Tarifautonomie, S. 135.
[134] So *Krause*, in: J/K/O, Tarifvertragsrecht, § 4 Rn. 55.
[135] Vgl. *Biedenkopf*, Grenzen der Tarifautonomie, S. 307 ff.; *Schleusener*, ZTR 1998, 100 ff.; *Zöllner*, RdA 1962, 453 ff.; ders., RdA 1964, 443 ff; s. allgemein zur Verfassungsmäßigkeit betriebsbezogener Normen auch *Dieterich*, in: FS Däubler, S. 451 ff. sowie *Thüsing*, in: Wiedemann, TVG, § 1 Rn. 727 m.w.N. für die einzelnen Meinungen.
[136] BAG v. 21.1.1987, NZA 1987, 233 ff.; BAG v. 26.4.1990, NZA 1990, 850 ff.; BAG v. 7.11.1995, NZA 1996, 1214 ff.; BAG v. 17.6.1997, NZA 1998, 213 ff.; *Dieterich*, in: FS Däubler, S. 451 ff.; *Franzen*, in: ErfK, § 3 TVG Rn. 17; *Gamillscheg*, Kollektives Arbeitsrecht, Band I, S. 719 f.; *H. Hanau*, RdA 1996, 158 ff.; *Kempen*, in: Kempen/Zachert, TVG, § 3 Rn. 32 ff.; *Thüsing*, in: Wiedemann, TVG, § 1 Rn. 727.
[137] So BAG v. 21.1.1987, NZA 1987, 233, 234; ebenso BAG v. 26.4.1990, NZA 1990, 850, 853; ähnlich BAG v. 7.11.1995, NZA 1996, 1214 ff.; BAG v. 17.6.1997, NZA 1998, 213, 214; vgl. zur Entwicklung der Rechtsprechung auch *Thüsing*, in: Wiedemann, TVG, § 1 Rn. 719 ff.
[138] So BAG v. 26.4.1990, NZA 1990, 850, 853 unter ausdrücklicher Bezugnahme auf *Säcker/Oetker*, Grundlagen und Grenzen der Tarifautonomie, S. 142 f. (Fn.126).

mit Doppelcharakter.[139] Normen mit Doppelcharakter wirken aufgrund ihrer Betriebsbezogenheit ebenfalls unmittelbar und zwingend für alle Arbeitnehmer des tarifschließenden Arbeitgebers. Ob eine Norm mit Doppelcharakter vorliegt ist durch Auslegung des Willens der Tarifvertragsparteien und des Inhalts der Tarifnormen zu ermitteln.[140]

2. Normcharakter und Normwirkung typischer Regelungen in Standortsicherungsvereinbarungen

Da tarifvertragliche Normen unterschiedliche Wirkungen haben können, soll nachfolgend eine Zuordnung der typischen Regelungen in Standortsicherungsvereinbarungen vorgenommen werden. Von dem Normcharakter einer Regelung hängt nämlich ab, ob diese nur für die tarifgebundenen oder für alle Arbeitnehmer unmittelbar und zwingend gilt. Dies kann ein wichtiges Kriterium zur Bestimmung der Rechtsnatur einer Standortsicherungsvereinbarung sein, da eine tarifliche Regelung im Falle ihrer Geltungserstreckung auf sämtliche Arbeitnehmer den selben Wirkungsgrad erreicht, wie eine Betriebsvereinbarung.

a) Regelungen zur Arbeitszeit

Ein wesentlicher Regelungsbereich von Standortsicherungsvereinbarungen betrifft Fragen der Arbeitszeit. Je nach Auftragslage sind sowohl Arbeitszeiterhöhungen als auch -verringerungen denkbar. In Zeiten wirtschaftlicher Schwäche gewinnen jedoch Arbeitszeitverkürzungen aufgrund sinkender Auftragsvolumina an Relevanz.

aa) Inhaltsnorm

Regelungen zur Arbeitszeit betreffen unmittelbar den Inhalt des Arbeitsverhältnisses und stellen daher grundsätzlich Inhaltsnormen dar.[141] Diese wirken nur für die tarifgebundenen Arbeitnehmer unmittelbar und zwingend.

---

[139] Vgl. BAG v. 7.11.1995, NZA 1996, 1214, 1215; *Gamillscheg,* Kollektives Arbeitsrecht, Band I, S. 595; *Löwisch/Rieble,* TVG, § 1 Rn. 133; *Krause,* in: J/K/O, Tarifvertragsrecht, § 4 Rn. 13; *Reim,* in: Däubler, TVG, § 1 Rn. 344 ff.; *Thüsing,* in: Wiedemann, TVG, § 1 Rn. 365 ff.; *Zachert,* in: Kempen/Zachert, TVG, § 1 Rn. 93.

[140] *Löwisch/Rieble,* TVG, § 1 Rn. 133; *Reim,* in: Däubler, TVG, § 1 Rn. 319 und 344; *Thüsing,* in: Wiedemann, TVG, § 1 Rn. 373; a.A. *Schweibert,* Die Verkürzung der Wochenarbeitszeit durch Tarifvertrag, S. 164, die alleine auf die objektive Ausgestaltung der Norm abstellt.

[141] *Franzen,* in: ErfK, § 1 TVG Rn. 41; *Henssler,* in: H/W/K, § 1 TVG Rn. 45; *Reim,* in: Däubler, TVG, § 1 Rn. 312; *Zachert,* in: Kempen/Zachert, TVG, § 1 Rn. 60.

bb) Betriebsbezogene Norm – Norm mit Doppelcharakter?

Nach Auffassung des BAG ist es möglich, dass Firmentarifverträge zur Beschäftigungssicherung durch Arbeitszeitverkürzung gegen Lohnverringerung und Zusage einer Beschäftigungsgarantie (auch) betriebsbezogene Normen darstellen können, die dann für sämtliche Arbeitnehmer des tarifschließenden Arbeitgebers normativ wirken.[142] Es würde sich dann um Normen mit Doppelcharakter handeln. Der wesentliche Unterschied zu einer Betriebsvereinbarung, die für alle Arbeitnehmer eines Betriebs Geltung entfaltet, wäre in solch einem Fall beseitigt.

Unter Zugrundelegung des vom BAG aufgestellten Kriterien ist für die Annahme einer betriebsbezogenen Norm erforderlich, dass die entsprechenden Regelungen „aus tatsächlichen oder rechtlichen Gründen nur einheitlich gelten" können oder eine individualvertragliche Regelung wegen „evident sachlogischer Unzweckmäßigkeit" ausscheidet. Ob diese Voraussetzungen in Bezug auf die Arbeitszeit reduzierende Normen erfüllt sind, ist fraglich. Ein ähnliches Problem besteht bei tariflichen Klauseln über die Einführung von Kurzarbeit. Diese sind nach überwiegender Meinung als Betriebsnormen einzuordnen, da sie einheitlich im gesamten Betrieb gelten müssen.[143] Begründet wird die Notwendigkeit einer betriebseinheitlichen Regelung insbesondere mit einem Zweckmäßigkeitsargument. Danach mag es zwar durchaus naturwissenschaftlich möglich sein, die Verkürzung der regelmäßigen Wochenarbeitszeit individualvertraglich mit jedem einzelnen Arbeitnehmer umzusetzen, dies wäre jedoch aus evident sachlogischen Gründen unzweckmäßig, da eine Differenzierung zwischen organisierten und nichtorganisierten Arbeitnehmern praktisch kaum durchführbar sei und dem Ziel der Beschäftigungssicherung und langfristigen Erhaltung der Einrichtung zuwiderlaufen würde. Nur wenn die Arbeitszeit im Betrieb beziehungsweise einzelnen Abteilungen einheitlich geregelt werde, sei das Ziel der Beschäftigungssicherung erreichbar[144] und betriebswirt-

---

[142] So BAG v. 1.8.2001, AP Nr. 5 zu § 3 TVG Betriebsnormen unter I.2.c)bb) der Gründe; ebenso LAG Baden-Württemberg v. 27.4.1999, Az.: 10 Sa 82/98 unter I.1. der Gründe; offen lassend hingegen BAG v. 15.4.2008, NZA-RR 586, 589; für die Annahme einer betriebsbezogenen Norm auch *Bayreuther*, NZA 2010, 378, 379; *Hanau/Thüsing*, ZTR 2001, 49, 53; *Reichold*, ZfA 1998, 237, 248 f.; *Wiedemann*, AP Nr. 5 zu § 3 TVG Betriebsnorm (Anmerkung); ähnlich *Thüsing*, NZA 2008, 201, 204, der jedoch Vereinbarungen zur Beschäftigungssicherung insgesamt als Betriebsnormen qualifiziert, ohne zwischen den einzelnen Regelungen zu differenzieren.
[143] Vgl. *Farthmann*, RdA 1974, 65, 70 f.; *Franzen*, in: ErfK, § 1 TVG Rn. 69; *Gamillscheg*, Kollektives Arbeitsrecht, Band I, S. 594 f.; *Henssler*, in: H/W/K, § 1 TVG Rn. 128; *Rauschenberg*, Flexibilisierung und Neugestaltung der Arbeitszeit, S. 88; *Reim*, in: Däubler, TVG, § 1 Rn. 320; *Säcker/Oetker*, ZfA 1991, 131, 141 ff.; *Simitis/Weiss*, DB 1973, 1240, 1249 ff.; *Thüsing*, in: Wiedemann, TVG, § 1 Rn. 748; a.A. *Löwisch/Rieble*, TVG, § 1 Rn. 129; *Zachert*, in: Kempen/Zachert, TVG, § 1 Rn. 92.
[144] Vgl. schon *Nikisch*, BB 1949, 103.

schaftlich sinnvoll.[145] Ansonsten wäre die Folge, dass in Abteilungen mit einem geringen Organisationsgrad die Arbeitszeit der Organisierten viel stärker abgesenkt werden müsste, als in solchen mit einem hohen Organisationsgrad, was in der Praxis zu kaum überwindbaren Schwierigkeiten und Spannungen innerhalb der Belegschaft führen würde. Deshalb sei die individualrechtliche Lösung mit den Worten des BAG als "evident sachlogisch unzweckmäßig" anzusehen.[146] Es kann an dieser Stelle dahingestellt bleiben, ob es sich bei den hier behandelten Fällen der Arbeitszeitverringerung im Rahmen einer Standortsicherungsvereinbarung um die Einführung von Kurzarbeit im Sinne des SGB III handelt. Zumindest ist die Interessenlage jedoch dieselbe, so dass die für die Kurzarbeitsregelungen genannten Argumente auf die hier behandelten Fälle übertragbar sind.

Vor dem Hintergrund dieser Argumentation wird zudem deutlich, dass der Arbeitgeber ein Interesse an einer betriebseinheitlichen Regelung hat. Je mehr Arbeitnehmer von einer Verringerung der Arbeitszeit betroffen sind, desto leichter lässt sich bei rückläufigen Auftragsvolumina wieder wirtschaftlich produzieren. Zudem wirkt es auch internen Spannungen entgegen, wenn nicht nur eine Gruppe von Arbeitnehmern, in diesem Fall die Tarifgebundenen, Lasten zu tragen hat, sondern diese auf die Schultern aller Arbeitnehmer verteilt werden. Daneben haben auch die Gewerkschaften ein Interesse an einer einheitlich für alle Arbeitnehmer geltenden Regelung. Es stellt sich nämlich die Frage, ob Gewerkschaften weiterhin bereit wären, aus sozialen und wirtschaftlichen Gründen wünschenswerte Vereinbarungen zur Reduzierung der Arbeitszeit abzuschließen, wenn dadurch ihre Mitglieder gegenüber Nichtorganisierten benachteiligt würden.[147] Dies ist sehr zweifelhaft.

Bei dreigliedrigen – als Firmentarifvertrag abgeschlossenen – Standortsicherungsvereinbarungen spricht die Beteiligung des Betriebsrats ebenfalls für den Willen der Parteien, eine betriebsbezogene Norm zu konstituieren, die für alle Arbeitnehmer gilt. Andernfalls ließe sich nicht erklären, warum der Betriebsrat an einer Vereinbarung beteiligt wird, die nur für die tarifgebundenen Arbeitnehmer gelten soll. Der Betriebsrat ist schließlich die Interessenvertretung der *gesamten* Belegschaft.

Neben diesen Zweckmäßigkeits- und Interessenerwägungen spricht im Falle einer Standortsicherungsvereinbarung auch ein rechtliches Argument für die Annahme einer betriebsbezogenen Norm. Standortsicherungsvereinbarungen beinhalten als Gegenleistung für die Zugeständnisse der Arbeitnehmer zumeist Regelungen über

---

[145] *Säcker/Oetker*, ZfA 1991, 134, 143 f.
[146] So LAG Baden-Württemberg v. 27.4.1999, Az.: 10 Sa 82/98 unter I.1.b) der Gründe.
[147] So zutreffend *Farthmann*, RdA 1974, 65, 71.

eine Standort- oder Beschäftigungsgarantie für die Dauer ihrer Laufzeit. Die Standort- oder Beschäftigungsgarantie wird in der Regel durch den Ausschluss von betriebsbedingten Kündigungen realisiert. Ein solcher Kündigungsausschluss muss für alle Arbeitnehmer betriebseinheitlich gelten, da bei einer Differenzierung nach der Organisationszugehörigkeit ein Sonderkündigungsschutz entstünde, der einen Verstoß gegen das Kündigungsschutzgesetz und die negative Koalitionsfreiheit der nichttarifgebundenen Arbeitnehmer begründen würde.[148] Demnach ist die Hauptleistung des Arbeitgebers, sofern sie in einem Verzicht auf betriebsbedingte Kündigungen besteht, immer eine betriebsbezogene Norm, die für sämtliche Arbeitnehmer eines Betriebs gilt. In einem solchen Fall ist es jedoch nicht sinnvoll und von den Parteien wohl auch kaum gewollt, wenn die im Gegenzug von den Arbeitnehmern zu erbringenden Hauptleistungen (Kürzungen bei Arbeitszeit und Entgelt) einen anderen Adressatenkreis betreffen. Die Hauptleistungspflichten der Parteien stehen nämlich in einem Abhängigkeitsverhältnis zueinander und bedingen sich sogar häufig. Die Arbeitszeitverkürzung kann daher nicht losgelöst von der Gegenleistung des Arbeitgebers gesehen werden.[149] Schließlich wird keine Partei ihre Leistung erbringen wollen, wenn die andere Partei ihre Leistung nicht ebenfalls erbringt. Aus der Verknüpfung einer für alle Mitarbeiter geltenden Beschäftigungsgarantie mit einer Arbeitszeitverkürzung ergibt sich ein kollektivrechtlicher Bezug, der eine Norm zur Organisation der gesamten Belegschaft notwendig macht.[150]

Unterstrichen wird diese Annahme dadurch, dass die Vereinbarung weder ausschließlich den Interessen des Arbeitgebers noch denen der einzelnen Arbeitnehmer dient. Nutznießer ist vielmehr die gesamte Belegschaft, deren Zusammensetzung für die Laufzeit der Vereinbarung in der Form erhalten bleibt. Hinzu kommt, dass die skizzierten Regelungen von den Tarifparteien freiwillig vereinbart werden. Warum ein Arbeitgeber in einem Firmentarifvertrag nicht ähnliche Maßnahmen verabreden können soll, wie dies nach § 88 BetrVG für die Betriebspartner möglich ist, ist nicht nachvollziehbar.[151]

---

[148] Hierzu sogleich unter E.I.2.c)bb).
[149] So auch *Schweibert*, Die Verkürzung der Wochenarbeitszeit durch Tarifvertrag, S. 164 in Bezug auf die Arbeitszeitregelungen im Firmentarifvertrag zur Beschäftigungssicherung zwischen der Volkswagen AG und der IG Metall aus dem Jahre 1993; vgl. den Abdruck des Firmentarifvertrags in NZA 1994, 111 f.
[150] Vgl. *Schweibert*, Die Verkürzung der Wochenarbeitszeit durch Tarifvertrag, S. 164.
[151] So *Wiedemann*, AP Nr. 5 zu § 3 TVG Betriebsnormen (Anmerkung).

Folglich handelt es sich bei Arbeitszeitverkürzungen, die als Gegenleistung für eine Beschäftigungsgarantie vereinbart werden, auch um betriebsbezogene Normen und somit um Normen mit Doppelcharakter.[152]

b) Regelungen zum Entgelt

aa) Inhaltsnorm

Standortsicherungsvereinbarungen enthalten in der Regel auch Bestimmungen über das Entgelt. Diese können sehr vielfältig sein und sind abhängig von der Entgeltstruktur des betroffenen Unternehmens. Da Vereinbarungen über das Entgelt unmittelbar das Austauschverhältnis zwischen Arbeitgeber und Arbeitnehmer betreffen, handelt es sich wie bei den Arbeitszeitregelungen um Inhaltsnormen.[153]

bb) Betriebsbezogene Norm – Norm mit Doppelcharakter?

Fraglich ist, ob auch Entgeltregelungen in Standortsicherungsvereinbarungen betriebseinheitlich geregelt werden müssen und somit Normen mit Doppelcharakter sind. Zur Beantwortung dieser Frage muss nach der Art der Entgeltkürzung unterschieden werden. Entgeltkürzungen können grundsätzlich in zwei Varianten vorkommen – entweder als unselbständige oder als selbständige Regelungen. Um eine unselbständige Regelung handelt es sich, wenn die Reduzierung des Entgelts lediglich der Reflex einer Arbeitszeitverkürzung ist. In diesem Falle ist die Reduzierung der Arbeitszeit die primäre Regelung und die Entgeltregelung erlangt keine eigenständige Bedeutung. Sofern die Regelungen zur Entgeltkürzung unselbständig sind, haben sie den selben Rechtsnormcharakter wie die Arbeitszeitregelung, an die sie gekoppelt sind. Es kann sich also ebenfalls um Normen mit Doppelcharakter handeln.

Um eine selbständige Regelung handelt es sich hingegen, wenn die Parteien losgelöst von der zu erbringenden Arbeitsleistung eine Lohnkürzung vereinbaren. In diesem Fall stellt die Lohnkürzung die primäre Regelung dar. Da die Lohnkürzung

---

[152] In diesem Sinne auch *Bayreuther*, NZA 2010, 378, 379; *Farthmann*, RdA 1974, 65, 70 f.; *Hanau/Thüsing*, ZTR 2001, 49, 53; *Reichold*, ZfA 1998, 237, 249; *Schweibert*, Die Verkürzung der Wochenarbeitszeit durch Tarifvertrag, S. 164; *Thüsing*, NZA 2008, 201, 204; *Wiedemann*, AP Nr. 5 zu § 3 TVG Betriebsnormen (Anmerkung); ablehnend *Kort*, AP Nr. 1 zu § 1 TVG Tarifverträge: Internationaler Bund unter VII. mit dem Hinweis, dass der Wunsch nach einer betriebseinheitlichen Regelung zwar wünschenswert sein möge, hierfür jedoch keine Notwendigkeit bestehe, da man durchaus zwischen organisierten und nichtorganisierten Arbeitnehmern differenzieren könne; *Zachert*, in: Kempen/Zachert, § 1 Rn. 92.
[153] *Franzen*, in: ErfK, § 1 TVG Rn. 41; *Henssler*, in: H/W/K, § 1 TVG Rn. 45; *Reim*, in: Däubler, TVG, § 1 Rn. 312; *Zachert*, in: Kempen/Zachert, TVG, § 1 Rn. 60.

ebenso wie eine Änderung der Arbeitszeit in einer Standortsicherungsvereinbarung nur als Gegenleistung für einen Kündigungsverzicht zugesagt wird, kann auf die Ausführungen zur Arbeitszeit verwiesen werden. Aufgrund des bestehenden Synallagmas müssen auch in diesem Fall Leistung und Gegenleistung denselben Anwendungsbereich haben. Sofern eine Entgeltkürzung an die Zusage eines Kündigungsverzichts geknüpft ist, handelt folglich um eine betriebsbezogene Norm, die für sämtliche Arbeitnehmer Geltung entfaltet.

c) Ausschluss betriebsbedingter Kündigungen

aa) Beendigungsnorm

Es wurde bereits erörtert, dass die vom Arbeitgeber abgegebene Standort- oder Beschäftigungsgarantie zumeist in einem Verzicht auf betriebsbedingte Kündigungen für die Laufzeit der Vereinbarung besteht. Normen, die den Kündigungsschutz der Arbeitnehmer verbessern, indem sie betriebsbedingte Kündigungen für einen bestimmten Zeitraum ausschließen, stellen klassischerweise Beendigungsnormen dar.[154]

bb) Betriebsbezogene Norm – Norm mit Doppelcharakter?

Ein tarifvertraglich zugesicherter Kündigungsausschluss kann aus rechtlichen Gründen nur betriebseinheitlich geregelt werden und muss für alle Arbeitnehmer gelten. Hierbei handelt es sich dann ebenfalls um eine betriebsbezogene Norm und somit zugleich um eine Norm mit Doppelcharakter.

Die Beschränkung einer Beschäftigungsgarantie allein auf tarifgebundene Arbeitnehmer ist aus mehreren Gründen unzulässig. Sie hätte nämlich zur Folge, dass im Falle eines Personalabbaus durch den Ausspruch betriebsbedingter Kündigungen hiervon nur die nichtorganisierten Arbeitnehmer erfasst würden. Die der Beschäftigungsgarantie unterfallenden Arbeitnehmer würden in die Sozialauswahl nach § 1 Abs. 3 KSchG nicht einbezogen und somit gegenüber den Außenseitern bevorzugt. Freilich müssen die nicht- oder andersorganisierten Arbeitnehmer es hinnehmen, dass tarifvertraglich vereinbarte Vergünstigungen nur den Arbeitnehmern der tarifschließenden Gewerkschaft zugute kommen. Das ist der Vorteil der von Art. 9 Abs. 3 GG garantierten kollektiven Interessenwahrnehmung. Allerdings dürfen

---

[154] Vgl. *Gamillscheg*, Kollektives Arbeitsrecht, Band I, S. 581 f.; *Henssler*, in: H/W/K, § 1 TVG Rn. 50; *Franzen*, in: ErfK, § 1 TVG Rn. 44; *Hanau/Thüsing*, ZTR 2001, 49, 53; *Reim*, in: Däubler, TVG, § 1 Rn. 305; *Thüsing*, in: Wiedemann, TVG, § 1 Rn. 675; *Zachert*, in: Kempen/Zachert, TVG, § 1 Rn. 79.

Tarifklauseln nicht dazu führen, dass die nichttarifgebundenen Arbeitnehmer hierdurch Nachteile erleiden. In einem solchen Fall kommt es zu einer diskriminierenden Wirkung durch den Tarifvertrag, was die hiervon nachteilig betroffenen Arbeitnehmer in ihrer ebenfalls durch Art. 9 Abs. 3 GG geschützten negative Koalitionsfreiheit verletzen würde.[155] Zudem würde eine solche Regelung im Krisenfall einen unzulässigen Beitrittsdruck auf die nichtorganisierten Arbeitnehmer ausüben.[156] Da es sich bei § 1 KSchG um zwingendes Gesetzesrecht handelt, können dessen Regelungen weder einzelvertraglich noch durch Tarifvertrag abbedungen werden.[157] Der Zweck des Kündigungsschutzgesetzes besteht darin, allen Arbeitnehmern ungeachtet ihrer Gewerkschaftszugehörigkeit die gleichen Chancen zum Erhalt ihres Arbeitsplatzes zu gewährleisten. Die Tarifparteien haben folglich nicht die Befugnis, die Sozialauswahl abweichend von § 1 Abs. 3 KSchG zu regeln. Hierzu hätte der Gesetzgeber sie ausdrücklich ermächtigen müssen, was nicht geschehen ist.[158] Eine solche Ermächtigung ist insbesondere auch nicht in § 1 Abs. 4 KSchG zu sehen, da hierdurch den Tarifparteien lediglich die Befugnis zum Erlass von Richtlinien gegeben wurde, in denen die Sozialauswahlkriterien gewichtet werden können. Aus den genannten Gründen können Klauseln, die betriebsbedingte Kündigungen ausschließen und damit zwangsläufig in die Sozialauswahl nach § 1 Abs. 3 KSchG eingreifen, nur als betriebsbezogene Normen abgeschlossen werden.[159]

d) Abgabe einer Standortgarantie

aa) Keine normative Regelung

Regelmäßig verpflichtet sich der Arbeitgeber im Rahmen einer Standortsicherungsvereinbarung dazu, einen Standort unter bestimmten Voraussetzungen fortzuführen, anstatt ihn zu schließen oder zu verlegen. Eine Standortgarantie kann auf unterschiedliche Weise erfolgen. Zum einen kann dies in Form der soeben dargestellten Beschäftigungsgarantie erfolgen, indem der Arbeitgeber nämlich für einen bestimmten Zeitraum den Ausspruch betriebsbedingter Kündigungen ausschließt.

---

[155] Vgl. *Ehler*, BB 1994, 2068, 2069; *Frischmann*, ZTR 1996, 344, 346 f.; *Löwisch/Rieble*, TVG, § 1 Rn. 227 sowie 877; ähnlich *Kiel*, in: A/P/S, Kündigungsrecht, § 1 KSchG Rn. 816; a.A. *Preis*, in: S/P/V, Kündigung, Rn. 1065.
[156] So *Löwisch/Rieble*, TVG, § 1 Rn. 226 und 877.
[157] *Berkowsky*, Die betriebsbedingte Kündigung, § 7 Rn. 137 ff. m.w.N.
[158] *Adam*, NZA 1999, 846, 848; *Frischmann*, ZTR 1996, 348; *Löwisch*, DB 1998, 877, 881; *Kania/Kramer*, RdA 1995, 287, 289; *Moll*, in: FS Wiedmann, S: 360 f.; a.A. *Hanau/Thüsing*, ZTR 2001, 49, 50.
[159] *Löwisch/Rieble*, TVG, § 1 Rn. 878; *Reichold*, ZfA 1998, 237, 249.

Mittelbar führt dies dazu, dass der Standort weitergeführt wird. Darüber hinaus kann eine Standortgarantie auch abstrakt erfolgen, d.h. ohne dass die Parteien eine konkrete Form der Umsetzung vereinbaren.[160] Anders als eine Beschäftigungsgarantie, auf die sich die Arbeitnehmer konkret berufen können, betrifft die Zusage, einen Standort fortzuführen, nur den Standort als solchen, jedoch nicht die einzelnen Arbeitsverhältnissen. Die Fortführung des Standorts schließt nicht aus, dass sich der Arbeitgeber von einzelnen Arbeitnehmern trennt oder Umstrukturierungen vornimmt. Sie erfolgt vielmehr abstrakt und betrifft nicht den unmittelbaren Inhalt der Arbeitsverhältnisse oder die Modalitäten der geschuldeten Tätigkeit. Eine Standortgarantie kann folglich keine Inhaltsnorm sein. Ebenso wenig betrifft eine entsprechende Regelung das Ob oder Wie der Beendigung von Arbeitsverhältnissen. Es handelt sich also auch um keine Beendigungsnorm.[161] Allenfalls kommt eine Qualifizierung als betriebsbezogene Norm in Betracht. Die Qualifizierung einer Regelung als betriebliche oder betriebsverfassungsrechtliche Norm setzt jedoch das Bestehen eines Betriebs voraus. Betriebsbezogene Regelung gestalten die Arbeitsbedingungen *im* bestehenden Betrieb.[162] Die unternehmerische Entscheidung über Erhalt, Schließung oder Verlagerung von Produktionsstätten betrifft hingegen den Betrieb selbst in seiner Existenz und ist der Sphäre der unternehmerischen Planung zuzuordnen, die im Vorfeld einer etwaigen Umsetzung liegt. Folglich ist auch die Qualifizierung als betriebsbezogene Norm nicht möglich. Abstrakte Regelungen über die Fortführung, Schließung oder Verlegung eines Standortes sind einer normativen tarifvertraglichen Regelung nicht zugänglich.[163]

bb) Schuldrechtliche Regelung

Regelungen über die Fortführung, Verlegung oder Schließung eines Standortes können daher nur Gegenstand des schuldrechtlichen Teils eines Tarifvertrages sein.[164] Auf sie kann sich folglich nur die Gewerkschaft berufen.

---

[160] Eine mögliche Klausel könnte beispielsweise lauten: „Es wird garantiert, dass der Standort A bis zum 31.12.2012 gesichert ist" oder „Die X-GmbH verpflichtet sich den Standort Y bis zum 31.12.2012 zu erhalten".
[161] So auch *Fischinger*, Arbeitskämpfe, S. 34 f.; *Krause*, Standortsicherung und Arbeitsrecht, S. 56 f.; *Ruch*, Dreiseitige Vereinbarungen, S. 41; etwas anderes kann gelten, wenn die Standortgarantie so ausgelegt werden kann, dass sie einen Kündigungsausschluss darstellt. Dann liegt eine Beendigungsnorm vor. Ob eine solche Auslegung möglich ist, ist eine Frage des Einzelfalls.
[162] Vgl. *Fischinger*, Arbeitskämpfe, S. 37; *Richardi*, Kollektivgewalt und Individualwille, S. 239.
[163] *Fischinger*, Arbeitskämpfe, S. 37 f; *Hanau/Thüsing*, ZTR 2001, 49, 53; *Krause*, Standortsicherung und Arbeitsrecht, S. 57; ebenso *Ruch*, Dreiseitige Vereinbarungen, S. 41.
[164] Ebenso *Buchner*, DB 2001, Beilage 9, 1, 8; *Fischinger*, Arbeitskämpfe, S. 34 ff.; *Hanau/Thüsing*, ZTR 2001, 49, 53; *Henssler*, in: FS Richardi, S. 555; *Ruch*, Dreiseitige Vereinbarungen, S. 42 ff.; wohl auch *Hölters*, Harmonie normativer und schuldrechtlicher Abreden in Tarifverträgen, S. 43.

3. Wirksamer *Abschluss* einer dreigliedrigen Standortsicherungsvereinbarung als Firmentarifvertrag

Bereits der Abschluss einer Standortsicherungsvereinbarung zwischen drei Parteien wirft Fragen hinsichtlich der Wirksamkeit als Firmentarifvertrag auf.

a) *Kategorische Unwirksamkeit wegen Mitwirkung nicht tariffähiger Parteien?*

Da Tarifverträge nur zwischen tariffähigen Parteien abgeschlossen werden können,[165] führt nach Ansicht von *Löwisch/Rieble* die inhaltliche Mitwirkung und Mitunterzeichnung eines Betriebsrats an einem Tarifvertrag dazu, dass dieser als Ganzes vernichtet werde. Dies gelte umso mehr, da weder das Tarifvertragsgesetz noch das Betriebsverfassungsgesetz Regelungen für das Zusammenwirken von Gewerkschaft und Betriebsrat an einer gemeinsamen Vereinbarung vorsehen.[166]

b) *Keine Unwirksamkeit bei Mitwirkung nicht tariffähiger Parteien*

In Übereinstimmung mit der Rechtsprechung und einem Teil des Schrifttums ist der restriktive Ansatz von *Löwisch/Rieble* abzulehnen.[167] Dies wurde zuletzt durch den 1. und den 9. Senat des BAG bestätigt.[168] Die Mitunterzeichnung und Mitwirkung einer unzuständigen Partei an einem Tarifvertrag ist unbeachtlich, solange tariffähige und tarifzuständige Parteien die Vereinbarung abgeschlossen haben. Es ist nicht ersichtlich, warum die deklaratorische Unterschrift eines Betriebsrats unter einem Tarifvertrag oder dessen inhaltliche Mitwirkung zur Unwirksamkeit des Vertrages führen sollte. Es entspricht zudem gängiger Praxis, dass nichttariffähige Dritte am Abschluss von Tarifverträgen beteiligt sind, ohne dass dies etwas an deren Wirksamkeit ändern würde. Dies ist beispielsweise bei Rechtsanwälten, Beratern, Konzernmüttern oder schlichtenden Dritten der Fall.[169] Diese lassen sich zwar klar einem der beiden Lager zuordnen. Dies ist bei einem Betriebsrat in der Regel

---

[165] Dies sind gemäß § 2 TVG ausschließlich Gewerkschaften, einzelne Arbeitgeber sowie Vereinigungen von Arbeitgebern und Gewerkschaften.
[166] *Löwisch/Rieble*, TVG, Grundl. Rn. 70 sowie § 1 Rn. 478.
[167] So auch BAG v. 7.11.2000, NZA 2001, 727, 729; ebenso LAG München v. 22.8.2006, 8 Sa 569/06, n.v. (juris); *Bayreuther*, NZA 2010, 378, 381; *Thüsing*, NZA 2008, 201, 202.
[168] Vgl. die Entscheidung des 1. Senats vom 15.4.2008, NZA 2008, 1074, 1077 („Die Mitunterzeichnung eines von den hierfür zuständigen Personen oder Stellen geschlossenen und unterzeichneten kollektiven Normenvertrags durch einen Dritten hat alleine nicht die Unwirksamkeit der getroffenen Vereinbarung zur Folge. Eine von Arbeitgeber, Gewerkschaft und Betriebsrat unterzeichnete Vereinbarung ist daher nicht bereits wegen der gemeinsamen Unterzeichnung unwirksam") sowie die Entscheidung des 9. Senats vom selben Tag, NZA-RR 2008, 586, 589 („Das Zustandekommen eines Tarifvertrages wird durch zusätzliche Unterschriften von Mitgliedern des Gesamtbetriebsrats nicht gehindert").
[169] Vgl. *Thüsing*, NZA 2008, 201, 202.

jedoch nicht anders. Zugegebenermaßen unterzeichnen diese Parteien den Tarifvertrag nicht, sie nehmen im Rahmen der Verhandlungen aber Einfluss auf dessen Inhalt. Gerade hiergegen wenden sich *Löwisch/Rieble*.[170] Auch vor dem Hintergrund der Verquickung von Gewerkschaftstätigkeit und Betriebsratstätigkeit erscheint eine isolierte Verhandlung der jeweiligen Kollektivvereinbarungen realitätsfremd. Häufig sind Betriebsräte gewerkschaftlich organisiert und Gewerkschaftsvertreter ebenso in betrieblichen Gremien aktiv. Dass dies zwangsläufig zu einem Informationsaustausch führt, liegt auf der Hand. Zudem wird in vielen Fällen nicht nachzuvollziehen sein, auf wessen Initiative welche Regelungen Einzug in ein Vertragswerk gefunden haben. Hieran eine tarifvertragliche Regelung scheitern zu lassen, würde der Rechtswirklichkeit nicht gerecht werden. Zumal die Parteien bei Abschluss einer dreigliedrigen Vereinbarung übereinstimmend das gefundene Ergebnis wollen. Darüber hinaus zählt die Förderung und Sicherung der Beschäftigung im Betrieb gemäß §§ 80 Abs. 1 Nr. 8 und 92a BetrVG zu den allgemeinen Aufgaben des Betriebsrats. Es handelt sich hierbei um ein vom Gesetzgeber ausdrücklich gewünschtes Ziel. Es wäre paradox, wenn nun eine darauf abzielende Vereinbarung nur deshalb unwirksam wäre, weil sie in Form eines Tarifvertrages unter Beteiligung des Betriebsrats abgeschlossen wurde. Dies würde nicht nur dem Willen des Gesetzgebers, sondern auch den Interessen aller an der Vereinbarung beteiligten Parteien zuwiderlaufen.

c) Zwischenergebnis

Die Mitwirkung eines Betriebsrats an einer dreigliedrigen Standortsicherungsvereinbarung und die Mitunterzeichnung stehen deren Wirksamkeit als Firmentarifvertrag nicht entgegen.

4. Verfassungsrechtliche Grenzen der Regelungsbefugnis der Tarifvertragsparteien zum Abschluss von Standortsicherungsvereinbarungen

Bedenken hinsichtlich der Wirksamkeit dreigliedriger Standortsicherungsvereinbarungen werden nicht nur im Rahmen des Abschlusses, sondern auch hinsichtlich der Reichweite der Regelungsbefugnis der Tarifvertragsparteien geäußert. Dies bezieht sich insbesondere auf die Reichweite der Tarifautonomie sowie eine mögliche Kollision selbiger mit der ebenfalls verfassungsrechtlich geschützten Unter-

---

[170] Vgl. *Löwisch/Rieble*, TVG, § 1 Rn. 478 („…so vernichtet der inhaltliche Einfluss dieser nicht tariffähigen Parteien den Tarifvertrag als ganzes…").

nehmerfreiheit.[171] Da der Inhalt von Standortsicherungsvereinbarungen mannigfaltig sein kann, wird im Rahmen dieser Arbeit die Untersuchung der Regelungsbefugnis der Tarifvertragsparteien schwerpunktmäßig auf die typischen Regelungskomplexe von Standortsicherungsvereinbarungen – Arbeitszeit, Arbeitsentgelt und Standort- beziehungsweise Beschäftigungsgarantien – beschränkt sein.

a) Grundrechtsbindung der Tarifvertragsparteien

Bevor die Begrenzung der Regelungsbefugnis der Tarifvertragsparteien durch Verfassungsrecht erörtert wird, ist auf ihre Grundrechtsbindung einzugehen. Seit langem ist umstritten, ob Tarifvertragsparteien unmittelbar oder nur mittelbar an die Grundrechte gebunden sind.

aa) Die Entwicklung von einer unmittelbaren zu einer mittelbaren Grundrechtsbindung

Die ältere Rechtsprechung ging von einer unmittelbaren Bindung der Tarifvertragsparteien an die Grundrechte aus.[172] Dies wurde damit begründet, dass Tarifverträge wegen §§ 1 und 4 Abs. 1 TVG objektives Recht für die Tarifunterworfenen setzten. Dementsprechend handele es sich um staatliches Recht und damit um Gesetzgebung im Sinne des Art. 1 Abs. 3 GG. Die Anordnung der normativen Wirkung tariflicher Regelungen berechtige den staatlichen Gesetzgeber nicht dazu, eine Regelungsmacht zu delegieren, die über die eigene grundrechtsgebundene hinausgehe. Da die hoheitliche Gewalt an die Grundrechte gebunden sei, müsse das auch für diejenigen gelten, die kraft staatlicher Delegation rechtssetzungsbefugt seien (so genannte Delegationstheorie). Folglich binde das Grundgesetz auch tarifvertragliche Normen und deren Normgeber unmittelbar an die Grundrechte.[173]

Diese Rechtsprechung, an der die einzelnen Senate des BAG in der Folgezeit ohne nähere Begründung festgehalten haben,[174] ist wegen ihres Begründungsansatzes sowohl im verfassungsrechtlichen Schrifttum[175] wie auch im arbeitsrechtlichen Schrifttum[176] auf Kritik gestoßen.

---

[171] Vgl. *Hanau/Thüsing*, in: Tarifautonomie im Wandel, S. 7 ff.; *Papier*, RdA 1989, 137 ff.; *Thüsing*, NZA 2008, 201, 202; *Wiedemann*, RdA 1986, 231, 237 ff.
[172] BAG v. 15.1.1955, NJW 1955, 684, 686 f.; ebenso BAG v. 23.3.1957, AP Nr. 16 zu Art. 3 GG.
[173] BAG v. 15.1.1955, NJW 1955, 684, 686 f.
[174] Nachweise bei BAG v. 30.8.2000, NZA 2001, 613, 614 f.
[175] Vgl. *Jarass*, in: Jarass/Pieroth, GG, Art. 1 Rn.42; *Rüfner*, in: Isensee/Kirchhof, HdbStR, Band V, § 117 Rn. 10.
[176] Vgl. *Dieterich*, in: ErfK, Einl. GG Rn. 20 m.w.N.; *Schiek*, in: Däubler, TVG, Einl. Rn. 174 ff.; *Wiedemann*, in: Wiedemann, TVG, Einl. Rn. 186 ff.; *Waltermann*, in: FS 50 Jahre BAG, S. 913f.

Mit der Weiterentwicklung der Schutzgebotsfunktion der Grundrechte durch das BVerfG[177] haben auch einzelne Senate des BAG eine unmittelbare Grundrechtsbindung der Tarifvertragsparteien verneint. Im Hinblick auf den privatautonomen Verbandsbeitritt der Koalitionsmitglieder, mit dem sie ihr Grundrecht aus Art. 9 Abs. 3 GG wahrnehmen, hat der 7. Senat für die Prüfung berufsfreiheitsbeschränkender tariflicher Altersgrenzenregelungen nicht auf die unmittelbare Grundrechtsgeltung des Art. 12 Abs. 1 GG für die Tarifvertragsparteien, sondern auf die Schutzpflichtfunktion dieses Freiheitsrechts abgestellt und hieraus die Aufgabe der Rechtsprechung abgeleitet, das Grundrecht der Berufsfreiheit mit dem der Koalitionsfreiheit in Konkordanz zu bringen.[178] Dem hat sich im Ergebnis der 4. Senat auch für das Gleichheitsgebot des Art. 3 GG und die grundrechtlichen Differenzierungsverbote des Art. 3 Abs. 2 GG und Art. 3 Abs. 3 GG angeschlossen.[179] Der 3. Senat neigt demgegenüber einer differenzierten Auffassung zu.[180] Im Hinblick auf die Freiheitsgrundrechte spreche einiges gegen eine unmittelbare Grundrechtsbindung der Tarifvertragsparteien. Das gelte nicht für das verfassungsrechtliche Gleichbehandlungsgebot, das im Gegensatz zu den Freiheitsgrundrechten eine gerechte Ordnung sichern und Verteilungsgerechtigkeit innerhalb der Gruppe garantieren solle. Es binde als fundamentale Handlungsanleitung jeden Normgeber ungeachtet seiner Legitimationsgrundlage.

Seit dem maßgebenden Urteil vom 27.5.2004 ist der 6. Senat des BAG ebenfalls dazu übergegangen, von einer nur mittelbaren Grundrechtsbindung der Tarifvertragsparteien auszugehen.[181] Diese Sichtweise kann auch in der Rechtslehre als herrschend angesehen werden.[182] In seiner Begründung führt der Senat zutreffend aus, dass die Tarifvertragsparteien keine Staatsgewalt im Sinne des Art. 1 Abs. 3 GG sind, der lediglich Gesetzgebung, Rechtsprechung und vollziehende Gewalt bindet. Dazu zählen Tarifvertragsparteien als Vereinigungen des privaten Rechts nicht. Dies zeigt sich unter anderem daran, dass die Begriffstrias „Gesetzgebung, vollziehende Gewalt und Rechtsprechung" im Grundgesetz durchweg zur Kenn-

---

[177] Vgl. BVerfG v. 7.2.1990, NJW 1990, 1469 ff.; BVerfG v. 19.10.1993, NJW 1994, 36 ff.
[178] BAG v. 25. 2. 1998, NZA 1998, 715 ff.; BAG v. 31.7.2002, NZA 2002, 1155 ff.
[179] BAG v. 30.8.2000, NZA 2001, 613 ff.; BAG v. 29.8.2001, NZA 2002, 863 ff.
[180] BAG v. 4.4.2000, NZA 2002, 917 ff.
[181] BAG v. 27.5.2004, NZA 2004, 1399 ff.; zuvor noch offen lassend BAG v. 26.6.2001, NZA 2002, 44 ff.; BAG v. 28.6.2001, NZA 2002, 331 ff.; BAG v. 31.1.2002, NZA 2002, 927 ff.
[182] Vgl. *Bayreuther*, Tarifautonomie als kollektiv ausgeübte Privatautonomie, S. 236 ff.; *Cherdron*, Tarifliche Sanierungs- und Sozialplanvereinbarungen, S. 185; *Dieterich*, in: ErfK, Einl. GG Rn. 50; *ders.*, in: FS Schaub, S. 121 ff.; *Henssler*, in: H/W/K, Einl. TVG Rn. 16; *Höfling*, in: Sachs, GG, Art. 9 Rn. 93; *Kempen*, in: Kempen/Zachert, TVG, Einl. Rn. 193 ff.; *Löwisch/Rieble*, TVG, § 1 Rn. 218 ff.; *Schliemann*, ZTR 2000, 198, 202; *Singer*, ZfA 1995, 616 ff.; *Waltermann*, in: FS 50 Jahre BAG, S. 913 ff.; *ders.*, RdA 1990, 138, 141.

zeichnung der staatlichen Gewalt verwendet wird. In Art. 20 Abs. 2 Satz 1 GG ist geregelt, dass alle Staatsgewalt vom Volke ausgeht. Satz 2 führt sodann aus, dass diese Staatsgewalt vom Volk in Wahlen und Abstimmungen und durch besondere Organe der „Gesetzgebung, der vollziehenden Gewalt und der Rechtsprechung" ausgeübt wird.[183]

Auch lässt sich eine unmittelbare Grundrechtsbindung nicht über die Delegationstheorie begründen, da der Staat mit der Schaffung von §§ 1, 4 Abs. 1 TVG keine staatliche Rechtssetzungsmacht zur Regelung der Arbeitsverhältnisse delegiert hat. Dieses Recht resultiert vielmehr direkt aus Art. 9 Abs. 3 GG und schützt „lediglich die durch Kollektivvertrag gefundene Einigung durch die Zuerkennung einer normativen Wirkung vor individualrechtlichen Abweichungen".[184] Die Normsetzungsbefugnis der Tarifvertragsparteien folgt somit unmittelbar aus Art. 9 Abs. 3 GG. Mit dem Tarifvertragsgesetz ist ihnen lediglich das Mittel an die Hand gegeben worden, um die von Art. 9 Abs. 3 GG intendierte autonome Ordnung des Arbeitslebens verwirklichen zu können.

bb) Fazit

Die Tarifvertragsparteien sind nur mittelbar an die Grundrechte gebunden. Gewerkschaften und Arbeitgeber(verbände) sind Grundrechtsträger und keine Grundrechtsadressaten. Die staatliche Rechtsordnung muss folglich nur einen grundrechtlichen Mindestschutz gewähren (Schutzfunktion der Grundrechte), darf Tarifverträge aber nicht in einer Art und Weise an Grundrechten messen, als wenn es sich um die Abwehr staatlicher Eingriffe handele. Aus der Herleitung des Tarifvertrags als privatautonomen Vertrag folgt, dass für die Kontrolle von tariflichen Regelungen deshalb weniger ihre normative Wirkung, sondern vielmehr ihre verbandsrechtliche Grundlage und die Art und Weise ihres Zustandekommens ausschlaggebend sind.[185]

b) Inhalt und Grenzen der Tarifautonomie als Maßstab für die inhaltliche Regelbarkeit von Standortsicherungsvereinbarungen

Um die Regelungsbefugnis der Tarifparteien für dreigliedrige Standortsicherungsvereinbarungen beurteilen zu können, ist es erforderlich, die Reichweite der Tarifautonomie und ihre möglichen Grenzen näher zu bestimmen.

---

[183] Vgl. *Schiek*, in: Däubler, TVG, Einl. Rn. 175; *Waltermann*, RdA 1990, 138, 141.
[184] So BAG v. 27.5.2004, NZA 2004, 1399, 1401.
[185] So *Dieterich*, in: ErfK, Einl. GG Rn. 20.

aa) Grundlagen der Tarifautonomie

Art. 9 Abs. 3 Satz 1 GG garantiert für jedermann und alle Berufe das Recht, „zur Wahrung und Förderung der Arbeits- und Wirtschaftsbedingungen Vereinigungen zu bilden". Die in Art. 9 Abs. 3 GG statuierte Koalitionsfreiheit ist eine besondere Ausprägung der Vereinigungsfreiheit.[186] Seit der Entscheidung des BVerfG vom 18.11.1954 ist weitgehend anerkannt, dass Art. 9 Abs. 3 GG den Charakter eines Doppelgrundrechts besitzt.[187] Es gewährleistet zum einen mit der individuellen Koalitionsfreiheit das Recht eines jeden Einzelnen, Koalitionen[188] zu bilden und in ihnen zu arbeiten. Darüber hinaus garantiert es mit der kollektiven Koalitionsfreiheit, dass die von den Individuen gebildeten Koalitionen als eigenständige Organe ebenfalls an der Verfassungsgarantie teilhaben können.[189] Neben der Gründungsfreiheit, die die Koalitionsfreiheit sicherstellt, gewährleistet sie zugleich eine Bestands- und Betätigungsfreiheit,[190] da das Grundrecht andernfalls leer liefe.[191] Teil der Betätigungsfreiheit der Koalitionen ist deren Befugnis zur Schaffung tarifvertraglicher Regelungen, die seit dem Beschluss des 1. Senats des BVerfG vom 6.5.1964 in der verfassungsrechtlichen Terminologie treffend mit dem Begriff der Tarifautonomie umschrieben wird.[192]

Die Tarifautonomie soll den Tarifvertragsparteien die Möglichkeit eröffnen, frei von staatlicher Einflussnahme tarifvertragliche Regelungen über Löhne und Gehälter sowie sonstige Arbeitbedingungen aushandeln zu können. Zur *ratio* der Tarifautonomie hat das BVerfG ausgeführt, dass „mit der grundrechtlichen Garantie der Tarifautonomie ein Freiraum gewährleistet wird, in dem Arbeitnehmer und Arbeitgeber ihre Interessengegensätze in eigener Verantwortung austragen können".[193] Ein weiteres wesentliches Ziel sei es zudem, „die strukturelle Unterlegenheit der einzelnen Arbeitnehmer beim Abschluss von Arbeitsverträgen durch kollektives

---

[186] Vgl. *Jarass*, in: Jarass/Pieroth, GG, Art. 9 Rn. 32; *Scholz*, in: Maunz/Düring, GG, Band II, Art. 9 Rn. 154.
[187] Ständige Rechtsprechung seit BVerfG v. 18.11.1954; BVerfGE, 4, 96 ff.; bestätigt und fortgeführt durch BVerfG v. 6.5.1964, BVerfGE 18, 18, 26; BVerfG v. 30.11.1965, BVerfGE 19, 303, 312; BVerfG v. 24.5.1977, BVerfGE 44, 322, 344; vgl. stellvertretend für das Schrifttum *Säcker/Oetker*, Grundlagen und Grenzen der Tarifautonomie, S. 31 (Fn. 6) m.w.N. sowie *Scholz*, Die Koalitionsfreiheit als Verfassungsproblem, S. 53 (Fn. 16).
[188] Vgl. zum Koalitionsbegriff eingehend *Koop*, Das Tarifvertragssystem, S. 59 ff.
[189] So *Säcker/Oetker*, Grundlagen und Grenzen der Tarifautonomie, S. 31.
[190] Zur Aufgliederung dieser Garantien in einzelne Teilgewährleistungen siehe *Scholz*, in: Maunz/Düring, GG, Band II, Art. 9 Rn. 243 ff.
[191] Vgl. BVerfG v. 19.10.1966, BVerfGE 20, 312; *Bauer*, in: Dreier, GG, Art. 9 Rn. 83; ebenso *Badura*, RdA 1974, 129, 131; *Lambrich*, Tarif- und Betriebsautonomie, S. 160.
[192] BVerfG v. 6.5.1964, BVerfGE 18, 18, 28.
[193] BVerfG v. 2.3.1993, BVerfGE 88, 113, 114.

49

Handeln auszugleichen und damit ein annähernd gleichgewichtiges Aushandeln der Löhne und Arbeitsbedingungen zu ermöglichen".[194] Der Abschluss von Tarifverträgen ist folglich nicht nur von der Tarifautonomie gedeckt, sondern bildet eine ihrer tragenden Säulen. Die Tarifparteien sollen die Gestaltung der regelungsbedürftigen Fragen selbst in die Hand nehmen. Der Staat hat seine Tätigkeit auf diesem Gebiet weit zurückgenommen. Hintergrund ist die historische Erfahrung, dass hierdurch interessengerechtere Ergebnisse als bei einer staatlichen Regelung erzielt werden, weil die unmittelbar Betroffenen schlicht die größere Sachnähe besitzen und somit die Erfordernisse des Arbeitslebens besser einschätzen können.[195] Zudem soll ein so wichtiges Feld wie die Festlegung von „Arbeits- und Wirtschaftsbedingungen" dem mitunter willkürlich erscheinenden Kampf der politischen Kräfte entzogen werden.

Die Tarifautonomie ist somit ein für die Tarifvertragsparteien aus dem Grundrecht der kollektiven Koalitionsfreiheit erwachsendes Rechtsinstitut, welches ihnen die Schaffung tarifvertraglicher Regelungen erlaubt. Einfachgesetzlich hat der Gesetzgeber dieses Recht durch § 1 Abs. 1 TVG umgesetzt. Es ist jedoch klar, dass die Regelungsbefugnisse der Parteien nicht nur innerhalb des durch § 1 Abs. 1 TVG vorgegebenen Rahmens ausgeübt werden müssen, sondern auch die sachlich-gegenständliche Beschränkung der kollektiven Koalitionsfreiheit auf die „Wahrung und Förderung der Arbeits- und Wirtschaftsbedingungen" beachten müssen.[196] Die Begrenzung der Tarifautonomie auf den Bereich der „Arbeits- und Wirtschaftsbedingungen" bewirkt folglich eine Einschränkung der tariflichen Regelungsmacht.[197] Es handelt sich um eine verfassungsunmittelbare Schranke der Tarifautonomie. Regelungen, die nicht der „Wahrung und Förderung der Arbeits- und Wirtschaftsbedingungen" dienen, sind nicht von der tarifvertraglichen Regelungsbefugnis erfasst. Beschränkungen der tarifvertraglichen Regelungsmacht folgen jedoch nicht

---

[194] BVerfG v. 26.6.1991, BVerfGE 84, 212, 229.
[195] BVerfG v. 2.3.1993, BVerfGE 88, 103, 114; BVerfG v. 27.2.1973, BVerfGE 34, 307, 317; *Dieterich*, in: ErfK, Art. 9 GG Rn. 73; *Krause*, in: J/K/O, Tarifvertragsrecht, § 1 Rn. 75; *Waltermann*, NZA 1991, 754, 756 f.
[196] *Säcker/Oetker*, Grundlagen und Grenzen der Tarifautonomie, S. 34 f.
[197] Vgl. BVerfG v. 24.5.1977, BVerfGE 44, 322, 349 („Der Staat hat, soweit es um Regelungen des Inhalts von Arbeitsverträgen geht, gemäß Art. 9 Abs. 3 GG seine Zuständigkeit von vornherein weit zurückgenommen und die Befugnis der Koalitionen, selbst Rechtsregeln zu setzen und wieder aufzuheben, anerkannt. Ihre verfassungsrechtliche Grenze findet diese Befugnis darin, dass es sich um Rechtsregeln zur Wahrung und Förderung der Arbeits- und Wirtschaftsbedingungen handeln muss"); ebenso *Kempen*, in: Kempen/Zachert, TVG, Einl. Rn. 108; *Krause*, in: J/K/O, Tarifvertragsrecht, § 1 Rn. 20 und 30; *Säcker/Oetker*, Grundlagen und Grenzen der Tarifautonomie, S. 34; *Scholz*, Die Koalitionsfreiheit als Verfassungsproblem, S. 43 ff.; *Söllner*, ArbRGegw, Band 16, 19, 27 f.; *Wiedemann*, in: Wiedemann, TVG, Einl. Rn. 88.

nur aus Art. 9 Abs. 3 Satz 1 GG selbst (Innenschranken), sondern auch aus kollidierendem Verfassungsrecht (Außenschranken). Im Rahmen von Standortsicherungsvereinbarungen kann dies insbesondere die Unternehmerfreiheit sein. Ein Spannungsverhältnis zwischen kollidierendem Verfassungsrecht ist nach dem Grundsatz der praktischen Konkordanz aufzulösen. Dies bedeutet, dass ein schonender Ausgleich zu suchen ist, um den betroffenen Rechten zu optimaler Wirksamkeit zu verhelfen.[198] Während die Innenschranken bewirken, dass eine Regelung schon gar nicht in den Zuständigkeitsbereich der Tarifvertragsparteien fällt, kann die Begrenzung durch Außenschranken nur bewirken, dass eine tarifvertragliche Regelung unzulässig ist.[199] Die Reichweite und das Verhältnis der Schranken ist bis heute nicht abschließend geklärt.[200] Welche Bedeutung dies für die Regelungsbefugnis der Tarifvertragsparteien in Standortsicherungsvereinbarungen hat, soll nachfolgend untersucht werden.

bb) Innenschranken – Reichweite der „Arbeits- und Wirtschaftsbedingungen" im Sinne des Art. 9 Abs. 3 Satz 1 GG

Hierzu ist es zunächst erforderlich, sich dem Begriffspaar der „Arbeits- und Wirtschaftsbedingungen" zuzuwenden, um die Regelungsbefugnis der Tarifvertragsparteien näher zu bestimmen. Alles was ihrer „Wahrung und Förderung" dient, kann von den Koalitionen grundsätzlich tariflich geregelt und letztlich auch mit Mitteln des Arbeitskampfs durchgesetzt werden. Dass Regelungen, die das Arbeitentgelt und die Arbeitszeit betreffen, von der Tarifautonomie umfasst sind, erscheint unproblematisch. Diese Regelungsmaterien gehören schließlich zum Kernbereich der tariflichen Rechtsetzung. Vorliegend ist daher von besonderem Interesse, ob sich Regelungen über den Ausschluss und die Erschwerung von Kündigungen und die Fortführung von Betrieben – mithin typische Regelungsinhalte von Standortsicherungsvereinbarungen – unter das Begriffspaar „Arbeits- und Wirtschaftsbedingungen" subsumieren lassen. Ist dies nicht der Fall, so fehlt den Tarifvertragsparteien bereits die Zuständigkeit zum Abschluss von Vereinbarungen solchen Inhalts.

---

[198] *Beuthien*, ZfA 1984, 1, 12; *Cherdron*, Tarifliche Sanierungs- und Sozialplanvereinbarungen, S. 94; *Hanau/Thüsing*, ZTR 2001, 1, 6; *Krause*, Standortsicherung und Arbeitsrecht, S. 58; *Zachert*, DB 2001, 1198, 1200; siehe zu dem Begriff der praktischen Konkordanz *Hufen*, Grundrechte, S. 129.
[199] So treffend *Gamillscheg*, Kollektives Arbeitsrecht, Band I, S. 333; ähnlich *Krause*, in: J/K/O, Tarifvertragsrecht, § 1 Rn. 75; *ders.*, Standortsicherung und Arbeitsrecht, S. 58.
[200] Vgl. *Gamillscheg*, Kollektives Arbeitsrecht, Band I, S. 341 m.w.N.; *Rüthers*, Tarifmacht und Mitbestimmung in der Presse, S. 32 bezeichnet die Grenzziehung der Zuständigkeit der Tarifparteien bei unternehmerischen Fragen als einen der „schwierigsten Problembereiche der Tarifautonomie".

Im Laufe der Zeit hat sich in der Literatur zum Bedeutungsgehalt der „Arbeits- und Wirtschaftsbedingungen" ein weites, nahezu unüberschaubares Meinungsspektrum entwickelt. Ebenso wenig ist der Rechtsprechung eine abschließende Definition gelungen. Trotz oder gerade wegen dieser Meinungsvielfalt ist die Frage nach der Reichweite der „Arbeits- und Wirtschaftsbedingungen" bis heute nicht abschließend geklärt. Nachfolgend werden die wesentlichen Meinungsströme dargestellt, um anschließend zu erörtern, ob Regelungen zur Standort- und Beschäftigungssicherung dem Begriffspaar „Arbeits- und Wirtschaftsbedingungen" und damit der Regelungsbefugnis der Tarifvertragsparteien für Standortsicherungsvereinbarungen unterfallen.

(1) Lohn- und Arbeitsbedingungen

Eine insbesondere von *Forsthoff* [201] und *Weber* [202] vertretene Auffassung setzt die „Arbeits- und Wirtschaftsbedingungen" mit dem Begriffspaar der „Lohn- und Arbeitsbedingungen" des früheren § 152 GewO gleich.[203] Diese Ansicht klammert den Begriff der „Wirtschaftsbedingungen" fast vollständig aus, mit der Folge, dass Fragen der Unternehmenspolitik nicht in die Regelungszuständigkeit der Koalitionen fallen. Dieses extrem enge Verständnis wird – soweit ersichtlich – so heute nicht mehr vertreten.[204]

Ein ähnlich enges Verständnis liegt jedoch der Auffassung *Zöllners* zugrunde. Zwar möchte er die Wirtschaftsbedingungen nicht unberücksichtigt lassen. Sie seien jedoch lediglich die Kehrseite der Arbeitsbedingungen aus Sicht des Unternehmers.[205] Durch die Verwendung des Doppelbegriffs solle nur der unterschiedlichen Sichtweise der Arbeitnehmer einerseits und der Unternehmen andererseits Rechnung getragen werden. Dies soll zur Folge haben, dass die Wirtschaftsbedingungen inhaltlich nicht über die Arbeitsbedingungen hinausgehen dürften.

---

[201] Vgl. *Forsthoff*, BB 1965, 381, 385 f. (insbesondere Fn. 38).
[202] Vgl. *Weber*, BB 1964, 764, 766.
[203] § 152 GewO a.F. lautet: „Alle Verbote und Strafbestimmungen gegen Gewerbetreibende, gewerbliche Gehülfen, Gesellen oder Fabrikarbeiter wegen Verabredungen und Vereinigungen zum Behufe der Erlangung günstiger Lohn- und Arbeitsbedingungen, insbesondere mittels Einstellung der Arbeit oder Entlassung der Arbeiter, werden aufgehoben."
[204] Vgl. *Cherdron*, Tarifliche Sanierungs- und Sozialplanvereinbarungen, S. 83; ablehnend auch *Richardi*, Kollektivgewalt und Individualwille, S. 180.
[205] Vgl. *Zöllner/Loritz/Hergenröder*, Arbeitsrecht, S. 95; ebenso *Hergenröder*, in: H/W/K, Art. 9 GG Rn. 40; *Kissel*, Arbeitskampfrecht, § 4 Rn. 30; ähnlich auch *Scholz*, Koalitionsfreiheit als Verfassungsproblem, S. 46 Fn. 55.

(2) Selbständige Bedeutung der Wirtschaftsbedingungen

Als Gegenstück zu diesem sehr engen Verständnis ist die insbesondere von *Däubler* vertretene Ansicht zu sehen, nach der die Begriffe „Arbeitsbedingungen" und „Wirtschaftsbedingungen" zunächst als unabhängig nebeneinander stehend betrachtet werden können und somit jeweils vollumfänglich denkbare Regelungsgegenstände eines Tarifvertrages sein können.[206] Die verfassungsrechtlich abgesicherte Regelungsbefugnis der Koalitionen soll sich grundsätzlich auch „auf alle im Produktionsprozess anfallenden Entscheidungen" erstrecken.[207] Dem liegt der Gedanke zugrunde, dass unternehmenspolitische Entscheidungen im Allgemeinen und Rationalisierungsentscheidungen im Besonderen sich stets unmittelbar auf die Arbeitsbedingungen der Arbeitnehmer auswirken und daher einer tariflichen Regelbarkeit nicht entzogen werden können.[208] Von den „Arbeits- und Wirtschaftsbedingungen" sollen auch jene unternehmerischen Entscheidungen umfasst sein, die sich auf die Gestaltung des Arbeitsprozesses auswirken. Insbesondere sei eine Angelegenheit nicht auszuklammern, „weil sie einer – wie auch immer abzugrenzenden – unternehmerischen Sphäre zuzuordnen wäre".[209]

(3) Vermittelnde Ansichten

Zwischen diesen beiden Meinungspolen bewegt sich ein großes Spektrum weiterer Meinungen, die die tarifliche Regelungsbefugnis weder auf die Lohn- und Arbeitsbedingungen beschränken wollen, noch sämtliche unternehmerische Entscheidungen einer tarifvertraglichen Regelung zuführen wollen. Auch wenn sich innerhalb dieser Strömung der vermittelnden Ansichten zahlreiche Nuancierungen herausgebildet haben,[210] dürfte die Auffassung vorherrschend sein, welche die „Arbeits- und Wirtschaftsbedingungen" als funktionale Einheit begreift, mit der aus juristischer Sicht die Gesamtheit der Bedingungen zusammengefasst wird, unter denen abhängige Arbeit geleistet wird.[211] Es besteht zudem Einigkeit, dass das Begriffspaar

---

[206] *Däubler*, Grundrecht auf Mitbestimmung, S. 185f.
[207] *Däubler*, Grundrecht auf Mitbestimmung, S. 187; in diesem Sinne auch *Berg/Wendeling-Schröder/Wolter*, RdA 1980, 299, 307.
[208] Vgl. *Berg/Wendeling-Schröder/Wolter*, RdA 1980, 299, 307.
[209] So *Däubler*, Tarifvertragsrecht, Rn. 175b; mittlerweile scheint sich aber auch *Däubler* von einer so weitgehenden Ansicht entfernt zu haben, vgl. *Däubler*, in: Däubler, TVG, Einl. Rn. 107.
[210] Vgl. hierzu im Einzelnen *Reinartz*, Der Firmentarifvertrag, S. 135 ff.; *Säcker/Oetker*, Grundlagen und Grenzen der Tarifautonomie, S. 42 ff.
[211] *Badura*, ArbRGegw, Band 15, 17, 27; *Dieterich*, in: ErfK, Art. 9 GG Rn. 23, 73; *Gamillscheg*, Kollektives Arbeitsrecht, Band I, S. 219 ff.; *Hensche*, AuR 2004, 443, 448; *Henssler*, ZfA 1998, 1, 21; *Konzen*, ZfA 1980, 77, 90; *Kühling/Bertelsmann*, NZA 2005, 1017, 1023; *Löwisch/Rieble*, in: MünchArbR, Band 3, § 243 Rn. 1; *Meik*, Der Kernbereich der Tarifautonomie, S. 77 f.; *Reinartz*, Der Firmentarifvertrag, S. 135 ff.; *Richardi*, Kollektivgewalt und Individualwille, S. 180;

nicht statisch, sondern zeitlich und gegenständlich offen verstanden wird, um einer natürlichen Entwicklung der Tarifpolitik nicht entgegenzustehen.[212]

Dieser Minimalkonsens besagt jedoch noch nicht, in welchem Ausmaß eine tarifvertragliche Einflussnahme auf unternehmerische Entscheidungen zulässig ist. Einen restriktiven Ansatz verfolgt *Biedenkopf*. Nach seiner Auffassung ist jede Einwirkung auf die unternehmerische Planung und Koordination, die Einfluss auf die unternehmerische Entscheidung hat, unzulässig. Er möchte die einer tarifvertraglichen Regelung zugänglichen „Arbeits- und Wirtschaftsbedingungen" auf den sozialen Datenkranz unternehmerischer Entscheidungen begrenzen. Demnach seien die Tarifvertragsparteien bei unternehmerischen Entscheidungen, die einen konkreten und unmittelbaren Bezug zu den „Arbeits- und Wirtschaftsbedingungen" erkennen lassen, in ihren koalitionspolitischen Aktivitäten stets nur auf die Festlegung von Folgeregelungen[213] beschränkt. Die unternehmerische Entscheidung selbst müsse allein dem Arbeitgeber obliegen.[214]

Demgegenüber befürworten andere Stimmen im Schrifttum zumindest partiell eine Einbeziehung unternehmerischer Entscheidungen in den durch das Begriffspaar „Arbeits- und Wirtschaftsbedingungen" gezogenen sachlich-gegenständlichen Rahmen der verfassungsrechtlich gewährleisteten Tarifautonomie. Dies soll für unternehmerische Maßnahmen gelten, die den Rechtskreis der Arbeitnehmer unmittelbar berühren.[215]

(4) Aussagen der Rechtsprechung

Soweit ersichtlich haben weder das BAG noch das BVerfG eine durchgängig verwendete Definition der „Arbeits- und Wirtschaftsbedingungen" gefunden.

Säcker/Oetker, Grundlagen und Grenzen der Tarifautonomie, S. 72; *Söllner*, ArbRGegw, Band 16, 19, 20 und 27; *Wiedemann*, in: Wiedemann, TVG, Einl. Rn. 89; *ders.*, RdA 1986, 231.

[212] *Dieterich*, in: ErfK, Art. 9 GG Rn. 23; *Säcker/Oetker*, Grundlagen und Grenzen der Tarifautonomie, S. 64 („Die spezifische Aufgabe der Koalitionen, eine ‚sinnvolle Ordnung des Arbeitslebens' herbeizuführen, kann [...] von diesen nur sachgerecht und in Harmonie mit dem Ordnungskonzept der Verfassung realisiert werden, wenn das Begriffspaar der ‚Arbeits- und Wirtschaftsbedingungen' [...] bewusst als offener Tatbestand verstanden wird, der auch die Einbeziehung neuer, von den Koalitionen bislang nicht aktiv wahrgenommener Sachmaterien ermöglicht").

[213] Dies können beispielsweise Regelungen zum Kündigungsschutz, zur Beschaffung von Ersatzarbeitsplätzen, Lohngarantien etc. sein.

[214] *Biedenkopf*, Gutachten 46. DJT 1966, S. 156 ff.; zustimmend *Richardi*, Kollektivgewalt und Individualwille, S. 181; die Datenkranz-Theorie hingegen ablehnend *Beuthien*, ZfA 1984, 1, 14.

[215] So *Wiedemann*, in: FS Riesenfeld, S. 301, 302 f.; zustimmend *Beuthien*, ZfA 1984, 1, 14 f.; *Kulka*, RdA 1988, 336, 345.

Das BAG hält tarifvertragliche Regelungen, die unternehmerische Angelegenheiten betreffen, soweit für zulässig, wie die unternehmerische Entscheidung die rechtlichen, wirtschaftlichen oder sozialen Belange der Arbeitnehmer berührt, die sich gerade aus ihrer Eigenschaft als abhängig Beschäftigte ergeben.[216] Immer dann, wenn sich die wirtschaftliche und die soziale Seite einer unternehmerischen Entscheidung nicht trennen lassen, soll sich die tarifliche Regelungsbefugnis auf die Steuerung der unternehmerischen Sachentscheidung mit ausdehnen.[217] Dabei stellt das BAG heraus, dass die Gewerkschaften nicht darauf beschränkt seien, nur soziale Folgewirkungen unternehmerischer Entscheidungen zu regeln. Es lasse sich nämlich nur sehr schwer differenzieren, ob eine soziale Frage bereits Teil oder erst Folge einer Unternehmerentscheidung sei.[218] Eine klare Bestimmung der Reichweite der „Arbeits- und Wirtschaftsbedingungen" lässt sich daraus nicht ableiten. Insofern sind die Aussagen des BAG nicht geeignet, um eine hinreichend klare Abgrenzung vorzunehmen.[219]

In der älteren Rechtsprechung des BVerfG wurde der potentielle Gegenstand tariflicher Regelungen immer wieder mit „Löhne und Arbeitsbedingungen"[220] oder „Arbeitsbedingungen (…), insbesondere Löhne und Gehälter"[221] umschrieben. Dies legt eine enges Verständnis der „Wirtschafts- und Arbeitsbedingungen" nahe. Mit der Zeit wurde dieser Bereich jedoch ausdrücklich als beispielhaft gekennzeichnet.[222] Darüber hinaus hat das BVerfG wiederholt auf die Formulierungen „sinnvolle Ordnung des Arbeitslebens"[223] und „Befriedung des Arbeitslebens"[224] zurückgegriffen. Dies zeigt, dass es eher eine Ordnungsaufgabe der Koalitionen umschreibt, als den Versuch zu unternehmen, den sachlich-gegenständlichen Bereich der „Arbeits- und Wirtschaftsbedingungen" näher zu bestimmen.[225] Eine sol-

---

[216] BAG v. 3.4.1990, AP Nr. 56 zu Art. 9 GG unter B.II.1 der Gründe.
[217] BAG v. 3.4.1990, AP Nr. 56 zu Art. 9 GG unter B.II.1 der Gründe; kritisch hierzu *Reuter*, EzA Art. 9 GG Nr. 49, der darauf verweist, dass der Bereich der tarifvertraglichen Regelbarkeit nicht deckungsgleich mit dem in Art. 9 Abs. 3 GG genannten Koalitionszweck sei.
[218] BAG v. 3.4.1990, AP Nr. 56 zu Art. 9 GG unter B.II.2 der Gründe.
[219] So auch *Buchner*, DB 2001, Beilage 9, 1, 7; *Cherdron*, Tarifliche Sanierungs- und Sozialplanvereinbarungen, S. 92.
[220] BVerfG v. 18.12.1974, BVerfGE 38, 281, 305.
[221] BVerfG v. 6.5.1964, BVerfGE 18, 18, 26.
[222] BVerfG v. 24.5.1977, BVerfGE 44, 322, 340 („Den frei gebildeten Koalitionen ist durch Art. 9 Abs. 3 GG die im öffentlichen Interesse liegende Aufgabe zugewiesen und in einem Kernbereich garantiert, insbesondere Löhne und sonstige materielle Arbeitsbedingungen in einer von staatlicher Rechtsetzung frei gelassenen Raum in eigener Verantwortung und im wesentlichen ohne staatliche Einflussnahme durch unabdingbare Gesamtvereinbarungen sinnvoll zu ordnen").
[223] BVerfG v. 18.11.1954, BVerfGE 4, 96, 107; BVerfG v. 6.5.1964, BVerfGE 18, 18, 27 f.
[224] BVerfG v. 6.5.1964, BVerfGE 18, 18, 27 f.; BVerfG v. 1.3.1979, BVerfGE 50, 290, 372.
[225] So *Säcker/Oetker*, Grundlagen und Grenzen der Tarifautonomie, S. 45 f.

che abschließende Definition hält das BVerfG jedoch auch nicht für möglich, da die „Arbeits- und Wirtschaftsbedingungen" als offener Begriff Veränderungen zugänglich seien.[226]

(5) Auslegung

Vor dem Hintergrund der Konturlosigkeit des Begriffspaares „Arbeits- und Wirtschaftsbedingungen" und der Vielzahl von Interpretationsansätzen ist es geboten, den Bedeutungsgehalt mit Hilfe der juristischen Auslegungsmethoden zu bestimmen.

(a) Wortlaut

Der Wortlaut von Art. 9 Abs. 3 GG ist sehr vage, so dass eine inhaltliche Definition der „Arbeits- und Wirtschaftsbedingungen" schwer fällt. *Scholz* kam bereits zu dem Schluss, dass „jeder Versuch, aus dem schlichten Verfassungswortlaut eine verbindliche Definition abzuleiten, scheitern muss".[227] *Dieterich* hält eine abschließende Definition für nie erreichbar, da die Regelungszusammenhänge zu komplex seien und sich die aktuellen Regelungsfragen zu schnell wandelten.[228]

Nichts desto trotz lassen sich auch aus dem Wortlaut zumindest Hinweise für eine begriffliche Konkretisierung ableiten. So legt die Verknüpfung der beiden Worte „Arbeitsbedingungen" und „Wirtschaftsbedingungen" durch das Wort „und" den Schluss nahe, dass es sich um ein Begriffs*paar* handelt – die Worte mithin kumulativ und nicht alternativ zu verstehen sind.[229] Hätte der Gesetzgeber eine andere Intention gehabt, hätte es nämlich näher gelegen, die Worte einzeln aufzuführen oder durch die Worte „oder" respektive „beziehungsweise" voneinander abzugrenzen.[230] Dieses Verständnis korrespondiert mit der Argumentation *Söllners*, die Begriffspaare „Wahrung und Förderung" sowie „Arbeits- und Wirtschaftsbedingungen" in Beziehung zueinander zu setzen. Mit dem Begriffspaar „Wahrung und Förderung" wird demnach die Gesamtheit der *Bestrebungen* der Koalitionen bezeichnet, wohingegen das Begriffspaar „Arbeits- und Wirtschaftsbedingungen" die Gesamtheit der *Bedingungen* umschreibt, unter denen abhängige Arbeit erbracht wird.[231]

---

[226] Vgl. *Cherdron*, Tarifliche Sanierungs- und Sozialplanvereinbarungen, S. 93.
[227] *Scholz*, Koalitionsfreiheit als Verfassungsproblem, S. 44; auf die Definitionsschwierigkeiten wegen des vagen Wortlauts weisen auch *Richardi*, Kollektivgewalt und Individualwille, S. 180 sowie *Säcker/Oetker*, Grundlagen und Grenzen der Tarifautonomie, S. 48 und 50 hin.
[228] *Dieterich*, in: ErfK, Art. 9 GG Rn. 72.
[229] *Badura*, RdA 1974, 129, 130; *Beuthien*, ZfA 1984, 1, 11; *Schweibert*, Die Verkürzung der Wochenarbeitszeit durch Tarifvertrag, S. 64.
[230] *Beuthien*, ZfA 1984, 1, 11.
[231] *Söllner*, ArbRGegw, Band 16, 19, 23.

Der Ansatz von *Däubler*, die „Arbeits- und Wirtschaftsbedingungen" als jeweils eigenständige und voneinander losgelöste Begriffe zu verstehen, erscheint zumindest vor dem Hintergrund der grammatikalischen Auslegung zweifelhaft.[232] Ebenso wenig findet die Auffassung *Zöllners*, wonach die Wirtschaftsbedingungen die Kehrseite der Arbeitsbedingungen aus Sicht des Unternehmens seien, keine Grundlage im Wortlaut der Norm. Dies wäre zudem eine Tautologie, die man dem Verfassungsgeber nicht unterstellen sollte.[233] Der Wortlaut gibt schließlich auch nichts für die Ansicht von *Forsthoff* und *Weber* her, wonach der Begriff der „Arbeits- und Wirtschaftsbedingungen" identisch mit dem der „Lohn- und Arbeitsbedingungen" in § 152 GewO a.F. sein soll. Durch die Abkehr von dieser Formulierung gibt der Gesetzgeber vielmehr zu erkennen, dass sich der sachlich-gegenständliche Regelungsbereich verändert hat.[234] Darüber hinaus lassen sich auch für die von *Biedenkopf* vertretene Datenkranz-Theorie keine Anhaltspunkte im Wortlaut der Norm finden.

(b) Entstehungsgeschichte

Das Begriffspaar „Arbeits- und Wirtschaftsbedingungen" war kaum Gegenstand der Beratungen des Parlamentarischen Rates, so dass die Entstehungsgeschichte des Grundgesetzes für die Auslegung wenig ergiebig ist.[235] Aus der historischen Gesetzesentwicklung von den Vorgängerregelungen bis hin zu dem heutigen Art. 9 Abs. 3 Satz 1 GG lassen sich jedoch Erkenntnisse gewinnen, die insbesondere gegen die von *Forsthoff* und *Weber* befürwortete Auslegung sprechen.[236]

Früher herrschte ein strenges Koalitionsverbot, welches erstmals durch die Gewerbeordnung des Norddeutschen Bundes von 1869 aufgelockert wurde. § 152 GewO a.F. sah vor, dass Vereinigungen, die die „Erlangung günstiger Lohn- und Arbeitsbedingungen" zum Ziel hatten, nicht mehr vom Koalitionsverbot erfasst wurden. Aufgrund einer nach wie vor koalitionsfeindlichen Tendenz wurde die Formulie-

---

[232] So auch *Badura*, RdA 1974, 129, 130 („Die Formel Arbeits- und Wirtschaftsbedingungen wurde gewählt, um eine enge Auslegung zu verhindern. Sie stellt also – und das gilt auch für Art. 9 Abs. 3 GG – eine nicht in ihre Teile auflösbare Klausel dar"); ähnlich *Schweibert*, Die Verkürzung der Wochenarbeitszeit durch Tarifvertrag, S. 64.
[233] So *Söllner*, ArbRGegw, Band 16, 19, 23; ebenso *Hölters*, Harmonie normativer und schuldrechtlicher Abreden in Tarifverträgen, S. 43.
[234] So auch *Fischinger*, Arbeitskämpfe, S. 49 f.; *Säcker/Oetker*, Grundlagen und Grenzen der Tarifautonomie, S. 56 f.; *Söllner*, ArbRGegw, Band 16, 19, 23.
[235] Vgl. *Fischinger*, Arbeitskämpfe, S. 51 m.w.N.; *Säcker/Oetker*, Grundlagen und Grenzen der Tarifautonomie, S. 56; *Schweibert*, Die Verkürzung der Wochenarbeitszeit durch Tarifvertrag, S. 65.
[236] Vgl. ausführlich zum historischen Normbefund *Säcker/Oetker*, Grundlagen und Grenzen der Tarifautonomie, S. 55 ff.

rung „Lohn- und Arbeitsbedingungen" seinerzeit jedoch restriktiv ausgelegt. Dem wollte man in der Weimarer Reichsverfassung entgegenwirken. In Art. 159 WRV, dessen Bezugsnorm § 152 GewO a.f. war,[237] wurde sodann die Vereinigungsfreiheit zur „Wahrung und Förderung der Arbeits- und Wirtschaftsbedingungen" gewährleistet. Der Wortlaut wurde ausgeweitet, denn den Gewerkschaften sollte die Interessenvertretung ihrer Mitglieder auch im wirtschafts- und sozialpolitischen Raum ermöglicht werden. Damit wurde jedoch nicht bezweckt, Verbände zu schützen, deren Regelungszweck außerhalb der Arbeitsbeziehungen lag.[238] Der Wortlaut des Art. 159 WRV ist sodann bei den Erörterungen durch den Parlamentarischen Rat ohne nähere Debatte für Art. 9 Abs. 3 GG übernommen worden. Allein dieser Umstand bringt jedoch keinen großen Erkenntnisgewinn, denn „weder der Rechtsprechung noch dem Schrifttum zu Art. 159 ist eine abschließende und einhellig befürwortete thematische Umschreibung und Konkretisierung der Arbeits- und Wirtschaftsbedingungen zu entnehmen."[239] Dennoch bestand schon in Bezug auf Art. 159 WRV Einigkeit darüber, dass mit „Arbeits- und Wirtschafsbedingungen" mehr gemeint sein muss, als die ursprünglich in § 152 GewO verwendete Formulierung der „Lohn- und Arbeitsbedingungen".[240] Dies muss dann auch für Art. 9 Abs. 3 GG gelten. Freilich sollte die geschichtliche Auslegung nicht überdehnt werden, zumal das Grundgesetz die Sozialverfassung, die in der Weimarer Verfassung einen wichtigen Teil gebildet hat, gerade ausklammert.[241] Dennoch verbietet der Umstand, dass der Wortlaut von § 152 GewO a.F. in der Weimarer Reichsverfassung und später im Grundgesetz nicht übernommen wurde die Annahme, die „Arbeits- und Wirtschaftsbedingungen" einschränkend als „Lohn- und Arbeitsbedingungen" zu interpretieren.[242]

(c) Systematik

Aus der Systematik des Gesetzes lassen sich ebenfalls kaum Erkenntnisse zur Bestimmung des sachlich-gegenständlichen Regelungsbereichs von Art. 9 Abs. 3 Satz 1

---

[237] Vgl. *C.W. Hergenröder*, in: H/W/K, Art. 9 GG, Rn. 38.
[238] *C.W. Hergenröder*, in: H/W/K, Art. 9 GG, Rn. 38.
[239] So *Säcker/Oetker*, Grundlagen und Grenzen der Tarifautonomie, S. 59.
[240] So auch *Badura*, ArbRGegw, Band 15, 17, 27; *Krause*, Standortsicherung und Arbeitsrecht, S. 61; *Säcker/Oetker*, Grundlagen und Grenzen der Tarifautonomie, S. 59 f.; *Söllner*, ArbRGegw, Band 16, 19, 23.
[241] *Gamillscheg*, Kollektives Arbeitsrecht, Band I, S. 219; gegen eine Überbewertung der historischen Auslegung auch *Konzen*, ZfA 1980, 77, 90.
[242] *Badura*, ArbRGegw, Band 15, 17, 27; *Fischinger*, Arbeitskämpfe, S. 51 f.; *Krause*, Standortsicherung und Arbeitsrecht, S. 61; *Schweibert*, Die Verkürzung der Wochenarbeitszeit durch Tarifvertrag, S. 65; *Söllner*, ArbRGegw, Band 16, 19, 23.

GG gewinnen.[243] *Kempen* führt dennoch ein systematisches Argument ins Feld. Gegen die Extrempositionen lasse sich vorbringen, dass Art. 9 Abs. 3 GG verknüpfend von „Arbeits- und Wirtschaftsbedingungen" spreche. Dies stehe im Gegensatz zu der Trennung der Gesetzgebungskompetenzen für das Wirtschaftsrecht (Art. 74 Abs. 1 Nr. 11 GG) einerseits und das Arbeitsrecht (Art. 74 Abs. 1 Nr. 12 GG) andererseits. Hieraus ließe sich ableiten, dass der Gesetzgeber keinesfalls eine Interpretation beabsichtigt habe, die dem Begriff der Wirtschaftsbedingungen jegliche Bedeutung abspreche. Andererseits aber auch eine völlige Loslösung von dem Begriff der Arbeitsbedingungen nicht möglich sei. Eine gewisse Kombination beider Bereiche müsse der Gesetzgeber also beabsichtigt haben.[244]

(d) Sinn oder Zweck

Nachdem grammatikalische, historische und systematische Auslegungsmethoden keine eindeutige Interpretation ermöglichen, kann es hilfreich sein, sich dem Begriffspaar der „Arbeits- und Wirtschaftsbedingungen" zu nähern, indem man sich die Funktion und den Schutzzweck der Tarifautonomie vor Augen führt. In funktionaler Hinsicht soll die Freiheit Tarifverträge abzuschließen den Arbeitnehmern als abhängig Beschäftigte einen wirksamen Schutz verschaffen. Die kollektive Wahrnehmung der Arbeitnehmerinteressen stärkt diese in ihrer naturgemäß schwächeren Verhandlungsposition gegenüber dem Arbeitgeber. Der Tarifvertrag soll für die Arbeitnehmer sozial befriedigende Ergebnisse hervorbringen. Nicht zu seinen Aufgaben gehört es hingegen, aktiv auf die Unternehmenspolitik Einfluss zu nehmen. Diese obliegt allein dem Unternehmer. Das zwischen diesen beiden Interessen- und Aufgabengebieten Spannungen entstehen, liegt in der Natur der Sache. Die Schwierigkeit besteht darin, die Grenze zu ziehen, wann ein Bereich noch den „Arbeits- und Wirtschafsbedingungen" zuzurechnen ist und folglich der tariflichen Regelbarkeit unterfällt. Dies wird man immer dann annehmen müssen, wenn Interessen der Arbeitnehmer in einem solchen Maß berührt sind, dass vernünftigerweise eine kollektive Regelung zu ihrem Schutz angezeigt ist. Einschränkend ist allerdings zu berücksichtigen, dass eine tarifvertragliche Regelungsbefugnis nur angenommen werden kann, wenn die unternehmerische Entscheidung die Arbeitnehmer *unmittelbar* in ihren Interessen berührt.[245] Andernfalls droht die tarifvertragliche Rege-

---

[243] *Waltermann*, NZA 1991, 754, 758 hält den systematischen Zusammenhang zur Konkretisierung der „Arbeits- und Wirtschaftsbedingungen" ebenfalls für wenig ergiebig.
[244] *Kempen*, in: Kempen/Zachert, TVG, Einl. Rn. 105; zustimmend *Fischinger*, Arbeitskämpfe, S. 50.
[245] Vgl. *Beuthien*, ZfA 1984, 1, 12; *Gamillscheg*, Kollektives Arbeitsrecht, Band I, S. 220; *Hanau/Thüsing*, in: Thüsing, Tarifautonomie im Wandel, S. 17; *dies.*, ZTR 2001, 1, 5; *Kempen*, AuR 1980, 193, 195; *Meik*, Der Kernbereich der Tarifautonomie, S. 139; *Säcker/Oetker*, Grund-

lungsbefugnis auszuufern. In letzter Konsequenz kann sich nämlich jede unternehmerische Sachentscheidung mittelbar auf die Sicherheit und den Bestand der Arbeitsplätze auswirken und damit Arbeitnehmerinteressen in starkem Ausmaß berühren. Man denke nur daran, dass eine schlechte Preispolitik den Verlust von Marktanteilen und daraus resultierend von Arbeitsplätzen haben kann. Ebenso kann eine Fehlbesetzung der Geschäftleitung den Ruin eines Unternehmens bedeuten. *Biedenkopf* formuliert zutreffend, dass das gesamte Wirtschaftsleben seine soziale Seite hat.[246] Umso wichtiger ist es festzuhalten, dass den Gewerkschaften kein allgemeines wirtschafts- oder unternehmenspolitisches Mandat zukommt.[247] Sie sind keine Mitunternehmer, die ihr eigenes planerisches Ermessen an die Stelle der unternehmerischen Sachkompetenz setzen dürfen.[248]

Daraus lässt sich folgern, dass die Erwähnung der Wirtschaftsbedingungen in Art. 9 Abs. 3 Satz 1 GG nicht so zu verstehen ist, dass den Tarifvertragsparteien unabhängig von einem konkreten arbeitsrechtlichen Anlass eine Kompetenz auf unternehmerischem Gebiet zustünde. Das Begriffspaar der „Arbeits- und Wirtschaftsbedingungen" ist vielmehr als funktionelle Einheit zu verstehen. Die Wirtschaftsbedingungen des Unternehmens können nur dann von der tariflichen Regelungskompetenz erfasst werden, wenn sie sich aus Sicht der Arbeitnehmer gleichzeitig als Arbeitsbedingungen im weitesten Sinne darstellen. Die tariflich zu regelnden Gegenstände müssen also einen erkennbaren Bezug zu den Arbeitsbedingungen aufweisen und sich *unmittelbar* auf den Rechtskreis der Arbeitnehmer auswirken.[249]

(e) Fazit

Im Ergebnis ist festzuhalten, dass sich unter die „Arbeits- und Wirtschaftsbedingungen" auch unternehmerische Entscheidungen subsumieren lassen, sofern diese sich *unmittelbar* auf die Arbeitsverhältnisse auswirken. Dabei ist grundsätzlich von einem weiten Verständnis auszugehen, um dem Schutz der Arbeitnehmer weitestgehend Rechnung tragen zu können. Nur so kann die Tarifautonomie als Gegen-

---

lagen und Grenzen der Tarifautonomie, S. 71 (Fn. 155); *Wiedemann*, RdA 1986, 231, 232; die Frage der unmittelbaren Auswirkung einer Regelung auf den Rechtskreis der Arbeitnehmer ist davon zu unterscheiden, ob ein Regelungsgegenstand unmittelbar oder nur mittelbar der Wahrung und Förderung der Arbeits- und Wirtschaftsbedingungen dient. Beides muss umfasst sein, da die Koalitionen andernfalls ihre Ordnungsaufgabe nur unvollständig erfüllen könnten, vgl. näher *Säcker/Oetker*, Grundlagen und Grenzen der Tarifautonomie, S. 70 f.

[246] *Biedenkopf*, Gutachten 46. DJT 1966, S. 160 ff.; dem folgend *Beuthien*, ZfA 1984, 1, 12; *Wiedemann*, RdA 1986, 231, 232.

[247] Vgl. *Beuthien*, ZfA 1984, 1, 13; *Meik*, Der Kernbereich der Tarifautonomie, S. 80; *Wiedemann*, RdA 1986, 231, 232.

[248] *Wiedemann*, RdA 1986, 231, 232.

[249] *Wiedemann*, RdA 1986, 231 f.

gewicht zu der ebenfalls verfassungsrechtlich geschützten Unternehmerfreiheit wirksam fungieren. Sofern eine unter Art. 9 Abs. 3 Satz 1 GG subsumierbare Regelung zugleich die Unternehmerfreiheit betrifft, kommt es zu einer Kollision zwischen der Koalitionsfreiheit und der Unternehmerfreiheit. Da die Verfassung beide Rechte gleichermaßen gewährleistet, ist dieser Konflikt sodann einzelfallbezogen durch eine Abwägung der beiden betroffenen Grundrechtspositionen aufzulösen.[250] Allerdings wäre die Unternehmensautonomie zu wenig beachtet, wenn ihr die Tarifautonomie keinerlei tariffreien Betätigungsraum lassen würde. Deshalb kann nicht oft genug betont werden, dass der Tarifautonomie nicht entnommen werden kann, dass sämtliche unternehmerische Entscheidungen tarifvertraglich geregelt werden können. Entscheidungen, die keine *unmittelbaren* Auswirkungen auf die Arbeitsverhältnisse haben, unterfallen nicht den „Arbeits- und Wirtschaftsbedingungen".

(6) Schlussfolgerungen für typische Inhalte von Standortsicherungsvereinbarungen

Die tarifliche Regelungsbefugnis für Fragen der Arbeitszeit und des Arbeitsentgelts steht außer Frage. Beides sind Regelungsmaterien, die unmittelbar das Austauschverhältnis zwischen Arbeitgeber und Arbeitnehmern betreffen. Sie werden von dem Begriffspaar der „Arbeits- und Wirtschafsbedingungen" erfasst. *Biedenkopf* bezeichnet Lohn und Arbeitszeit zutreffend als *essentialia* der tarifvertraglichen Vereinbarungsbefugnis.[251]

Nach der hier vertretenen Auffassung gehören standort- und beschäftigungspolitische Entscheidungen ebenfalls zu den „Arbeits- und Wirtschaftsbedingungen" und unterfallen der tarifvertraglichen Regelungsbefugnis. Dies gilt sowohl für den Ausschluss von betriebsbedingten Kündigungen als auch für Entscheidungen über die Fortführung, Schließung oder Verlagerung eines Standortes.[252] Derartige Maßnahmen haben einen unmittelbaren Bezug zu den Arbeitsverhältnissen. Bei der Stilllegung beziehungsweise Verlagerung eines Betriebes ins Ausland verlieren in der Regel alle Arbeitnehmer ihren Arbeitsplatz.[253] Eine Beschäftigungsgarantie bewirkt für alle von der Vereinbarung erfassten Arbeitnehmer ein großes Maß an Arbeitsplatzsicherheit. *Gamillscheg* bezeichnet derartige Maßnahmen als Arbeits- und

---

[250] *Beuthien*, ZfA 1984, 1, 12; *Cherdron*, Tarifliche Sanierungs- und Sozialplanvereinbarungen, S. 94; *Hanau/Thüsing*, ZTR 2001, 1, 6; *Krause*, Standortsicherung und Arbeitsrecht, S. 58; *Zachert*, DB 2001, 1198, 1200.
[251] *Biedenkopf*, Gutachten 46. DJT 1966, S. 164.
[252] So auch *Gamillscheg*, Kollektives Arbeitsrecht, Band I, S. 220; *Krause*, in: J/K/O, Tarifvertragsrecht, § 1 Rn. 76; im Ergebnis auch *Gotthard*, DB 2000, 1462.
[253] *Kühling*, AuR 2003, 92.

Wirtschaftsbedingungen „ersten Ranges".[254] Aufgrund der unmittelbaren Auswirkungen, die die genannten Beispiele auf die einzelnen Arbeitsverhältnisse haben, ergibt sich aus Art. 9 Abs. 3 GG keine Binnenschranke für eine tarifvertragliche Regelung.

cc) Außenschranken – Unternehmerfreiheit als Grenze der Tarifmacht

Die Tarifautonomie wird zwar vorbehaltlos, nicht jedoch schrankenlos gewährleistet. Die grundsätzliche tarifvertragliche Regelbarkeit – und damit auch Erstreikbarkeit – einer Regelungsmaterie scheidet aus, wenn die Tarifautonomie aufgrund kollidierenden Verfassungsrechts zurückzustehen hat. Die Verfassungsordnung sieht vor, dass kollidierende Verfassungsgüter im Wege der praktischen Konkordanz zu einem schonenden Ausgleich zu bringen sind.[255] Darauf folgt, dass die Tarifautonomie eingeschränkt werden kann, wenn dies durch ein gleichrangiges, verfassungsrechtlich geschütztes Interesse gerechtfertigt werden kann. Im Rahmen von Standortsicherungsvereinbarungen kommt die Unternehmerfreiheit als kollidierendes Rechtsgut in Betracht. Die Vereinbarung von Standort- und Beschäftigungsgarantien kann die unternehmerische Entscheidungsfreiheit für die Zukunft nämlich erheblich einschränken. Ob und wann die Unternehmerfreiheit, zum Teil wird auch von der Unternehmensautonomie gesprochen,[256] tarifvertraglichen Regelungen bezüglich einer Standort- oder Beschäftigungsgarantie in Standortsicherungsvereinbarungen entgegensteht, wird nachfolgend untersucht.

(1) Unternehmerfreiheit als Teil der Berufsfreiheit (Art. 12 Abs. 1 GG)

Im Grundgesetz ist der Schutz der Unternehmerfreiheit, anders als beispielsweise in der Verfassung von Spanien, Portugal oder Italien,[257] nicht ausdrücklich vorgesehen. Dennoch ist ihre verfassungsrechtliche Gewährleistung anerkannt.[258] Dabei herrscht weitgehend Einigkeit, dass die Unternehmerfreiheit nicht nur von Art. 2 Abs. 1 GG sondern auch von dem spezielleren Art. 12 GG geschützt ist.[259] Das

---

[254] *Gamillscheg*, Kollektives Arbeitsrecht, Band I, S. 220.
[255] Siehe hierzu bereits E.I.4.a)aa) sowie E.I.4.b)aa) jeweils mit weiteren Nachweisen.
[256] So zum Beispiel *Krause*, in: J/K/O, Tarifvertragsrecht, § 1 Rn. 76; *Stein*, AuR 203, 99; kritisch zu diesem Ausdruck, da er keine Grundlage in der Verfassung habe, hingegen *Hensche*, AuR 2004, 443, 448.
[257] Vgl. *Stein*, AuR 2003, 99 mit Nachweisen zu den einzelnen Landesverfassungen.
[258] *Cherdron*, Tarifliche Sanierungs- und Sozialplanvereinbarungen, S. 206; *Hanau/Thüsing*, ZTR 2001, 1; *Papier*, RdA 1989, 137, 138.
[259] BVerfG v. 8.2.1972, BVerfGE 32, 311, 317; BVerfG v. 12.10.1977, BVerfGE 46, 120 137; *Cherdron*, Tarifliche Sanierungs- und Sozialplanvereinbarungen, S. 206; *Hanau/Thüsing*, in: Thüsing, Tarifautonomie im Wandel, S. 8 ff.; *Hanau/Thüsing*, ZTR 2001, 1; *Papier*, RdA 1989, 137, 138; *Wiedemann*, in: Wiedemann, TVG, Einl. Rn. 316, der die unternehmerische Freiheit

BVerfG hat im so genannten Mitbestimmungsurteil[260] den Begriff der Unternehmerfreiheit im Zusammenhang mit Art. 12 Abs. 1 GG sogar ausdrücklich erwähnt.[261] In einem späteren Kammerbeschluss hebt es die „unternehmerische Betätigung" und die „unternehmerische Entscheidungsfreiheit" hervor.[262] Ähnlich wie im Kündigungsschutzrecht[263] und im Betriebsverfassungsrecht[264] hat die Unternehmerfreiheit auch für die Tarifautonomie eine begrenzende Funktion. Wo die Grenze verläuft, ist allerdings nach wie vor offen.[265]

(2) Reichweite der Unternehmerfreiheit

Ähnlich wie bei den „Arbeits- und Wirtschaftsbedingungen" gestaltet sich auch bei der Unternehmerfreiheit die Bestimmung ihrer sachlich-gegenständlichen Reichweite und damit ihr Verhältnis zur Tarifautonomie als schwierig. Das BVerfG hat mehrfach ausgeführt, dass „ein angemessener Spielraum zur Entfaltung der Unternehmerinitiative unantastbar" sei.[266] Eingriffe in den geschützten Freiheitsbereich seien nur dann zulässig, „wenn dem Betroffenen angemessener Spielraum verbleibt, sich als verantwortlicher Unternehmer wirtschaftlich frei zu entfalten".[267]

---

schon durch die Grenzen der Zuständigkeit der Tarifvertragsparteien nach Art. 9 Abs. GG abgesichert sieht und nur im Falle sich ergebender Schutzlücken auf Art. 12 GG zurückgreifen will; ähnlich *Krause*, in: J/K/O, Tarifvertragsrecht, § 1 Rn. 75 ff; a.A. *Schiek, in:* Däubler, TVG, Einl. Rn. 239, der die Existenz einer verfassungsrechtlich geschützten Unternehmerfreiheit ablehnt.

[260] Das Mitbestimmungsurteil, in dem das BVerfG über die Rechtmäßigkeit des MitBestG 1976 zu befinden hatte, gilt als eine der grundlegenden Entscheidungen, in denen sich das BVerfG mit den wirtschaftlich relevanten Grundrechten auseinandergesetzt hat, vgl. BVerfG v. 1.3.1979, BVerfGE 50, 290 ff.; siehe hierzu auch *Papier*, ZGR 1979, 444 ff.; *Säcker*, RdA 1979, 380 ff.

[261] BVerfG v. 1.3.1979, BVerfGE 50, 290, 363.

[262] BVerfG v. 18.12.1985, NJW 1986, 1601.

[263] Im Kündigungsschutzrecht gilt für die Beurteilung einer betriebsbedingten Kündigung am Maßstab des § 1 Abs. 2 KSchG der Grundsatz der freien unternehmerischen Entscheidung. Ob, wie viel und wo ein Unternehmer produzieren will, wo er seine Angebote ausweiten oder einschränken will, welche Werbungs-, Finanzierungs-, Einkaufs- und Absatzpolitik er betreibt und welche Arbeitsbedingungen angewandt werden, ist kündigungsrechtlich irrelevant und kann durch die Arbeitsgerichte grundsätzlich nicht korrigiert werden.

[264] Im Betriebsverfassungsrecht schlägt sich die unternehmerische Entscheidungsfreiheit in verschiedenen Regelungen nieder. Im Rahmen des § 87 Abs. 1 Nr. 10 BetrVG umfasst das Ausmaß der Mitbestimmung bei freiwilligen Leistungen beispielsweise nur den Zweck und den begünstigten Personenkreis, nicht aber die Frage, ob eine solche Leistung gewährt wird und in welcher Höhe. Weiterhin ist bei einer Betriebsänderung nach §§ 111 ff. BetrVG nur der Sozialplan durch eine Einigungsstelle erzwingbar. Nicht jedoch der Interessenausgleich, der nicht lediglich die durch die Betriebsänderung verursachten Nachteile für die Arbeitnehmer ausgleichen will, sondern das „Wie" und das „Wann" der Betriebsänderung regelt – die unternehmerische Kernentscheidung, über die eine Verständigung so weit wie möglich versucht werden soll, kann nicht gegen den Willen des Arbeitgebers erzwungen werden.

[265] Vgl. *Gamillscheg*, Kollektives Arbeitsrecht, Band I, S. 341 f.; *Hanau/Thüsing*, ZTR 2001, 1.

[266] BVerfG v. 1.3.1979, BVerfGE 50, 290, 366.

[267] BVerfG v. 16.5.1961, BVerfGE 12, 341, 347 f.

Die Ausübung der Tarifautonomie darf also nicht dazu führen, dass die Unternehmerfreiheit leer läuft. Dabei umfasst die Unternehmerfreiheit nicht nur klein- oder mittelständische Betriebe, bei denen der persönliche Einsatz des Inhabers im Vordergrund steht, sondern auch die Tätigkeit von Großunternehmen.[268] Um das Verhältnis zwischen Tarifautonomie und Unternehmerfreiheit und damit die tarifvertragliche Regelbarkeit von Standortsicherungsvereinbarungen näher bestimmen zu können, werden zunächst die wesentlichen Meinungen über die Reichweite der Unternehmerfreiheit dargestellt.

(a) Keine Einflussnahme auf unternehmerische Grundlagenentscheidungen

Insbesondere auf *Wiedemann* ist die Ansicht zurückzuführen, dass die Unternehmensautonomie zumindest im Kern gegen gewerkschaftliche Einflussnahme geschützt sein müsse.[269] Dies betreffe vor allem so genannte unternehmerische Grundlagenentscheidungen. Die gewerkschaftliche Einflussnahme dürfe nämlich nicht dazu führen, dass dem Unternehmer durch tarifliche Regelungen die Herrschaft über das Unternehmen selbst und die mit ihm verfolgten Ziele entzogen würden. Wäre dies der Fall, so würde Art. 12 GG in seinem Wesensgehalt verletzt, was einen Verstoß gegen Art. 19 Abs. 2 GG bedeuten würde. Als Richtschnur für die Identifizierung solcher Grundlagenentscheidungen könne die Ausgestaltung der unternehmerischen Mitbestimmung dienen. Soweit der Einfluss eines mitbestimmten Aufsichtsrats zugunsten der Gesellschafterversammlung ausgeschlossen sei, müsse dies erst recht auch für eine tarifliche Außensteuerung gelten. Der Mitbestimmung versperrt seien demnach Maßnahmen, die eine Satzungsänderung erforderlich machten oder die zur Zuständigkeit einer Hauptversammlung gehörten (vgl. § 119 Abs. 1 AktG). Ausgangspunkt der Überlegungen müsse stets sein, dass sich die Gewerkschaft im Wege des Tarifvertrags kein Verfügungsrecht über den Betrieb oder das Unternehmen als solches verschaffen dürfe, weil dies auf eine nicht gewollte Mitunternehmerschaft hinausliefe.[270] Mit der alleinigen Entscheidungsbefugnis in grundlegenden Unternehmensangelegenheiten korrespondiere auch die Verteilung des unternehmerischen Risikos, dass der Unternehmer eben-

---

[268] Vgl. *Henssler*, in: FS Richardi, S. 558 m.w.N.
[269] *Wiedemann*, RdA 1986, 231, 236.
[270] *Wiedemann*, RdA 1986, 231, 236 f.; ähnlich *Gamillscheg*, Kollektives Arbeitsrecht, Band I, S. 340 („Hinter all dem steht die Überlegung, dass die Gewerkschaft ebenso wenig wie der Betriebsrat zur Mitunternehmerin werden soll. Sie könnte eine solche Doppelrolle auf die Dauer nicht spielen, ohne dass ihre eigentliche Aufgabe, die Interessenwahrung der Arbeitnehmer, Schaden nimmt").

falls alleine trage.[271] Aus den genannten Gründen folge, dass Entscheidungen über „Bestand, Umfang und Zielsetzung des Unternehmens" allein dem Unternehmensträger vorbehalten seien. Eine – notfalls mit den Mitteln des Arbeitskampfes erzwingbare – tarifliche Regelung sei selbst dann unzulässig, wenn sie die sozialen Interessen der Arbeitnehmer unmittelbar berühre.[272] Regelungen, die nicht den Kern der Unternehmerfreiheit beträfen, seien hingegen tarifvertraglich regelbar und erstreikbar. Dass jede tarifvertragliche Regelung gleichsam einen (beabsichtigten) Verlust an unternehmerischer Freiheit mit sich bringe, sei hinzunehmen.[273]

Wiedemann weist darauf hin, dass sich die Situation in den USA ähnlich gestalte. Dort unterscheidet der National Labor Relations Act (NLRA)[274] zwischen obligatorischen und fakultativen Verhandlungsgegenständen (*mandatory and permissive subjects of collective bargaining*). Eine Verhandlungspflicht mit den Tarifvertragsparteien besteht gemäß Sec. 8 (d) und 9 (a) nur über „wages, hours and terms and conditions of employment" beziehungsweise „rates of pay, wages, hours of employment or other conditions of employment". Standortentscheidungen hingegen, also klassische unternehmerische Grundlagenentscheidungen, werden in der Regel jedoch als *managerial prerogatives* eingestuft und müssen daher nicht mit den Gewerkschaften verhandelt werden.[275] Auch wenn die amerikanische Sichtweise arbeitsrechtlicher Einzelfragen freilich nicht auf die inhaltliche Ausgestaltung der nach dem Grundgesetz geschützten Unternehmerfreiheit übertragen werden kann, kann ein Blick über den nationalen juristischen Rechtskreis hinaus dennoch als Auslegungshilfe herangezogen werden.

(b) Keine Begrenzung der tariflichen Regelungsbefugnis

Eine konträre Ansicht vertritt insbesondere *Däubler*. Er stellt bereits die Existenz der Unternehmerfreiheit in Frage, da sich eine ausdrückliche Regelung hierzu im Grundgesetz nicht finde.[276] Konsequenterweise hält er eine Beschränkung der Tarifautonomie zugunsten eines tariffreien Raums für unzulässig. *Däubler* ist der

---

[271] Vgl. *Gamillscheg*, Kollektives Arbeitsrecht, Band I, S. 341, der darauf hinweist, dass nur das Unternehmen seinen Gläubigern haftetet, nicht jedoch die Gewerkschaft.
[272] *Wiedemann*, RdA 1986, 231, 236; ebenso *Hanau/Thüsing*, ZTR 2001, 49, 52; *Henssler*, in: FS Richardi, S. 559; ähnlich *Papier*, RdA 1989, 137, 139 f.
[273] So *Wiedemann*, RdA 1986, 231, 236.
[274] Der Text des *NLRA* kann auf der Website des *National Labor Relations Board* (NLRB) unter: http://nlrb.gov/ abgerufen werden.
[275] Vgl. *Gamillscheg*, Kollektives Arbeitsrecht, Band I, S. 343 und 347; *Hanau/Thüsing*, in: Thüsing, Tarifautonomie im Wandel, S. 30; ähnlich bereits *Wiedemann*, RdA 1986, 231, 234 ff., der aufschlussreich die zum Teil divergierende Rechtsprechung in den USA skizziert.
[276] Vgl. *Däubler*, in: Blank, Reform der Betriebsverfassung und Unternehmerfreiheit, S. 11; so auch *Schiek*, in: Däubler, TVG, Einl. Rn. 239.

Auffassung, dass jede unternehmenspolitische Entscheidung Auswirkungen auf die konkrete Existenz des einzelnen Arbeitnehmers, insbesondere auf seinen Arbeitsplatz haben könne. Daher sei jede unternehmerische Entscheidung potentieller Gegenstand von Tarifverhandlungen.[277] Rechtzeitiges Gegensteuern durch die Gewerkschaften könnte den Verlust des Arbeitsplatzes in vielen Fällen verhindern. In der Rechtsprechung des BAG, Tarifautonomie und Unternehmerfreiheit im Wege der praktischen Konkordanz zu einem bestmöglichen Ausgleich zu bringen, sieht er einen Verstoß der vom BAG selbst ansonsten angewandten Grundsätze zur Bindung der Tarifparteien an Grundrechte. Hierin sei der Versuch einer nicht nachvollziehbaren Kompromisslösung zu sehen.[278]

Eine ähnliche Auffassung vertritt *Zachert*. Er ist der Meinung, dass es kein abgegrenztes Reservat oder auch keine ausgegrenzte Tabuzone unternehmerischer Entscheidungen gebe, die von vornherein tariflichen Regelungen entzogen wären. Die Tarifautonomie sei vielmehr ein dynamisches, zukunftsorientiertes Handlungsinstrument, dass sachnah, wirksam und flexibel auf neue technologische und soziale Herausforderungen reagieren können müsse.[279] Tarifverträge zur Standortsicherung seien unter Zugrundelegung dieser Ansichten grundsätzlich zulässig und erstreikbar. Einer Abwägung im Spannungsdreieck zwischen Tarifautonomie, Unternehmensautonomie und Arbeitnehmerinteressen bedürfe es nicht.[280]

(c) Vermittelnde Position – Zulässigkeit freiwilliger Tarifverträge

Auf *Gamillscheg* geht eine vermittelnde Position zurück, wonach zwischen der Vereinbarkeit und der Erstreikbarkeit von Tarifverträgen unterschieden werden müsse.[281] Dabei erkennt auch *Gamillscheg* die Privilegierung unternehmersicher Grundlagenentscheidungen an. Niemand könne einen Unternehmer beispielsweise daran hindern, sich zur Ruhe zu setzen. Ebenso wenig könne ein Unternehmer, der seinen Betrieb aus persönlichen Gründen stilllegen wolle, enteignet werden, um den Betrieb fortführen zu lassen. Derartige Grundlagenentscheidungen könnten mangels Regelungsbefugnis auch nicht durch einen Streik verhindert werden. Allerdings hält er eine tarifvertragliche Regelbarkeit unternehmerischer Grundlagenentscheidungen und damit einhergehend eine Begrenzung der Unternehmensautonomie für zulässig, sofern der Abschluss eines Tarifvertrages auf freiwilliger Basis

---

[277] *Däubler*, Tarifvertragsrecht, Rn. 1112 m.w.N.
[278] *Däubler*, Tarifvertragsrecht, Rn. 1112a.
[279] *Zachert*, AuR 1985, 201, 206.
[280] So *Schiek*, in: Däubler, TVG, Einl. Rn. 273.
[281] *Gamillscheg*, Kollektives Arbeitsrecht, Band I, S. 344 ff.; dem folgend *Hohenstatt/Schramm*, DB 2004, 2214, 2217.

geschehe.²⁸² Dies gelte selbst für die weitestgehende unternehmerische Entscheidung, die Betriebsstilllegung.²⁸³ Im Sinne eines Erst-Recht-Schlusses müsse eine tarifvertragliche Regelbarkeit hinsichtlich weniger einschneidender Maßnahmen, wie beispielsweise einem zeitlich befristeten Ausschluss von Kündigungen oder der Beibehaltung bestimmter Produktionskapazitäten, dann jedoch auch möglich sein. Das Erfordernis der Freiwilligkeit bringe es mit sich, dass Tarifverträge, die unternehmerische Grundlagenentscheidungen beträfen, nicht im Wege des Streiks erzwungen werden könnten.²⁸⁴ In dem freiwilligen Abschluss der Vereinbarung sei ein Grundrechtsverzicht seitens des Unternehmers zu sehen, so dass eine Verletzung der Tarifautonomie nicht in Betracht komme.²⁸⁵

(d) Persönlicher Ansatz

Wiedemann ist darin zuzustimmen, dass bestimmte unternehmerische Grundlagenentscheidungen dem gewerkschaftlichen Streikrecht entzogen sein müssen. Insbesondere Entscheidungen über die (Teil-)Schließung oder Verlagerung eines Betriebs, also die Unternehmensexistenz betreffende Fragen, müssen allein den Anteilseignern vorbehalten bleiben. Der Unternehmer trägt schließlich auch allein das Haftungsrisiko für sein Unternehmen. Hiermit muss die Freiheit korrespondieren, sein Kapital – wenn auch nicht ohne soziale Folgelasten, beispielsweise in Form eines Sozialplans – ganz oder teilweise abziehen zu können, wenn ein gewinnbringender Einsatz aus Sicht des Unternehmers nicht mehr möglich erscheint. Es würde gegen Allgemein- und Gläubigerinteressen und nicht zuletzt die Grundsätze der Sozialen Marktwirtschaft verstoßen, wenn Gewerkschaften Unternehmen zur Fortführung eines unrentablen Betriebes zwingen könnten.²⁸⁶ Zu diesem Ergebnis gelänge man jedoch, wenn man der Unternehmerfreiheit so enge Grenzen ziehen würde, dass jede Arbeitnehmerinteressen berührende Entscheidung erstreikt und tarifvertraglich geregelt werden könnte. Es ist nicht hinnehmbar, dass dem Unternehmer als Eigentümer und Träger des wirtschaftlichen Risikos, eine grundlegende unternehmerische Entscheidung durch gewerkschaftlichen Druck und im Extremfall sogar unter Zuhilfenahme von Kampfmitteln diktiert werden kann.

Andererseits ist nicht ersichtlich, warum bestimmte Regelungsmaterien, die unternehmerische Grundlagenentscheidungen betreffen, nicht tarifvertraglich regelbar sein sollen, wenn der Unternehmer sich damit einverstanden erklärt. Der kategori-

---

[282] *Gamillscheg*, Kollektives Arbeitsrecht, Band I, S. 344 ff.; ähnlich *Jarass*, NZA 1990, 505, 510.
[283] *Gamillscheg*, Kollektives Arbeitsrecht, Band I, S. 345.
[284] *Gamillscheg*, Kollektives Arbeitsrecht, Band I, S. 344 f. sowie 1069 ff.
[285] In diesem Sinne auch *Wolter*, RdA 2002, 218, 222.
[286] Vgl. zum Verhältnis von Arbeitsrecht und Marktwirtschaft *Zöllner*, ZfA 1994, 423 ff.

sche Schutz unternehmerischer Grundlagenentscheidungen ist durchaus nachvollziehbar, wenn man von einem Gleichlauf von tarifvertraglicher Regelbarkeit und Erstreikbarkeit ausgeht. Insofern ist es sinnvoll, wie von *Gamillscheg* vorgeschlagen, zwischen der freiwilligen Regelbarkeit und der Erstreikbarkeit solcher Grundlagenentscheidungen zu differenzieren. Wenn ein Unternehmer sich aus freien Stücken dazu entscheidet, eine entsprechende Materie tarifvertraglich zu regeln, ist nicht ersichtlich, warum er sich in seiner unternehmerischen Freiheit nicht beschränken können sollte. Eine selbstbestimmte Ausübung der Unternehmensautonomie muss nämlich auch das Recht beinhalten, auf diese verzichten zu können.

Ein Problemkreis, den *Gamillscheg* in seinen Ausführungen jedoch ausklammert, betrifft die Frage, ob ein Verzicht auf den Schutz der Unternehmerfreiheit auch wirksam möglich ist. Aus der Grundrechtsdogmatik ist die Rechtsfigur der Grundrechtsausübung durch Grundrechtsverzicht bekannt.[287] Dem liegt die Überlegung zugrunde, dass der Träger von Grundrechten als derjenige, dem sie zur Ausübung nach eigenem Ermessen zugeordnet sind, grundsätzlich dazu berechtigt sein soll, diese Grundrechte nicht auszuüben und sich ihrer zu entäußern.[288] Der Verzicht stellt letztlich auch nur eine Form der Grundrechtsausübung dar. Ein wirksam erklärter Grundrechtsverzicht bewirkt jedoch nicht das Erlöschen des Grundrechts, insofern ist der Ausdruck Grundrechtsverzicht missverständlich,[289] sondern hierin ist vielmehr eine Einwilligung des Grundrechtsträgers in die Einwirkung auf seine Schutzgüter zu sehen.[290] Fraglich ist, ob dem Unternehmer ein solcher Verzicht in Bezug auf die Unternehmerfreiheit möglich ist. Eine wirksame Einwilligung setzt zum einen die Dispositionsbefugnis des Grundrechtsträgers voraus. Diese beurteilt sich nach dem Sinn oder Zweck des jeweiligen Grundrechts. Maßgeblich ist, ob die Grundrechtsbestimmung den Grundrechtsschutz auch ohne beziehungsweise gegen den Willen des Berechtigten gewährleisten will.[291] Eine solche Unveräußerlich-

---

[287] Vgl. hierzu *Sachs*, Grundrechte, S. 109 ff.; ausführlich auch *Robbers*, JuS 1985, 925 ff. sowie *Stern*, Staatsrecht, S. 887 ff.
[288] Vgl. näher hierzu *Dieterich*, in: ErfK, Einl. zum GG, Rn. 63 ff.; *Jarass*, NZA 1990, 505, 510; *Sachs*, in: Sachs, GG, vor Art. 1 Rn. 52 ff.
[289] So *Sachs*, Grundrechte, S. 109.
[290] *Robbers*, JuS 1985, 925; *Sachs*, Grundrechte, S. 109.
[291] So *Sachs*, Grundrechte, S. 110; anerkannt ist eine Unveräußerlichkeitsschranke beispielsweise in Bezug auf den Würdekern hinsichtlich der Menschenwürde. Zwar besteht die Würde des Menschen zu einem nicht unerheblichen Teil darin, frei verfügen zu können. Was als aufgezwungene staatliche Maßnahme gegen die Menschenwürde verstößt, kann als freiwillige Bindung gerade als Ausdruck dieser Würde verstanden werden. Dennoch enthält Art. 1 Abs. 1 GG auch für den freiwilligen Verzicht eine letzte Grenze, vgl. *Robbers*, JuS 1985, 925, 929.

keitsschranke kommt bei der Berufsfreiheit nicht in Betracht.[292] Es kommt zu keiner Kollision der Verzichtsfreiheit mit öffentlichen Interessen und ebenso stellt ein Verzicht auf die unternehmerische Freiheit keine Fallgruppe dar, in welcher der Einzelne vor sich selbst geschützt werden müsste. Darüber hinaus erfordert eine wirksame Einwilligung deren Freiwilligkeit.[293] Dies bedeutet, dass keine Einwirkung auf den Grundrechtsträger vorliegen darf, welche dessen Willen zur Abgabe der Verzichtserklärung beeinträchtigen könnte.[294] Demnach führen beispielsweise Täuschung, Drohung oder Zwang zu einem Ausschluss der Freiwilligkeit.[295] Dies bedeutet, dass für Standortsicherungsvereinbarungen, die aufgrund ihres Inhalts den Arbeitgeber in seiner unternehmerischen Freiheit beschränken, ohne Streikandrohung oder sonstige Druckausübung zustande gekommen sein müssen.[296] Die tariflicher Regelungsbefugnis und die Erstreikbarkeit von unternehmerischen Grundlagenentscheidungen sind bei Standortsicherungsvereinbarungen nicht deckungsgleich.[297]

(3) Fazit

Die Unternehmerfreiheit setzt der Tarifautonomie Grenzen, sofern unternehmerische Grundlagenentscheidungen betroffen sind. Hierzu zählen Entscheidungen über die Schließung oder Fortführung eines Unternehmens und folglich auch der zeitweise Ausschluss betriebsbedingter Kündigungen. Auf freiwilliger Basis sind unternehmerische Grundlagenentscheidungen einer tarifvertraglichen Regelung jedoch zugänglich. Hierfür ist erforderlich, dass die Vereinbarung insbesondere ohne Streikdruck zustande gekommen ist.[298]

dd) Zwischenergebnis

Zusammenfassend kann festgehalten werden, dass die typischen Regelungsinhalte von Standortsicherungsvereinbarungen – Arbeitszeit, Entgelt sowie Standort- und Beschäftigungssicherung – von der Tarifautonomie umfasst und damit grundsätz-

---

[292] Vgl. *Hanau/Thüsing*, in: Thüsing, Tarifautonomie im Wandel, S. 30; *Jarass*, NZA 1990, 505, 510.
[293] *Robbers*, JuS 1985, 925, 926.
[294] *Stern*, Staatsrecht, S. 914.
[295] Vgl. *Sachs*, in: Sachs, GG, Vor Art. 1 Rn. 56 m.w.N.
[296] *Gamillscheg*, Kollektives Arbeitsrecht, Band I, S. 344; *Hanau/Thüsing*, in: Thüsing, Tarifautonomie im Wandel, S. 31 f.; *dies.*, ZTR 2001, 49, 52; *Kaiser*, in: FS Buchner, S. 385 m.w.N.
[297] *Gamillscheg*, Kollektives Arbeitsrecht, Band I, S. 1069 f.; zustimmend *Buchner*, DB 2001, Beilage 9, S. 1, 7; *Hohenstatt/Schramm*, DB 2004, 2214, 2217; wohl auch *Scholz*, in: Maunz/Düring, GG, Band II, Art. 9 Rn. 356.
[298] So im Ergebnis auch *Fischinger*, Arbeitskämpfe, S. 70; *Kühling/Bertelsmann*, NZA 2005, 1017, 1019 und 1023; *Thüsing*, NZA 2008, 201, 203; *Wolter*, RdA 2002, 218, 222 f.

lich einer tarifvertraglichen Regelung zugänglich sind. Die tarifliche Regelungsbefugnis kann jedoch durch die verfassungsrechtlich gewährleistete Unternehmerfreiheit begrenzt werden. Insbesondere wenn unternehmerische Grundlagenentscheidungen betroffen sind, ist die Kollision zwischen Unternehmerfreiheit und Tarifautonomie zugunsten der Unternehmerfreiheit aufzulösen. Der Arbeitgeber kann jedoch freiwillig auf die Unternehmerfreiheit verzichten und sich durch den Abschluss eines Tarifvertrages in seiner unternehmerischen Freiheit beschränken.

5. Europarechtliche Grenzen für Standortsicherungsvereinbarungen

Insbesondere die EuGH-Entscheidung in der Sache „Viking"[299] hat ins Bewusstsein gerückt, dass geplante Standortverlagerungen auch an europäischem Recht zu messen sein können. In der genannten Entscheidung stellte sich insbesondere die Frage, ob Arbeitskämpfe mit dem Ziel, eine Standortverlagerung ins europäische Ausland zu verhindern oder zu verteuern gegen die Niederlassungsfreiheit gemäß Art. 49 AEUV verstoßen. Letztlich geht es um das schwierige Verhältnis von europäischen Grundfreiheiten und deutschen Grundrechten.[300]

Im Rahmen dieser Arbeit ist auf die aufgeworfenen Fragen jedoch nicht einzugehen, da ein Verstoß gegen die Niederlassungsfreiheit nur im Falle eines gewerkschaftlich ausgeübten Streikdrucks in Betracht kommt. Dreigliedrige Standortsicherungsvereinbarungen können jedoch nur auf freiwilliger Basis abgeschlossen werden, da andernfalls ein unzulässiger Eingriff in die Unternehmerfreiheit vorläge. Die Erstreikbarkeit solcher Vereinbarungen ist nicht zulässig. Hierbei spielt es keine Rolle, ob die Fortführung des Standorts in Form einer Standortgarantie unmittelbar vertraglich zugesagt oder mittelbar durch den Ausschluss von betriebsbedingten Kündigungen erreicht wird. Der Abschluss freiwilliger dreigliedriger Standortsicherungsvereinbarungen verstößt folglich nicht gegen Art. 49 AEUV.

6. Vereinbarkeit typischer Regelungen in Standortsicherungsvereinbarungen mit einfachem Gesetzesrecht

Neben den verfassungsrechtlichen Problemen, die die typischen Regelungen in Standortsicherungsvereinbarungen aufwerfen, stellt sich die Frage der Vereinbarkeit mit einfachem Gesetzesrecht. Problematisch erscheint in diesem Zusammenhang die Verkürzung der Arbeitszeit.

---

[299] EuGH v. 11.12.2007, DB 2008, 198 ff.
[300] Vgl. hierzu auch *Krause*, Standortsicherung und Arbeitsrecht, S. 117 ff.; *Krieger/Wiese*, BB 2010, 568 ff.; *Schubert*, RdA 2008, 289 ff.; *Zwanziger*, DB 2008, 294 ff.

a) Kein Verstoß gegen zwingende Bestimmungen des Kündigungsschutzgesetzes

In der vorübergehenden Verkürzung der Arbeitszeit ist kein Verstoß gegen zwingende Bestimmungen des Kündigungsschutzgesetzes zu sehen. Zwar hat das BAG hat in der Vergangenheit kollektivrechtliche Normen verworfen, durch die dem Arbeitgeber das Recht eingeräumt wurde, eine Verkürzung der regelmäßigen wöchentlichen Arbeitzeit einseitig anzuordnen. Dies begründete es damit, dass eine Tarifnorm, die den Arbeitgeber ermächtige, in einem von ihm bestimmten Zeitpunkt Umfang den Beschäftigungs- und Lohnanspruch der Arbeitnehmer auf unbestimmte Zeit zu verkürzen oder sogar ganz auszuschließen, eine objektive Umgehung von zwingenden Vorschriften des Kündigungsrechts darstelle.[301]

Diese Wertungen sind aus mehreren Gründen auf die typischen Regelungen in Standortsicherungsvereinbarungen nicht übertragbar. Zum einen betrafen die vom BAG entschiedenen Sachverhalte Fälle, in denen keine Regelungen über die Voraussetzungen, den Umfang und die Höchstdauer der Arbeitszeitverkürzung getroffen worden waren. Dies ist bei Arbeitszeitverkürzungen in Standortsicherungsvereinbarungen anders, da die Dauer der Arbeitszeitverkürzung genau geregelt wird. Zum anderen wird der Arbeitgeber in der Regel nicht zu einer einseitigen Anordnung der Arbeitszeitverkürzung ermächtigt, sondern die Parteien legen diese in Übereinkunft fest. Das Kündigungsschutzgesetz schützt aber nicht vor einer Veränderung der Arbeitsbedingungen durch die Tarifvertragsparteien. Es schützt die Arbeitnehmer lediglich vor einseitig vom Arbeitgeber verfügten Änderungen.[302]

Vor dem Hintergrund der zitierten Rechtsprechung sollten die Parteien bei der Vertragsgestaltung darauf achten, dass dem Arbeitgeber kein einseitiges Bestimmungsrecht zur Verkürzung der Arbeitszeit eingeräumt wird, sondern dass der Umfang der Arbeitszeitverkürzung konkret durch die Tarifvertragsparteien festgelegt wird.[303]

b) Keine Umwandlung von Vollzeitbeschäftigungsverhältnissen in Teilzeitbeschäftigung

Bei der Reduzierung der wöchentlichen Arbeitszeit handelt es sich zudem um keine verdeckte Umwandlung von Vollzeit- in Teilzeitbeschäftigungsverhältnisse. Eine

---

[301] So BAG v. 27.1.1994, NZA 1995, 134 f.; BAG v. 18.10.1994, NZA 1995, 1064, 1065.
[302] Vgl. BAG v. 25.10.2000, NZA 2001, 328, 330; so auch *Gotthardt*, DB 2000, 1462 f.
[303] Unproblematisch ist die einseitige Anordnung von Kurzarbeit, da im SGB III die Voraussetzungen und eine Höchstdauer genau geregelt sind.

solche Umwandlung würde die Regelungsbefugnisse der Tarifvertragsparteien überschreiten.[304]

Im Rahmen einer Standortsicherungsvereinbarung erfolgt die Verkürzung der Arbeitszeit nur vorübergehend und nicht dauerhaft. Da dies mit der Einführung von Kurzarbeit vergleichbar sei, ist hierin nach Ansicht des BAG kein Fall der Anordnung von Teilzeitbeschäftigung zu sehen.[305] Zudem erfüllt die vorübergehende Verkürzung der regelmäßigen Arbeitszeit durch die Tarifvertragsparteien bereits nicht die Voraussetzungen von § 2 Abs. 1 Satz 1 TzBfG.[306] Teilzeitbeschäftigt ist demzufolge ein Arbeitnehmer, „dessen regelmäßige Wochenarbeitszeit kürzer als die eines vergleichbaren vollzeitbeschäftigten Arbeitnehmers ist". Die Arbeitszeitverkürzung im Rahmen einer Standortsicherungsvereinbarung soll jedoch für die Mehrheit, im Idealfall sogar für alle Arbeitnehmer gelten. Dies wird in der Regel auch erreicht, wenn die entsprechenden Regelungen betriebsbezogene Normen sind. Selbst wenn die Regelungen nur die tarifgebundenen Arbeitnehmer erfassen sollten, kommt in der Regel eine Anwendung auf die nichttarifgebundenen Arbeitnehmer über Bezugnahmeklauseln zustande. Solche Klauseln enthalten ca. 90 % aller Arbeitsverträge.[307] Zudem haben die Tarifvertragsparteien die Möglichkeit, im Anwendungsbereich des Tarifvertrags eine besondere regelmäßige Arbeitszeit zu regeln und damit den Maßstab für die Frage, was Teilzeitarbeit ist, selbst festzulegen.[308]

c) Fazit

Die Verkürzung der regelmäßigen wöchentlichen Arbeitszeit verstößt in der Regel nicht gegen Gesetzesrecht.

7. Beschränkung der tarifvertraglichen Regelungsmöglichkeit von Standortsicherungsvereinbarungen durch §§ 111 ff. BetrVG?

Die §§ 111 ff. BetrVG begründen für den Arbeitgeber die Verpflichtung, sich vor einer Betriebsänderung mit dem Betriebsrat über die geplante Änderung zu beraten (Interessenausgleich) und einen Ausgleich oder zumindest eine Milderung der den Arbeitnehmern durch die Betriebsänderung entstehenden wirtschaftlichen Nachteile zu vereinbaren (Sozialplan).

---

[304] *Gotthardt*, DB 2000, 1462, 1464; *Richardi*, NZA 1984, 387, 389.
[305] So BAG v. 25.10.2000, NZA 2001, 328, 329 f.
[306] So *Gotthard*, DB 2000, 1462, 1464 allerdings noch zu § 2 Abs. 2 Satz 1 BeschFG.
[307] Vgl. *Preis*, in: Preis, Arbeitsvertrag, I B Rn. 25.
[308] *Gotthard*, DB 2000, 1462, 1464.

Es ist umstritten, ob die §§ 111 ff. BetrVG eine abschließende Sonderregelung enthalten und damit eine Sperrwirkung für tarifvertragliche Regelungen entfalten. Dies wird von einem Teil der Literatur so vertreten mit der Folge, dass entsprechende Regelungen aus dem tarifvertraglichen Regelungsbereich herausfallen[309] oder zumindest nur eingeschränkt möglich sind.[310] Das BAG[311] und ein Teil des Schrifttums[312] lehnen eine Sperrwirkung hingegen ab, so dass (Tarif-)Sozialpläne oder sozialplanähnliche Regelungen auch von Gewerkschaften abgeschlossen werden können.

a) Relevanz der Frage für Standortsicherungsvereinbarungen

Es stellt sich die Frage nach der Relevanz dieser Problematik für Standortsicherungsvereinbarungen. Zu Beginn dieser Arbeit wurde bereits dargelegt, dass es sich bei Standortsicherungsvereinbarungen in der Regel um präventive Vereinbarungen zur Begegnung einer wirtschaftlichen Krisensituation handelt, wohingegen der Sozialplan ein Instrument zum Ausgleich und zur Milderung wirtschaftlicher Nachteile ist, die den Arbeitnehmern durch eine Betriebsänderung entstehen.[313]

Da Standortsicherungsvereinbarungen in sehr unterschiedlichen Ausprägungen vorkommen können, sind jedoch Fälle denkbar, in denen sie sozialplanähnliche Inhalte haben.[314] Das ist insbesondere der Fall, wenn sich die Tarifvertragsparteien mit der Regelung der sozialen Folgen einer Standortschließung beziehungsweise -verlagerung befassen. Dies kann beispielsweise die Vereinbarung von Abfindungen und Qualifizierungsmaßnahmen oder die Verlängerung von Kündigungsfristen beinhalten.[315] Sofern man den Anhängern der Sperrwirkungsthese folgt, könnten die §§ 111 ff. BetrVG in bestimmten Konstellationen dem Abschluss einer tarifvertraglichen Standortsicherungsvereinbarung entgegenstehen.

---

[309] So *Bauer/Krieger*, NZA 2004, 1019, 1023; *Nicolai*, RdA 2006, 33 ff.; *dies.* SAE 2004, 240 ff.; *Schiefer/Worzalla*, DB 2006, 46, 47 f.; in diese Richtung auch *Thüsing*, in: Wiedemann, TVG, § 1 Rn. 711.
[310] So *Löwisch*, DB 2005, 554 ff.; *Rolfs/Clemens*, NZA 2004, 410, 416.
[311] Vgl. BAG v. 24.11.1993, NZA 1994, 471, 473; BAG v. 6.12.2006, NZA 2007, 821, 824; BAG v. 24.4.2007, NZA 2007, 987, 995 f.
[312] *Cherdron*, Tarifliche Sanierungs- und Sozialplanvereinbarungen, S. 260; *Fischinger*, Arbeitskämpfe, S. 143; *Franzen*, ZfA 2005, 315, 331 ff.; *Krause*, Standortsicherung und Arbeitsrecht, S. 72 ff.; *Lobinger*, in: ZAAR Schriftenreihe, S. 79 ff.; wohl auch *Henssler*, in: FS Richardi, S. 556 f.
[313] Vgl. hierzu bereits unter C.
[314] *Cherdron*, Tarifliche Sanierungs- und Sozialplanvereinbarungen, S. 239 hält die Inhalte von Firmentarifverträgen zur Standortsicherung sowie von Interessenausgleich und Sozialplan sogar für nahezu identisch.
[315] Vgl. *Krause*, Standortsicherung und Arbeitsrecht, S. 68 ff.

b) Begründungsansätze für eine Sperrwirkung

Die Sperrwirkung der §§ 111 ff. BetrVG für Tarifverträge mit sozialplanähnlichen Inhalten wird insbesondere mit den Schutzinteressen des Arbeitgebers, des Betriebsrats sowie der gewerkschaftlich nicht organisierten Arbeitnehmer begründet. Nachfolgend sollen die hierzu vertretenen Argumente dargestellt werden, bevor diese einer kritischen Würdigung unterzogen werden.

aa) Schutz des Arbeitgebers

Zum Schutz des Arbeitgebers wird angeführt, dass dessen freie unternehmerische Entscheidung im Hinblick auf eine Betriebsänderung nach dem Willen des Gesetzgebers zwar beeinflusst, nicht jedoch verhindert werden können solle.[316] Dies ergebe sich aus dem Wortlaut und der Systematik des Gesetzes, denn hinsichtlich des mit dem Betriebsrat zu beratenden Interessenausgleichs treffe ihn keine Abschlusspflicht. Im Hinblick auf den erzwingbaren Sozialplan sei der Schutz der unternehmerischen Freiheit durch das Verfahren der Einigungsstelle gewährleistet, die die logische Konsequenz des aus § 74 Abs. 2 BetrVG folgenden Arbeitskampfverbots zwischen den Betriebsparteien sei. Der Gesetzgebers habe sich klar für ein Einigungsstellenverfahren und gegen das Mittel des Streiks in Bezug auf den Inhalt eines Sozialplans entschieden. Die §§ 111 ff. BetrVG würden ausgehebelt, wenn der zuständigen Gewerkschaft das Recht zustünde, einen Sozialplan nicht nur zu fordern, sondern auch zu erstreiken.[317]

Lobinger führt zudem an, dass der Grundsatz der freien unternehmerischen Entscheidung nicht durch die Hintertür dadurch wieder in Frage gestellt werden dürfe, dass der Unternehmer durch eine solche Entscheidung mit unkalkulierbaren Kosten konfrontiert werde. Dies sei bei der tariflichen Verhandelbarkeit von Sozialplänen jedoch zu befürchten, da es im Tarifrecht keine dem § 112 Abs. 5 BetrVG vergleichbare Regelung gebe, die die finanziellen Belastungen des Arbeitgebers auf ein angemessenes Maß reduziere. Der Arbeitgeber sei bei einer tariflichen Regelbarkeit von sozialplanähnlichen Inhalten einer Kalkulationsunsicherheit ausgesetzt, die der verfassungsrechtlich geschützten freien unternehmerischen Entscheidung zuwiderlaufe.[318] Es sei widersprüchlich, wenn einerseits die unternehmerische

---

[316] *Bauer/Krieger*, NZA 2004, 1019, 1023.
[317] Vgl. *Bauer/Krieger*, NZA 2004, 1019, 1023; ähnlich *Rolfs/Clemens*, NZA 2004, 410, 415.
[318] Vgl. *Lobinger*, in: ZAAR Schriftenreihe, S. 80 f.; ähnlich *Hohenstatt/Schramm*, DB 2004, 2214, 2215, die darauf hinweisen, dass den finanziellen Regelungen in einem Sozialplan eine „ganz maßgebliche Steuerungsfunktion" zukomme, da die Regelungen der sozialen Folgen häufig darüber entscheide, ob sich die geplante Betriebsänderung im Ergebnis noch „rechnet". Ab einem bestimmten Abfindungsniveau wirkten die finanziellen Ausgleichsregelungen „prohibitiv".

(Standort-)Entscheidung als frei bezeichnet, andererseits aber ein System bereit gestellt werde, das die daraus resultierenden Folgekosten unkalkulierbar mache.[319]

bb) Schutz des Betriebsrats

Darüber hinaus sei eine Sperrwirkung zum Schutz des Betriebsrats erforderlich, da dieser durch Tarifverträge mit sozialplanähnlichem Inhalt in unzulässiger Weise funktionslos gestellt werde. Ihm verbliebe bei einer tarifvertraglichen Regelung – zwar nicht rechtlich, jedoch faktisch – kein Raum mehr für eine eigenständige betriebliche Regelung. Durch eine tarifliche Regelung wären die Betriebsparteien beziehungsweise die Einigungsstelle nämlich inhaltlich weitgehend festgelegt, da davon auszugehen sei, dass der Tarifvertrag die Grenzen des für das Unternehmen wirtschaftlich Vertretbaren bereits ausgeschöpft habe und die Einigungsstelle daher keinen Sozialplan mehr beschließen könne, ohne gegen § 112 Abs. 5 Satz 1 und Satz 2 Nr. 3 BetrVG zu verstoßen.[320] Eine Aushöhlung der Betriebsratsrechte sei auch vor dem Hintergrund des Rangprinzips zu befürchten, da der Tarifvertrag den Sozialplan verdränge, soweit letzterer nicht für die Arbeitnehmer günstigere Regelungen beinhaltet (§ 4 Abs. 3 TVG).[321]

In dem speziellen Fall von dreigliedrigen Standortsicherungsvereinbarungen kann auch nicht eingewendet werden, dass der Betriebsrat durch seine Beteiligung an der Vereinbarung freiwillig auf seine Rechte nach § 112 BetrVG verzichte. Die Betriebsparteien können sich ihrer gesetzlichen Normsetzungsbefugnis nämlich nicht entäußern.[322]

cc) Schutz der Arbeitnehmer

Nicht zuletzt wird zur Begründung einer Sperrwirkung der Schutz der Arbeitnehmer angeführt. Für eine primäre Regelungsbefugnis des Betriebsrats und somit eine Regelungssperre spreche zum einen, dass der Betriebsrat nicht nur der von der gesamten Belegschaft gewählte Vertreter, sondern auch die sachnähere Interessenver-

---

[319] Vgl. *Lobinger*, in: ZAAR Schriftenreihe, S. 80 f.
[320] *Nicolai*, RdA 2006, 33, 34; *Reichold*, BB 2004, 2814, 2817 f.; *Schiefer/Worzalla*, DB 2006, 46, 47; *Hohenstatt/Schramm*, DB 2004, 2214 weisen auf das Problem hin, dass es den Betriebsräten leider immer häufiger gelänge die Gewerkschaften „vor ihren Karren zu spannen", indem im Zusammenhang mit Betriebsänderungen Tarifforderungen erhoben würden und diesen mit Arbeitskampfdrohungen Nachdruck verliehen werde. Vor dem Hintergrund eines solchen Vorgehens erscheint die Schutzbedürftigkeit der Betriebsräte freilich in einem anderen Licht. Für Standortsicherungsvereinbarungen wird dies jedoch keine Rolle spielen, da sie freiwillig zustande kommen.
[321] Vgl. *Rolfs/Clemens*, NZA 2004, 410, 416.
[322] BAG v. 23.6.1992, NZA 1993, 229, 230 f.; so auch *Nicolai*, RdA 2006, 33, 36.

tretung sei. Auf Grund seiner im Vergleich zu den – externen – Gewerkschaftsvertretern besseren Kenntnis der Verhältnisse sowohl des Betriebs als auch der betroffenen Arbeitnehmer sei der Betriebsrat zu interessengerechteren und damit passgenaueren Lösungen in der Lage.[323] Zum anderen habe nur ein vom Betriebsrat geschlossener Sozialplan gemäß § 112 Abs. 1 Satz 3 BetrVG die normative und zwingende Wirkung einer Betriebsvereinbarung (§ 77 Abs. 4 BetrVG) und erfasse somit alle Arbeitnehmer des Betriebs.[324] Dies sei bei einem Tarifvertrag nicht der Fall, da er nur zwischen den beiderseits Tarifgebundenen gelte.

dd) Argumente gegen die Annahme einer Sperrwirkung

Den für eine Sperrwirkung angeführten Argumenten ist zugute zu halten, die aufgeworfene Problematik einer im Sinne der Rechtssicherheit wünschenswert klaren und eindeutigen Lösung zuzuführen.[325] Dies kann jedoch nicht für die Begründung einer Sperrwirkung genügen. Es ist daher eine Auseinandersetzung mit den Argumenten erforderlich, um die Annahme einer Sperrwirkung für Standortsicherungsvereinbarungen abschließend beurteilen zu können.

Gegen eine Sperrwirkung spricht zunächst der Wortlaut von § 112 Abs. 1 Satz 4 BetrVG. Danach ist § 77 Abs. 3 BetrVG auf Sozialpläne nicht anzuwenden. Die betriebliche Regelungsbefugnis wird durch eine tarifliche Regelung also nicht ausgeschlossen. Dies kann nur so verstanden werden, dass es ein Nebeneinander von Sozialplan und Tarifvertrag mit gleichem oder ähnlichem Inhalt geben können muss. Andernfalls bedürfte es keiner Einschränkung des an sich bestehenden Tarifvorbehalts.[326] Hierfür spricht auch die Entstehungsgeschichte des Betriebsverfassungsgesetzes. Aus den Gesetzesmaterialien zu § 112 Abs. 1 Satz 4 BetrVG ergibt sich, dass der Gesetzgeber von der Möglichkeit eines Nebeneinanders von Tarifvertrag und Sozialplan mit vergleichbaren Inhalten ausging. Der Bundesrat hatte in seiner Stellungnahme vom 29.1.1971 zum Entwurf der Bundesregierung angeregt, den völligen Ausschluss der Regelungssperre des § 77 Abs. 3 BetrVG für Sozialpläne abzuschwächen. Er schlug daher folgende Regelung in § 112 Abs. 1 Satz 4 BetrVG vor: „§ 77 Abs. 3 BetrVG ist auf den Sozialplan nicht anzuwenden, es sei

---

[323] *Nicolai*, RdA 2006, 33, 35; *Schiefer/Worzalla*, DB 2006, 46, 47.
[324] Vgl. *Schiefer/Worzalla*, DB 2006, 46, 47.
[325] So *Fischinger*, Arbeitskämpfe, S. 125.
[326] Vgl. BAG v. 6.12.2006, NZA 2007, 821, 824; BAG v. 24.4.2007, NZA 2007, 987, 995; LAG Schleswig-Holstein v. 27.3.2003, NZA-RR 2003, 592, 596; ebenso *Cherdron*, Tarifliche Sanierungs- und Sozialplanvereinbarungen, S. 255 f.; *Fischinger*, Arbeitskämpfe, S. 127 f.; *Fitting*, BetrVG, §§ 112, 112a Rn. 182; *Franzen*, ZfA 2005, 315, 331 f.; *Krause*, Standortsicherung und Arbeitsrecht, S. 72; *Kühling/Bertelsmann*, NZA 2005, 1017, 1020; *Löwisch*, DB 2005, 554, 558; *Zachert*, DB 2001, 1198, 1202; dies konzedieren auch *Bauer/Krieger*, NZA 2004, 1019, 1022.

denn, dass ein Tarifvertrag Regelungen enthält, welche denjenigen des Sozialplans nach Art und Ziel entsprechen."[327] Ein Nebeneinader von identischen Leistungen aus Sozialplan und Tarifvertrag sollte verhindert werden. Der Umstand, dass dieser Vorschlag zurückgewiesen wurde[328] und keinen Einzug in das spätere Gesetz fand, zeigt nicht nur, dass die Aufstellung eines Sozialplans selbst dann möglich sein soll, wenn bereits eine entsprechende tarifliche Regelung besteht, sondern vor allem auch, dass die §§ 111 ff. BetrVG dem Abschluss eines solchen Tarifvertrags nicht entgegenstehen sollen.[329]

Des Weiteren stellt die Annahme einer Sperrwirkung zulasten einer tarifvertraglichen Regelung einen Systembruch in der Systematik des Betriebsverfassungsgesetzes dar. Dem Gesetz liegt gerade die umgekehrte Rangfolge zugrunde, wonach die Tarifautonomie einen grundsätzlichen Vorrang vor der Betriebsautonomie genießt. Dies zeigt sich insbesondere in § 87 Abs. 1 BetrVG für die Mitbestimmung in sozialen Angelegenheiten und in § 77 Abs. 3 BetrVG für das Verhältnis von Tarifvertrag und Betriebsvereinbarung in Fragen der Arbeitnehmerbeteiligung.[330] Hätte der Gesetzgeber von diesem bestehenden Rangverhältnis abweichen wollen, hätte es nahe gelegen, dies ausdrücklich gesetzlich festzulegen.[331] Die Gesetzessystematik erteilt einer „Alleinherrschaft der Betriebspartner im Betriebsverfassungsgesetz" eine klare Absage.[332]

Ebenso vermögen die von *Lobinger* zum Schutz des Arbeitgebers angeführten Argumente (Kalkulierbarkeit und höhenmäßige Beschränkung der Folgekosten)[333] eine Sperrwirkung nicht zu begründen. Es ist natürlich zutreffend, dass Unternehmer ein Interesse daran haben, die Folgekosten unternehmerischer Entscheidungen abschätzen zu können. Dies ist jedoch kein spezifisches Problem der §§ 111 ff. BetrVG. Vielmehr birgt jede unternehmerische Entscheidung ein finanzielles Risiko, welches vorab nicht immer klar zu umgrenzen ist. Dieses Risiko ist dem Unternehmertum immanent und die Kehrseite der damit verbundenen Chancen. Zudem kann eine solche Wunschvorstellung nicht zum Maßstab der Auslegung juristischer Normen gemacht werden, geschweige denn eine Korrektur des durch die gramma-

---

[327] Vgl. die Stellungnahme des Bundesrats, BT-Drucks. VI/1786, S. 66 f.
[328] Vgl. die Gegenäußerung der Bundesregierung zur Stellungnahme des Bundesrats, BT-Drucks. VI/1786, S. 2.
[329] *Fischinger*, NZA 2007, 310, 312.
[330] *Fischinger*, Arbeitskämpfe, S. 127; *Franzen*, ZfA 2005, 315, 332; *Krause*, Standortsicherung und Arbeitsrecht, S. 73.
[331] *Cherdron*, Tarifliche Sanierungs- und Sozialplanvereinbarungen, S. 258; *Fischinger*, Arbeitskämpfe, S. 127.
[332] So *Fischinger*, Arbeitskämpfe, S. 126.
[333] *Lobinger*, Arbeitskämpfe, S. 80 ff.

tikalische, systematische und historische Auslegung gefundenen Ergebnisses bewirken.

Zumindest in Bezug auf dreigliedrige Standortsicherungsentscheidungen ist auch nicht zu befürchten, dass dem Unternehmer eine unliebsame Entscheidung diktiert wird. Es wurde bereits dargestellt, dass unternehmerische Grundlagenentscheidungen, also insbesondere solche über die Stilllegung oder Fortführung eines Unternehmens, nicht erstreikt werden können, weil dies einen unzulässigen Eingriff in die Unternehmerfreiheit bedeuten würde. Zudem werden dreigliedrige Vereinbarungen in aller Regel konsensual abgeschlossen, so dass sich die Frage der unzulässigen Druckausübung durch Arbeitskampfmaßnahmen gar nicht erst stellt. Vor diesem Hintergrund relativiert sich auch das Risiko der Unkalkulierbarkeit der Kosten.

Den Vertretern der Sperrwirkungsthese ist grundsätzlich darin zuzustimmen, dass eine tarifvertragliche Regelung zu einer faktischen Funktionslosigkeit des Betriebsrates führen kann.[334] Bei genauerer Betrachtung verlieren die vorgebrachten Argumente jedoch an Schärfe. Aufgrund der abnehmenden Tarifbindung in Deutschland[335] verbleibt zumindest in personeller Hinsicht ein Regelungsbereich und -bedarf für die Betriebspartner.[336] Auch der sachliche Regelungsbedarf muss nicht auf Marginalien beschränkt sein. Die Tarifvertragsparteien schöpfen das zur Verfügung stehende Verteilungsvolumen nicht zwangsläufig vollständig aus. Es kann genauso Fälle geben, in denen die Leistungen so bemessen sind, dass auch der Betriebsrat beziehungsweise die Einigungsstelle noch Regelungen vereinbaren können, ohne gegen die Grenzen des § 112 Abs. 5 BetrVG zu verstoßen.[337] Dieses Problem tritt zudem in den Fällen überhaupt nicht auf, in denen die tarifvertragliche Regelung zeitlich nach der bereits bestehenden betrieblichen Regelung erfolgt. Selbst wenn ein Nebeneinander von tarifvertraglicher und betrieblicher Regelung dazu führen sollte, dass die organisierten Arbeitnehmer einen größeren Teil aus der zur Verfügung stehenden Verteilungsmasse bekommen sollten, ist dieser Unterschied hinzunehmen. Die unterschiedliche Behandlung von Tarifgebundenen und Tarifungebundenen ist dem Tarifrecht immanent.[338] Die Arbeitnehmer treten der Gewerk-

---

[334] *Nicolai*, RdA 2006, 33, 34; *Reichold*, BB 2004, 2814, 2817 f.; *Rolfs/Clemens*, NZA 2004, 410, 416; *Schiefer/Worzalla*, DB 2006, 46, 47.
[335] Laut einer Studie des Instituts für Arbeitsmarkt und Berufsforschung (IAB) betrug die Tarifbindung im Jahr 2007 in Westdeutschland 59 % wohingegen sie in Ostdeutschland mit 45 % deutlich darunter lag, vgl. *Kohaut/Ellguth*, IAB-Kurzbericht 16/2008.
[336] *Fischinger*, Arbeitskämpfe, S. 132 f.; *Sutschet*, ZfA 2005, 581, 613.
[337] *Krause*, Standortsicherung und Arbeitsrecht, S. 74.
[338] *Franzen*, ZfA 315, 332 f.; *Fischinger*, Arbeitskämpfe, S. 140.

schaft ja gerade bei und zahlen an sie Beiträge, weil sie sich hiervon eine gesteigerte Interessenvertretung im Vergleich zum Betriebsrat erhoffen.

Für die im Rahmen dieser Arbeit behandelten dreigliedrigen Standortsicherungsvereinbarungen wird diese Problematik in aller Regel nicht bestehen. Da die Parteien die Vereinbarung freiwillig und in Übereinkunft abschließen, kann davon ausgegangen werden, dass ein gerechter Ausgleich zwischen den verschiedenen Positionen und Interessen der einzelnen Vertragspartner gefunden wird. Es zeichnet dreigliedrige Vereinbarungen gerade aus, dass die Parteien versuchen, zu einem für alle tragbaren Ergebnis zu kommen.[339] Die als „Zangengriff"[340] bezeichnete drohende doppelte Inanspruchnahme des Arbeitgebers seitens der Gewerkschaft und des Betriebsrats kommt in diesem Fall gar nicht in Betracht. Vor dem Hintergrund der Beteiligung des Betriebsrats an einer tarifvertraglichen Regelung verliert auch das Argument der größeren Sachnähe des Betriebsrats an Bedeutung.

In ein schier unlösbares Dilemma kommen die Befürworter der Sperrwirkung schließlich bei Betrieben ohne Betriebsrat. Bei einem betriebsratlosen Betrieb werden auch sie mangels Eingreifens von § 111 ff. BetrVG eine Sperrwirkung nicht annehmen wollen. Dies wäre mit dem Wortlaut der Norm nicht zu vereinbaren und kann vom Gesetzgeber schlichtweg nicht gewollt gewesen sein, da die Intention von Sozialplanregelungen im Schutz der Arbeitnehmer zu sehen ist.[341] Bejaht man in diesen Fällen die tarifliche Regelbarkeit, so werden diejenigen Gewerkschaftsmitglieder „bestraft",[342] in deren Betrieb ein Betriebsrat besteht. Denn ihnen stünde eine weiteres Regelungsinstrument, welches eventuell sogar erkämpft werden kann, nicht zur Verfügung. Ob dies die Intention des Gesetzgebers gewesen ist erscheint äußerst fraglich.

Problematisch erscheint die Annahme eine Sperrwirkung nicht zuletzt auch unter verfassungsrechtlichen Gesichtspunkten. Eine Sperrwirkung würde eine Beschränkung der Tarifautonomie und somit einen Eingriff in Art. 9 Abs. 3 GG bedeuten. Es wurde bereits erörtert, dass Eingriffe nur aufgrund kollidierenden Verfassungsrechts gerechtfertigt werden können. Sowohl die Rechte des Betriebsrats als auch die Betriebsautonomie als solche kommen als kollidierende Rechte jedoch nicht in Betracht. Der Betriebsrat besitzt nämlich keine eigenständige Grundrechtsfähig-

---

[339] In diesem Sinne auch *Bayreuther* NZA 2007, 1017, 1020, der darauf hinweist, dass Tarifsozialpläne ohnehin zumeist als dreigliedrige Vereinbarungen abgeschlossen werden. Auf eine fehlende Sperrwirkung gerade bei freiwilligen Tarifverträgen weist auch *Henssler*, in: FS Richardi, S. 557 hin.
[340] *Bayreuther* NZA 2007, 1017, 1020.
[341] BAG v. 6.12.2006, NZA 2007, 821, 824; *Löwisch*, DB 2005, 554, 558.
[342] So *Fischinger*, Arbeitskämpfe, S. 136.

keit.³⁴³ Er kann sich auch nicht auf Art. 9 Abs. 3 GG berufen.³⁴⁴ Die Betriebsautonomie findet ihre Grundlage zudem nicht in der Verfassung, sondern ergibt sich lediglich aus einer einfachgesetzlichen Zuweisung im Betriebsverfassungsgesetz.³⁴⁵ Damit weisen weder die Betriebsautonomie noch der Schutz des Betriebsrates den erforderlichen verfassungsrechtlichen Rang auf, um den mit einer Sperrwirkung verbundenen Eingriff in die Tarifautonomie rechtfertigen zu können.³⁴⁶

c) Fazit

Die §§ 111 ff. BetrVG entfalten keine Sperrwirkung zulasten tarifvertraglicher Regelungen mit sozialplanähnlichen Inhalten. Auch wenn die Annahme einer Sperrwirkung wünschenswert sein mag, lässt sie sich aus dem Gesetz nicht herleiten. Dies gilt umso mehr für freiwillig abgeschlossene dreigliedrige Vereinbarungen.

8. Zwischenergebnis

Als Zwischenergebnis ist festzuhalten, dass dreigliedrige Standortsicherungsvereinbarungen grundsätzlich als Firmentarifverträge abgeschlossen werden können. Die Beteiligung des Betriebsrats an einer tariflichen Vereinbarung steht deren Wirksamkeit nicht entgegen. Die typischen Regelungskomplexe in Standortsicherungsvereinbarungen, also Regelungen zu Arbeitszeit und Arbeitsentgelt sowie Beschäftigungs- und Standortsicherung, lassen sich unter das Begriffspaar der „Arbeits- und Wirtschaftbedingungen" im Sinne von Art. 9 Abs. 3 Satz 1 GG subsumieren und unterfallen somit der Regelungsbefugnis der Tarifparteien. Allerdings setzt die Unternehmerfreiheit der Tarifautonomie Grenzen, wenn es um die tarifvertragliche Regelung von unternehmerischen Grundlagenentscheidungen geht. Dies hat zur Folge, dass Standortsicherungsvereinbarungen grundsätzlich nur freiwillig, d.h. insbesondere ohne Streikdruck abgeschlossen werden können.

II. Wirksamkeit als Betriebsvereinbarung

Neben einem Firmentarifvertrag könnte auch eine Betriebsvereinbarung als Regelungsinstrument für dreigliedrige Standortsicherungsvereinbarungen in Betracht kommen. Als zweigliedrige Vereinbarungen zwischen Arbeitgeber und Betriebsrat

---

[343] Vgl. *Richardi*, in: Richardi, BetrVG, Einl. Rn. 116; *Wiese*, in: GK-BetrVG, Einl. Rn. 69; allerdings kann der Betriebsrat die Prozessgrundrechte der Art. 101 und 103 GG geltend machen.
[344] BVerfG v. 26.5.1970, BVerfGE 28, 314, 323; BVerfG v. 27.3.1979, BVerfGE 51, 88 f.; *Wiese*, in: GK-BetrVG, Einl. Rn. 69.
[345] *Kreutz*, Grenzen der Betriebsautonomie, S. 80; *Waltermann*, Rechtsetzung durch Betriebsvereinbarung, S. 99 ff.
[346] Ähnlich *Krause*, Standortsicherung und Arbeitsrecht, S. 74.

gehören so genannte „Betriebliche Bündnisse für Arbeit" bereits zum Standardrepertoire der betrieblichen Flexibilisierungsinstrumente. Ob der Abschluss einer solchen Vereinbarung unter Beteiligung einer Gewerkschaft möglich ist und wo gegebenenfalls die Grenzen der betrieblichen Regelungsbefugnisse liegen, soll nachfolgend untersucht werden.

1. Grundlagen zur Betriebsvereinbarung

Vorab werden zum besseren Verständnis einige relevante Grundlagen zu Betriebsvereinbarungen dargestellt.

a) Begriff und Rechtsnatur von Betriebsvereinbarungen

Bei einer Betriebsvereinbarung handelt es sich um ein Rechtsinstitut der Mitbestimmung und der Rechtssetzung auf betrieblicher Ebene. Das Betriebsverfassungsgesetz enthält keine Definition für Betriebsvereinbarungen. Ihre Rechtsnatur war lange Zeit umstritten.[347] Nach heute überwiegender Meinung handelt es sich um einen privatrechtlichen kollektiven Normenvertrag, der zwischen Arbeitgeber und Betriebsrat abgeschlossen wird und kraft staatlicher Ermächtigung unmittelbar und zwingend die betrieblichen Arbeitsverhältnisse normativ gestaltet („Vertragstheorie").[348]

b) Abschluss, Geltungsbereich und Rechtswirkungen von Betriebsvereinbarungen

Folglich kommt eine Betriebsvereinbarung durch eine rechtsgeschäftliche Vereinbarung zwischen Arbeitgeber und Betriebsrat zustande und bedarf zweier korrespondierender Willenserklärungen.[349] Abweichend von diesem Normalfall kann eine Betriebsvereinbarung auch durch einen Spruch der Einigungsstelle zustande kommen.[350] Wie der Tarifvertrag bedarf auch die Betriebsvereinbarung zu ihrer Wirksamkeit der Schriftform, vgl. § 77 Abs. 1 Satz 1, 2 BetrVG. Das Formerfordernis dient dem Gebot der Normenklarheit. Es soll zum einen die Betriebsparteien veranlassen, die getroffene Vereinbarung präzise niederzulegen, um spätere Zweifel und Streitigkeiten nach Möglichkeit zu vermeiden. Zum anderen sollen die normunterworfenen Arbeitnehmer die sich aus der Betriebsvereinbarung ergeben-

---

[347] Vgl. hierzu ausführlich *Brune*, in: AR-Blattei SD, Ordner 5, Betriebsvereinbarung Rn. 51 ff.
[348] Vgl. m.w.N. zur Rechtsnatur der Betriebsvereinbarung *Fitting*, BetrVG, § 77 Rn. 13 ff.; *Kreutz*, in: GK-BetrVG, § 77 Rn. 35 ff.; *Richardi*, in: Richardi, BetrVG, § 77 Rn. 23 ff.
[349] *Fitting*, BetrVG, § 77 Rn. 13; *Kreutz*, in: GK-BetrVG, § 77 Rn. 36.
[350] *Fitting*, BetrVG, § 77 Rn. 19; *Kania*, in: ErfK, § 77 BetrVG Rn. 18; *von Hoyningen-Huene*, Betriebsverfassungsrecht, § 11 III 2 Rn. 31.

den Rechte und Pflichten zuverlässig erkennen können.[351] Gemäß § 77 Abs. 2 Satz 3 BetrVG hat der Arbeitgeber die Betriebsvereinbarung an geeigneter Stelle im Betrieb auszulegen. Dies ist jedoch keine Wirksamkeitsvoraussetzung, sondern eine Ordnungsvorschrift.[352]

Der Geltungsbereich von Betriebsvereinbarungen unterteilt sich in einen *räumlichen, personellen* und *zeitlichen* Geltungsbereich. *Räumlich* gilt die Betriebsvereinbarung nur für den Betrieb, für den sie abgeschlossen wurde. Sofern eine Betriebsvereinbarung durch den Gesamt- oder Konzernbetriebsrat abgeschlossen wird, erweitert sich der räumliche Geltungsbereich entsprechend. Anders als ein Tarifvertrag erfasst eine Betriebsvereinbarung in *personeller* Hinsicht mit wenigen Ausnahmen alle Arbeitnehmer des Betriebs.[353] Die Gewerkschaftszugehörigkeit spielt somit keine Rolle. Das gilt selbst dann, wenn eine Betriebsvereinbarung in Ausführung eines Tarifvertrags abgeschlossen wird.[354] *Zeitlich* wird der Geltungsbereich einer Betriebsvereinbarung grundsätzlich durch die Parteien festgelegt. Eine Betriebsvereinbarung kann auch rückwirkend in Kraft gesetzt werden, jedoch erfasst die Rückwirkung nicht mehr die im Rückwirkungszeitraum aus dem Betrieb ausgeschiedenen Arbeitnehmer.[355]

Die normativen Regelungen einer Betriebsvereinbarung gelten gemäß § 77 Abs. 4 Satz 1 BetrVG ebenso wie Tarifnormen unmittelbar und zwingend. Zu den normativen Regelugen zählen insbesondere so genannte Inhaltsnormen, also Regelungen, die den Abschluss, den Inhalt und die Beendigung von Arbeitsverhältnissen betreffen.[356]

2. Wirksamer *Abschluss* einer dreigliedrigen Standortsicherungsvereinbarung als Betriebsvereinbarung

a) Unwirksamkeit wegen Mitwirkung der Gewerkschaft?

Ebenso wie bei Tarifverträgen stellt sich auch bei Betriebsvereinbarungen die Frage, ob die Beteiligung einer Gewerkschaft am Abschluss einer Betriebsvereinbarung deren Unwirksamkeit zur Folge hat. Sowohl das Betriebsverfassungsgesetz als auch das Tarifvertragsgesetz sehen keine Regelungen für das Zusammenwirken

---

[351] Vgl. *Fitting*, BetrVG, § 77 Rn. 21.
[352] *Fitting*, BetrVG, § 77 Rn. 25; *Berg*, in: D/K/K/W, BetrVG, § 77 Rn. 33.
[353] Nicht erfasst werden die in § 5 Abs. 2 BetrVG genannten Personen sowie die leitenden Angestellten i.S.d. § 5 Abs. 3 Satz 2 BetrVG.
[354] *Fitting*, BetrVG, § 77 Rn. 35; *Kreutz*, in: GK-BetrVG, § 77 Rn. 172.
[355] *Fitting*, BetrVG, § 77 Rn. 41.
[356] *Fitting*, BetrVG, § 77 Rn. 124 ff.; *Kreutz*, in: GK-BetrVG, § 77 Rn. 204.

von Betriebsrat und Gewerkschaft an einer dreigliedrigen Vereinbarung vor. Vielmehr spricht § 77 Abs. 2 Satz 1 BetrVG davon, dass Betriebsvereinbarungen von Betriebsrat und Arbeitgeber gemeinsam zu beschließen und schriftlich niederzulegen sind. Die für die Beteiligung an einer Betriebsvereinbarung vorgesehenen Parteien sind folglich nur der Arbeitgeber und der Betriebsrat.[357] Jedoch sind auch im Rahmen des Abschlusses einer Betriebsvereinbarung keine Gründe erkennbar, warum die Mitwirkung und Mitunterzeichnung einer Gewerkschaft zur Unwirksamkeit der Vereinbarung führen sollte.[358] Dies muss möglich sein, solange Arbeitgeber und Betriebsrat die Vereinbarung ausgehandelt und unterzeichnet haben. Darüber hinaus muss sich aus der Vereinbarung klar ergeben, dass sie die Rechtsqualität einer Betriebsvereinbarung haben soll.[359] Wenn diese Voraussetzungen erfüllt sind, bringt die Gewerkschaft durch ihre Unterschrift lediglich zum Ausdruck, dass sie die Vereinbarung mitträgt. Auch vor dem Hintergrund der Regelung in § 2 Abs. 1 BetrVG, wonach Arbeitgeber und Betriebsrat „im Zusammenwirken mit den im Betrieb vertretenen Gewerkschaften" zusammenarbeiten sollen, wäre es paradox, wenn man nun eine konsensual ausgehandelte Vereinbarung, die alle Voraussetzungen einer Betriebsvereinbarung erfüllt, allein wegen der Mitwirkung einer formal unzuständigen Partei für unwirksam erklären würde.

b) Fazit

Die Teilnahme an Verhandlungen zum Abschluss einer dreigliedrigen Standortsicherungsvereinbarung in Form einer Betriebsvereinbarung und die anschließende Mitunterzeichnung durch eine Gewerkschaft stehen der Wirksamkeit der Vereinbarung nicht entgegen.

3. Umfang und Grenzen der Regelungsbefugnis der Betriebsparteien zum Abschluss von Standortsicherungsvereinbarungen

Um eine Standortsicherungsvereinbarung wirksam als Betriebsvereinbarung abschließen zu können, müssten die typischen Inhalte von der Regelungsbefugnis der Betriebsparteien umfasst sein. Ähnlich wie der Gewerkschaft steht auch dem Betriebsrat keine unbeschränkte Regelungsbefugnis zu. Die Schranken ergeben sich aus dem Betriebsverfassungsgesetz selbst sowie aus der Verfassung.

---

[357] *Kania*, in: ErfK, § 77 BetrVG Rn. 18; *Kreutz*, in: GK-BetrVG, § 77 Rn. 38; *Richardi*, in: Richardi, BetrVG, § 77 Rn. 31.
[358] Vgl. zum Parallelfall der Mitunterzeichnung eines Tarifvertrags durch eine formal unzuständige Partei unter E.I.3.a).
[359] So auch *Bayreuther*, NZA 2010, 378, 381.

a) Regelungsgegenstand der Betriebsvereinbarung

Über die Reichweite der Regelungskompetenz des Betriebsrats trifft das Betriebsverfassungsgesetz keine unmittelbare Aussage. Anders als im Bundespersonalvertretungsgesetz[360] ist die gegenständliche Reichweite der Regelungsbefugnisse des Betriebsrats nicht abschließend geregelt. Das Gesetz nennt einige Bereiche ausdrücklich, in denen der Betriebsrat zum Abschluss von Betriebsvereinbarungen befugt ist.[361] Was darüber hinaus in Betriebsvereinbarungen vereinbart werden kann, war lange Zeit umstritten. Im Kern ging es um die Frage, ob neben formellen auch materielle Arbeitsbedingungen in die Regelungskompetenz der Betriebsparteien fallen.

Richardi vertrat früher die Auffassung, dass die Möglichkeit zur Regelung materieller Arbeitsbedingungen wegen des Zwangsordnungscharakters der Betriebsvereinbarung grundsätzlich einzuschränken sei.[362] Ein Gleichlauf der Regelungsgegenstände von Tarifvertrag und Betriebsvereinbarung sei nicht gerechtfertigt, da bei einer Betriebsvereinbarung ein freiwilliger Unterwerfungsakt seitens der Normadressaten fehle. Später begrenzte *Richardi* diese Beschränkung auf materielle Arbeitsbedingungen, die dem Arbeitsverhältnis seine konkrete Struktur geben. Hierzu gehören beispielsweise die Kompetenz zur Regelung der Dauer der individuellen wöchentlichen Arbeitszeit.[363] Mittlerweile ist *Richardi* der Auffassung, dass sich die Regelungskompetenz des Betriebsrats aus dem Mitbestimmungsprinzip ergebe. Die Betriebspartner hätten aber keine Regelungsbefugnis, „die den Arbeitsvertrag ersetzt".[364] Keiner – auch keiner nach § 88 BetrVG freiwilligen – betriebsverfassungsrechtlichen Regelung zugänglich seien demnach Regelungen über den Umfang der geschuldeten Arbeitsleistung oder die Entgelthöhe,[365] mithin Regelungsmaterien, die für Standortsicherungsvereinbarungen eine wichtige Rolle spielen.

Mittlerweile ist weitgehend anerkannt, dass in Betriebsvereinbarungen grundsätzlich alle formellen und materiellen Arbeitsbedingungen geregelt werden können. Gleichgültig ist auch, ob die Arbeitsbedingungen einem Mitbestimmungsrecht des

---

[360] Gemäß § 73 BPersVG sind Dienstvereinbarungen nur zulässig, soweit das Bundespersonalvertretungsgesetz sie ausdrücklich vorsieht.
[361] So werden in den §§ 38 Abs. 1 Satz 5, 47 Abs. 4 und 5, 55 Abs. 4, 72 Abs. 4 und 5, 76 Abs. 1 und 4, 86 sowie 88 BetrVG die dort genannten betriebsverfassungsrechtlichen Angelegenheiten ausdrücklich als Gegenstand einer Betriebsvereinbarung genannt.
[362] *Richardi*, Kollektivgewalt und Individualwille, S. 313, 317, 319 ff.
[363] *Richardi*, ZfA 1990, 211, 235 ff.
[364] *Richardi*, ZfA 1992, 307, 321, 329 f.; ders., in: Richardi, BetrVG, § 77 Rn. 72.
[365] *Richardi*, ZfA 1992, 307, 321.

Betriebsrats unterliegen oder nicht.[366] Es besteht damit ein Gleichlauf von tarifvertraglicher und betriebsverfassungsrechtlicher Regelungsbefugnis.[367] Dies folgt im Umkehrschluss aus § 77 Abs. 3 Satz 1 BetrVG. Danach können Arbeitsentgelte und sonstige Arbeitsbedingungen, die durch Tarifvertrag geregelt sind oder üblicherweise geregelt werden, nicht Gegenstand einer Betriebsvereinbarung sein. Zwar dient die Norm in erster Linie der Sicherung der Tarifautonomie. Im Umkehrschluss lässt sich ihr jedoch auch entnehmen, dass Arbeitsentgelte und sonstige Arbeitsbedingungen, wenn sie nicht durch Tarifverträge geregelt sind oder üblicherweise geregelt werden, Gegenstand einer Betriebsvereinbarung sein können.[368] Der Schluss ist aussagelogisch zwar nicht zwingend,[369] er drängt sich nach dem gesetzlichen Gesamtzusammenhang jedoch auf. Wenn der Gesetzgeber die Regelungskompetenz der Betriebsparteien über Arbeitsentgelte und sonstige Arbeitsbedingungen noch von weiteren Umständen als dem Fehlen einer tariflichen oder tarifüblichen Regelung hätte abhängig machen wollen, hätte es nahe gelegen, dies in unmissverständlicher Weise zum Ausdruck zu bringen.[370]

Für eine umfassende Regelungsbefugnis spricht zudem der Wortlaut von § 88 BetrVG, der freiwillige Betriebsvereinbarungen nicht auf die dort genannten Regelungsgegenstände beschränkt, sondern, wie dem vorangestellten Wort „insbesondere" zu entnehmen ist, auch andere Regelungsgegenstände nicht ausschließen will.[371] Der Regelungsbereich ist auch nicht auf soziale Angelegenheiten beschränkt, sondern es besteht eine Regelungskompetenz für sämtliche betriebliche und arbeitsvertragliche Fragen.[372] Die Annahme einer globalen Regelungskompetenz der Betriebsparteien steht in Übereinstimmung mit den Gesetzesmaterialien.[373] Sie wird schließlich auch durch § 28 Abs. 1 SprAuG bestätigt. Nach dieser, dem

---

[366] Ständige Rspr. des BAG, vgl. BAG GS v. 16.3.1956, AP Nr. 1 zu § 57 BetrVG; BAG GS v. 7.11.1989, NZA 1990, 816 ff.; BAG v. 19.10.2005, NZA 2006, 393 ff.; BAG v. 12.12.2006, NZA 2007, 453 ff.; ebenso *Berg*, in: D/K/K/W, BetrVG, § 77 Rn. 37 ff.; *Fitting*, BetrVG, § 77 Rn. 45 ff.; *von Hoyningen-Huene*, Betriebsverfassungsrecht, § 11 III 4 Rn. 40; *Kreutz*, in: GK-BetrVG, § 77 Rn. 83 ff.; *ders.*, Grenzen der Betriebsautonomie, S. 211; *Linsenmaier*, RdA 2008, 1, 4; *Lorenz*, in: Düwell, BetrVG, § 77 Rn. 28; *Pfab*, Wirkungsweise und Reichweite tarifvertraglicher Öffnungsklauseln, S. 54.
[367] BAG GS v. 16.3.1956, AP Nr. 1 zu § 57 BetrVG.
[368] BAG v. 12.12.2006, NZA 2007, 453, 454; *Kreutz*, in: GK-BetrVG, § 77 Rn. 85 m.w.N.
[369] *Veit*, Die funktionelle Zuständigkeit des Betriebsrats, S. 209.
[370] *Linsenmaier*, RdA 2008, 1, 4.
[371] BAG v. 12.12.2006, NZA 2007, 453, 454; ebenso *Fitting*, § 88 Rn. 2; *Linsenmaier*, RdA 2008, 1, 4.
[372] BAG GS v. 7.11.1989, NZA 1990, 816, 818; ebenso *Fitting*, BetrVG, § 77 Rn. 46; *Linsenmaier*, RdA 2008, 1, 4 f.
[373] Vgl. BT-Drucks. VI/1786, S. 47; zu der Vorgängervorschrift § 59 BetrVG 1952 siehe BT-Drucks. I/3585, S. 10.

§ 1 Abs. 1 TVG nachgebildeten, Vorschrift können Arbeitgeber und Sprecherausschuss Richtlinien über den Inhalt, den Abschluss oder über die Beendigung von Arbeitsverhältnissen der leitenden Angestellten schriftlich vereinbaren. Diese haben sogar unmittelbare und zwingende Wirkung für die Arbeitsverhältnisse, wenn und soweit dies zwischen Arbeitgeber und Sprecherausschuss vereinbart wird (§ 28 Abs. 2 Satz 1 SprAuG). Es würde einen Wertungswiderspruch darstellen, wenn der Sprecherausschuss, der nichts anderes als der Betriebsrat der leitenden Angestellten ist, eine weitere funktionelle Zuständigkeit als der Betriebsrat besäße.[374]

Die Ansicht *Richardis* vermag an dem gefundenen Ergebnis nichts zu ändern. Ihm ist zwar darin zuzustimmen, dass in einem demokratischen Rechtsstaat jede Herrschaftsordnung einer Legitimation seitens der Zwangsunterworfenen bedarf. Mit der Wahl des Betriebsrats durch die Arbeitnehmer ist eine ausreichende Legitimation für eine vollumfängliche kollektivrechtliche Gestaltungsmacht auf betrieblicher Ebene jedoch gegeben.[375] Darüber hinaus müsste *Richardi* mit seiner Begründung der fehlenden Legitimation auch die Regelung von formellen Arbeitsbedingungen durch die Betriebsparteien für unzulässig halten. Dies ist jedoch nicht der Fall,[376] so dass seiner Begründung die innere Folgerichtigkeit fehlt.[377]

Folglich umfasst die Regelungsbefugnis des Betriebsrats jede nach § 1 Abs. 1 TVG tariflich regelbare Angelegenheit, soweit die Regelungssperre des § 77 Abs. 3 BetrVG nicht eingreift.[378] Regelungen zur Arbeitszeit und zum Arbeitsentgelt können somit ebenso Gegenstand von Betriebsvereinbarungen sein wie Regelungen über den Ausschluss von betriebsbedingten Kündigungen.

b) Vereinbarkeit von Standortsicherungsvereinbarungen mit der Unternehmerfreiheit

Ebenso wie bei Tarifverträgen setzt die Unternehmerfreiheit als Verfassungsrecht auch der Regelungsmacht der Betriebsparteien eine Grenze. Dies gilt im Rahmen des Betriebsverfassungsrechts umso mehr, da die Betriebsautonomie im Gegensatz zur Tarifautonomie keinen Schutz durch Art. 9 Abs. 3 GG erfährt.[379] Ihre Grundla-

---

[374] *Fitting*, BetrVG, § 77 Rn. 46; *Linsenmaier*, RdA 2008, 1, 5; *Pfab*, Wirkungsweise und Reichweite tarifvertraglicher Öffnungsklauseln, S. 50; *Seifert*, Umfang und Grenzen der Zulässigkeit von tarifabweichenden Betriebsvereinbarungen, S. 126.
[375] So *Säcker*, Gruppenautonomie, S. 344.
[376] Vgl. *Richardi*, Kollektivgewalt und Individualwille, S. 319.
[377] *Kreutz*, Grenzen der Betriebsautonomie, S. 210.
[378] Hierzu sogleich unter E.II.3.c).
[379] Vgl. *Gamillscheg*, Kollektives Arbeitsrecht, Band I, S. 180; *Krause*, RdA 2009, 129, 133 f.

ge hat sie alleine im einfach-gesetzlichen Betriebsverfassungsgesetz.[380] Hierin finden sich bereits Hinweise dafür, dass dem Betriebsrat bei gewissen unternehmerischen Entscheidungen zwar ein Beratungs- und Unterrichtungsrecht zusteht, die Entscheidungsbefugnis letztlich jedoch alleine beim Unternehmer liegt. So sieht § 106 BetrVG für wirtschaftliche Angelegenheiten – hierzu gehören auch Rationalisierungsvorhaben sowie die Einschränkung, Stilllegung oder Verlegung von Betrieben oder Betriebsteilen – lediglich ein Beratungs- und Unterrichtungsrecht, jedoch kein Mitbestimmungsrecht für den Wirtschaftsausschuss vor. Bei geplanten Betriebsänderungen ist lediglich der Sozialplan über den Ausgleich oder die Milderung der zu erwartenden wirtschaftlichen Nachteile für die Arbeitnehmer erzwingbar (vgl. § 112 Abs. 4 BetrVG). Der Interessenausgleich, der das Ob und das Wie der Betriebsänderung selbst betrifft, kann jedoch nicht erzwungen werden. Und auch die Beschränkung der Beteiligungsrechte des Betriebsrats bei der Gestaltung von Arbeitsabläufen und Arbeitsumgebung auf bloße Unterrichtung und Beratung (§ 90 BetrVG) sowie auf Maßnahmen zur Abwendung, Milderung oder zum Ausgleich der Belastungen (§ 91 BetrVG) verdeutlicht, dass die eigentliche unternehmerische Entscheidung frei von betrieblicher Einflussnahme zu bleiben hat. Dem Gesetz kann eine grundsätzliche Wertung dahingehend entnommen werden, dass durch die Mitbestimmungsrechte nicht in die eigentliche unternehmerische Entscheidung eingegriffen werden können soll.[381] Dies korrespondiert auch mit der amtlichen Begründung des Regierungsentwurfs zum Betriebsverfassungsgesetz, in der es wörtlich heißt: „Im kollektiven Bereich erweitert der Entwurf die Mitbestimmungs- und Mitwirkungsrechte des Betriebsrats auf wichtigen Gebieten, ohne in die eigentlichen unternehmerischen Entscheidungen, insbesondere auf wirtschaftlichem Gebiet, einzugreifen. Die Bundesregierung ist der Ansicht, dass die Fragen der Beteiligung der Arbeitnehmer an der Unternehmensführung nicht im Rahmen des Betriebsverfassungsgesetzes geregelt werden sollten, sondern einer Neuregelung des Unternehmensverfassungsrechts vorbehalten bleiben müssen."[382]

aa) Freiwillige Betriebsvereinbarungen nach § 88 BetrVG

Bei freiwillig abgeschlossenen Betriebsvereinbarungen liegt grundsätzlich kein Verstoß gegen die Unternehmerfreiheit vor. Dies gilt selbst dann, wenn die Vereinbarung unternehmerische Grundlagenentscheidungen betrifft, also beispielsweise die Fortführung eines Unternehmens und den Ausschluss ordentlicher betriebsbe-

---

[380] *Waltermann*, Rechtsetzung durch Betriebsvereinbarung, S. 187.
[381] So *Vogt*, RdA 1984, 140, 144; *Wiese*, in: GK-BetrVG, § 87 Rn. 141 f.; *ders.*, Das Initiativrecht nach dem Betriebsverfassungsgesetz, S. 39; ähnlich bereits *Mengel*, DB 1982, 43, 45.
[382] Vgl. BR- Drucks. 715/70 S. 31.

dingter Kündigungen. Auch im Betriebsverfassungsrecht gilt der Grundsatz, dass dem Wollenden kein Unrecht geschieht („volenti non fit iniuria"). Dem Unternehmer ist es unbenommen, eine Beschränkung seiner unternehmerischen Freiheit auf freiwilliger Basis zu vereinbaren.[383] Insoweit kann auf die Ausführungen zum Tarifvertrag verwiesen werden.[384]

Betriebsvereinbarungen sind in aller Regel auch freiwillig zustande gekommen. Dem Betriebsrat sind gemäß § 74 Abs. 2 Satz 1 BetrVG Maßnahmen des Arbeitskampfs untersagt. Dies schließt freilich nicht aus, dass Betriebsräte trotz des bestehenden Arbeitskampfverbotes durchaus in der Lage sind, auf den Arbeitgeber Druck auszuüben und dies regelmäßig auch tun.[385] In einer freien Wirtschaftsordnung lässt sich ein gewisses Maß der Druckausübung auf den Verhandlungspartner jedoch nie ganz ausschließen, so dass dies hinzunehmen ist. Im Interesse der Rechtssicherheit lässt die allgemeine Privatrechtsordnung daher nur ganz bestimmte Einwände gegen verbindlich getroffene Absprachen zu.[386] Dies kann beispielsweise ein Verstoß gegen § 138 BGB oder § 134 BGB i.V.m. § 240 StGB sein.

bb) Erzwingbare Betriebsvereinbarungen

Für einige Regelungsmaterien sieht das Betriebsverfassungsgesetz vor, dass ein Spruch der Einigungsstelle die Einigung zwischen Arbeitgeber und Betriebsrat ersetzt. Hierzu gehören die Tatbestände des § 87 Abs. 1 BetrVG sowie der Abschluss eines Sozialplans nach § 112 BetrVG. In diesen Fällen kann es zu einer Kollision von Unternehmerfreiheit und Betriebsautonomie kommen. Diese Eingriffe sind jedoch hinzunehmen, da der Gesetzgeber durch die positivrechtliche Normierung seinen Willen zum Ausdruck gebracht hat, dass in diesen wenigen Ausnahmefällen ein Eingriff in die Unternehmerfreiheit zu tolerieren ist. Die Mitbestimmungsrechte des Betriebsrats stehen nicht unter dem allgemeinen Vorbehalt, dass keinesfalls ein Eingriff in die unternehmerische Entscheidungsfreiheit vorliegen darf.[387] Darüber hinaus handelt es sich bei der Einigungsstelle um ein Gremium, dass zu gleichen Teilen aus Beisitzern besteht, die vom Arbeitgeber und dem Betriebsrat bestellt werden (§ 76 Abs. 2 Satz 1 BetrVG). Somit ist gewährleistet, dass die Interessen der widerstreitenden Parteien hinreichend gewahrt werden. Letztlich

---

[383] So auch *Ruch*, Dreiseitige Vereinbarungen, S. 110.
[384] Siehe unter E.I.4.b)cc)(2)(d).
[385] So *Ehmann*, in: FS Kissel, S. 188; siehe zu den Druckmitteln des Betriebsrats *Eich*, ZfA 1988, 93 ff.; *Hammacher*, RdA 1993, 163, 166.
[386] So auch *Krause*, Standortsicherung und Arbeitsrecht, S. 47.
[387] So BAG v. 31.8.1982, AP Nr. 8 zu § 87 BetrVG 1972 unter III.2.a) der Gründe; dem folgend *Beuthien*, ZfA 1988, 1, 10; *Fitting*, BetrVG, § 1 Rn. 5; *Wiese*, in: GK BetrVG, § 87 Rn. 144.

ist in der Entscheidungskompetenz der Einigungsstelle eine zulässige, dem Sozialstaatsprinzip des Art. 20 Abs. 1 GG entsprechende Einschränkung und Sozialbindung etwaig beeinträchtigter Grundrechte zu sehen.[388]

Standortsicherungsvereinbarungen können Regelungen beinhalten, die im Betriebsverfassungsgesetz als erzwingbare Mitbestimmungsrechte ausgestaltet sind. Da Standortsicherungsvereinbarungen jedoch als freiwillige Regelungen zustande kommen, handelt es sich trotz der theoretischen Erzwingbarkeit um Fälle der freiwilligen Mitbestimmung, so dass ein unzulässiger Eingriff in die Unternehmerfreiheit auch vor diesem Hintergrund nicht in Betracht kommt.

cc) Fazit

Sofern dreigliedrige Standortsicherungsvereinbarungen freiwillig abgeschlossen werden, kommt ein unzulässiger Eingriff in die Unternehmerfreiheit grundsätzlich nicht in Betracht.

c) Regelungssperre des § 77 Abs. 3 BetrVG

Die in § 77 Abs. 3 Satz 1 BetrVG enthaltene Regelungssperre begrenzt die betriebliche Regelungsbefugnis. Dieser Vorschrift und ihren Ausnahmetatbeständen kommt im Rahmen von dreigliedrigen Standortsicherungsvereinbarungen besondere Bedeutung zu. Nach § 77 Abs. 3 Satz 1 BetrVG können „Arbeitsentgelte und sonstige Arbeitsbedingungen, die durch Tarifvertrag geregelt sind oder üblicherweise geregelt werden, nicht Gegenstand einer Betriebsvereinbarung sein". Die Tarifautonomie genießt Vorrang vor der Betriebsautonomie. Ob dies dazu führt, dass dreigliedrige Standortsicherungsvereinbarungen nicht in Gesamtheit oder zum Teil als Betriebsvereinbarungen abgeschlossen werden können, ist fraglich. Hierzu muss die Regelungssperre sachlich-gegenständlich überhaupt eingreifen. Zudem dürfen die Voraussetzungen der Ausnahmetatbestände nicht erfüllt sein.[389]

§ 77 Abs. 3 BetrVG ist eine der umstrittensten Normen des deutschen Arbeitsrechts.[390] Immer wenn Maßnahmen zur Flexibilisierung von Arbeitsbedingungen diskutiert werden, spielt § 77 Abs. 3 BetrVG dabei eine gewichtige Rolle. Bevor die Relevanz der Norm und ihrer Ausnahmetatbestände für dreigliedrige Standortsicherungsvereinbarungen erörtert wird, lohnt es sich, einen Blick auf den Normzweck und die rechtspolitische Diskussion der vergangenen Jahre zu werfen.

---

[388] *Fitting*, BetrVG, § 76 Rn. 2.
[389] Hierzu sogleich unter E.II.3.c)ff).
[390] So *Hromadka*, in: FS Schaub, S. 337.

aa) Normzweck der Regelung

§ 77 Abs. 3 BetrVG setzt der Betriebsautonomie eine Außenschranke.[391] Der Normzweck besteht nach überwiegender Auffassung in der Sicherung der verfassungsrechtlich gewährleisteten Tarifautonomie vor konkurrierenden Gestaltungen im Rahmen der betriebsverfassungsrechtlichen Mitbestimmungsordnung.[392] Die Regelungssperre dient mit den Worten des BAG „der Sicherung der ausgeübten und aktualisierten Tarifautonomie".[393] Durch den Ausschluss betrieblicher Konkurrenzordnungen zum Tarifvertragssystem soll die Normsetzungsprärogative der Tarifparteien gesichert werden. Hierdurch sollen in erster Linie die Gewerkschaften vor der Konkurrenz der Betriebsräte geschützt und eine Aushöhlung der Tarifautonomie vermieden werden. Der Betriebsrat soll insbesondere zu keiner „beitragsfreien Ersatzgewerkschaft"[394] werden, was die Bedeutung und die Einflussmöglichkeiten der Gewerkschaften noch weiter einschränken würde.

Im Ergebnis geht es also um die Bestimmung des Verhältnisses zwischen Tarifvertrag und Betriebsvereinbarung. Dabei ist die Abgrenzung von koalitionsmäßiger Betätigung auf der einen Seite und dem Wirken der Betriebsparteien auf der anderen Seite so alt, wie sich gesetzliche Regelungen zur Betriebsverfassung und zum Tarifvertrag finden lassen. Die Weimarer Reichsverfassung schützte bereits beide, ließ jedoch – durch das damalige Schrifttum bereits beklagt – offen, wo der eine Schutz anfängt und der andere aufhört.[395]

bb) Rechtspolitische Diskussion

In den vergangenen Jahren hat sich angesichts zunehmender Arbeitsmarktprobleme und einem stetig wachsenden Wettbewerbsdruck als Auswirkung einer voranschreitenden Globalisierung eine lebhafte rechtspolitische Diskussion über den Nutzen und die Sinnhaftigkeit der Regelungssperre entwickelt. Im Kern geht es darum, ob die Regelung von Arbeitsbedingungen nicht in einem stärkeren Ausmaß von der tariflichen auf die betriebliche Ebene verlagert werden sollte und im Rah-

---

[391] *Kreutz*, in: GK-BetrVG, § 77 Rn. 74.
[392] *Fitting*, BetrVG, § 77 Rn. 67; *Goethner*, NZA 2006, 303, 304; *Richardi*, in: Richardi, BetrVG, § 77 Rn. 244; *Thon*, NZA 2005, 858; *v. Hoyningen-Huene*, DB 1994, 2026, 2029; *Worzalla*, in: H/S/W/G/N/R, BetrVG; § 77 Rn. 100.
[393] So BAG GS v. 3.12.1991, NZA 1992, 749, 752.
[394] So *Gamillscheg*, Kollektives Arbeitsrecht, Band II, S. 778.
[395] Vgl. im Hinblick auf Art. 159 WRV und Art. 165 WRV Hueck/*Nipperdey*, Arbeitsrecht II/1, 1. Auflage, 1930, S. 25 („Das Finden eines verständigen Ausgleichs ist ein schwieriges Problem für die staatliche Regelung des Kollektivarbeitsrechts").

men dessen auch die Regelungssperre beseitigt oder zumindest eingeschränkt werden sollte.[396]

Die überwiegende Meinung in der Rechtswissenschaft lehnt eine Abschaffung[397] oder Einschränkung des § 77 Abs. 3 BetrVG jedoch nach wie vor ab.[398] Die einzelnen Argumente und Reformvorschläge sind sehr vielfältig und differenziert, so dass eine ausführliche Auseinandersetzung hiermit den Rahmen dieser Arbeit sprengen würde.[399]

Kontrovers ist das Meinungsbild auch in der Politik. Im Jahr 2003 brachte die Bundestagsfraktion der CDU/CSU den „Entwurf eines Gesetzes zur Modernisierung des Arbeitsrechts (ArbRModG)" in den Bundestag ein.[400] Die bayerische Staatsregierung legte im September 2003 einen wortgleichen Gesetzesentwurf vor.[401] Beide Gesetzesentwürfe sahen unter anderem die Möglichkeit einer beschäftigungsorientierten Abweichung von Tarifverträgen vor. Hierzu sollte ein § 88a BetrVG neu geschaffen werden, der trotz der Regelungssperre des § 77 Abs. 3 BetrVG beschäftigungssichernde Betriebsvereinbarungen erlaubte, wenn mindestens 2/3 der im Betrieb beschäftigten Arbeitnehmer zustimmten, die Vereinbarung jeder Tarifvertragspartei angezeigt würde und keine Tarifvertragspartei der Vereinbarung widersprochen hätte. Durch diese Neuregelung sollte den Betriebspartnern unter Beibehaltung der Regelungssperre ermöglicht werden, mit der Rückendeckung einer Mehrheitsentscheidung der Arbeitnehmerschaft von geltenden Tarifverträgen abzuweichen.[402]

Der Bundestag lehnte den Entwurf jedoch ab, indem er mit Kanzlermehrheit das „Gesetz zur Reform am Arbeitsmarkt" beschloss. In dem vom Bundesrat angerufenen Vermittlungsausschuss kam am 17./18.12.2003 überraschend ein mitternächtli-

---

[396] Vgl. hierzu das 10. Hauptgutachten der Monopolkommission 1992/93, BT-Drucks. 12/8323, S. 376 ff.; *Ehmann*, ZRP 1996, 314; *Ehmann/Lambrich*, NZA 1996, 346 ff.; *Ehmann/Schmidt*, NZA 1995, 193 ff.; *Halblitzel*, NZA 2001, 468 ff.; *Reuter*, RdA, 1991, 193, 199; vgl. zum gesamten Reform- und Meinungsstand insbesondere auch *Dieterich/Hanau/Henssler/Oetker/Wank/ Wiedemann*, RdA 2004, 65 ff. m.w.N.

[397] Dafür plädiert insbesondere *Reuter*, RdA 1991, 191, 199 f.; ders., ZfA 1995, 1, 57 ff., 92.

[398] *Hanau*, RdA 1993, 1 ff.; *Junker*, ZfA 1996, 383 ff.; *Konzen*, NZA 1995, 913, 915; *Richardi*, NZA 2000, 617 ff.; *Rieble*, RdA 1996, 151 ff.; *Walker*, ZfA 1996, 369 ff.; *Waltermann*, RdA 1996, 137 ff; vgl. auch die ablehnende Stellungnahme der Bundesregierung zum 10. Gutachten der Monopolkommission 1992/93, die auf die vorrangige tarifpolitische Verantwortung der Tarifvertragsparteien verweist, BR-Drucks. 330/95, S. 53 f.

[399] Ein guter Überblick findet sich bei *Kreutz*, in: GK-BetrVG, § 77 Rn. 79 ff.

[400] Vgl. BT-Drucks. 15/1182, S. 6, 13.

[401] Vgl. den Gesetzesantrag des Freistaats Bayern v. 25.9.2003 zum „Entwurf eines Gesetzes zur Entlastung von Kleinunternehmen", BR-Drucks. 701/03, S. 3 ff.

[402] BT-Drucks. 15/1182, S. 6, 13.

cher Kompromiss zustande. Es sollte zunächst beobachtet werden, ob die Tarifvertragsparteien sich unbeweglich zeigten und ihre Zustimmung vernünftigen betrieblichen Bündnissen zur Standortsicherung verweigerten. Wenn dies festgestellt werden könne, sollte neu über die Einführung des § 88a BetrVG entschieden werden.[403] Hierzu kam es jedoch nicht. Auch in den Bundestagswahlkämpfen 2005 und 2009 wurde die Thematik von den Parteien mit unterschiedlicher Intensität thematisiert. Zu Änderungen der gesetzlichen Regelungen ist es jedoch nicht gekommen.

cc) Sachlich-gegenständlicher Anwendungsbereich der Regelungssperre

Für ein Eingreifen der Regelungssperre ist zunächst erforderlich, dass die Regelungen in Standortsicherungsvereinbarungen in ihren sachlich-gegenständlichen Anwendungsbereich fallen. Die Regelungssperre bezieht sich auf Arbeitsentgelte und sonstige Arbeitsbedingungen, die durch Tarifvertrag geregelt sind oder üblicherweise geregelt werden.

(1) Arbeitsentgelt

Der Begriff des Arbeitsentgelts umfasst sämtliche Einkünfte und vermögenswerten Leistungen aus unselbständiger Arbeit, also nicht nur Lohn und Gehalt, sondern auch so genannte zusätzliche Sozialleistungen wie Prämien, Gratifikationen, Familienzulagen, Urlaubsgelder, Deputate, Gewinnbeteiligungen und Leistungen einer betrieblichen Altersversorgung.[404] Ein wesentliches Regelungsziel von Standortsicherungsvereinbarungen ist die Absenkung von Personalkosten zur Verbesserung der Wettbewerbsfähigkeit des betroffenen Unternehmens. Entsprechend gehören Einschnitte beim Arbeitsentgelt zu ihrem Standardrepertoire. Dies kann abhängig vom Einzelfall in den verschiedensten Formen geschehen, sei es schlicht durch eine Senkung des Arbeitslohns oder durch die Herabsetzung, Anrechnung oder Streichung von Zusatzzahlungen, Prämien oder anderen Arten von vermögenswerten Leistungen. Regelungen in Standortsicherungsvereinbarungen betreffen typischerweise das „Arbeitsentgelt" im Sinne des § 77 Abs. 3 Satz 1 BetrVG und unterfallen somit dessen sachlich-gegenständlichen Regelungsbereich.

---

[403] *Düwell*, in: Düwell, BetrVG, Einl. Rn. 99; *Raab*, ZfA 2004, 371, 374.
[404] Vgl. *Berg*, in: D/K/K/W, BetrVG, § 77 Rn. 63; *Fitting*, BetrVG, § 77 Rn. 70; *Richardi*, in: Richardi, § 77 Rn. 253; *Thon*, NZA 2005, 858 f.

(2) Sonstige Arbeitsbedingungen

Mittlerweile ist weitgehend anerkannt, dass unter den sonstigen Arbeitsbedingungen alle Regelungen zu verstehen sind, die auch Gegenstand der Inhaltsnormen eines Tarifvertrags sein können.[405] Dies beinhaltet sowohl alle materiellen als auch alle formellen Arbeitsbedingungen. Eine Eingrenzung auf materielle Arbeitsbedingungen, wie sie früher auch vom BAG vorgenommen wurde,[406] ist dem Wortlaut nicht zu entnehmen.[407] Unter die materiellen Arbeitsbedingungen fallen insbesondere auch Regelungen zur Arbeitszeit, die unmittelbar das Austauschverhältnis von Arbeitgeber und Arbeitnehmer betreffen.[408] Regelungen über den Ausschluss von Kündigungen oder die Fortführung, Verlegung oder Stilllegung eines Betriebes fallen hingegen nicht hierunter, da sie auch nicht Inhaltsnormen eines Tarifvertrags sein können.[409]

(3) Fazit

Die in Standortsicherungsvereinbarungen getroffenen typischen Regelungen zu Arbeitsentgelt und Arbeitszeit fallen in den sachlich-gegenständlichen Regelungsbereich von § 77 Abs. 3 Satz 1 BetrVG, da neben dem ausdrücklich genannten Arbeitsentgelt sowohl formelle als auch materielle Arbeitsbedingungen erfasst werden. Die Standort- oder Beschäftigungssicherung betreffende Regelungen werden nicht vom sachlich-gegenständlichen Anwendungsbereich der Regelungssperre erfasst.

dd) Voraussetzungen der Regelungssperre

Neben der Eröffnung des sachlich-gegenständlichen Anwendungsbereichs erfordert ein Eingreifen der Regelungssperre, dass die Regelungen zum Arbeitsentgelt und zu den sonstigen Arbeitsbedingungen *durch einen Tarifvertrag geregelt sind oder üblicherweise geregelt werden.*

---

[405] BAG v. 9.4.1991, NZA 1991, 734, 735 f.; BAG v. 3.12.1991, NZA 1992, 749, 753; ebenso *Berg,* in: D/K/K/W, BetrVG, § 77 Rn. 63; *Fischer,* Die tarifwidrigen Betriebsvereinbarungen, S. 191 f.; *Fitting,* BetrVG, § 77 Rn. 71; *Gamillscheg,* Kollektives Arbeitsrecht, Band II, S. 781; *Kania,* in: ErfK, § 77 BetrVG Rn. 44; *Kreutz,* in: GK-BetrVG, § 77 Rn. 87 ff.; *Worzalla,* in: H/S/W/G/N/R, BetrVG, § 77 Rn. 110; *v. Hoyningen-Huene/Meyer-Krenz,* NZA 1987, 793, 794; a.A. *Richardi,* in: Richardi, BetrVG, § 77 Rn. 255 ff.
[406] Vgl. in Bezug auf § 59 BetrVG 1952, der Vorgängerregelung des heutigen § 77 Abs. 3 BetrVG, BAG v. 16.9.1960, AP Nr. 1 zu § 2 ArbGG 1953 Betriebsvereinbarung; BAG v. 13.11.1964, AP Nr. 25 zu § 56 BetrVG; sowie *Richardi,* in: Richardi, BetrVG, § 77 Rn. 255 m.w.N.
[407] *Kreutz,* in: GK-BetrVG, § 77 Rn. 89.
[408] *Fitting,* BetrVG, § 77 Rn. 72.
[409] Vgl. hierzu bereits unter E.I.2.

(1) Regelung durch Tarifvertrag

Für das Vorliegen einer tariflichen Regelung genügt es, wenn die Arbeitsbedingungen für den Betrieb erstmalig tariflich geregelt sind. Darüber hinaus ist es erforderlich, dass der Betrieb in den räumlichen, betrieblichen, fachlichen und persönlichen Geltungsbereich des Tarifvertrags fällt.[410] Ein Firmentarifvertrag löst im Rahmen seines Geltungsbereichs die Sperrwirkung bereits aus.[411] Weiterhin erfordert ein Eingreifen der Sperrwirkung, dass der Tarifvertrag die in Frage stehenden Arbeitsbedingungen tatsächlich regelt, er also „eine positive Sachregelung" enthält.[412] Dies ist durch Auslegung zu ermitteln. Dabei ist insbesondere der Gesetzeszweck zu berücksichtigen, der verhindern will, dass Gegenstände, derer sich die Tarifparteien angenommen haben, konkurrierend durch eine Betriebsvereinbarung geregelt werden.[413] Im Rahmen einer betrieblichen Standortsicherungsvereinbarung ist besonderes Augenmerk darauf zu legen, ob eine bestehende tarifliche Regelung und die von der Standortsicherungsvereinbarung geregelte Materie tatsächlich regelungsidentisch sind. Eine bestehende tarifliche Lohnregelung schließt beispielsweise nicht zwingend aus, dass der Arbeitgeber seine Lohnkosten durch eine Betriebsvereinbarung senkt. Es ist durchaus möglich, dass zum Beispiel Zulagen oder Sonderzahlungen gestrichen werden können, die an andere tatbestandliche Leistungen anknüpfen, als die tarifliche Leistung. Zu denken ist beispielsweise an Schmutz- oder Erschwernniszulagen, an besondere Funktionszulagen oder an Gratifikationen aus besonderen Anlässen. Erforderlich ist freilich, dass diese Zahlungen bisher keiner tariflichen Regelung unterfallen. Sollte die Auslegung zu dem Ergebnis führen, dass ein Tarifvertrag nur lückenhafte oder ergänzungsbedürftige Rahmenregelungen enthält, steht dies einer Ergänzung durch eine Betriebsvereinbarung ebenfalls nicht entgegen.[414]

---

[410] BAG v. 21.1.2003, NZA 2003, 1097 ff.; BAG v. 22.3.2005, NZA 2006, 383, 386; *Berg*, in: D/K/K/W, BetrVG, § 77 Rn. 69; *Fitting*, BetrVG, § 77 Rn. 75; *Kreutz*, in: GK-BetrVG, § 77 Rn. 97; *Richardi*, in: Richardi, BetrVG, § 77 Rn. 264.
[411] BAG v. 21.1.2003, NZA 2003, 1097 ff.; BAG v. 22.3.2005, NZA 2006, 383, 386; *Berg*, in: D/K/K/W, BetrVG, § 77 Rn. 69a; *Kreutz*, in: GK-BetrVG, § 77 Rn. 103; *Richardi*, in: Richardi, BetrVG, § 77 Rn. 272.
[412] So BAG v. 29.10.2002, NZA 2003, 393, 394.
[413] BAG v. 29.10.2002, NZA 2003, 393, 394.
[414] *Berg*, in: D/K/K/W, BetrVG, § 77 Rn. 64; *Fitting*, BetrVG, § 77 Rn. 84; *Kreutz*, in: GK-BetrVG, § 77 Rn. 110.

(2) Tarifübliche Regelung

Die betriebliche Regelbarkeit erfährt eine weitere starke Einschränkung, denn für das Eingreifen der Sperrwirkung genügt bereits, dass die betroffene Regelungsmaterie üblicherweise tariflich geregelt wird.

Die Frage der Tarifüblichkeit beurteilt sich nach der einschlägigen Tarifpraxis.[415] Die Tarifüblichkeit einer Regelung wird insbesondere dann angenommen, wenn bestimmte Arbeitsbedingungen bereits einmal durch einen Tarifvertrag geregelt waren und anzunehmen ist, dass sie auch künftig wieder tarifvertraglich geregelt werden.[416] Da die Tarifüblichkeit mindestens einen entsprechenden Tarifabschluss voraussetzt, handelt es sich insoweit um einen vergangenheitsbezogenen Begriff.[417] Unproblematisch zu bejahen ist dies, wenn die Parteien bei einem nachwirkenden Tarifvertrag bereits wieder Verhandlungen über einen diesen Gegenstand betreffenden Tarifvertrag führen, jedoch noch zu keiner abschließenden Einigung gekommen sind.[418]

Fraglich ist, wie die Situation zu bewerten ist, wenn in der Phase der Nachwirkung die Gewerkschaft an den Verhandlungen über eine dreigliedrige Standortsicherungsvereinbarung beteiligt ist und die Parteien sich darüber einig sind, dass diese in Form einer Betriebsvereinbarung abgeschlossen werden soll. In einem derartigen Fall wird man annehmen müssen, dass die Gewerkschaft zumindest für den Zeitraum der Laufzeit der Standortsicherungsvereinbarung auf den Abschluss einer neuen tariflichen Regelung verzichtet. Die Gewerkschaft weiß schließlich um das Verhältnis zwischen Tarifvertrag und Betriebsvereinbarung. Durch die Mitwirkung an der Betriebsvereinbarung signalisiert sie, diese Vereinbarung mittragen zu wollen. Der zum Ausdruck gebrachte Wille eine bisher geregelte Angelegenheit (zunächst) nicht mehr tariflich regeln zu wollen, lässt die Tarifüblichkeit nämlich entfallen.[419] In dieser besonderen Konstellation steht die Regelungssperre einer betrieblichen Regelung nicht im Wege. Dies darf jedoch nicht mit der Vereinbarung einer Öffnungsklausel gleichgesetzt werden.[420]

---

[415] BAG v. 22.3.2005, NZA 2005, 383, 386.
[416] *Fitting*, BetrVG, § 77 Rn. 90; *Kreutz*, in: GK-BetrVG, § 77 Rn. 114; *Worzalla*, in: H/S/W/G/N/R, BetrVG, § 77 Rn. 133 ff.
[417] *Kreutz*, in: GK-BetrVG, § 77 Rn. 115.
[418] *Fitting*, BetrVG, § 77 Rn. 90.
[419] *Fitting*, BetrVG, § 77 Rn. 93; *Kreutz*, in: GK-BetrVG, § 77 Rn. 116.
[420] Hierzu unter E.II.3.c)ff)(2).

ee) Rechtsfolgen eines Verstoßes gegen § 77 Abs. 3 Satz 1 BetrVG

Soweit Arbeitsentgelt oder sonstige Arbeitsbedingungen durch einen Tarifvertrag geregelt sind oder üblicherweise geregelt werden, können sie „nicht Gegenstand einer Betriebsvereinbarung sein". Durch diese Formulierung wird die Betriebsvereinbarung als Gestaltungsmittel für die genannten Arbeitsbedingungen umfassend ausgeschlossen.[421] Im Anwendungsbereich des § 77 Abs. 3 Satz 1 BetrVG fehlt den Betriebsparteien die Normsetzungsbefugnis.[422] Unter Verstoß gegen die Regelungssperre abgeschlossene Betriebsvereinbarungen sind grundsätzlich unwirksam.[423] Dies gilt selbst dann, wenn die Betriebsvereinbarung im Vergleich zum Tarifvertrag für die Arbeitnehmer günstiger ist. Das Günstigkeitsprinzip findet im Verhältnis zwischen Tarifvertrag und Betriebsvereinbarung keine Anwendung; § 77 Abs. 3 Satz 1 BetrVG geht § 4 Abs. 3 TVG vor.[424] Umstritten ist allerdings, ob eine gegen die Regelungssperre verstoßende und somit unwirksame Betriebsvereinbarung nachträglich durch die Tarifvertragsparteien geheilt werden kann.[425]

ff) Ausnahmen von der Regelungssperre

Das Betriebsverfassungsgesetz sieht Ausnahmen von der Regelungssperre vor. Nachfolgend wird erörtert, ob diese Ausnahmen für dreigliedrige Standortsicherungsvereinbarungen relevant sind und somit den Abschluss einer Betriebsvereinbarung trotz bestehender tariflicher oder tarifüblicher Regelung ermöglichen.

(1) Sozialplan

Sozialpläne sind gemäß § 112 Abs. 1 Satz 4 BetrVG ausdrücklich nicht von der Regelungssperre erfasst, obwohl sie die Wirkung einer Betriebsvereinbarung haben (§ 112 Abs. 1 Satz 3 BetrVG) und damit Betriebsvereinbarungen sind.[426] Allerdings greift die Ausnahmeregelung nur für erzwingbare Sozialpläne, die aufgrund

---

[421] *Fitting*, BetrVG, § 77 Rn. 97; *Kreutz*, in: GK-BetrVG, § 77 Rn. 122.
[422] *Fitting*, BetrVG, § 77 Rn. 97; *Kreutz*, in: GK-BetrVG, § 77 Rn. 120; *von Hoyningen-Huene*, DB 1994, 2026, 2031.
[423] BAG v. 24.1.1996, NZA 1996, 948, 949 f.; BAG v. 5.3.1997, NZA 1997, 951, 953 f.; BAG v. 20.4.1999, NZA 1999, 1059, 1062 f.; ebenso *Fitting*, BetrVG, § 77 Rn. 97 ff.; *Gamillscheg*, Kollektives Arbeitsrecht, Band II, S. 778; *Kania*, in: ErfK, § 77 BetrVG Rn. 43; *Kreutz*, in: GK-BetrVG, § 77 Rn. 129; *Richardi*, in: Richardi, BetrVG, § 77 Rn. 310.
[424] *Berg*, in: D/K/K/W, BetrVG, § 77 Rn. 62; *Fitting*, BetrVG, § 77 Rn. 67; *Gamillscheg*, Kollektives Arbeitsrecht, Band II, S. 778; *Kreutz*, in GK-BetrVG, § 77 Rn. 129; *Richardi*, in: Richardi, BetrVG, § 77 Rn. 278; *Wank*, RdA 1991, 129, 131; *Worzalla*, in: H/S/W/G/N/R, BetrVG, § 77 Rn. 143; a.A. *Ehmann/Lambrich*, NZA 1996, 346, 348.
[425] Hierzu sogleich unter E.II.3.c)ff)(2)(a).
[426] *Kania*, in: ErfK, § 112, 112a BetrVG Rn. 13; *Oetker*, in: GK-BetrVG, § 112, 112a Rn. 148; a.A. *Fitting*, BetrVG, §§ 112, 112a Rn. 174 („Betriebsvereinbarung besonderer Art").

einer geplanten Betriebsänderung abgeschlossen werden. Um solche handelt es sich bei den hier behandelten dreigliedrigen Standortsicherungsvereinbarungen jedoch nicht. Diese dienen nicht dem Ausgleich oder der Milderung von wirtschaftlichen Nachteilen, die durch eine Betriebsänderung für die Arbeitnehmer entstehen, sondern sie sollen verhindern, dass es überhaupt zu einer Betriebsänderung in Form einer Standortschließung oder -verlagerung kommt. Sofern sie dennoch sozialplanähnliche Inhalte haben, handelt es sich dann jedoch um freiwillige oder rein vorsorgliche Betriebsvereinbarungen für die die Ausnahmeregelung nicht gilt.[427]

(2) Tarifvertragliche Öffnungsklauseln gemäß § 77 Abs. 3 Satz 2 BetrVG

Eine weitere Ausnahme von der Regelungssperre findet sich in § 77 Abs. 3 Satz 2 BetrVG. Danach gilt die Regelungssperre nicht, wenn ein Tarifvertrag den Abschluss ergänzender Betriebsvereinbarungen ausdrücklich zulässt, also eine tarifvertragliche Öffnungsklausel enthält.[428]

Dass die Tarifvertragsparteien einen Tarifvertrag dispositiv gestalten können, folgt bereits aus § 4 Abs. 3 Var. 1 TVG. Dem geht § 77 Abs. 3 Satz 2 BetrVG wegen der strengeren Anforderungen als speziellere Norm jedoch vor.[429] Für das Eingreifen dieses speziellen Ausnahmetatbestands von der Regelungssperre ist zum einen erforderlich, dass es sich um eine den Tarifvertrag *ergänzende* Betriebsvereinbarung handelt. Zum anderen muss die Betriebsvereinbarung von den Tarifvertragsparteien *ausdrücklich* zugelassen sein. Für dreigliedrige Standortsicherungsvereinbarungen ist umstritten, ob hierfür bereits die Beteiligung und Mitunterzeichnung der Vereinbarung durch eine Gewerkschaft genügt. Bevor sogleich auf diese Frage näher eingegangen wird, sollen zuerst die Rechtsfolgen einer wirksamen Öffnungsklausel dargestellt werden.

(a) Rechtsfolgen einer Öffnungsklausel

Eine tarifvertragliche Öffnungsklausel bewirkt, dass eine von einer bestehenden oder tarifüblichen Regelung abweichende Betriebsvereinbarung wirksam abgeschlossen werden kann. Sie hat die Nichtgeltung der Sperrwirkung des § 77 Abs. 3 Satz 1 BetrVG zur Folge, soweit die Öffnungsklausel reicht.[430]

---

[427] *Annuß*, in: Richardi, BetrVG, § 112 Rn. 180; *Fitting*, BetrVG, § 77 Rn. 108; *Oetker*, in: GK-BetrVG, § 112, 112a Rn. 169.
[428] Insbesondere wenn es um die Absenkung tariflicher Leistungen geht, wird z.T. auch von „Lohnöffnungsklauseln" oder „Härteklauseln" gesprochen, vgl. *Hromadka*, in: FS Wlotzke, S. 344.
[429] *Kreutz*, in: GK-BetrVG, § 77 Rn. 146; ebenso *Lieb*, NZA 1994, 289, 290.
[430] *Fitting*, BetrVG, § 77 Rn. 117; *Kania*, in: ErfK, § 77 BetrVG Rn. 60; *Kreutz*, in: GK-BetrVG, § 77 Rn. 123.

Umstritten ist, ob eine Öffnungsklausel auch nachträglich durch die Tarifvertragsparteien vereinbart werden kann mit der Folge, dass eine zunächst tarifvorbehaltswidrige Betriebsvereinbarung rückwirkend wirksam wird.[431] Gegen eine rückwirkende Genehmigung wird teilweise eingewendet, dass dies dem Regel-Ausnahme-Verhältnis von § 77 Abs. 3 Satz 1 und 2 BetrVG nicht gerecht werde und nicht hinreichend berücksichtige, dass Betriebsvereinbarungen, die gegen die Regelungssperre verstoßen, nicht schutzwürdig seien.[432] Zudem drohten die Tarifparteien in ihrer Entscheidung unter Druck gesetzt zu werden, wenn Arbeitgeber und Betriebsrat durch den Abschluss einer Betriebsvereinbarung „Fakten schaffen".[433] Dies vermag jedoch nicht zu überzeugen, da letztlich entscheidend ist, dass die Tarifparteien das Schicksal der Betriebsvereinbarung nach wie vor in der Hand haben. Hiermit ist dem Schutz der Tarifautonomie Genüge getan.[434] Ob die Tarifvertragsparteien bei ihrer Entscheidung Druck verspüren, kann dabei nicht von Bedeutung sein. Es wurde an anderer Stelle bereits darauf hingewiesen, dass sich in einer freien Wirtschaftsordnung ein zulässiges Maß an Druck nicht vermeiden lässt. Es kann von den Tarifvertragsparteien erwartet werden, hiermit umgehen zu können. Für die Zulassung einer nachträglichen Öffnungsklausel spricht auch, dass die Tarifvertragsparteien mit dem Arbeitgeber einen mit der Betriebsvereinbarung identischen Firmentarifvertrag abschließen könnten, der die bisherige tarifliche Regelung dann nach dem Spezialitätsprinzip verdrängen würde.. Insofern ist nicht ersichtlich, warum sie nicht befugt sein sollten, eine gegen die Regelungssperre verstoßende Betriebsvereinbarung nachträglich durch eine Öffnungsklausel zu genehmigen. § 77 Abs. 3 Satz 1 BetrVG ist auch keine zur endgültigen Nichtigkeit führende Verbotsnorm im Sinne des § 134 BGB.[435] Gegen die Annahme einer Verbotsnorm mit Nichtigkeitsfolge spricht der Gesetzeswortlaut, wonach tariflich geregelte Arbeitsbedingungen nicht Gegenstand einer Betriebsvereinbarung sein „können". Bei Formulierungen dieser Art handelt es sich in der Regel jedoch um kein gesetzliches

---

[431] Bejahend BAG v. 20.4.1999, NZA 1999, 1059, 1063 f.; BAG v. 29.10.2002, NZA 2003, 393, 395; ebenso *Ehlers*, RdA 2008, 81, 83; *Fitting*, BetrVG, § 77 Rn. 100, 119; *Gaul*, in: H/W/K, BetrVG, § 77 Rn. 52; *Jacobs*, in: J/K/O, Tarifvertragsrecht, § 7 Rn. 111; *Kania*, in: ErfK, § 77 BetrVG Rn. 61; *Koch*, in: Schaub, Arbeitsrechts-Handbuch, § 231 Rn. 27; *Lambrich*, in: Jaeger/Röder/Heckelmann, Praxishandbuch-BetrVG, Kap. 7 Rn. 92; *Richardi*, in: Richardi, BetrVG, § 77 Rn. 310; *Preis*, in: Wlotzke/Preis, BetrVG, § 77 Rn. 77; verneinend hingegen *Kreutz*, in: GK-BetrVG, § 77 Rn. 123; *Schaub*, NZA 1998, 617, 623; *Worzalla*, in: H/S/W/G/N/R, BetrVG, § 77 Rn. 143.
[432] So *Kreutz*, in: GK-BetrVG, § 77 Rn. 123.
[433] *Kittner*, in: FS Schaub, S. 414; *Schaub*, NZA 1998, 617, 623.
[434] BAG v. 20.4.1999, NZA 1999, 1059, 1063.
[435] BAG v. 20.4.1999, NZA 1999, 1059, 1063; *Birk*, ZfA 1986, 73, 102; *Fischer*, Die tarifwidrigen Betriebsvereinbarungen, S. 212; wohl auch *Kreutz*, in: GK-BetrVG, § 77 Rn. 123; a.A. hingegen *Worzalla*, in: H/S/W/G/N/R, BetrVG, § 77 Rn. 143.

Verbot, sondern nur um eine zur endgültigen oder schwebenden Unwirksamkeit führende Einschränkung der Gestaltungsmacht.[436]

Die nachträgliche Vereinbarung einer Öffnungsklausel ist somit grundsätzlich möglich, sie muss jedoch den Grundsätzen des Vertrauensschutzes genügen.[437] Es gelten grundsätzlich die gleichen Voraussetzungen wie bei der Rückwirkung von Gesetzen.[438] Eine echte Rückwirkung kommt demnach nur in Betracht, wenn der Normadressat im Zeitpunkt des rückwirkenden Inkrafttretens der Norm keinen Vertrauensschutz auf den Fortbestand der bisherigen Rechtslage genießen durfte. Die an den Vertrauensschutz zu stellenden Anforderungen sollen nach Ansicht des BAG jedoch nicht allzu hoch ausfallen, da tarifliche Regelungen den Vorbehalt ihrer rückwirkenden Abänderbarkeit durch Tarifvertrag in sich tragen.[439]

(b) Voraussetzungen einer Öffnungsklausel

(aa) Regelung in einem Tarifvertrag

Zunächst muss die Aufhebung der Regelungssperre in einem Tarifvertrag und durch die Parteien erfolgen, die den Tarifvertrag abgeschlossen haben, von dem abgewichen werden soll. Es ist daher nicht möglich, durch einen Firmentarifvertrag die Sperrwirkung eines Verbandstarifvertrag zu beseitigen.[440] Etwas anderes wird man nur annehmen können, wenn das den Firmentarifvertrag abschließende Unternehmen von dem Arbeitgeberverband zum Abschluss einer unternehmensspezifischen Öffnungsklausel bevollmächtigt worden ist.[441] Dies bedeutet zunächst, dass die an der Standortsicherungsvereinbarung beteiligte Gewerkschaft und der Arbeitgeber bereits Parteien des Tarifvertrags gewesen sein müssen, von dem abgewichen werden soll. Nur wenn dies der Fall ist, oder der zuständige Arbeitgeberverband zustimmt, ist die Vereinbarung einer Öffnungsklausel überhaupt möglich.

Zudem schließt die Vereinbarung einer Öffnungsklausel in einer dreigliedrigen Standortsicherungsvereinbarung aus, dass diese in Gesamtheit als Betriebsvereinbarung abgeschlossen wird. Die Öffnungsklausel muss nämlich *in einem Tarifvertrag* enthalten sein. Würde die Öffnungsklausel in einer Betriebsvereinbarung ent-

---

[436] *Ellenberger*, in: Palandt, BGB, § 134 Rn. 6a.
[437] Siehe zu Fragen der Rückwirkung und des Vertrauensschutzes im Tarifrecht eingehend *Bott*, in: FS Schaub, S. 47 ff.
[438] BAG v. 23.11.1994, NZA 1995, 844, 846 f. unter Aufgabe der bisherigen Rechtsprechung und unter umfassender Darlegung des Meinungsstandes; siehe auch *Bott*, in: FS Schaub, S. 47 ff.
[439] BAG v. 20.4.1999, NZA 1999, 1059, 1063 f.
[440] BAG v. 20.4.1999, NZA 1999, 1059, 1062 f.; ebenso *Fitting*, BetrVG, § 77 Rn. 118; *Kania*, in: ErfK, § 77 BetrVG Rn. 60; *Kreutz*, in: GK-BetrVG, § 77 Rn. 149.
[441] *Fitting*, BetrVG, § 77 Rn. 118; *Kreutz*, in: GK-BetrVG, § 77 Rn. 149.

halten sein, würde diese sich selbst legitimieren, was nicht möglich ist. Insofern muss die Standortsicherungsvereinbarung zumindest auch eine tarifvertragliche Komponente enthalten. Dies hätte zur Folge, dass eine kollektivrechtliche Mischvereinbarung und keine reine Betriebsvereinbarung mehr vorliegen würde.[442] Unproblematisch ist hingegen, dass der Tarifvertrag gegebenenfalls nur eine einzige Regelung enthält, die den Betriebsparteien eben den Abschluss einer Betriebsvereinbarung ermöglicht.[443]

(bb) Erfordernis der Ausdrücklichkeit

Erforderlich ist zudem, dass der Tarifvertrag den Abschluss einer Betriebsvereinbarung *ausdrücklich* zulässt. Hierdurch soll eine möglichst klare Feststellung über das Vorliegen der Öffnungsklausel ermöglicht und den Tarifvertragsparteien verdeutlicht werden, dass sie ihre Vorrangkompetenz aufgeben.[444] Nach ständiger Rechtsprechung des BAG muss der Tarifvertrag eine eindeutige positive Bestimmung enthalten, durch die die ergänzenden Betriebsvereinbarung für zulässig erklärt wird.[445] Die Worte *Betriebsvereinbarung* oder *ausdrücklich* müssen dabei zwar nicht unbedingt verwendet werden.[446] Die Zulassung der Betriebsvereinbarung muss sich aus dem Tarifvertrag jedoch eindeutig ergeben. Eine Öffnungsklausel kann daher auch nicht im Wege der ergänzenden Vertragsauslegung gewonnen werden. Auf den hypothetischen Willen der Parteien kommt es nicht an.[447] Dies schließt jedoch nicht die Anwendung allgemeiner Auslegungsgrundsätze aus, wenn der Öffnungswille der Tarifvertragsparteien in der Vereinbarung schriftlichen Niederschlag gefunden hat.[448]

Fraglich ist, ob in der Mitwirkung und Mitunterzeichnung einer Gewerkschaft an einer dreigliedrigen Standortsicherungsvereinbarung bereits die ausdrückliche Vereinbarung einer Öffnungsklausel gesehen werden kann.

---

[442] Zur Zulässigkeit solcher Mischvereinbarungen, vgl. unter E.V.
[443] *Bauer/Haußmann*, NZA-Beilage 2000, 42, 44.
[444] Vgl. *Kreutz*, in: GK-BetrVG, § 77 Rn. 150; *Worzalla*, in: H/S/W/G/N/R, BetrVG, § 77 Rn. 151.
[445] BAG v. 20.4.1999, NZA 1999, 1059, 1062; BAG v. 29.10.2002, NZA 2003, 393, 395; vgl. auch *Fitting*, BetrVG, § 77 Rn. 117; *Kreutz*, in: GK-BetrVG, § 77 Rn. 150; *Richardi*, in: Richardi, BetrVG, § 77 Rn. 302; *Worzalla*, in: H/S/W/G/N/R, BetrVG, § 77 Rn. 151.
[446] BAG v. 20.12.1961, AP Nr. 7 zu § 59 BetrVG; *Fitting*, BetrVG, § 77 Rn. 117; *Kreutz*, in: GK-BetrVG, § 77 Rn. 151.
[447] BAG v. 20.4.1999, NZA 1999, 1059, 1062; *Ehlers*, RdA 2008, 81, 82; *Fitting*, BetrVG, § 77 Rn. 117; *Kreutz*, in: GK-BetrVG, § 77 Rn. 150; *Richardi*, in: Richardi, BetrVG, § 77 Rn. 302; *Worzalla*, in: H/S/W/G/N/R, BetrVG, § 77 Rn. 151.
[448] *Kreutz*, in: GK-BetrVG, § 77 Rn. 150.

(i) Heilungsmöglichkeit eines Verstoßes gegen die Regelungssperre

Das LAG München geht davon aus, dass durch die Mitunterzeichnung einer dreigliedrigen Standortsicherungsvereinbarung durch eine Gewerkschaft ein möglicher Verstoß gegen § 77 Abs. 3 Satz 1 BetrVG geheilt werde. Es könne schließlich nicht angenommen werden, dass die Gewerkschaft sehenden Auges einen Rechtsverstoß hinnehmen wolle.[449] Das LAG München lässt offen, wie es die „Heilung" rechtsdogmatisch begründet. Die Bezugnahme auf eine Entscheidung des BAG legt jedoch den Schluss nahe, dass dies eben durch die nachträgliche Vereinbarung einer Öffnungsklausel geschehen soll.[450] In der zitierten BAG-Entscheidung hatten die Tarifvertragsparteien, ohne jedoch an der Betriebsvereinbarung beteiligt gewesen zu sein, ebenfalls nachträglich eine Öffnungsklausel vereinbart. Dies geschah jedoch ausdrücklich. Diesen Fall der nachträglich vereinbarten Öffnungsklausel hielt das BAG – in Übereinstimmung mit der überwiegenden Literatur – für zulässig.[451]

(ii) Ansatz von Adomeit – venire contra factum proprium

Frühzeitig hat *Adomeit* bereits das Problem der Mitwirkung einer Gewerkschaft an einer tarifwidrigen Betriebsvereinbarung thematisiert. Er schlägt vor, einer Gewerkschaft, die an den Verhandlungen über eine tarifwidrige Betriebsvereinbarung beteiligt und somit über den Verstoß gegen die Regelungssperre wohl informiert war, die Berufung auf die Tarifwidrigkeit zu verwehren. Es sei ein widersprüchliches Verhalten, wenn man nach Außen den Anschein erwecke, eine Vereinbarung mitzugestalten und mitzutragen, sich anschließend jedoch auf deren Unwirksamkeit

---

[449] LAG München v. 22.8.2006, Az.: 8 Sa 569/06, n.v. (juris), unter 1.2.1 der Gründe („Selbst dann, wenn Ziff. 2 des ‚Standortsicherungsvertrages' nur den Rechtscharakter einer Betriebsvereinbarung hätte und dann allerdings durchaus unter Umständen gegen einen Tarifvertrag (...) verstieße und deshalb gemäß § 77 Abs. 3 BetrVG unwirksam wäre, würde diese Unwirksamkeit wieder geheilt. Von entscheidender Bedeutung ist nämlich (...), dass nach der Entscheidung des Bundesarbeitsgerichts vom 29. Januar 2002 (1 AZR 276/01) auch wegen Verstoßes gegen § 77 Abs. 3 BetrVG zunächst unwirksame Betriebsvereinbarungen durch Tarifvertragsparteien nachträglich sanktioniert werden können. Nichts anderes kann gelten, wenn die entsprechenden Tarifvertragsparteien von vornherein an Verhandlungen über eine Betriebsvereinbarung beteiligt sind, die gegen § 77 Abs. 3 BetrVG verstoßen. Dies muss jedenfalls dann gelten, wenn es sich dabei ersichtlich, was hier der Fall ist, um etwaige Verstöße gegen § 77 Abs. 3 BetrVG handelt. Es ist nämlich kaum anzunehmen, dass sie quasi sehenden Auges derartige Rechtsverstöße hinnehmen wollten"); ähnlich *Kolbe*, AP Nr. 96 zu § 77 BetrVG (Anmerkung); a.A. LAG Düsseldorf v. 2.12.1999, NZA-RR 2000, 137, 139; LAG Hamm v. 9.3.2000, NZA-RR 2001, 42 ff.; *Grau/Döring*, NZA 2008, 1335, 1337; *Thüsing*, NZA 2008, 201, 203.
[450] BAG v. 29.1.2002, Az.: 1 AZR 267/01, n.v. (juris).
[451] Vgl. BAG v. 29.1.2002, Az.: 1 AZR 267/01, n.v. (juris) unter I.3. der Gründe; ebenso *Fitting*, BetrVG, § 77 Rn. 119; *Gaul*, in H/W/K, § 77 BetrVG Rn. 52; *Dieterich/Hanau/Henssler/Oetker/ Wank/Wiedemann*, RdA 2004, 65, 66; *Löwisch*, DB 2005, 554, 556.

berufe.[452] *Adomeit* möchte – dogmatisch überzeugend – nicht am Wortlaut des § 77 Abs. 3 Satz 2 BetrVG rütteln, sondern er wendet schlicht die Rechtsfolge widersprüchlichen Verhaltens an, die darin besteht, dass sich der Handelnde an dem von ihm verursachten Vertrauen festhalten lassen muss.[453] Unter Zugrundelegung dieser Ansicht könnte eine Gewerkschaft, die an einer dreigliedrigen Standortsicherungsvereinbarung mitgewirkt hat, sich nicht auf die Tarifwidrigkeit berufen. Dies gilt freilich nur, wenn ihr der Verstoß gegen § 77 Abs. 3 Satz 1 BetrVG bewusst war. Bei der Teilnahme an den Verhandlungen und der anschließenden Mitunterzeichnung einer solchen Vereinbarung kann hieran jedoch kein Zweifel bestehen.

(iii) Keine Berufung auf Unwirksamkeit der Betriebsvereinbarung bei Mitunterzeichnung

Es wurde bereits erörtert, dass es den Tarifvertragsparteien möglich ist, eine zunächst tarifwidrige Betriebsvereinbarung durch eine nachträglich Öffnungsklausel zu genehmigen. Vor diesem Hintergrund muss es den Tarifvertragsparteien grundsätzlich auch möglich sein, zeitgleich mit dem Abschluss einer tarifvorbehaltswidrigen Betriebsvereinbarung eine Öffnungsklausel zu vereinbaren. Dies muss jedoch *ausdrücklich* geschehen. Hierfür kann es unter Umständen sogar ausreichen, dass die Öffnungsklausel auf den ersten Blick nicht klar erkennbar ist, sondern deren Vorhandensein sich erst durch Auslegung der Vereinbarung ergibt. Allein in der Beteiligung an den Verhandlungen und der anschließenden Mitunterzeichnung einer Standortsicherungsvereinbarung durch die Gewerkschaft kann jedoch noch keine *ausdrücklich* vereinbarte Öffnungsklausel gesehen werden.[454] Es handelt sich vielmehr um ein konkludentes Verhalten. Die konkludente Vereinbarung einer Öffnungsklausel ist aufgrund des eindeutigen Wortlauts sowie aus Gründen der Rechtssicherheit jedoch nicht möglich.[455] Hierin wäre auch ein Verstoß gegen das Gebot der Rechtsquellenklarheit zu sehen, da die Normunterworfenen klar erkennen können sollen, um welche Art von Vereinbarung es sich handelt. Die Ansicht des LAG München ist daher abzulehnen. Insbesondere vermag der Verweis auf die BAG-Entscheidung die Auffassung des LAG München nicht zu stützen. In der zitierten Entscheidung war der Sachverhalt völlig anders gelagert. Zum einen waren

---

[452] *Adomeit*, Regelung von Arbeitsbedingungen, S. 62.
[453] *Larenz/Wolf*, AT-Bürgerliches Recht, § 16 Rn. 30; *Looschelders/Olzen*, in: Staudinger, BGB, § 242 Rn. 297.
[454] LAG Düsseldorf v. 2.12.1999, NZA-RR 2000, 137, 139.
[455] BAG v. 6.3.1958, AP Nr. 1 zu § 59 BetrVG; *Löwisch/Rieble*, TVG, § 1 Rn. 217; *Thüsing*, in: Wiedemann, TVG, § 1 Rn. 284; *v. Hoyningen-Huene*, DB 1994, 2026, 2031; *Wiedemann*, in: FS Hanau, S. 615; wohl auch *Grau/Döring*, NZA 2008, 1335, 1337; *Richardi*, in: Richardi, BetrVG, § 77 Rn. 302.

die Tarifvertragsparteien an dem Abschluss der Standortsicherungsvereinbarung nicht beteiligt. Zum anderen vereinbarten sie – wenn auch nachträglich – die Öffnungsklausel *ausdrücklich* in einem so genannten Zusatztarifvertrag.[456] Genau hieran fehlte es jedoch in dem Sachverhalt, der der Entscheidung des LAG München zugrunde lag. Es spielt auch keine Rolle, ob sich die Parteien des Verstoßes gegen die Regelungssperre bewusst waren.[457] Selbst wenn die Parteien den Willen und somit auch das Regelungsbewusstsein zur Aufhebung der Sperrwirkung hatten, entbindet sie dieser innere Umstand nicht von dem Erfordernis einer ausdrücklichen und somit nach außen klar erkennbaren Regelung. Allerdings ist *Adomeit* zuzustimmen, dass die Parteien sich in solch einem Fall nicht auf die Tarifwidrigkeit der Regelungssperre berufen können. Es würde befremdlich anmuten, wenn eine Vereinbarung zumindest dem äußeren Anschein nach von einer Gewerkschaft mitgetragen wird, sie sich anschließend jedoch auf den Standpunkt stellen könnte, dass die Vereinbarung gegen die Regelungssperre verstoße. Dieser Einwand stellt ein widersprüchliches Verhalten dar und muss folglich ausgeschlossen sein.

Für den Arbeitgeber ist damit das Risiko überschaubar, dass die Tarifwidrigkeit der Standortsicherungsvereinbarung gerichtlich geltend gemacht wird. Mit einer Klage des Betriebsrats wird er nicht rechnen müssen, da dieser die Vereinbarung abgeschlossen hat. Einzelne Arbeitnehmer, die mit der Vereinbarung nicht einverstanden sind, können deren Unwirksamkeit nicht geltend machen. Hierzu sind sie nicht klagebefugt. Sie können sich im Rahmen eines Urteilsverfahrens jedoch gegen Ansprüche des Arbeitgebers wehren, die sich auf die Betriebsvereinbarung als Anspruchsgrundlage stützen. In einem solchen Fall ist über die Wirksamkeit der Betriebsvereinbarung dann als Vorfrage zu entscheiden. Selbst wenn das Gericht die Unwirksamkeit der Betriebsvereinbarung feststellen sollte, hat dies für den Arbeitgeber keine weit reichenden Konsequenzen, da die Entscheidung hierüber nur Bindungswirkung zwischen den Parteien entfaltet.[458] Das Risiko einer Klage durch einzelne Arbeitnehmer ist bei einer von allen Parteien abgeschlossenen Standortsicherungsvereinbarung ohnehin gering, da die Mehrzahl der Arbeitnehmer in der Regel hinter der Vereinbarung steht.

---

[456] BAG v. 29.1.2002, Az.: 1 AZR 267/01, n.v. (juris).
[457] *Thüsing*, NZA 2008, 201, 203 geht davon aus, dass die Tarifvertragsparteien bei einer konkludenten Regelung en passant schon gar kein Regelungsbewusstsein haben; kritisch hierzu *Kolbe*, AP Nr. 96 zu § 77 BetrVG 1972 (Anmerkung).
[458] BAG v. 29.10.2002, NZA 2003, 393 ff.; BAG v. 3.6.2003, NZA 2003, 1155 ff.; *Fitting*, BetrVG, § 77 Rn. 229; *Kreutz*, in: GK-BetrVG, § 77 Rn. 429.

(cc) Vorliegen einer „ergänzenden Betriebsvereinbarung"

Sofern die Hürde des Ausdrücklichkeitserfordernisses genommen ist, muss die Betriebsvereinbarung als weitere Voraussetzung den Tarifvertrag *ergänzen*. Entgegen dem strengen Wortlautverständnis, wonach *ergänzen* die Bedeutung von vervollständigen, auffüllen, erweitern, nachtragen oder hinzufügen hat, also eine Rahmenregelung voraussetzt, die durch die Betriebsvereinbarung ergänzt werden kann,[459] können die Betriebsparteien auch zum Abschluss tarif*abweichender* Betriebsvereinbarungen ermächtigt werden.[460] Schließlich ist es den Tarifvertragsparteien unbenommen, auf eine Sachregelung gänzlich zu verzichten und den Betriebsparteien die Regelung der Angelegenheit mangels Sperrwirkung zu überlassen.[461] Insofern kann eine Abweichung auch zu Lasten der Arbeitnehmer erfolgen.[462] Es gilt nichts anderes als im Rahmen von § 4 Abs. 3 Var. 1 TVG, der generell – also auch nach unten – *abweichende* Regelungen zulässt.[463] Dies wird bei betrieblichen Regelungen in tarifabweichenden Standortsicherungsvereinbarungen sogar der Regelfall sein. Schließlich geht es den Parteien um die Senkung der Personalkosten.

(c) Fazit

Eine Gewerkschaft kann in einer dreigliedrigen Standortsicherungsvereinbarung eine Öffnungsklausel zugunsten von betrieblichen Regelungen vereinbaren, wenn dies ausdrücklich geschieht. Die bloße Beteiligung an den Verhandlungen und die anschließende Mitunterzeichnung genügen hierfür jedoch nicht. Durch die Mitwirkung und Mitunterzeichnung begibt sich die Gewerkschaft jedoch ihres Rechts, einen etwaigen Verstoß gegen die Regelungssperre gerichtlich geltend zu machen.

---

[459] So *Beuthien*, BB 1983, 1992, 1993.
[460] *Benrath*, Tarifvertragliche Öffnungsklauseln, S. 103; *Fitting*, BetrVG, § 77 Rn. 121; *Gamillscheg*, Kollektives Arbeitsrecht, Band I, S. 812; *Gaumann/Schaft*, NZA 1998, 176, 178; *Kreutz*, in: GK-BetrVG, § 77 Rn. 154; *Kania*, in: ErfK, § 77 BetrVG Rn. 60; *Richardi*, in: Richardi, BetrVG, § 77 Rn. 301; *Rieble*, ZfA 2004, 405, 428 f.; *Thüsing*, in: Wiedemann, TVG, § 1 Rn. 283; *Waltermann*, RdA 1996, 129, 136.
[461] *Fitting*, BetrVG, § 77 Rn. 121; *Kreutz*, in: GK-BetrVG, § 77 Rn. 154; *Richardi*, in: Richardi, BetrVG, § 77 Rn. 301.
[462] *Fitting*, BetrVG, § 77 Rn. 121; *Lieb*, NZA 1994, 289, 290; *Kleinebrink*, DB 2009, 342; *Kreutz*, in: GK-BetrVG, § 77 Rn. 154; *Gamillscheg*, Kollektives Arbeitsrecht, Band II, S. 791 geht davon aus, dass dies in Zeiten wirtschaftlicher Krisen sogar der häufigere Fall ist.
[463] *Benrath*, Tarifvertragliche Öffnungsklauseln, S. 103; *Kania*, in: ErfK, § 77 BetrVG Rn. 60; *Kleinebrink*, DB 2009, 342.

(3) Vorrang des § 87 Abs. 1 Satz 1 BetrVG

Eine weitere Ausnahme von der Regelungssperre des § 77 Abs. 3 Satz 1 BetrVG macht § 87 Abs. 1 BetrVG. Mit dem BAG und einem Teil der Literatur ist davon auszugehen, dass § 87 Abs. 1 BetrVG als speziellere Norm der Regelung in § 77 Abs. 3 Satz 1 BetrVG vorgeht (so genannte „Vorrangtheorie").[464] Dies ist mit dem Schutzzweck des § 87 Abs. 1 BetrVG zu begründen, die Wahrnehmung der Mitbestimmungsrechte des Betriebsrats auch durch Betriebsvereinbarung zu gewährleisten und hiervon nur eine Ausnahme zu machen, wenn die mitbestimmungspflichtige Angelegenheit durch eine gesetzliche oder tarifliche Vorschrift abschließend geregelt ist. Zudem wird die Funktionsfähigkeit der Tarifautonomie durch die Vorrangtheorie nicht ernsthaft gefährdet, da die Tarifparteien die Möglichkeit haben, im Bereich der zwingenden Mitbestimmung ihre Tarifsetzungsbefugnis auszuüben. Der im Eingangssatz von § 87 Abs. 1 BetrVG normierte Tarifvorbehalt verdrängt somit die Regelungssperre. Konkret bedeutet dies, dass die Betriebsparteien eine Betriebsvereinbarung dann abschließen können, wenn der Regelungsgegenstand nicht tariflich zwingend und abschließend geregelt ist und die Materie von dem Regelungskatalog des § 87 Abs. 1 BetrVG umfasst ist. Das Fehlen einer tariflichen Regelung kommt nur in Betracht, wenn die Tarifvertragsparteien ihre Tarifsetzungsbefugnis tatsächlich nicht wahrgenommen haben – auf die Tarifüblichkeit kommt es nicht an – oder wenn keine Tarifbindung des Arbeitgebers besteht. Dieser Fall ist bei dreigliedrigen Vereinbarungen jedoch nahezu ausgeschlossen, da bei fehlender Tarifbindung des Arbeitgebers die Beteiligung einer Gewerkschaft an solch einer Vereinbarung nicht sinnvoll wäre. Wenn eine Tarifbindung des Arbeitgebers hingegen besteht, ist es auch unwahrscheinlich, dass es keine tarifvertraglichen Regelungen zum Arbeitsentgelt und der Arbeitszeit gibt, also den aus Arbeitgebersicht wichtigsten Regelungskomplexen in einer Standortsicherungsvereinbarung. Diese beiden Regelungskomplexe gehören schließlich zu den Kernkompetenzen der Gewerkschaft. Insofern wird der Anwendungsbereich von § 87 Abs. 1 BetrVG für dreigliedrige Standortsicherungsvereinbarungen in der Praxis sehr eingeschränkt sein. Dennoch soll nachfolgend untersucht werden, ob sich bei Fehlen einer tariflichen Regelung im Rahmen von § 87 Abs. 1 BetrVG Regelungsmöglichkeiten für Standortsicherungsvereinbarungen ergeben.

---

[464] Vgl. BAG GS v. 3.12.1991, NZA 1992, 749 ff.; *Fitting*, BetrVG, § 77 Rn. 109 m.w.N; *Gamillscheg*, Kollektives Arbeitsrecht, Band II, S. 783 f.; siehe zu der von einem großen Teil der Literatur vertretenen abweichenden so genannten „Zwei-Schranken-Theorie" ausführlich *Kreutz*, in: GK-BetrVG, § 77 Rn. 139 ff. m.w.N.

(a) Regelungen zur Arbeitszeit

Eine der Hauptregelungsmaterien in Standortsicherungsvereinbarungen betrifft die Verkürzung der Arbeitszeit. Auf den ersten Blick könnten derartige Regelungen den Fallgruppen des § 87 Abs. 1 Nr. 2 oder Nr. 3 BetrVG zuzuordnen sein.

(aa) Dauer der Arbeitszeit

Die Dauer der wöchentlichen Arbeitszeit, das heißt der Umfang des vom Arbeitnehmer vertraglich geschuldeten Arbeitsvolumens, unterliegt nach ganz überwiegender Meinung jedoch nicht der Mitbestimmung nach § 87 Abs. 1 Nr. 2 BetrVG.[465] Diese Vorschrift regelt ausschließlich Beginn und Ende der Arbeitszeit sowie deren Verteilung, ohne jedoch Einfluss auf die Arbeitszeitdauer zu haben.

(bb) Vorübergehende Veränderung der Arbeitszeit

Allerdings könnte im Falle einer fehlenden tarifvertraglichen Regelung § 87 Abs. 1 Nr. 3 BetrVG eine Regelungsmöglichkeit in Bezug auf die Arbeitszeitdauer eröffnen. Die Norm macht eine Ausnahme von der Regelungsfestigkeit der Arbeitszeitdauer, wenn es sich um eine „vorübergehende Verkürzung oder Verlängerung der betriebsüblichen Arbeitszeit" handelt. Dieser Mitbestimmungstatbestand betrifft im Regelfall die Anordnung von Kurzarbeit und Überstunden und soll die angemessenen Verteilung der mit einer vorübergehenden Änderung der Arbeitszeit verbundenen Belastungen und Vorteile sicherstellen.[466] Auf den ersten Blick scheint die Vorschrift wie für Arbeitszeitregelungen in Standortsicherungsvereinbarungen gemacht, da diese ebenfalls eine auf die Laufzeit der Vereinbarung befristete Veränderung der Arbeitszeit vorsehen. Wie so oft steckt der Teufel jedoch im Detail. Die Veränderung der Arbeitszeit darf nur „vorübergehend" sein. Fraglich ist, wie dieser Begriff auszulegen ist und ob die in Standortsicherungsvereinbarungen getroffenen Regelungen, welche in der der Regel eine Laufzeit von mehreren Jahren haben, hiervon noch erfasst sind.

Das BAG nennt keine konkreten Zeitspannen, die als Anhaltspunkt dienen könnten. Es entspricht jedoch der allgemeinen Ansicht, dass die Veränderung „einen

---

[465] Ständige Rechtsprechung des BAG, vgl. BAG v. 22.7.2003, NZA 2004, 507, 508 f.; BAG v. 24.1.2006, NZA 2006, 862, 864; ebenso *Fitting*, BetrVG, § 87 Rn. 102 ff.; *Heinze*, NZA 1997, 681, 684; *Kania*, in: ErfK, § 87 BetrVG Rn. 25; *Wiese*, in: GK-BetrVG, § 87 Rn. 275 ff.; *Worzalla*, in: H/S/W/G/N/R, BetrVG, § 87 Rn. 163; a.A. *Klebe*, in: D/K/K/W, BetrVG, § 87 Rn. 71 ff.
[466] BAG v. 1.7.2003, NZA 2003, 1209, 1210 f.

überschaubaren Zeitraum betreffen und nicht von Dauer sein" darf.[467] Kennzeichnend ist eine geplante Rückkehr zur betriebsüblichen Arbeitszeit.[468] Dies ist jedoch auch bei Standortsicherungsvereinbarungen grundsätzlich der Fall. Konkreter wird das LAG Baden-Württemberg. Es hat in einer Regelung, die in einer Standortsicherungsvereinbarung vereinbart worden ist und vorsah, dass die Arbeitnehmer über einen Zeitraum von vier Jahren zu einer zusätzlichen Arbeitsleistung von wöchentlich zwei Stunden verpflichtet werden, eine Dauerregelung und keinen Fall einer nur „vorübergehenden" Arbeitszeitverlängerung gesehen.[469] *Kania* hält eine Veränderung der Arbeitszeit aufgrund des Ausnahmecharakters der Norm nicht mehr für „vorübergehend", wenn die Verkürzung oder Verlängerung von vornherein für mehrere Jahre festgeschrieben wird.[470] Trotz vereinzelter Versuche in Rechtsprechung und Literatur das zeitliche Merkmal der Norm zu präzisieren, ist dies bislang nicht abschließend gelungen.

Da die Regelung die Einführung von Kurzarbeit ermöglichen soll, liegt es nahe, den gesetzlich festgelegten Bezugszeitraum von Kurzarbeitergeld zur Bestimmung des Merkmals „vorübergehend" heranzuziehen. Kurzarbeitergeld wird bei Erfüllung der in §§ 169 ff. SGB III genannten Voraussetzungen gewährt. Voraussetzung ist unter anderem, dass ein erheblicher Arbeitsausfall mit Entgeltausfall vorliegt (§ 169 Nr. 1 SGB III), der jedoch nur „vorübergehend" sein darf (§ 170 Abs. 1 Nr. 2 SGB III).[471] Der Sachzusammenhang zwischen den Regelungen und die teils identische Terminologie sprechen für eine einheitliche Begriffsbestimmung des Wortes „vorübergehend". Auch im SGB III findet sich keine Definition. Jedoch ist nach überwiegender Meinung zur zeitlichen Eingrenzung des Merkmals „vorübergehend" auf die Bezugsdauer des Kurzarbeitergeldes abzustellen.[472] Die betriebliche Regel-Bezugsfrist beträgt gemäß § 177 Abs. 1 SGB III längstens sechs Monate. Nach § 182 Abs. 1 Nr. 3 b) SGB III kann die Bezugsfrist in Ausnahmefällen durch Rechtsverordnung auf bis zu max. 24 Monate verlängert werden.[473] Unter

---

[467] So BAG v. 27.1.1998, NZA 1998, 835, 837 f.; BAG v. 1.7.2003, NZA 2003, 1209, 1210 f.; *Fitting*, BetrVG, § 87 Rn. 133; *Kania*, in: ErfK, § 87 BetrVG Rn. 33; *Klebe*, in: D/K/K/W, BetrVG, § 87 Rn. 88; *Wiese*, in: GK-BetrVG, § 87 Rn. 384.
[468] BAG v. 3.6.2003, NZA 2003, 1155, 1157; BAG v. 14.11.2006, NZA 2007, 458, 461; *Fitting*, BetrVG, § 87 Rn. 133; *Wiese*, in: GK-BetrVG, § 87 Rn. 384.
[469] LAG Baden-Württemberg v. 13.1.1999, NZA-RR 1999, 580, 582.
[470] *Kania*, in: ErfK, § 87 BetrVG Rn. 33.
[471] Vgl. zu den Hintergründen und Voraussetzungen von Kurzarbeit *Petrak*, NZA-Beil. 2010, 44 ff.
[472] Vgl. *Lüdtke*, in: LPK, SGB III, § 170 Rn. 8; *Mutschler*, in: M/B/S, SGB III, § 170 Rn. 41; *Seitz*, BB 2009, 1862.
[473] Infolge der Wirtschafts- und Finanzkrise wurde die Bezugsfrist für das Kurzarbeitergeld bei Arbeitnehmern, deren Anspruch hierauf in der Zeit vom 1.1.2010 bis zum 31.12.2010 entstan-

Anwendung dieser Fristen lässt sich präzise bestimmen, welcher Zeitraum unter einer „vorübergehenden" Veränderung der Arbeitszeit zu verstehen ist. Im Regelfall wird es sich um einen nicht deutlich länger als sechs Monate dauernden Zeitraum handeln. In Ausnahmefällen kann sich dieser Zeitraum, korrespondierend mit der jeweils gültigen Verordnung über die Bezugsfrist für das Kurzarbeitergeld, auf bis zu 24 Monate verlängern. Diese Dehnbarkeit des Begriffs in Abhängigkeit von außergewöhnlichen Verhältnissen auf dem Arbeitsmarkt, wie § 182 Abs. 1 SGB III es formuliert, deckt sich auch mit dem Regelungszweck von § 87 Abs. 1 Nr. 3 BetrVG, flexibel und einfach auf konjunkturell bedingte Veränderungen am Arbeitsmarkt reagieren zu können. Demnach kann im Rahmen einer Standortsicherungsvereinbarung gemäß § 87 Abs. 1 Nr. 3 BetrVG die Dauer der wöchentlichen Arbeitszeit bei Fehlen einer tarifvertraglicher Regelung für die Dauer von bis zu 24 Monaten verkürzt werden.

(b) Regelungen zum Arbeitsentgelt

Neben der Verringerung der Arbeitszeit liegt ein weiterer Schwerpunkt von Standortsicherungsvereinbarungen auf der Verringerung des Arbeitsentgelts. Die Höhe des Arbeitsentgelts ist, ebenso wie die Dauer der Arbeitszeit, kein mitbestimmungspflichtiger Tatbestand im Sinne des § 87 Abs. 1 BetrVG.[474]

Kosteneinsparungen können sich jedoch auch hinsichtlich der Zeit und Art der Auszahlung von Arbeitsentgelt ergeben, für die ein Mitbestimmungsrecht nach § 87 Abs. 1 Nr. 4 BetrVG besteht. Denkbar ist zum Beispiel, dass ein Arbeitgeber bisher abweichend von § 614 BGB das Arbeitsentgelt zum Monatsanfang auszahlt und nun zum Regelfall der nachträglichen Lohnzahlung zurückkehren möchte. Dies kann bei fehlender tariflicher Regelung durch eine Betriebsvereinbarung geregelt werden. Ebenso unterliegt es der Mitbestimmung des Betriebsrates, ob die Lohnzahlung wöchentlich oder monatlich erfolgt.[475]

(c) Betriebliche Lohngestaltung

Ein obligatorisches Mitbestimmungsrecht besteht gemäß § 87 Abs. 1 Nr. 10 BetrVG auch hinsichtlich der betrieblichen Lohngestaltung. Zwar bezieht sich das Mitbestimmungsrecht grundsätzlich nur auf die Verteilungsgrundsätze und nicht auf die Entgelthöhe. Allerdings kann über die Entgeltfindung zumindest mittelbar auch die

---

den ist, auf 18 Monate verlängert, vgl. § 1 Abs. 2 der Verordnung über die Bezugesfrist für das Kurzarbeitergeld (KuArbGeldFristV 2009) vom 8.12.2009, abrufbar bei juris.

[474] *Fitting*, BetrVG, § 87 Rn. 179; *Kania*, in: ErfK, § 87 BetrVG Rn. 40; *Wiese*, in: GK-BetrVG, § 87 Rn. 808 m.w.N.

[475] Vgl. *Fitting*, BetrVG, § 87 Rn. 181 f.

Entgelthöhe beeinflusst werden. Die Mitbestimmung des Betriebsrats braucht nämlich nicht kostenneutral zu sein.[476] Da sich der Anwendungsbereich dieses Mitbestimmungstatbestands auch auf übertarifliche freiwillige Leistungen und außertarifliche Leistungen erstreckt,[477] bietet er durchaus Spielraum für kostensenkende Regelungen in Standortsicherungsvereinbarungen.

Der in § 87 Abs. 1 Nr. 10 BetrVG verwendete Lohnbegriff ist weit auszulegen.[478] Hiervon erfasst sind beispielsweise alle leistungs- und tätigkeitsbezogenen Vergütungsbestandteile wie Provisionen,[479] Leistungsprämien,[480] Aktienoptionen[481] oder Auslands-[482] und Erschwerniszulagen.[483] Daneben zählen Gratifikationen wie Weihnachtsgeld, Treueprämien, Jubiläumsgelder, Anwesenheitsprämien und Urlaubsgeld ebenfalls zum Lohnbegriff des § 87 Abs. 1 Nr. 10 BetrVG.[484] Nicht zum Lohn zählen hingegen Leistungen, die keinen Entgeltcharakter haben.

Um Fälle der Lohngestaltung im Sinne des § 87 Abs. 1 Nr. 10 BetrVG handelt es sich immer, wenn neue Entlohnungsgrundsätze aufgestellt werden. Hierunter versteht man das System, nach dem die Entlohnung für einen Betrieb oder bestimmte Arbeitnehmergruppen festgelegt wird.[485] Nachfolgend sollen exemplarisch einige Entlohnungsgrundsätze angesprochen werden, die für Unternehmen kostenrelevant sein können und damit als Regelungsinhalte von Standortsicherungsvereinbarungen in Betracht kommen.

(aa) Zielvereinbarungen

Zu den Entlohnungsgrundsätzen zählen so genannte Zielvereinbarungen, die individuelle Handlungsziele zwischen Arbeitgeber und Arbeitnehmer festlegen.[486] Dies gilt natürlich nur – wie bei allen Mitbestimmungstatbeständen im Rahmen von § 87 Abs. 1 BetrVG – wenn der Tatbestand einen kollektiven Bezug hat und nicht nur einen Einzelfall regelt. Das Mitbestimmungsrecht bei solchen Zielvereinbarungs-

---

[476] *Wiese*, in: GK-BetrVG, § 87 Rn. 811; ähnlich *Richardi*, in: Richardi, BetrVG, § 87 Rn. 772; so aber *Heinze*, NZA 1986, 1, 7.
[477] Vgl. hierzu *von Hoyningen-Huene*, NZA 1998, 1081, 1087.
[478] Vgl. *Kania*, in: ErfK, § 87 BetrVG Rn. 96.
[479] BAG v. 26.7.1988, NZA 1989, 109 ff.
[480] BAG v. 8.12.1981, AP Nr. 1 zu § 87 BetrVG 1972.
[481] LAG Nürnberg v. 22.1.2002, NZA-RR 2002, 247 f.
[482] BAG v. 30.1.1990, NZA 1990, 571 ff.
[483] BAG v. 22.12.1981, AP Nr. 7 zu § 87 BetrVG 1972 Lohngestaltung.
[484] *Kania*, in: ErfK, § 87 BetrVG Rn. 97; vgl. auch die detaillierte Aufzählung bei *Fitting*, BetrVG, § 87 Rn. 414 sowie *Wiese*, in: GK-BetrVG, § 87 Rn. 823.
[485] *Worzalla*, in: H/S/W/G/N/R, BetrVG, § 87 Rn. 557.
[486] Vgl. zu Zielvereinbarungen ausführlich *Annuß*, NZA 2007, 290 ff. sowie *Riesenhuber/v. Steinau-Steinrück*, NZA 2005, 785 ff.

systemen erstreckt sich nur auf die strukturellen Merkmale wie Bewertungsmethode, Zeitraum, Festlegung von Zielgrößen etc. Nicht umfasst ist die Frage, ob der Arbeitgeber für Zielvereinbarungen einen bestimmten Betrag zur Verfügung stellen möchte und wie groß dieser Betrag sein soll.[487] Dennoch kann indirekt auch auf die Höhe Einfluss genommen und somit eine Senkung der Personalkosten herbeigeführt werden. Dies ist beispielsweise möglich, indem die Voraussetzungen zur Erfüllung von Zielvereinbarungen erschwert beziehungsweise an das aktuelle Marktumfeld angepasst werden. Dies hat zur Folge, dass die Zielvereinbarungen nicht mehr oder nicht mehr in voller Höhe erreicht werden und somit die Personalkosten sinken.

(bb) Provisionen

Zu den Entlohnungsgrundsätzen gehört auch die Festlegung ob und für welche Fälle Provisionen gezahlt werden sollen.[488] Mitbestimmungspflichtig ist beispielsweise die Festlegung der Arten von Provisionen, deren Verhältnis zum Fixgehalt sowie das Verhältnis der Provisionen zueinander. Weiterhin ist die Festsetzung der Bezugsgrößen, zum Beispiel ob bei Erreichung einer bestimmten Umsatzgrenze die Provisionssätze linear, progressiv oder degressiv verlaufen sowie die abstrakte Staffelung der Provisionssätze mitbestimmungspflichtig.[489] Abhängig von dem bestehenden Provisionssystem lassen sich durch Veränderungen ebenfalls Kosteneinsparungen erzielen.

(cc) Zulagen

Zulagen, die auf dem synallagmatischen Verhältnis von Leistung und Gegenleistung beruhen, unterliegen ebenfalls der betrieblichen Mitbestimmung. Zu denken ist beispielsweise an Erschwerniszulagen oder Zulagen für Nacht-, Sonn- und Feiertagsarbeit. Das Mitbestimmungsrecht bezieht sich wiederum nur auf die Bemessungsgrundsätze, nicht auf die Höhe der zusätzlichen Entgeltleistung.[490] Mitbestimmungspflichtig ist zum Beispiel die Frage, für welche Erschwernisse eine Zulage gezahlt wird. Dabei müssen die Betriebsparteien auch die Methoden festlegen, nach der der Grad der Erschwernisse bestimmt werden soll.[491] Bei der Nachtarbeit hat der Betriebsrat darüber mitzubestimmen, welche Zeiträume zuschlagspflichtig

---

[487] *Annuß*, NZA 2007, 290, 296.
[488] Vgl. *Fitting*, BetrVG, § 87 Rn. 426; *Richardi*, in: Richardi, BetrVG, § 87 Rn. 828.
[489] *Richardi*, in: Richardi, BetrVG, § 87 Rn. 828 m.w.N.
[490] BAG v. 30.1.1990, NZA 1990, 571, 573 ff.
[491] *Fitting*, BetrVG, § 87 Rn. 427.

sind.[492] Die Neuverhandlung solcher Regelungen birgt Kosteneinsparungspotentiale, so dass sie als Regelungsinhalte für Standortsicherungsvereinbarungen auf betrieblicher Ebene ebenfalls in Betracht kommen können.

(d) Fazit

Die – durchaus vorhandenen – Regelungsmöglichkeiten von § 87 Abs. 1 BetrVG zur Senkung der Personalkosten dürften für dreigliedrige Standortsicherungsvereinbarungen nur eine geringe Rolle spielen, da bei bestehender Tarifbindung des Arbeitgebers zumeist auch eine tarifliche Regelung bezüglich Arbeitzeit und Arbeitsentgelt bestehen wird. Sollte dies jedoch ausnahmsweise nicht der Fall sein, bieten die Fallgruppen in § 87 Abs. 1 BetrVG trotz der Regelungssperre Möglichkeiten für betriebliche Regelungen.

4. Umdeutung einer unwirksamen Betriebsvereinbarung in eine wirksame Vereinbarung

Eingangs wurde bereits darauf hingewiesen, dass § 77 Abs. 3 BetrVG eine der am häufigsten verletzten arbeitsrechtlichen Normen ist. Im Rahmen von dreigliedrigen Standortsicherungsvereinbarungen kann ein bewusster Verstoß gegen die Regelungssperre jedoch nicht ohne weiteres angenommen werden. Die Beteiligung von Betriebsrat und Gewerkschaft legt vielmehr die Vermutung nahe, dass den Parteien vor dem Hintergrund der schwierigen Frage der Regelungskompetenzen der einzelnen Parteien gerade daran gelegen war, alles richtig zu machen.[493] Da es dem Willen der Parteien zumeist entsprochen haben wird, eine gegenüber der Belegschaft normativ wirkende Vereinbarung wirksam abzuschließen, stellt sich die Frage, ob und wie eine tarifvorbehaltswidrige Standortsicherungsvereinbarung gegebenenfalls „gerettet" werden kann. Ein Ausweg aus der Unwirksamkeitsfalle könnte die Umdeutung einer unwirksamen Betriebsvereinbarung gemäß § 140 BGB in eine Regelungsabrede, eine vertragliche Einheitsregelung oder einen Firmentarifvertrag sein. Dann würde die Betriebsvereinbarung zwar als solche wirkungslos bleiben, faktisch aber über das Ersatzgeschäft wirken.

a) Analoge Anwendung von § 140 BGB auf Betriebsvereinbarungen

§ 140 BGB kann auf Betriebsvereinbarungen allerdings nur analog angewendet werden. Zwar erfasst die Vorschrift von ihrem Wortlaut alle Arten von Rechtsgeschäften. Betriebsvereinbarungen sind trotz ihres Zustandekommens als privat-

---

[492] BAG v. 21.3.1993, NZA 1994, 427, 428.
[493] Vgl. *Grau/Döring*, NZA 2008, 1335.

rechtlicher Vertrag hiervon jedoch nicht erfasst. Der rechtsgeschäftliche Charakter der Betriebsvereinbarung besteht nämlich nur zwischen Arbeitgeber und Betriebsrat als vertragsschließenden Parteien. Die charakteristische Wirkung einer Betriebsvereinbarung besteht hingegen in der normsetzenden Wirkung gegenüber den Arbeitnehmern. Da sie somit auf Fremdbestimmung ausgelegt ist, kommt § 140 in unmittelbarer Wirkung nicht in Betracht.[494] Allerdings ist die Interessenlage vergleichbar, weshalb das BAG die Norm entsprechend auf Betriebsvereinbarungen anwendet.[495] Der Normzweck von § 140 BGB besteht darin, den von den Parteien erstrebten wirtschaftlichen Erfolg auch dann zu verwirklichen, wenn das rechtliche Mittel, das sie dafür gewählt haben, unzulässig ist, jedoch ein anderer, rechtlich gangbarer Weg zur Verfügung steht, der zum annähernd gleichen wirtschaftlichen Ergebnis führt.[496] Dieser Normzweck ist als allgemeiner Rechtsgedanke auf Betriebsvereinbarungen übertragbar. Es kann zudem nicht davon ausgegangen werden, dass die Regelungslücke in Bezug auf Betriebsvereinbarungen bewusst besteht. Der Gesetzgeber hat bei der Schaffung des § 140 BGB die Einbeziehung von Kollektivverträgen nicht bedacht.[497]

b) Umdeutung in eine Regelungsabrede

aa) Anwendbarkeit der Regelungssperre auf eine Regelungsabrede

Die Umdeutung darf nicht zu einer Umgehung der Regelungssperre in § 77 Abs. 3 Satz 1 BetrVG führen, so dass zunächst deren Anwendbarkeit auf Regelungsabreden zu untersuchen ist. Das BAG und ein Teil des Schrifttums wenden die Regelungssperre auf Regelungsabreden nicht an.[498] Hiergegen wird zwar eingewendet, dass der Normzweck von § 77 Abs. 3 Satz 1 BetrVG – der Schutz der Tarifautonomie vor konkurrierenden Regelungen auf betrieblicher Ebene – die Geltung der

---

[494] So *Belling/Hartmann*, NZA 1998, 673, 674; ebenso *Ruch*, Dreiseitige Vereinbarungen, S. 119 f.
[495] BAG v. 24.1.1996, NZA 1996, 948, 950; eine analoge Anwendung befürworten auch *Belling/Hartmann*, NZA 1998, 673, 674; *Misera*, SAE 1997, 45, 48; *Moll/Kreitner*, Anmerkung zu BAG v. 23.8.1989, EzA § 140 BGB Nr. 16.
[496] So BGH v. 21.3.1977, NJW 1977, 1233, 1234; BGH v. 30.3.1994, NJW 1994, 1785, 1787; *Bork*, AT-Bürgerliches Recht, Rn. 1227.
[497] Vgl. *Ruch*, Dreiseitige Vereinbarungen, S. 121.
[498] BAG v. 20.4.1999, NZA 1999, 887, 890; BAG v. 21.1.2003, NZA 2003, 1097, 1099 f.; *Fischer*, Die tarifwidrigen Betriebsvereinbarungen, S. 217 ff.; *Fitting*, BetrVG, § 77 Rn. 224; *Goethner*, NZA 2006, 303 ff.; *Heinze*, NZA 1995, 5, 6; *Kania*, in: ErfK, § 77 BetrVG Rn. 52; *Koch*, in: Schaub, Arbeitsrechts-Handbuch, § 231 Rn. 65; *Kreutz*, in: GK-BetrVG, § 77 Rn. 135; ders., Betriebsautonomie, S. 221; *Waltermann*, Rechtsetzung durch Betriebsvereinbarung, S. 269 f.; *Walker*, in: FS Wiese, S. 606 f.

Regelungssperre auch für Regelungsabreden erfordere.[499] Bei der Regelungsabrede handele es sich schließlich um ein „funktionales Äquivalent zur Betriebsvereinbarung",[500] deshalb dürfe man die Sperrwirkung nicht auf die normative Gestaltung durch Betriebsvereinbarungen beschränken, sondern müsse sie auf die gesamte Gestaltungsbefugnis der Betriebsparteien beziehen.[501] Den Befürwortern einer Ausdehnung der Sperrwirkung auch auf Regelungsabreden ist jedoch der eindeutige Wortlaut von § 77 Abs. 3 Satz 1 BetrVG entgegenzuhalten.[502] Der Gesetzgeber verwendet den klar abgegrenzten Begriff „Betriebsvereinbarung" und eben nicht den Begriff „Vereinbarung", wie ihn das Betriebsverfassungsgesetz auch kennt.[503] Der Wortlaut bildet nach ganz überwiegender Auffassung den Ausgangspunkt aber auch die äußerste Grenze der Auslegung.[504] Darüber hinaus spricht auch der Schutzzweck des § 77 Abs. 3 Satz 1 BetrVG gegen eine Erweiterung des Anwendungsbereichs. Die Sperrwirkung soll die Normsetzungsprärogative der Tarifvertragsparteien sichern. Es sollen Vereinbarungen unterbunden werden, die eine mit Tarifverträgen vergleichbare Wirkung haben. Dies trifft nur auf Betriebsvereinbarungen, nicht jedoch auf Regelungsabreden zu. Diese entfalten keine normative Wirkung und widersprechen somit nicht der Zielsetzung des § 77 Abs. 3 BetrVG.[505] Folglich werden Regelungsabreden von der Regelungssperre nicht erfasst.

bb) Voraussetzungen der Umdeutung

(1) Nichtigkeit der Betriebsvereinbarung

Eine Umdeutung setzt zunächst voraus, dass das bestehende Geschäft nichtig ist. Die Unwirksamkeit steht der Nichtigkeit gleich.[506] § 140 BGB soll jedoch nicht anwendbar sein, wenn das Geschäft noch wirksam werden kann.[507] Dies ist bei einer tarifvorbehaltswidrigen Betriebsvereinbarung jedoch grundsätzlich der Fall,

---

[499] *Annuß*, RdA 2000, 287, 290; *Berg*, in: D/K/K/W, BetrVG, § 77 Rn. 78; *Däubler*, Tarifvertragsrecht, S. 161 f.; *Gamillscheg*, Kollektives Arbeitsrecht, Band II, S. 780 f. und 786 f.; *Matthes*, in: MünchArbR, § 328 Rn. 99; *Richardi*, in: Richardi, BetrVG, § 77 Rn. 230, 292 f.; *Zachert*, RdA 1996, 140, 145.
[500] *Berg*, in: D/K/K/W, BetrVG, § 77 Rn. 78.
[501] So *Richardi*, in: Richardi, BetrVG, § 77 Rn. 292; zustimmend *Annuß*, RdA 2000, 287, 291.
[502] Vgl. *Belling/Hartmann*, NZA 1998, 673, 676; *Eder*, Die Regelungsabrede, S. 211; *Kreutz*, in: GK-BetrVG, § 77 Rn. 135; *Walker*, in: FS Wiese, S. 606 f.
[503] So zum Beispiel in § 77 Abs. 1 Satz 1 und § 80 Abs. 3 BetrVG.
[504] *Larenz/Canaris*, Methodenlehre, S. 143; *Larenz/Wolf*, AT-Bürgerliches Recht, S. 82.
[505] Vgl. *Fischer*, Die tarifwidrigen Betriebsvereinbarungen, S. 218; *Heinze*, NZA 1995, 5, 6; *Kreutz*, in: GK-BetrVG, § 77 Rn. 135; *Veit*, Die funktionelle Zuständigkeit des Betriebsrats, S. 251 f.; *Walker*, in: FS Wiese, S. 606 f.
[506] A. *Arnold*, in: Erman, BGB, § 140 Rn. 8.
[507] BGH v. 30.3.1994, NJW 1994, 1785, 1786 f.

denn durch die Vereinbarung einer Öffnungsklausel kann ein Verstoß gegen die Regelungssperre nachträglich geheilt werden. Von daher kommt die Umdeutung einer tarifvorbehaltswidrigen dreigliedrigen Standortsicherungsvereinbarung nur in Betracht, wenn die beteiligte Gewerkschaft zum Abschluss einer Öffnungsklausel nicht befugt ist. Dies ist der Fall, wenn der Tarifvertrag, von dem abgewichen wird, von einer anderen Gewerkschaft abgeschlossen wurde.[508]

(2) Kongruenz des Ersatzgeschäfts

Zudem ist erforderlich, dass das nichtige Rechtsgeschäft den Erfordernissen eines gültigen Rechtsgeschäfts entspricht. Eine Regelungsabrede ist eine Einigung der Betriebspartner, die durch Angebot und Annahme zustande kommt und gemeinhin als Vertrag angesehen wird.[509] Unter formalen Gesichtspunkten erfüllt der Abschluss einer schriftlichen Betriebsvereinbarung auch die Voraussetzungen einer Regelungsabrede.[510] Im Gegensatz zur Betriebsvereinbarung hat eine Regelungsabrede, die auch Betriebsabsprache oder betriebliche Einigung genannt wird,[511] keine normative Wirkung. Sie wirkt für die Arbeitnehmer nicht unmittelbar und zwingend, sondern bindet die Vertragspartner nur schuldrechtlich. Da sie in ihrer Bindungsintensität aufgrund ihrer nur schuldrechtlichen Wirkung sogar hinter der Wirkung einer Betriebsvereinbarung zurück bleibt, ist das Kongruenzerfordernis auch diesbezüglich gewahrt.

(3) Hypothetischer Parteiwille

Darüber hinaus erfordert eine Umdeutung, dass das Ersatzgeschäft vom Parteiwillen gedeckt ist. Da die Parteien sich in der Regel keine Gedanken über eine mögliche Unwirksamkeit der abgeschlossenen Vereinbarungen gemacht haben, ist der hypothetische Parteiwille maßgeblich. Es ist dann zu ermitteln, ob die Parteien, wenn sie die Nichtigkeit des Rechtsgeschäfts gekannt hätten, die Geltung des Ersatzgeschäfts gewollt hätten.[512] Es ist jedoch nicht davon auszugehen, dass die Parteien im Falle der Kenntnis der Unwirksamkeit der Betriebsvereinbarung eine Regelungsabrede abgeschlossen hätten, da der Abschluss einer nur den Vertragspartner schuldrechtlich bindenden Vereinbarung den Parteiinteressen nicht gerecht

---

[508] *Fitting*, BetrVG, § 77 Rn. 118.
[509] *Kania*, in: ErfK, § 77 BetrVG Rn. 134; *Kreutz*, in: GK-BetrVG, § 77 Rn. 10; *Richardi*, in: Richardi, § 77 Rn. 227; a.A. *Adomeit*, Die Regelungsabrede, S. 96 ff., der von einem Beschluss ausgeht.
[510] Der Abschluss einer Regelungsabrede ist nach ganz überwiegender Auffassung sogar formlos möglich, vgl. *Fitting*, BetrVG, § 77 Rn. 219 m.w.N.
[511] Vgl. *Kreutz*, in: GK-BetrVG, § 77 Rn. 8.
[512] Vgl. *Bork*, AT-Bürgerliches Recht, Rn. 1231.

wird. Zumindest der Arbeitgeber hat ein Interesse daran, dass Regelungen zu Arbeitszeit und Arbeitsentgelt unmittelbar auf die Arbeitsverhältnisse einwirken. Dies ist bei einer Regelungsabrede nicht der Fall. Um ihrem Inhalt normative Wirkung zu verleihen, muss sie vielmehr mit individualrechtlichen Mitteln in das jeweilige Arbeitsverhältnis transformiert werden.[513] Hierzu stehen dem Arbeitgeber verschiedene Möglichkeiten zur Verfügung. Er kann dies im Rahmen seines Weisungsrechts durchführen oder, wenn sein Direktionsrecht zur Durchsetzung der Maßnahme nicht ausreicht,[514] mit dem Arbeitnehmer individuell entsprechende Vereinbarungen treffen.[515] Dies geschieht häufig durch eine vertragliche Einheitsregelung. Sofern eine konsensuale Änderung der Arbeitsbedingungen nicht möglich ist, steht dem Arbeitgeber noch das Mittel der Änderungskündigung zur Verfügung.[516] Eine Transformation kann jedoch nicht im Wege der Umdeutung fingiert werden, sondern würde weiterer Schritte seitens des Arbeitgebers und der Arbeitnehmer bedürfen.

cc) Fazit

Mit der Umdeutung einer tarifvorbehaltswidrigen Betriebsvereinbarung in eine Regelungsabrede ist den Parteien aufgrund der fehlenden normativer Wirkung nicht geholfen. Sie kommt mangels eines entsprechenden hypothetischen Parteiwillens nicht in Betracht.[517]

c) Umdeutung in eine vertragliche Einheitsregelung

Im Einzelfall kann eine tarifvorbehaltswidrige Betriebsvereinbarung – ohne den Umweg über eine Regelungsabrede – direkt in entsprechende einzelvertragliche Regelungen umgedeutet werden. In diesem Fall würde der Inhalt der Betriebsvereinbarung im Wege der Umdeutung in die Arbeitsverhältnisse transformiert werden und somit normativ wirken. Die Regelungssperre steht einer Umdeutung in individualrechtliche Regelungen nicht entgegen, da § 77 Abs. 3 Satz 1 BetrVG lediglich eine Rechtsbindung des Arbeitgebers zum Betriebsrat verhindern, jedoch keine

---

[513] Vgl. *Eder*, Die Regelungsabrede, S. 156; *Fitting*, BetrVG, § 77 Rn. 217; *Matthes*, in: MünchArbR, § 328 Rn. 98.
[514] Die einseitige Änderung materielle Arbeitsbedingungen durch Ausübung des Direktionsrechts ist nur sehr eingeschränkt möglich. Das Direktionsrecht des Arbeitgebers kann zwar die Leistungspflicht des Arbeitnehmers nach Zeit, Ort und Art konkretisieren, aber gerade nicht in das arbeitsvertragliche Austauschverhältnis, also das Verhältnis von Leistung und Gegenleistung, eingreifen, vgl. *Preis*, in: ErfK, § 106 GewO Rn. 2.
[515] *Belling/Hartmann*, NZA 1998, 673, 679.
[516] *Fischer*, Die tarifwidrigen Betriebsvereinbarungen, S. 217; *Matthes*, in: MünchArbR, § 328 Rn. 98.
[517] So auch *Kolbe*, AP Nr. 96 zu § 77 BetrVG 1972 (Anmerkung).

Schranke der Vertragsfreiheit in Bezug auf die betroffenen Arbeitnehmer aufstellen will.[518] Die Umdeutung einer tarifvorbehaltswidrigen Betriebsvereinbarung in eine vertragliche Einheitsregelung ist nach Ansicht des BAG jedoch nur in sehr engen Grenzen möglich. Es müssen besondere Umstände die Annahme rechtfertigen, dass der Arbeitgeber sich auf jeden Fall verpflichten wollte, den Arbeitnehmern die in der unwirksamen Betriebsvereinbarung vorgesehenen Leistungen auf arbeitsvertraglichem Wege zukommen zu lassen.[519]

aa) Kongruenz des Ersatzgeschäfts

Problematisch an einer Umdeutung in eine vertragliche Einheitsregelung ist zunächst, dass diese einen Parteiwechsel bewirkt. Es handelt sich dann nicht mehr um eine Vereinbarung zwischen Arbeitgeber und Betriebsrat, sondern um individualrechtliche Vereinbarungen zwischen Arbeitgeber und Arbeitnehmern. Diesen Parteiwechsel hält das BAG im Rahmen einer entsprechender Anwendung des § 140 BGB jedoch für unbedenklich. Dies begründet es mit dem Rechtsgedanken, der hinter § 140 BGB stehe.[520]

Das Ersatzgeschäft müsste zudem wirksam sein. Das gebündelte Vertragsangebot des Arbeitgebers zur Änderung der Arbeitsbedingungen müsste den Arbeitnehmern zugegangen sein (§ 130 BGB). Hierfür wird die Einigung mit dem Betriebsrat noch nicht genügen. Mit der Auslegung der Standortsicherungsvereinbarung (§ 77 Abs. 2 Satz 3 BetrVG) dürfte diese Voraussetzung jedoch erfüllt sein.[521] Dieses Angebot nehmen die Arbeitnehmer in der Regel dadurch an, dass sie zu den geänderten Bedingungen weiterarbeiten. Die Erklärung der Annahme bedarf gestützt auf § 151 BGB keiner besonderen Erklärung.[522] Diese vertragliche Konstruktion ist freilich nur gangbar, wenn die Arbeitnehmer in ihren Arbeitsverträgen keine Schriftformklausel vereinbart haben. Darüber hinaus ist erforderlich, dass der Arbeitgeber die Betriebsvereinbarung tatsächlich nach § 77 Abs. 2 Satz 3 BetrVG ausgelegt hat.[523]

---

[518] BAG v. 24.1.1996, NZA 1996, 948, 950; *Belling/Hartmann*, NZA 1998, 673, 677; *Richardi*, in: Richardi, BetrVG, § 77 Rn. 296.
[519] BAG v. 24.1.1996, NZA 1996, 948, 950; bestätigt durch BAG v. 5.3.1997, NZA 1997, 951, 954 f.; ebenso *Berg*, in: D/K/K/W, BetrVG, § 77 Rn. 65; *Fitting*, BetrVG, § 77 Rn. 105; *Kort*, NZA 2005, 620 f.; *Richardi*, in: Richardi, BetrVG, § 77 Rn. 297; kritisch *Veit/Waas*, BB 1991, 1329 ff.
[520] BAG v. 24.1.1996, NZA 1996, 948, 949 f.; vgl. hierzu bereits unter E.II.4.a).
[521] *Belling/Hartmann*, NZA 1998, 673, 675.
[522] BAG v. 24.1.1996, NZA 1996, 948, 950; *Belling/Hartmann*, NZA 1998, 673, 674; *Gamillscheg*, Kollektives Arbeitsrecht, Band II, S. 798.
[523] Die Auslagepflicht ist kein Wirksamkeitserfordernis, allerdings kann eine Verletzung dazu führen, dass der Arbeitgeber zum Schadenersatz verpflichtet ist, vgl. *Kreutz*, in: GK-BetrVG, § 77 Rn. 50 ff.

Darüber hinaus setzt die Umdeutung jedoch voraus, dass das umgedeutete Rechtsgeschäft in seinen Rechtswirkungen nicht über das ursprünglich gewollte Rechtsgeschäft hinausgeht. Dies ist bei einer vertraglichen Einheitsregelung im Vergleich zu einer Betriebsvereinbarung jedoch der Fall. Die vertragliche Einheitsregelung weist eine deutlich höherer Bindungsintensität auf, da sie im Gegensatz zu einer Betriebsvereinbarung nicht ordentlich kündbar ist und auch nicht durch eine verschlechternde Vereinbarung abgelöst werden kann. Hiergegen wendet das BAG jedoch ein, dass kein abstrakter Vergleich angestellt werden dürfe, sondern dass die Einheitsregelung mit dem konkret gewollten Erstgeschäft zu vergleichen sei. Wenn die ursprünglich gewollte Betriebsvereinbarung beispielsweise nicht ordentlich kündbar oder einer Abänderbarkeit nicht zugänglich gewesen sei, ginge die Einheitsregelung in ihrer Bindungsintensität nicht über die Betriebsvereinbarung hinaus.[524] Nur in diesen besonderen Einzelfällen kann den vom BAG aufgestellten Kongruenzanforderungen also genügt werden. In allen anderen Fällen muss eine Umdeutung mangels Kongruenz ausscheiden.

bb) Hypothetischer Parteiwille

Die Umdeutung wird im Regelfall jedoch auch am fehlenden hypothetischen Willen des Arbeitgebers scheitern. Angesichts des Parteiwechsels und der grundsätzlich unterschiedlichen Wirkung von Betriebsvereinbarung und einzelvertraglicher Regelung geht das BAG von einem so weitgehenden Willen des Arbeitgebers nur in Ausnahmefällen aus.[525] Selbst wenn die ursprünglich gewollte Betriebsvereinbarung und die vertragliche Einheitsregelung in ihrer Bindungsintensität aneinander angeglichen sind – was ohnehin bereits ausgesprochen selten vorkommen dürfte –,[526] bedeutet die Umdeutung für den Arbeitgeber, dass er sich nicht mehr nur einem, sondern vielen Vertragspartner gegenübersieht. Sämtliche Einwendungen oder Änderungen muss er dann nicht mehr alleine mit dem Betriebsrat, sondern mit jedem einzelnen Arbeitnehmer klären. Einen so weitgehenden Willen wird der Arbeitgeber kaum haben.[527]

---

[524] BAG v. 24.1.1996, NZA 1996, 948, 950; ebenso *Belling/Hartmann*, NZA 1998, 673, 675.
[525] BAG v. 24.1.1996, NZA 1996, 948, 949 f.
[526] So wohl auch *Belling/Hartmann*, NZA 1998, 673, 675.
[527] *Kreutz*, in: GK-BetrVG, § 77 Rn. 59 und 125 f. m.w.N.; so auch *Gamillscheg*, Kollektives Arbeitsrecht, Band II, S. 786, der es für „wenig lebensnah" hält, dass der Arbeitgeber einen so weitgehenden Verpflichtungswillen hat; ähnlich *Richardi*, in: Richardi, BetrVG, § 77 Rn. 296.

cc) Verstoß gegen den Günstigkeitsgrundsatz

Letztlich wird einer Umdeutung in eine vertragliche Einheitsregelung in vielen Fällen, nämlich dann, wenn eine tarifliche Regelung zu Arbeitszeit und Arbeitsentgelt besteht, das in § 4 Abs. 3 Variante 2 TVG niedergelegte Günstigkeitsprinzip entgegenstehen. Eine individualrechtliche Vertragsänderung in Form einer Einheitsregelung erfüllt die Voraussetzungen einer „abweichenden Abmachung" im Sinne der Vorschrift.[528] Die in der Standortsicherungsvereinbarung getroffenen Regelungen erfolgen jedoch nicht „zugunsten" der Arbeitnehmer, sondern zu ihren Lasten, da sie eine Verschlechterung der tariflichen Arbeitsbedingungen bewirken. Die Zusage einer Standort- oder Beschäftigungsgarantie vermag hieran nichts zu ändern, da dieser Umstand nach Ansicht des BAG im Rahmen des Günstigkeitsvergleichs keine Berücksichtigung findet. Arbeitsplatzsicherheit sowie Arbeitsentgelt und Arbeitszeit betreffen nach dem maßgeblichen Sachgruppenvergleich nicht denselben Regelungsgegenstand und sind daher nicht miteinander vergleichbar.[529] Der erforderliche sachliche Zusammenhang zwischen den Regelungen liegt nicht vor. Eine Einbeziehung in den Günstigkeitsvergleich würde nach Auffassung des BAG einem Vergleich von „Äpfeln mit Birnen" gleichkommen.[530] Die Tarifautonomie droht dann aus den Angeln gehoben zu werden, da im Ergebnis die Wirkung des zwingenden Tarifrechts praktisch zur Disposition einzelner Arbeitgeber stünde.[531]

dd) Fazit

Die Umdeutung einer tarifvorbehaltswidrigen Betriebsvereinbarung in eine vertragliche Einheitsregelung hat nur einen theoretischen Anwendungsbereich. In der Praxis wird dieser Fall nicht vorkommen.

d) Umdeutung in einen Firmentarifvertrag

Da der Abschluss einer dreigliedrigen Standortsicherungsvereinbarung mit Beteiligung der Gewerkschaft erfolgt, lässt sich daran denken, die tarifvorbehaltswidrige Standortsicherungsvereinbarung in einen Firmentarifvertrag umzudeuten.

---

[528] Vgl. *Deinert*, in: Däubler, TVG, § 4 Rn. 608 ff.; *Löwisch/Rieble*, TVG, § 4 Rn. 248; *Zachert*, in: Kempen/Zachert, TVG, § 4 Rn. 278.
[529] BAG v. 20.4.1999, NZA 1999, 887, 892 f.; *Gamillscheg*, Kollektives Arbeitsrecht, Band II, S. 800; *Zachert*, in: Kempen/Zachert, TVG, § 4 Rn. 322; so im Ergebnis auch *Wank*, in: Wiedemann, TVG, § 4 Rn. 436 ff; a.A. *Schliemann*, NZA 2003, 122, 124 ff.
[530] BAG v. 20.4.1999, NZA 1999, 887, 893; Anders gestaltet sich die Rechtslage beispielsweise in Frankreich. Dort wird der Erhalt von Arbeitsplätzen in den Günstigkeitsvergleich mit einbezogen, vgl. *Gamillscheg*, Kollektives Arbeitsrecht, Band II, S. 800 m.w.N.
[531] Vgl. *Gamillscheg*, Kollektives Arbeitsrecht, Band II, S. 800.

aa) Kongruenz des Ersatzgeschäfts

Gegen die Kongruenz der Rechtsgeschäfte ließe sich wiederum einwenden, dass die Umdeutung einer unwirksamen Betriebsvereinbarung in einen Firmentarifvertrag mit einem Wechsel der Vertragsparteien einhergeht. Vertragspartner des Arbeitgebers wäre im Fall der Umdeutung nicht mehr der Betriebsrat, sondern die Gewerkschaft. Folgt man der Auffassung des BAG, dass sogar ein Wechsel vom Betriebsrat zu den einzelnen Arbeitnehmern möglich ist, muss dies erst recht für die Substitution des Betriebsrats durch eine Gewerkschaft gelten.[532] In diesem Fall bleibt der Vertragspartner zumindest eine einzelne arbeitsrechtliche Kollektivpartei. Zudem bleibt es bei einer kollektivrechtlichen Regelung, die, wie die Betriebsvereinbarung, unmittelbare und zwingende Wirkung entfaltet. Darüber hinaus erfüllt der Abschluss einer Betriebsvereinbarung auch die formalen Wirksamkeitsvoraussetzungen eines Tarifvertrags. Der Umstand, dass ein Tarifvertrag grundsätzlich nur für die tarifgebundenen Arbeitnehmer wirkt, erzeugt keine größere, sondern eine geringere Bindungsintensität. Selbst wenn die nichttarifgebundenen Arbeitnehmer Bezugnahmeklauseln in ihren Tarifverträgen haben oder die tariflichen Normen wegen ihrer Betriebsbezogenheit auch für die übrigen Arbeitnehmer gelten, liegt allenfalls eine identische Regelungswirkung des Ersatzgeschäfts vor. Allerdings unterscheiden sich Tarifvertrag und Betriebsvereinbarung in ihrer Nachwirkung. Während Tarifnormen gemäß § 4 Abs. 5 TVG nachwirken, bis sie durch eine andere Abmachung ersetzt werden, gilt dies für Betriebsvereinbarungen nur, wenn diese mitbestimmungspflichtige Angelegenheiten betreffen (§ 77 Abs. 6 BetrVG) oder wenn die Betriebsparteien ausnahmsweise eine Nachwirkung vereinbart haben. Dies ist bei Standortsicherungsvereinbarungen zumeist jedoch nicht der Fall. Insofern werden Tarifverträge häufig eine stärkere Bindungsintensität aufweisen als Betriebsvereinbarungen. Die Tarifparteien haben jedoch die Möglichkeit, die Nachwirkung für den Firmentarifvertrag nachträglich von der gesetzlichen Regelung abweichend auszuschließen[533] und somit die Bindungsintensität des Firmentarifvertrags an diejenige der unwirksamen Betriebsvereinbarung anpassen.[534]

bb) Hypothetischer Parteiwille

Ob die Umdeutung einer unwirksamen Betriebsvereinbarung in einen Firmentarifvertrag dem Willen der Parteien entspricht, ist im Einzelfall durch Auslegung zu

---

[532] Vgl. hierzu bereits E.II.4.c)aa).
[533] Dies ist möglich, vgl. BAG v. 3.9.1986, NZA 1987, 178, 179; BAG v. 16.8.1990, NZA 1991, 353; ebenso *Franzen*, in: ErfK, § 4 TVG Rn. 58; *Löwisch/Rieble*, TVG, § 4 Rn. 410; *Wank*, in: Wiedemann, TVG, § 4 Rn. 362.
[534] So auch *Ruch*, Dreiseitige Vereinbarungen, S. 124.

ermitteln. In der Regel dürfte hiervon jedoch auszugehen sein. Durch die Beteiligung des Betriebsrats und der Gewerkschaft an der Standortsicherungsvereinbarung bringen die Parteien zum Ausdruck, dass die Vereinbarung unabhängig vom Rechtscharakter der Regelungen Wirkung entfalten soll.[535] Zudem kann durch den Abschluss eines Firmentarifvertrags derselbe wirtschaftlich bezweckte Erfolg erzielt werden, wie dies mit einer Betriebsvereinbarung möglich gewesen wäre. Sowohl für den Arbeitgeber als auch für Gewerkschaft und Betriebsrat ergeben sich durch den Wechsel der Rechtsform der Standortsicherungsvereinbarung keine erkennbaren Nachteile. Insofern ist davon auszugehen, dass die Parteien den Willen zur Umdeutung der Vereinbarung haben.

cc) Fazit

Die Umdeutung einer tarifvorbehaltswidrigen Betriebsvereinbarung in einen Firmentarifvertrag ist möglich, wenn die Parteien die Nachwirkung des Tarifvertrags ausgeschlossen haben oder dies nachträglich tun.

5. Zwischenergebnis

Dreigliedrige Standortsicherungsvereinbarungen können grundsätzlich in Gesamtheit als Betriebsvereinbarungen abgeschlossen werden. Häufig wird die Regelungssperre des § 77 Abs. 3 Satz 1 BetrVG einer betrieblichen Regelung jedoch entgegenstehen. Die Tarifvertragsparteien können durch die nachträgliche Vereinbarung einer Öffnungsklausel den Weg für eine Betriebsvereinbarung jedoch ebnen. Ebenso kann eine tarifvorbehaltswidrige Betriebsvereinbarung in einen Firmentarifvertrag umgedeutet werden.

III. Wirksamkeit als Regelungsabrede

Denkbar ist auch, dass die Parteien statt einer Betriebsvereinbarung von Beginn an eine Regelungsabrede abschließen, um so die Sperrwirkungsproblematik zu umgehen.

Wenn die Parteien materielle Arbeitsbedingungen ändern wollen, stellen sich jedoch dieselben Probleme wie bei einer Umdeutung. Zwar stellt die Regelungsabrede selbst mangels normativer Wirkung keine „abweichende Abmachung" im Sinne des § 4 Abs. 3 TVG dar. Allerdings müssen die Arbeitsbedingungen in die einzelnen Arbeitsverhältnisse transformiert werden, so dass bei Bestehen einer tariflichen Regelung spätestens dann eine Kollision mit dem Günstigkeitsprinzip vorliegt.

---

[535] Ähnlich *Grau/Döring*, NZA 2008, 1335.

Ebenso stellt sich wiederum die Frage, ob die Parteien überhaupt ein Interesse an der Transformation der Regelungen in die Individualarbeitsverhältnisse haben. Dies wird zumindest bezüglich des Arbeitgebers in der Regel zu verneinen sein, da er sich so sehr viel schwerer von der Beschäftigungsgarantie lösen kann.

Denkbar ist auch, dass der Arbeitgeber mit dem Betriebsrat in einer Regelungsabrede lediglich die Fortführung eines Standortes oder die Zusage von Beschäftigungssicherungsmaßnahmen vereinbart, die dann nicht transformiert werden, sondern lediglich schuldrechtliche Wirkung haben. Hierfür ist jedoch nicht der Abschluss einer Regelungsabrede notwendig, da die Parteien dies auch in einer lediglich schuldrechtlich wirkenden Betriebsvereinbarung regeln können. Derartige Regelungen sind normalerweise nicht Inhalt eines bestehenden Tarifvertrags und auch nicht tarifüblich, so dass schon kein Verstoß gegen die Sperrwirkung droht.

Der Abschluss einer Regelungsabrede stellt kein taugliches Gestaltungsmittel für eine dreigliedrige Standortsicherungsvereinbarung dar.

IV. Wirksamkeit als Vereinbarung *sui generis*

Die bisherigen Ausführungen haben gezeigt, dass es nicht immer einfach ist, dreigliedrige Standortsicherungsvereinbarungen einer der bekannten kollektivrechtlichen Vertragsformen zuzuordnen. Häufig bewegen sich die Parteien auf unsicherem Terrain. Daher überrascht es nicht, dass vereinzelt die Frage aufgeworfen wird, ob es sich bei einer dreigliedrigen Standortsicherungsvereinbarung um keine der gängigen Kollektivvereinbarungen, sondern um eine Vereinbarung *sui generis* handelt.[536]

1. Arbeitsrechtliche Vereinbarungen *sui generis*

Eingangs wurde bereits erörtert, dass es kollektivrechtliche Vereinbarungen gibt, die gesetzlich nicht geregelt sind. Diese Regelungsinstrumente bieten insbesondere nichttariffähigen Parteien die Möglichkeit, Absprachen über Arbeits- und Wirtschaftsbedingungen zu treffen.[537] Solche Vereinbarungen können in unterschiedli-

---

[536] Vgl. BAG v. 15.4.2008, NZA 2008, 1074, 1077 („Hat ein Normenvertrag unterschiedliche Rechtsquellen zum Inhalt, muss die Frage, ob eine bestimmte Regelung Tarifvertrag oder Betriebsvereinbarung oder gar etwas Drittes ist, im Interesse der Normadressaten einer raschen und zuverlässigen Beantwortung zugänglich sein"); *Thüsing*, NZA 2008, 201 spricht wegen der schwierigen Zuordnung der Normen von „Mischwesen" beziehungsweise „Chimären des kollektiven Arbeitsrechts: Nicht ganz Tarifvertrag und nicht ganz Betriebsvereinbarung" und schlussfolgert daraus, „dass solche Vereinbarungen „das eine oder das andere oder aber beides oder keines von beidem" sein kann.; vgl. zur Qualifizierung einer dreigliedrigen Vereinbarung als Vereinbarung sui generis auch *Ruch*, Dreiseitige Vereinbarungen, S. 22 ff.

[537] *Löwisch/Rieble*, TVG, Grundl. Rn. 67; *Gamillscheg*, Kollektives Arbeitsrecht, Band I, S. 509.

chen Formen vorkommen. Die Vertragsfreiheit lässt den Parteien grundsätzlich einen weiten Gestaltungsspielraum. Mögliche Beispiele sind die so genannten außertariflichen Sozialpartnervereinbarungen in der chemischen Industrie, Koalitionsverträge, aber auch betriebliche Regelungsabreden. Gemein ist diesen Vereinbarungen, dass sie im Gesetz keine ausdrückliche Grundlage finden und grundsätzlich nur schuldrechtliche Wirkung entfalten oder sogar nur Empfehlungscharakter haben.[538] Den Arbeitnehmern kann jedoch ausnahmsweise ein Leistungsrecht aus einer schuldrechtlichen Vereinbarung zukommen, wenn die Parteien einen schuldrechtlichen Normenvertrag zugunsten Dritter gemäß § 328 BGB schließen.[539] Die Zulässigkeit sonstiger Kollektivvereinbarungen wird von Rechtsprechung und Literatur grundsätzlich anerkannt.[540]

a) Notwendigkeit einer Vereinbarung sui generis

Die Frage, ob es zur rechtlichen Qualifizierung dreigliedriger Standortsicherungsvereinbarungen des Regelungsinstituts einer Kollektivvereinbarung *sui generis* überhaupt bedarf, hängt davon ab, ob diese sich mit den vorhandenen, gesetzlich normierten Vertragstypen erfassen lassen. Sofern dies der Fall ist, bedarf es keiner Vereinbarung *sui generis*. Hier kann nichts anderes gelten als bei der gesetzesimmanenten Rechtsfortbildung, die voraussetzt, dass das Gesetz eine Lücke aufweist.[541]

Zachert geht davon aus, dass dreigliedrige Vereinbarungen nicht als Tarifvertrag abgeschlossen werden können, wenn ein Betriebsrat entscheidend an der Willensbildung mitgewirkt habe. Lediglich bei einer deklaratorischen Unterschrift des Betriebsrats, quasi in Form einer unterstützenden Geste, stehe dies einer Qualifizierung der Vereinbarung als Tarifvertrag nicht entgegen.[542] Ähnlich würde er voraussichtlich auch in Bezug auf eine dreigliedrige Betriebsvereinbarung argumentieren. Folgt man dieser Ansicht, so könnte ein Bedürfnis für eine Vereinbarung *sui generis* bestehen. Dies Ansicht *Zacherts* vermag jedoch nicht zu überzeugen. Bereits im Rahmen des wirksamen Abschlusses von Tarifvertrag und Betriebsvereinbarung wurde erörtert, dass die Beteiligung einer unzuständigen Partei an einem Tarifver-

---

[538] So z.B bei außertariflichen Sozialpartnervereinbarungen, vgl. *Karsten*, Schuldrechtliche Tarifverträge und außertarifliche Sozialpartnervereinbarungen, S. 206; *Zachert*, in: FS Hanau, S. 141.
[539] *Löwisch/Rieble*, MünchArbR, Band 3, § 280 Rn. 23; *Zachert*, NZA 2006, 10, 11 f., 13.
[540] Vgl. *Ruch*, Dreiseitige Vereinbarungen, S. 23 m.w.N.
[541] Vgl. *Larenz/Canaris*, Methodenlehre, S. 191 ff. sowie *Larenz/Wolf*, AT-Bürgerliches Recht, § 4 Rn. 78.
[542] *Zachert*, in: Kempen/Zachert, TVG, § 1 Rn. 752; *ders.*, NZA 2006, 10, 13.

trag oder einer Betriebsvereinbarung nicht zu deren Unwirksamkeit führt.[543] Solange die für den Abschluss der jeweiligen Vereinbarung zuständigen Parteien an dieser mitgewirkt und sie unterzeichnet haben, genügt dies formal für den Abschluss der Vereinbarung. Freilich muss sich der Rechtscharakter der Vereinbarung eindeutig feststellen lassen.

Die bisherigen Ausführungen haben zudem gezeigt, dass sich dreigliedrige Standortsicherungsvereinbarungen mit den Regelungsinstrumenten Tarifvertrag und Betriebsvereinbarung hinreichend erfassen lassen. Die Qualifizierung derartiger Vereinbarungen in Gesamtheit als Firmentarifvertrag oder Betriebsvereinbarung ist ebenso möglich, wie die äußerliche Kombination beider Vertragstypen in einer Urkunde.[544] Insofern bedarf es keiner Kollektivvereinbarung *sui generis*. Die rechtliche Qualifizierung eines Vertrages kann auch nicht in das Belieben der Parteien gestellt werden, sondern beurteilt sich nach objektiven Kriterien. Wenn eine Vereinbarung die Voraussetzungen von Tarifvertrag oder Betriebsvereinbarung erfüllt, ist dies maßgeblich. Darüber hinaus würden erhebliche Bedenken bestehen, ob eine Vereinbarung *sui generis* mit dem Gebot der Rechtsquellenklarheit in Einklang zu bringen wäre. Bei gesetzlich nicht normierten Vereinbarungen, die jedoch Wirkung für Dritte entfalten sollen, gibt es für die Betroffenen keine Anhaltspunkte, wie genau diese Wirkung ausgestaltet sein soll oder was ihre gesetzlichen Rechte und Pflichten unter dieser Vereinbarung sind. Dieser Unsicherheit will das BAG mit seiner Forderung nach einer klaren Erkennbarkeit der Rechtsquelle begegnen.

b) Fehlendes Parteiinteresse

Letztlich dürfte die Qualifizierung einer dreigliedrigen Standortsicherungsvereinbarung als Vereinbarung *sui generis* auch nicht den Parteiinteressen entsprechen.[545] Die Parteien wollen nämlich eine normativ wirkende Kollektivvereinbarung abschließen. Dies ist jedoch ausschließlich in Form eines Tarifvertrags oder einer Betriebsvereinbarung möglich. Selbst ein schuldrechtlichen Normenvertrag zugunsten Dritter gemäß § 328 BGB räumt nur den Arbeitnehmern einen durchsetzbaren Rechtsanspruch ein. Die gewünschten Änderungen der Arbeitsbedingungen hätten jedoch keine unmittelbare und zwingende Wirkung.

---

[543] Vgl. hierzu unter E.I.3.a).
[544] Hierzu unter E.V.
[545] Wohl auch *Ruch*, Dreiseitige Vereinbarungen, S. 25.

2. Fazit

Dreigliedrige Standortsicherungsvereinbarungen können als Tarifvertrag oder als Betriebsvereinbarung abgeschlossen werden, so dass es keiner Qualifizierung als Kollektivvereinbarung *sui generis* bedarf. Diese würde wegen ihrer Rechtswirkungen auch nicht den Parteiinteressen entsprechen.

V. Zulässigkeit der äußerlichen Kombination von Firmentarifvertrag und Betriebsvereinbarung

Die Zuordnung einer dreigliedrigen Standortsicherungsvereinbarung in Gesamtheit kann Schwierigkeiten bereiten, wenn sie sowohl Merkmale eines Tarifvertrags als auch einer Betriebsvereinbarung aufweist. In einem solchen Fall ist die Rechtsnatur der Vereinbarung durch Auslegung zu ermitteln.[546] Sollte sich die Vereinbarung in Gesamtheit nicht einem einzigen Vertragstyp zuordnen lassen, könnte es sich um eine typengemischte Kollektivvereinbarung handeln. Es läge dann sowohl ein Firmentarifvertrag als auch eine Betriebsvereinbarung vor, die lediglich in einem gemeinsamen Dokument zusammengefasst sind. Ob die äußerliche Kombination zweier unterschiedlicher Vertragstypen in einer Urkunde zulässig ist, soll nachfolgend untersucht werden.

1. Grundsätzliche Zulässigkeit bei Einhaltung des Gebots der Rechtsquellenklarheit

Mit dem Gebot der Rechtsquellenklarheit hat das BAG die Leitlinien für die Zulässigkeit dreigliedriger Standortsicherungsvereinbarungen präzisiert. In der maßgeblichen Entscheidung vom 15.4.2008 hat es seine bisherige Rechtsprechung bekräftigt, dass die gemeinsame Unterzeichnung einer dreigliedrigen Vereinbarung unschädlich ist, wenn sich die *gesamte* Vereinbarung im Ergebnis einheitlich als Tarifvertrag oder Betriebsvereinbarung einordnen lässt.[547] Dies sagt jedoch noch nichts über die Zulässigkeit der äußerlichen Verbindung zweier unterschiedlicher Kollektivvereinbarungen in einem einheitlichen Dokument aus. Diese Frage musste das BAG in seiner Entscheidung nicht klären, da die Vereinbarung bereits an der fehlenden Rechtsquellenklarheit scheiterte. Dennoch lässt sich den Ausführungen des BAG ein Hinweis entnehmen, der auf die Zulässigkeit einer äußerlichen Kombination von Tarifvertrag und Betriebsvereinbarung schließen lässt. Das BAG hält „bei mehrseitigen, von Arbeitgeber, Gewerkschaft und Betriebsrat unterzeichneten

---
[546] Vgl. zur Auslegung F.I.
[547] BAG v. 15.4.2008, NZA 2008, 1074, 1077; ähnlich bereits BAG v. 27.1.2000, NZA 2000, 727, 729.

Vereinbarungen, die sich nicht zweifelsfrei insgesamt entweder als Tarifvertrag oder als Betriebsvereinbarung qualifizieren lassen, sondern die sowohl (eher) tarifvertragliche Regelungen als auch solche Regelungen enthalten, die (eher) den Betriebsparteien zuzuordnen sind, aus Gründen der Rechtssicherheit und der Rechtsklarheit sowie wegen des betriebsverfassungs- und tarifrechtlichen Schriftformgebots *allenfalls* diejenigen Regelungskomplexe [für] *wirksam*, die sich selbständig von den übrigen abgrenzen lassen und deren Urheber ohne Weiteres erkennbar sind".[548] Daraus lässt sich ableiten, dass das BAG eine Verbindung zweier unterschiedlicher Kollektivvereinbarungen in einem einheitlichen Dokument aufgeschlossen gegenüberzustehen scheint, sofern die Vereinbarung dem Gebot der Rechtsquellenklarheit genügt.

In der rechtswissenschaftlichen Literatur wird die äußerliche Kombination zweier unterschiedlicher Vereinbarungen in einem Dokument ebenfalls für zulässig gehalten.[549]

2. Parallelen bei mehrgliedrigen Tarifverträgen

Die Kombination verschiedener Verträge in einem gemeinsamen Dokument ist von mehrgliedrigen Tarifverträgen bekannt.[550] Dort wird die äußerliche Verbindung mehrerer eigenständiger Tarifverträge für zulässig erachtet.[551] Ob es sich bei dem infrage stehenden Tarifvertrag um ein einheitliches Tarifwerk (Einheitstarifvertrag) oder aber um selbstständige Tarifverträge handelt, ist dann eine Frage der Auslegung. Diese richtet sich nach dem gemäß §§ 133, 157 BGB zu ermittelnden Willen der Tarifvertragsparteien.[552] Sofern es sich um selbständige Tarifverträge handelt, werden die einzelnen Parteien unabhängig voneinander berechtigt und verpflichtet. Infolgedessen kann die Entwicklung der Tarifverträge auch unterschiedlich sein, da es jeder Partei selbständig obliegt, die Vereinbarung zu ändern oder zu beenden. Auch übernimmt keine Partei Erfüllungspflichten für die anderen Parteien der glei-

---

[548] So BAG v. 15.4.2008, NZA 2008, 1074, 1077 unter II.2.a)ee)(3) der Gründe; ähnlich bereits BAG v. 23.1.2008, AP Nr. 63 zu § 1 TVG Bezugnahme unter I.1.b)bb)(2)(b) der Gründe.
[549] *Bayreuther*, NZA 2010, 378, 380 f.; *Grau/Döring*, NZA 2008, 1335, 1336; *Gravenhorst*, FA 2008, 330 f.; *Oetker*, EWIR § 77 BetrVG 1/2009 (Kurzkommentar), 5, 6; *Ruch*, Dreiseitige Vereinbarungen, S. 152; *Thüsing*, in: Wiedemann, TVG, § 1 Rn. 305; *Salamon*, ArbRAktuell 2009, 199; kritisch hingegen *Kolbe*, AP Nr. 96 zu § 77 BetrVG 1972 (Anmerkung).
[550] Siehe hierzu bereits unter C.II.
[551] Vgl. BAG v. 8.11.2006, NZA 2007, 576 ff.; *Löwisch/Rieble*, TVG, § 1 Rn. 473; *Oetker*, in: J/K/O, Tarifvertragsrecht, § 8 Rn. 20; *Thüsing*, in: Wiedemann, TVG, § 1 Rn. 210 ff.
[552] BAG v. 29.6.2004, AP Nr. 36 zu § 1 TVG unter III.4.a) der Gründe; BAG v. 8.11.2006, NZA 2007, 576, 577 f.; *Reim*, in: Däubler, TVG, § 1 Rn. 75; *Thüsing*, in: Wiedemann, TVG, § 1 Rn. 213; *Zachert*, in: Kempen/Zachert, TVG, § 1 Rn. 39.

chen Seite.⁵⁵³ Bei Vorliegen eines Einheitstarifvertrags werden die Tarifparteien einer Seite gemeinsam berechtigt und verpflichtet, was dazu führt, dass sie ihre Rechte gegenüber der Gegenpartei (zum Beispiel Änderung oder Kündigung des Tarifvertrages) nur gemeinsam ausüben können.⁵⁵⁴ Rechtlich bilden die verschiedenen Parteien auf der einen Seite dann als Tarifgemeinschaft eine BGB-Gesellschaft.⁵⁵⁵ Dies führt zu einer Anwendbarkeit der Geschäftsführungsregeln nach den §§ 709 ff. BGB.⁵⁵⁶ Ist eine Partei beispielsweise mit der Kündigung des Tarifvertrags nicht einverstanden, muss die andere gesellschaftsrechtlich die Zustimmung erzwingen oder die Gesellschaft auflösen.⁵⁵⁷ In der Regel ist davon auszugehen, dass sich die auf einer Seite beteiligten Tarifvertragsparteien ihrer autonomen Tarifmacht nicht begeben, sondern voneinander unabhängige, je eigenständige Tarifverträge schließen wollten, von denen sie sich ohne Rücksicht auf die anderen Beteiligten auch wieder lösen können.⁵⁵⁸

3. Fazit

Unter dem Gesichtspunkt der Normen- und Rechtsquellenklarheit spricht nichts dagegen, zwei Kollektivverträge in derselben Vertragsurkunde zusammenzufassen, wenn sich die Urheberschaft der einzelnen Regelungen klar bestimmen lässt.⁵⁵⁹ Dieses von der Rechtsprechung zumindest angedeutete Ergebnis wird durch einen Blick auf die ähnlich gelagerten Fälle der mehrgliedrigen Tarifverträge bestätigt. Die formale Verbindung mehrerer Tarifverträge ist längst anerkannt, wenn eine Auslegung ergibt, dass die Parteien selbständige Vereinbarungen abschließen wollten. Nichts anderes kann für die Verbindung von Tarifvertrag und Betriebsvereinbarung gelten. Gegen die Vergleichbarkeit von dreigliedrigen Standortsicherungsvereinbarungen mit mehrgliedrigen Tarifverträgen lässt sich auch nicht einwenden, dass letztere den gleichen Vertragstypus haben und die Normunterworfenen daher wissen, um welche Art von Regelungen es sich handelt. Rechtsunsicherheit hinsichtlich der Art der Regelungen besteht auch für die Normunterworfenen von ty-

---

[553] *Thüsing*, in: Wiedemann, TVG, § 1 Rn. 211.
[554] BAG v. 29.6.2004, AP Nr. 36 zu § 1 TVG unter III.4.a) der Gründe; *Löwisch/Rieble*, TVG, § 1 Rn. 475; *Oetker*, RdA 1995, 82, 100; *Thüsing*, in: Wiedemann, TVG, § 1 Rn. 212.
[555] Vgl. *Löwisch/Rieble*, TVG, § 1 Rn. 475; *Henssler*, in: FS ARGE, S. 38; *Zachert*, in: Kempen/Zachert, TVG, § 1 Rn. 41; so auch *Thüsing*, in: Wiedemann, TVG, § 1 Rn. 212, der die Parteien als Verhandlungs- und Vertragsgemeinschaft bezeichnet.
[556] Trotz der Anwendbarkeit dieser Regelungen ist die Tariffähigkeit der Tarifparteien vom Personenrecht unabhängig, vgl. *Henssler*, in: H/W/K, § 1 TVG Rn. 11; *ders.*, FS ARGE, S. 38.
[557] Vgl. *Löwisch/Rieble*, TVG, § 2 Rn. 166; so auch *Spinner*, ZTR 546, 548.
[558] *Deinert*, in: Däubler, TVG, § 4 Rn. 117; *Oetker*, RdA 1995, 82, 101; *ders.*, in: J/K/O, Tarifvertragsrecht, § 8 Rn. 20; *Wank*, in: Wiedemann, TVG, § 4 Rn. 27.
[559] So auch *Grau/Döring*, NZA 2008, 1335, 1336; *Kolbe*, AP Nr. 96 zu § 77 BetrVG (Anmerkung).

pengemischten Kollektivvereinbarungen nicht, da diese ohnehin dem Gebot der Rechtsquellenklarheit genügen müssen. Erfüllen sie diese strengen Voraussetzungen, spricht nichts gegen die äußerliche Kombination von Firmentarifvertrag und Betriebsvereinbarung.

VI. Ergebnis zur dogmatischen Einordnung von dreigliedrigen Standortsicherungsvereinbarungen

Dreigliedrige Standortsicherungsvereinbarungen können in Gesamtheit als Firmentarifvertrag oder Betriebsvereinbarung abgeschlossen werden. Ebenso können die Parteien eine typengemischte Kollektivvereinbarung abschließen, die aus einem Tarifvertrag und einer Betriebsvereinbarung besteht.

F. Handhabung und Rechtsfolgen dreigliedriger Standortsicherungsvereinbarungen

Neben der dogmatischen Einordnung von dreigliedrigen Standortsicherungsvereinbarungen liegt ein weiterer Schwerpunkt dieser Arbeit auf der Handhabung und den rechtlichen Folgen bereits existierender Vereinbarungen. Im Fokus stehen dabei die Auslegung derartiger Vereinbarungen, die Rechtsfolgen bei Teilnichtigkeit sowie mögliche Beendigungstatbestände für dreigliedrige Standortsicherungsvereinbarungen.

I. Auslegung von dreigliedrigen Standortsicherungsvereinbarungen

Im Rahmen der dogmatischen Einordnung ist bereits dargelegt worden, dass dreigliedrige Standortsicherungsvereinbarungen als Firmentarifvertrag oder als Betriebsvereinbarung abgeschlossen werden können. Ebenso ist es möglich, beide in einem einheitlichen Dokument zu verbinden. Häufig ist es schwierig, herauszufinden, welche Rechtsqualität eine Vereinbarung hat oder wo die Trennlinie zwischen tariflicher und betriebsverfassungsrechtlicher Regelung bei einer Mischvereinbarung verläuft. Erkennbar wird diese Problematik, wenn die Parteien für die Standortsicherungsvereinbarung eine Bezeichnung wählen, die nicht zu ihrem Inhalt passt. Ebenso kommt es häufig vor, dass tarifliche und betriebliche Regelungen miteinander vermengt werden, ohne dass eine klare Zuordnung möglich ist. Dies ist zum Beispiel der Fall, wenn die Parteien inhaltlich eine Regelung treffen, die wegen des bestehenden Tarifvorrangs nur tarifvertraglich geregelt werden kann, die Parteien aber explizit festlegen, dass die Regelung für sämtlich Arbeitnehmer, also auch die tarifungebundenen, gelten soll. Zum Teil sind die Parteien sich selbst nicht darüber im Klaren, um welche Art von Vereinbarung es sich handelt oder was für eine Vereinbarung sie abschließen wollen. Dies kann gerade der Grund dafür gewesen sein, dass sowohl Gewerkschaft als auch Betriebsrat an der Vereinbarung beteiligt werden.[560] Wenn Zweifel über die Rechtsqualität einer Vereinbarung bestehen, muss versucht werden, diese durch Auslegung zu beseitigen.

Neben der Bestimmung der Rechtsqualität ist die Auslegung einer Vereinbarung häufig unerlässlich, um inhaltliche Unklarheiten zu beseitigen. Der Idealfall, dass eine Vereinbarung klare und bestimmte Aussagen trifft, die keine Zweifel erlauben, kommt in der Realität nur sehr selten vor. Der stetige Ruf nach Normenklarheit ist in der Wirklichkeit eine selten erfüllte Forderung.[561] Von daher beschäftigt die

---

[560] *Grau/Döring*, NZA 2008, 1335.
[561] So *Gamillscheg*, Kollektives Arbeitsrecht, Band I, S. 642.

Auslegung von Kollektivvereinbarungen die Gerichte sehr häufig. Dies überrascht jedoch nicht, wenn man bedenkt, dass die Parteien häufig nach überlangen nächtlichen Sitzungen und wahren Verhandlungsmarathons sich zu einem Ergebnis durchringen, dass dann in großer Eile niedergeschrieben wird. *Herschel* erklärt treffend die Zeitnot zum „geborenen Feind klarer Formulierungen".[562]

1. Auslegung als Verstoß gegen das Gebot der Rechtsquellenklarheit?

Dreigliedrige Standortsicherungsvereinbarungen müssen aus Gründen der Rechtssicherheit dem Gebot der Rechtsquellenklarheit genügen. Dies bedeutet, dass normative Regelungen, durch welche der Inhalt von Arbeitsverhältnissen unmittelbar und zwingend gestaltet wird, ihren Urheber, also Gewerkschaft oder Betriebsrat, eindeutig erkennen lassen müssen.[563] Die hohen Anforderungen, die das BAG mit dem Gebot der Rechtsquellenklarheit an dreigliedrige Vereinbarungen stellt, könnten so verstanden werden, dass ein Verstoß hiergegen bereits vorliegt, wenn eine dreigliedrige Vereinbarung zur Bestimmung ihrer Rechtsqualität überhaupt ausgelegt werden muss. Dann ergibt sich der Urheber der jeweiligen Regelungen nämlich nicht „ohne Weiteres und zweifelsfrei".[564] Das BAG hat sich in der zugrunde liegenden Entscheidung gar nicht erst daran versucht, eine Abgrenzung oder Zuordnung der einzelnen Regelungen durch Auslegung zu erreichen, sondern die Vereinbarung wegen Verstoßes gegen das Gebot der Rechtsquellenklarheit sogleich für unwirksam erklärt. Eine so restriktive Interpretation des Gebots der Rechtsquellenklarheit ist indes abzulehnen.[565] Es muss ausreichen, wenn sich die Qualifizierung einer mehrgliedrigen Vereinbarung durch Auslegung feststellen lässt.[566] Die Auslegung ist ein juristisches Hilfsmittel, dessen Zweck gerade darin besteht, Unklarheiten zu beseitigen. Sofern dies mit den bekannten Auslegungsmitteln möglich ist, ist der Rechtssicherheit und Rechtsklarheit genüge getan. Die Annahme, dass jede vertragliche Regelung aus sich heraus verständlich ist und ihren Urheber zweifelsfrei erkennen lässt, ist vor dem Hintergrund immer komplexer werdender Regelungsmaterien unrealistisch. Sofern sich selbst durch Auslegung die Rechtsqualität einer Norm nicht klar bestimmen lässt, ist dem BAG darin zuzustimmen, dass dies

---

[562] *Herschel*, in: FS Molitor, S. 169.
[563] BAG v. 15.4.2008, NZA 2008, 1074, 1077.
[564] So BAG v. 15.4.2008, NZA 2008, 1074, 1077.
[565] So auch der 9. Senat des BAG, der, im Gegensatz zum 1. Senat, in seiner Entscheidung vom selben Tag eine sehr differenzierte Auslegung durchführt. Er geht somit nicht davon aus, dass das Erfordernis einer Auslegung bereits einen Verstoß gegen das Gebot der Rechtsquellenklarheit bewirkt, vgl. BAG v.15.4.2008, NZA-RR 2008, 586 ff.
[566] So auch *Grau/Döring*, NZA 2008, 1335, 1337.

eine unzumutbare Rechtsunsicherheit für die Normadressaten bedeutet. Erst dann liegt jedoch ein Verstoß gegen das Gebot der Rechtsquellenklarheit vor.[567]

2. Auslegungsmaßstab – Gesetzesauslegung oder Vertragsauslegung?

Problematisch ist, ob zur Bestimmung der Rechtsnatur einer dreigliedrigen Standortsicherungsvereinbarung die Grundsätze der Gesetzesauslegung – wie bei Kollektivverträgen üblich – oder die der Vertragsauslegung heranzuziehen sind.

Die Gesetzesauslegung versucht den „Willen des Gesetzes" zu ergründen und orientiert sich dabei vornehmlich an den objektiven Kriterien Wortlaut, Entstehungsgeschichte, Gesamtzusammenhang und Sinn oder Zweck – also an dem klassischen Auslegungskanon.[568] Nicht immer lassen sich alle dieser für die Gesetzesauslegung entwickelten Kriterien sinnvoll auf Kollektivvereinbarungen anwenden. Für den Abschluss eines Tarifvertrags gibt es beispielsweise nicht in vergleichbarer Weise begleitende Materialien zu dessen Entstehung, wie diese bei einem Gesetz der Fall ist. Von daher wird Wortlaut und Gesamtzusammenhang in der Regel das meiste Gewicht beigemessen.[569]

Die Vertragsauslegung stellt hingegen die Ermittlung des Parteiwillens in den Vordergrund.[570] Danach ist gemäß §§ 133, 157 BGB der wirkliche Wille der Vertragsparteien zu erforschen und der Inhalt der Vereinbarung so auszulegen, wie Treu und Glauben es mit Rücksicht auf die Verkehrssitte erfordern.

Die Uneinigkeit über die Heranziehung der richtigen Auslegungsmethode rührt von dem „hybriden Charakter"[571] arbeitsrechtlicher Kollektivvereinbarungen her. Unter dem Blickwinkel der Entstehungsweise handelt es sich um einen Vertrag, unter dem Blickwinkel der Wirkungsweise um Rechtsnormen.[572]

Bei der Auslegung von dreigliedrigen Vereinbarungen ist die Vorgehensweise des BAG uneinheitlich. Früher ging der 1. Senat davon aus, dass die Auslegungsgrundsätze der Gesetzesauslegung zur Bestimmung der Rechtsqualität heranzuziehen

---

[567] Vgl. zu den Rechtsfolgen eines Verstoßes gegen das Gebot der Rechtsquellenklarheit unter F.II.
[568] So *Bydlinski*, Juristische Methodenlehre und Rechtsbegriff, S. 436 f.
[569] So in Bezug auf die Auslegung von Tarifverträgen *Krause*, in: J/K/O, Tarifvertragsrecht, § 4 Rn. 171; *Neumann*, RdA 1994, 570, 573.
[570] Vgl. zur Vertragsauslegung *Biehl*, JuS 2010, 195 ff.; *Larenz/Wolf*, AT-Bürgerliches Recht, S. 620 f.
[571] *Krause*, in: J/K/O, Tarifvertragsrecht, § 4 Rn. 170.
[572] *Krause*, in: J/K/O, Tarifvertragsrecht, § 4 Rn. 170; *Wank*, in: Wiedemann, TVG, § 1 Rn. 982.

sind.[573] In seiner Entscheidung vom 15.4.2008 lässt er diese Frage offen.[574] Der 4. und 9. Senat wenden zur Bestimmung der Rechtsqualität hingegen methodisch die allgemeinen Regeln über das Zustandekommen und die Auslegung schuldrechtlicher Verträge gemäß §§ 133, 157 BGB an.[575] Dies entspricht auch der Vorgehensweise des BAG, wenn es um die Abgrenzung von Tarifverträgen und lediglich schuldrechtlich wirkenden Vereinbarungen geht. In diesen Fällen wenden Rechtsprechung und Schrifttum ebenfalls die Grundsätze der Vertragsauslegung an.[576] Maßgeblich ist also der Wille der vertragsschließenden Parteien. Diese Vorgehensweise macht bei der Abgrenzung von Tarifverträgen und lediglich schuldrechtlich wirkenden Vereinbarungen aufgrund der völlig unterschiedlichen Rechtswirkungen auch Sinn. Wenn die Parteien sich in einer Vereinbarung lediglich schuldrechtlich binden wollten, muss allein ihr Wille zur Bestimmung der Rechtsnatur der Vereinbarung maßgeblich sein. Es würde zu weit gehen, auf objektive Umstände abzustellen, da unbeteiligte Dritte von der schuldrechtlichen Vereinbarung gar nicht erfasst werden sollen.

Dieses Problem stellt sich bei der Abgrenzung von Tarifvertrag und Betriebsvereinbarung jedoch nicht, da beide Vereinbarungen für die Arbeitnehmer normative Wirkung entfalten. Dies gilt, wenn man von der Betriebsbezogenheit tariflicher Normen in Standortsicherungsvereinbarungen ausgeht, insbesondere auch hinsichtlich der personellen Geltungserstreckung der Regelungen. Wenn aber ohnehin eine normativ wirkende Vereinbarung vorliegt, gebietet dies auch die Anwendung der für Normenverträge geltenden Auslegungsgrundsätze.[577] Die nicht am Vertragsschluss beteiligten Normunterworfenen müssen den Inhalt und die Rechtsnatur des für sie geltenden Vertrages erkennen können. Dies gebietet der Grundsatz der Rechtssicherheit und Rechtsklarheit. Aus diesem Grund wendet das BAG bei der inhaltlichen Auslegung von Tarifverträgen und Betriebsvereinbarungen seit langem

---

[573] BAG v. 7.11.2000, NZA 2001, 727, 728 („... der Inhalt des Konsolidierungsvertrages [zwischen Arbeitgeber, Gewerkschaft und Betriebsrat] ist nach den Grundsätzen der Gesetzesauslegung festzustellen...").
[574] Anders wohl *Ruch,* Dreiseitige Vereinbarungen, S. 126, die der Ansicht ist, dass der 1. Senat nach wie vor die Grundsätze der Gesetzesauslegung heranzieht.
[575] BAG v. 19.9.2007, NZA 2008, 950, 952; BAG v. 15.4.2008, NZA-RR 2008, 586, 588; ähnlich BAG v. 7.6.2006, NZA 2007, 1015.
[576] BAG v. 5.11.1997, NZA 1998, 653, 658; BAG v. 14.4.2004, NZA 2005, 178, 180; ebenso *Däubler,* in: Däubler, TVG, Einl. Rn. 867 f.; *Zachert,* in: Kempen/Zachert, TVG, Grundl. Rn. 758; *Thüsing,* in: Wiedemann, TVG, § 1 Rn. 25.
[577] So auch *Ruch,* Dreiseitige Vereinbarungen, S. 127 f., ohne jedoch die, nach ihrer Auffassung unterschiedliche, personelle Geltungserstreckung von Tarifvertrag und Betriebsvereinbarung zu problematisieren.

die für die Auslegung von Gesetzen geltenden Grundsätze an.[578] Dabei hat sich folgende Standardformulierung eingebürgert: „Tarifverträge sind wie Gesetze auszulegen. Danach ist zunächst vom Tarifwortlaut auszugehen, wobei der maßgebliche Sinn der Erklärung zu erforschen ist, ohne am Buchstaben zu haften. Beim nicht eindeutigen Tarifwortlaut ist der wirkliche Wille der Tarifvertragsparteien mit zu berücksichtigen, soweit er in den tariflichen Normen seinen Niederschlag gefunden hat. Abzustellen ist stets auf den tariflichen Gesamtzusammenhang, weil dieser Anhaltspunkte für den wirklichen Willen der Tarifvertragsparteien liefert und nur so Sinn und Zweck der Tarifnorm zutreffend ermittelt werden können. Lässt dies zweifelsfreie Auslegungsergebnisse nicht zu, dann können die Gerichte für Arbeitssachen ohne Bindung an eine Reihenfolge weitere Kriterien wie die Entstehungsgeschichte des Tarifvertrages, ggf. auch die praktische Tarifübung ergänzend hinzuziehen. Auch die Praktikabilität denkbarer Auslegungsergebnisse ist zu berücksichtigen; im Zweifel gebührt derjenigen Tarifauslegung der Vorzug, die zu einer vernünftigen, sachgerechten, zweckorientierten und praktisch brauchbaren Regelung führt."[579]

Die Kriterien der objektiven Gesetzesauslegung sind somit auch für dreigliedrige Standortsicherungsvereinbarungen heranzuziehen. Dies gilt sowohl für die Bestimmung der Rechtsqualität der Vereinbarung als auch für deren inhaltliche Auslegung. Die Frage nach dem Inhalt einer Regelung und die Frage nach deren Rechtsqualität lassen sich nicht strikt voneinander trennen.[580] Zudem würde es auch einen Zirkelschluss darstellen, wenn die Bestimmung der Auslegungsmethode von der durch Auslegung zu bestimmenden Rechtsqualität der Vereinbarung abhinge. Die Prüfung würde das Ergebnis der Prüfung voraussetzen.[581] Insofern greifen die Auslegung zur Bestimmung der Rechtsqualität und die inhaltliche Auslegung ineinander und sind zusammen durchzuführen.

---

[578] Ständige Rechtsprechung seit BAG v. 2.6.1961, AP Nr. 68 zu Art. 3 GG; vgl. auch BAG v. 15.9.1971, AP Nr. 15 zu § 611 BGB Bergbau; BAG v. 22.9.1981, AP Nr. 1 zu § 35 BAT; ebenso für Tarifverträge *Herschel*, in: FS Molitor, S. 180; *Schaub*, NZA 1994, 597, 598; für Betriebsvereinbarungen BAG v. 17.11.1998, NZA 1999, 609, 610; BAG v. 2.3.2004, AP Nr. 13 zu § 77 BetrVG 1972 Auslegung; ebenso *Berg*, in: D/K/K/W, BetrVG, § 77 Rn. 26; *Fitting*, BetrVG, § 77 Rn. 15; *Kreutz*, in: GK-BetrVG, § 77 Rn. 63; *Richardi*, in: Richardi, BetrVG, § 77 Rn. 115.
[579] So BAG 5.10.1999, NZA 2000, 268, 269; BAG v. 29.8.2001, NZA 2002, 1346, 1347.
[580] BAG v. 11.12.2007, AP Nr. 37 zu § 77 BetrVG 1972 Betriebsvereinbarung unter I.2.b)bb)(1) der Gründe.
[581] So zu Recht *Ruch*, Dreiseitige Vereinbarungen, S. 127.

Die Frage nach der „richtigen" Auslegungsart darf jedoch nicht überbewertet werden.[582] Was sich in der Theorie so unversöhnlich liest, steht in der Praxis deutlich näher beieinander. In der überwiegenden Zahl der Fälle werden Gesetzes- und Vertragsauslegung zu demselben Ergebnis führen. Auch bei der Vertragsauslegung wird zur Ermittlung des Parteiwillens auf objektive Kriterien zurückgegriffen, die mit denen der Gesetzesauslegung identisch sind. Andererseits ist auch bei der Gesetzesauslegung der Wille des Normgebers zu berücksichtigen, sofern dieser eine Andeutung im Wortlaut gefunden hat (so genannte „Andeutungstheorie").[583] Der Streit um die Anwendung der „richtigen" Auslegungsmethode ist somit eher akademischer Natur. In der Praxis verwischen die Unterschiede der verschiedenen Ansätze jedoch, so dass letztlich nur eine unterschiedliche Akzentsetzung übrig bleibt.[584]

a) Wortlaut

Ausgangspunkt einer jeden Auslegung ist der Wortlaut der Vereinbarung. Im Falle von dreigliedrigen Standortsicherungsvereinbarungen kommt es jedoch regelmäßig vor, dass der Wortlaut keinen Rückschluss auf die Rechtsqualität der Vereinbarung zulässt. Die Parteien verwenden häufig eine rechtlich neutrale Bezeichnung, die schlicht ausdrücken soll, wozu die Vereinbarung dient. Dies kann beispielsweise der Begriff „Standortsicherungsvertrag",[585] „Beschäftigungssicherungsvereinbarung" oder „Konsolidierungsvereinbarung"[586] sein. Teils finden sich auch exotischere Namen wie beispielsweise „Vereinbarung zur Sicherung der betrieblichen Zukunft".[587] Diese Begriffe lassen keinen Rückschluss darauf zu, welche Rechtsnatur die Vereinbarung haben soll.

Anders ist dies, wenn die Parteien die Vereinbarung als „ Betriebsvereinbarung" oder „Firmentarifvertrag" bezeichnen. Dies spricht nicht nur unter objektiven Gesichtspunkten für eine entsprechende Rechtsnatur, sondern ist zudem ein starkes

---

[582] *Däubler*, in: Däubler, TVG, Einl. Rn. 493; *Herschel*, FS Molitor, S. 161, 178 ff.; *Krause*, in: J/K/O, Tarifvertragsrecht, § 4 Rn. 175; *Schaub*, NZA 1994, 597 f.
[583] *Däubler*, in: Däubler, TVG, Einl. Rn. 491; *Franzen*, in: ErfK, § 1 TVG Rn. 93; *Löwisch/Rieble*, TVG, § 1 Rn. 547; *Krause*, in: J/K/O, Tarifvertragsrecht, § 4 Rn. 171; *Wank*, in Wiedemann, TVG, § 1 Rn. 987; *ders.*, RdA 1998, 71, 76.
[584] *Gamillscheg*, Kollektives Arbeitsrecht, Band I, S. 645; *Zachert*, in: FS Arbeitsgerichtsverband, S. 588.
[585] BAG v. 23.1.2008, AP Nr. 63 zu § 1 TVG Bezugnahme auf Tarifvertrag; BAG v. 15.4.2008, NZA 2008, 1074 f.
[586] BAG v. 7.11.2000, NZA 2001, 727.
[587] Vgl. *Thüsing*, NZA 2008, 201.

Indiz für einen entsprechenden Willen der vertragsschließenden Parteien.[588] *Gamillscheg* weist zu Recht darauf hin, dass man „für den Normalfall davon ausgehen kann, dass die Parteien einer Kollektivvereinbarung ihren Willen auch auszudrücken verstehen".[589] Dennoch kann sich die Abgrenzung zwischen Firmentarifvertrag und Betriebsvereinbarung nicht alleine an der vermeintlich eindeutigen Bezeichnung der Vereinbarung orientieren.[590] Ob der Wortlaut einer Vereinbarung tatsächlich eindeutig ist, lässt sich abschließend nämlich nur unter Zuhilfenahme der übrigen Auslegungskriterien beurteilen.[591]

Besonders problematisch ist der Fall, wenn der Wortlaut der Vereinbarung widersprüchlich ist. Dies kommt bei dreigliedrigen Standortsicherungsvereinbarungen nicht selten vor. In der BAG-Entscheidung vom 15.4.2008 bezeichneten die Parteien eine dreigliedrige Vereinbarung als „Firmentarifvertrag zur Förderung der Altersteilzeit".[592] Auch im Text der Vereinbarung verwendeten die Parteien häufig die Bezeichnung „Firmentarifvertrag".[593] Weiter führten sie in derselben Vereinbarung jedoch aus, dass Maßnahmen mit dem „Gesamtbetriebsrat" verhandelt werden müssten.[594] Sodann bezeichneten sie die Vereinbarung plötzlich als „Gesamtbetriebsvereinbarung" beziehungsweise „Betriebsvereinbarung".[595] Der Wortlaut ist in einem solchen Fall zur Bestimmung der Rechtsnatur unbrauchbar.

Hiervon sind die Fälle zu unterscheiden, in denen innerhalb einer Vereinbarung verschiedene Bezeichnungen verwendet werden, diese sich durch eine klare Strukturierung jedoch ihrem Urheber zuordnen lassen. Dies ist zum Beispiel der Fall, wenn in einer dreigliedrigen Standortsicherungsvereinbarung die Parteien durch Überschriften klar zum Ausdruck bringen, dass es einen tarifvertraglichen und einen betriebsverfassungsrechtlichen Teil gibt. Bei derartigen Untergliederungen, die explizit und nachvollziehbar zwischen Tarifvertrag und Betriebsvereinbarung unterscheiden und somit dem Gebot der Rechtsquellenklarheit entsprechen, hat die Bezeichnung wiederum starke Indizwirkung.

---

[588] BAG v. 7.6.2006, AP Nr. 37 zu § 1 TVG; BAG v. 19.9.2007, NZA 950, 952; BAG v. 15.4.2008, NZA-RR 2008, 586, 588; *Grau/Döring*, NZA 2008, 1335, 1336 halten den Wortlaut und die gewählte Bezeichnung hingegen für ein untergeordnetes Indiz.
[589] *Gamillscheg*, Kollektives Arbeitsrecht, Band I, S. 650.
[590] BAG v. 23.1.2008, AP Nr. 63 zu § 1 TVG Bezugnahme unter I.1.b)(2) der Gründe; BAG v. 15.4.2008, NZA-RR 2008, 586, 588; *Grau/Döring*, NZA 2008, 1335, 1336; *Thüsing*, in: Wiedemann, TVG, § 1 Rn. 196.
[591] *Kamanabrou*, RdA 1997, 22, 24 f.; *Preis*, in: FS Schaub, S. 579 f.; *Ruch*, Dreiseitige Vereinbarungen, S. 131; *Wank*, in: Wiedemann, TVG, § 1 Rn. 1016.
[592] BAG v. 15.4.2008, NZA-RR 2008, 586 ff.
[593] Vgl. § 7 Abs. 1 und 2; § 14 Satz 2, § 20 Abs.1 Satz 1, Abs. 3, 4 und 5 der Vereinbarung.
[594] § 13 Abs. 3 der Vereinbarung.
[595] § 17 Abs. 3 und § 20 Abs. 2 der Vereinbarung.

Der Wortlaut kann neben der Bezeichnung weitere Indizien für die rechtliche Qualifizierung der Vereinbarung bereit halten. Das LAG Düsseldorf wertet den Umstand, dass eine dreigliedrige Vereinbarung mehrfach Arbeitgeber und Betriebsrat, nicht jedoch die Gewerkschaft als Vertragspartner bezeichnet, als Indiz für eine Betriebsvereinbarung.[596] Unbeachtlich muss hingegen sein, in welcher Reihenfolge die Parteien in der Vereinbarung genannt werden und ihre jeweilige Unterschrift leisten. Ebenso kann es keine Rolle spielen, wenn bei der Aufzählung der Parteien in der Vereinbarung zwei Parteien mit einem „und" verbunden werden, während die dritte Partei durch ein „sowie" aufgezählt wird.[597] *Ruch* weist zu Recht darauf hin, dass die Begriffe synonym verwendet werden können und es wohl eher dem Zufall geschuldet ist, in welcher Reihenfolge die Parteien genannt werden.[598]

Fraglich ist, ob der *falsa demonstratio non nocet*-Grundsatz bei der Auslegung von dreigliedrigen Standortsicherungsvereinbarungen zur Anwendung kommt. Dieser besagt, dass eine Falschbezeichnung unschädlich ist, wenn die Parteien übereinstimmend etwas anderes als das Gesagte gewollt haben.[599] Für die Auslegung von Tarifverträgen ist anerkannt, dass dieser Grundsatz keine Anwendung findet.[600] Dies wird mit dem Schutzbedürfnis der Normunterworfenen begründet. Aus Gründen der Rechtssicherheit und Rechtsklarheit müssten die Normunterworfenen den Inhalt eines Tarifvertrags klar erkennen können. Insofern dürfte nicht allein auf den subjektiven Willen der Vertragsschließenden abgestellt werden. Im Rahmen der Auslegung von dreiseitigen Standortsicherungsvereinbarungen ließe sich einwenden, dass die Vereinbarung ohnehin normativen Charakter hat und es daher unbeachtlich ist, ob die Normunterworfenen von einem Firmentarifvertrag oder einer Betriebsvereinbarung ausgehen. Dies ist jedoch unzutreffend. Zum einen müssen die Normunterworfenen auch den Inhalt einer dreigliedrigen Vereinbarung klar ergründen können. Zum anderen haben sie ein Interesse daran, die Rechtsnatur der Vereinbarung zu kennen und diese anhand objektiver Kriterien festzustellen. Tarifvertrag und Betriebsvereinbarung haben zwar eine ähnliche normative Wirkung, jedoch bestehen auch Unterschiede zwischen beiden Regelungsinstrumenten, beispielsweise hinsichtlich des Überprüfungsmaßstabs, der Nachwirkung oder der

---

[596] LAG Düsseldorf v. 27.1.2000, Az.: 5 (6) Sa 1259/99, n.v.
[597] So aber LAG Düsseldorf v. 27.1.2000, 5 (6) Sa 1259/99, n.v.; ebenfalls ablehnend *Ruch*, Dreiseitige Vereinbarungen, S. 132.
[598] *Ruch*, Dreiseitige Vereinbarungen, S. 132.
[599] Vgl. exemplarisch *Bydlinski*, Juristische Methodenlehre und Rechtsbegriff, S. 466; *Larenz/Wolf,* AT-Bürgerliches Recht, § 28 Rn. 30.
[600] BAG v. 2.6.1961, AP Nr. 68 zu Art. 3 GG; *Krause*, in: J/K/O, Tarifvertragsrecht, § 4 Rn. 173; *Löwisch/Rieble*, TVG, § 1 Rn. 547.

kollektivrechtliche Fortgeltung in den Fällen des § 613a BGB.[601] Daher kommt der *falsa demonstratio non nocet*-Grundsatz auch bei der Auslegung von dreigliedrigen Standortsicherungsvereinbarungen nicht zur Anwendung.

b) Gesamtzusammenhang

Von besonderer Bedeutung für die Auslegung ist der Gesamtzusammenhang, in dem sich die Vereinbarung befindet.[602] Es handelt sich dabei um eine besondere Spielart der systematischen Auslegung. Ziel ist es insbesondere, aus der Überschrift und der Stellung einer Norm im Gesamtgefüge der Vereinbarung Schlüsse auf den Willen der Vertragsparteien zu ziehen. Ebenso ist danach zu fragen, wie sich eine Vereinbarung im Gefüge der Normenhierarchie verhält. Bei der Auslegung muss nämlich davon ausgegangen werden, dass die Parteien Regelungen schaffen wollen, die wirksam sind und Bestand haben. Sie wollen im Zweifel keine Regelungen treffen, die gegen die Verfassung, Europarecht oder einfaches Gesetzesrecht verstoßen.[603] Aufgrund dieser Zweifelsregel hat das BAG in der Vergangenheit dreigliedrige Vereinbarungen, deren Rechtsnatur unklar war, als Firmentarifvertrag ausgelegt, wenn eine entsprechende Betriebsvereinbarung gegen die Sperrwirkung des § 77 Abs. 3 Satz 1 BetrVG verstoßen hätte und daher unwirksam gewesen wäre. In solchen Fällen unterstellte das BAG den Parteien den Willen, dass ihnen daran gelegen gewesen sein müsse, einen wirksamen Tarifvertrag anstelle einer unwirksamen Betriebsvereinbarung abzuschließen.[604] Dem ist zuzustimmen. Zwar lässt sich einwenden, dass es in der Praxis nicht an bewussten Verstößen gegen § 77 Abs. 3 BetrVG fehlt.[605] Man könnte also argumentieren, dass die Parteien häufig im Wissen um den Verstoß gegen die Regelungssperre eine Betriebsvereinbarung abschließen, in der Hoffnung, dass dies ohne Konsequenzen bleibt. Diese Fälle des bewussten Abschlusses einer tarifvorbehaltswidrigen Betriebsvereinbarung kommen jedoch nur im zweiseitigen Verhältnis vor. In diesen Fällen einigen sich Arbeitgeber und Betriebsrat bewusst auf den Abschluss einer tarifvorbehaltswidrigen Betriebsvereinbarung, wenn sie zu dem Entschluss kom-

---

[601] *Grau/Döring*, NZA 2008, 1335, 1336; *Braun*, ArbRB 2008, 303.
[602] *Krause*, in: J/K/O, Tarifvertragsrecht, § 4 Rn. 184; *Neumann*, RdA 1994, 370, 372 f.
[603] BAG v. 7.11.2000, NZA 2001, 727, 729; BAG v. 23.1.2008, AP Nr. 63 zu § 1 TVG Bezugnahme auf Tarifvertrag; BAG v. 15.4.2008, NZA-RR 2008, 586 ff.; ebenso *Baumann*, RdA 1994, 272, 273; *Däubler*, in: Däubler, TVG, Einl. Rn. 519; *Gamillscheg*, Kollektives Arbeitsrecht, Band I, S. 646; *Krause*, in: J/K/O, Tarifvertragsrecht, § 4 Rn. 191; *Zachert*, in: Kempen/Zachert, TVG, Grundl. Rn. 391; vgl. zur Überprüfung kollektiver Regelungen mit höherrangigem Recht auch *Schliemann*, in: FS Hanau, S. 576 ff.
[604] BAG v. 7.11.2000, NZA 2001, 727, 729; BAG v. 15.4.2008, NZA-RR 2008, 586, 589.
[605] Vgl. *Gamillscheg*, Kollektives Arbeitsrecht, Band I, S. 327 m.w.N; *Simitis*, RdA 1994, 174, 175; siehe hierzu bereits unter B.V.2.

men, dass die Vorteile der Betriebsvereinbarung die Nachteile einer möglichen Sanktion überwiegen. Bei einer dreigliedrigen Vereinbarung scheidet ein bewusster Verstoß gegen die Regelungssperre jedoch aus. Wäre die Gewerkschaft mit dem Abschluss einer bewusst tarifvorbehaltswidrigen Standortsicherungsvereinbarung nicht einverstanden, dann würde sie daran nicht mitwirken. Sofern sie trotz eingreifenden Sperrwirkung mit dem Abschluss einverstanden ist, hätte sie es in der Regel in der Hand, durch die nachträgliche Vereinbarung einer Öffnungsklausel den Weg für eine wirksame Betriebsvereinbarung zu ebnen. Es ist jedoch nicht anzunehmen, dass die Gewerkschaft „sehenden Auges" gegen eine Regelung verstößt, die alleine ihrem Schutz dient. Dem BAG ist daher zuzustimmen, dass der Verstoß einer Betriebsvereinbarung gegen die Regelungssperre dafür spricht, dass die Parteien im Zweifel einen Tarifvertrag abschließen wollten.

Grau/Döring kritisieren hieran, dass die potentielle Unwirksamkeit einer Regelung zur Klärung ihrer Normqualität herangezogen wird. Die Frage nach der Rechtswirksamkeit einer kollektivrechtlichen Regelung könne sich schließlich erst stellen, wenn mit der Normurheberschaft auch die rechtlichen Beurteilungsmaßstäbe für die Wirksamkeitskontrolle feststünden.[606] Dies ist zwar grundsätzlich zutreffend. Im Rahmen der Gesetzes- und Vertragsauslegung ist es allerdings ein anerkannter Grundsatz, dass von zwei möglichen Auslegungsvarianten diejenige zu wählen ist, die zur weitestgehenden Wirksamkeit führt.[607] Zudem kommt die Zweifelsregel nur zur Anwendung, wenn die übrigen Auslegungskriterien zu keinem eindeutigen Ergebnis führen. Sofern die Auslegung einer dreigliedrigen Standortsicherungsvereinbarung eindeutig belegt, dass es sich um eine Betriebsvereinbarung handelt, ist für die Zweifelsregel kein Raum. In einem solchen Fall ist der Wille der Parteien zu akzeptieren – die Norm ist dann jedoch wegen Verstoßes gegen § 77 Abs. 3 Satz 1 BetrVG unwirksam.[608]

Ferner berücksichtigt das BAG bei der Abgrenzung von Firmentarifvertrag und Betriebsvereinbarung auch, ob dem Betriebsrat für die zu regelnde Sachmaterie ein Mitbestimmungsrecht nach § 87 Abs. 1 BetrVG zusteht.[609] Sofern dies der Fall ist, soll dies Indizwirkung für eine Betriebsvereinbarung haben.[610]

---

[606] *Grau/Döring*, NZA 2008, 1335, 1337.
[607] BAG v. 21.1.1987, NZA 1987, 233, 235; BAG v. 21.7.1993, NZA 1994, 181, 182; ebenso *Krause*, in: J/K/O, Tarifvertragsrecht, § 4 Rn. 191; *Ruch*, Dreiseitige Vereinbarungen, S. 135 f.; *Wank*, in: Wiedemann, TVG, § 1 Rn. 1019 f.; *Zachert*, in: Kempen/Zachert, TVG, Grundl. 391.
[608] So auch *Ruch*, Dreiseitige Vereinbarungen, S. 136.
[609] In der konkreten Entscheidung hatte der Gesamtbetriebsrat gehandelt, so dass das BAG geprüft hat, ob dem Gesamtbetriebsrat originär nach § 50 Abs. 1 Satz 1 BetrVG oder durch Delegation der Einzelbetriebsräte gemäß § 50 Abs. 2 Satz 1 BetrVG ein Mitbestimmungsrecht nach § 87

Auch der Kreis der von einer dreigliedrigen Standortsicherungsvereinbarung erfassten Arbeitnehmer kann als Indiz für die Bestimmung der Rechtsnatur der Vereinbarung herangezogen werden. Wenn die Vereinbarung explizit nur für tarifgebundene Arbeitnehmer gelten soll, spricht dies für einen Tarifvertrag. Wenn sämtliche Arbeitnehmer erfasst werden sollen, ist hingegen zu differenzieren. Grundsätzlich erfasst nur eine Betriebsvereinbarung alle Arbeitnehmer des Betriebs. Dies gilt jedoch nicht, wenn die Vereinbarung betriebsbezogene Tarifnormen enthält. Dann gelten diese ausnahmsweise auch für nicht- und anderstarifgebundene Arbeitnehmer. Sollte dies der Fall sein, lässt sich hieraus alleine kein Rückschluss auf die Rechtsnatur der Vereinbarung ziehen. Andernfalls spricht die Erfassung aller Arbeitnehmer für den Parteiwillen zum Abschluss einer Betriebsvereinbarung.

c) Entstehungsgeschichte

Im Rahmen der Auslegung ist weiterhin die Entstehungsgeschichte der Vereinbarung zu berücksichtigen. Hierbei können frühere Entwürfe der Vereinbarung, Verhandlungsprotokolle, Rundschreiben, Protokollnotizen sowie Gespräche zwischen den Parteien zu Rate gezogen werden, soweit diese nicht ohnehin Inhalt der Vereinbarung geworden sind.[611] Darüber hinaus kann es aufschlussreich sein, sich in der Vergangenheit abgeschlossene Vereinbarungen anzuschauen. Falls die Parteien bereits ähnliche dreigliedrige Vereinbarungen in der Vergangenheit abgeschlossen haben, deren Rechtsnatur eindeutig war, spricht einiges dafür, dass die aktuelle Vereinbarung hiervon nicht abweichen soll.

d) Sinn oder Zweck

Letztlich ist im Rahmen der Auslegung der Sinn oder Zweck der Vereinbarung zu beleuchten. Hierbei ist zwischen dem konkreten und dem allgemeinen Regelungszweck zu unterscheiden.[612]

Der konkrete Regelungszweck der Standortsicherungsvereinbarung wird in der Regel in der Senkung der Personalkosten, der Steigerung der Wettbewerbsfähigkeit und natürlich der Standorterhaltung und Beschäftigungssicherung bestehen. Dies lässt sich grundsätzlich sowohl mit einem Firmentarifvertrag als auch mit einer Betriebsvereinbarung erreichen. Etwas anderes gilt natürlich, wenn eine Betriebs-

---

Abs. 1 BetrVG zukam. Dies war jedoch nicht der Fall, vgl. BAG v. 15.4.2008, NZA-RR 2008, 586, 589.
[610] BAG v. 15.4.2008, NZA-RR 2008, 586, 589.
[611] *Löwisch/Rieble*, TVG, § 1 Rn. 571; *Krause*, in: J/K/O, Tarifvertragsrecht, § 4 Rn. 189.
[612] So *Krause*, in: J/K/O, Tarifvertragsrecht, § 4 Rn. 186.

vereinbarung gegen die Regelungssperre verstoßen würde. Dieser Umstand ist jedoch bereits im Rahmen der systematischen Auslegung zu berücksichtigen.

Daneben ist bei der Auslegung der allgemeine Normzweck zu berücksichtigen. Das BAG hat für Tarifverträge den Grundsatz aufgestellt, dass die Parteien im Zweifelsfall eine „vernünftige, sachgerechte, zweckorientierte und praktisch brauchbare Regelung" treffen wollen.[613] Diesen „Pragmatismusvorbehalt"[614] wird man auf alle arbeitsrechtlichen Kollektivvereinbarungen übertragen können. Allerdings darf dies nicht dazu führen, dass ein klarer Wille der Parteien revidiert wird.

Ruch geht davon aus, dass eine Betriebsvereinbarung für den Arbeitgeber grundsätzlich praktikabler sei, da sie sämtliche Arbeitnehmer erfasse und somit den größtmöglichen Nutzen für den Arbeitgeber und – aufgrund der Lastenteilung – auch für die Arbeitnehmer bewirke. Ein Tarifvertrag erstrecke sich hingegen nur dann auf Nichtorganisierte, wenn er gemäß § 5 TVG für allgemeinverbindlich erklärt würde[615] oder die Arbeitnehmer in ihren Arbeitsverträgen Klauseln haben, die die Vereinbarung für anwendbar erklärten.[616] Dies trifft im Grundsatz zwar zu, jedoch ist zu bedenken, dass Regelungen in dreigliedrigen Vereinbarungen ebenfalls für sämtliche Arbeitnehmer gelten können, wenn es sich um betriebsbezogene Normen handelt (§ 4 Abs. 1 Satz 2 i.V.m. § 3 Abs. 2 TVG).[617] Dies ist bei dreigliedrigen Standortsicherungsvereinbarungen aufgrund des Ausschlusses von betriebsbedingten Kündigungen häufig der Fall, so dass die personelle Geltung der Vereinbarung in diesen Fällen nicht als Praktikabilitätsargument zur Bestimmung der Rechtsnatur taugt.

Falls trotz aller Auslegungsbemühungen Unklarheiten verbleiben sollten, wird für Tarifverträge vereinzelt vorgeschlagen, dass die für die Arbeitnehmer günstigste Auslegung zu wählen sei.[618] Diese „Auslegungsregel" ist jedoch abzulehnen. Sie lässt sich nicht mit der Grundannahme vereinbaren, dass Kollektivvereinbarungen

---

[613] BAG v. 9.3.1983, AP Nr. 128 zu § 1 TVG Auslegung; BAG v. 30.5.1996, NZA 1996, 1217, 1218; BAG v. 24.11.1999, NZA 2000, 599, 601; ebenso für Tarifverträge *Däubler*, in: Däubler, TVG, Einl. Rn. 495; für Betriebsvereinbarungen *Fitting*, BetrVG, § 77 Rn. 15.
[614] *Däubler*, in: Däubler, TVG, Einl. Rn. 495.
[615] Dies ist bei einem Firmentarifvertrag zwar grundsätzlich möglich, jedoch äußerst unwahrscheinlich. Die Allgemeinverbindlichkeitserklärung würde sich nämlich nur auf das betreffende Unternehmen beschränken, da eine Ausdehnung des Geltungsbereichs unzulässig ist. Deshalb fehlt es meistens aber an dem „öffentlichen" Interesse für die Allgemeinverbindlicherklärung (§ 5 Abs. 1 Satz 1 Nr. 2 TVG), vgl. *Lakies*, in: Däubler, TVG, § 5 Rn. 53 m.w.N.
[616] *Ruch*, Dreiseitige Vereinbarungen, S. 134.
[617] Vgl. hierzu bereits unter E.I.2.
[618] So *Däubler*, in: Däubler, TVG, Einl. Rn. 520; *Zachert*, in: Kempen/Zachert, TVG, Grundl. Rn. 397.

von gleichgewichtigen Parteien vereinbart werden und es bei der Auslegung insbesondere darum geht, den Tarifwillen beider Seiten zu ermitteln.[619]

e) Fazit

Bei Zweifeln über die Rechtsnatur und/oder den Inhalt von dreigliedrigen Standortsicherungsvereinbarungen ist eine Auslegung anhand der Grundsätze der Gesetzesauslegung vorzunehmen. Dem Wortlaut der Vereinbarung kommt dabei eine starke Indizwirkung für den Regelungswillen der Parteien zu. Vielfach wird er jedoch widersprüchlich und daher für die Auslegung wenig hilfreich sein. Wenn eine Betriebsvereinbarung wegen Verstoßes gegen die Regelungssperre des § 77 Abs. 3 Satz 1 BetrVG unwirksam wäre, ist im Zweifel anzunehmen, dass die Parteien einen Firmentarifvertrag abschließen wollten.

II. Teil- oder Gesamtnichtigkeit bei Unwirksamkeit einzelner Regelungen einer dreigliedrigen Standortsicherungsvereinbarung

Die bisherigen Ausführungen haben gezeigt, dass es eine Vielzahl von Gründen gibt, die zur Unwirksamkeit einer dreigliedrigen Standortsicherungsvereinbarung führen können. Dass eine Vereinbarung insgesamt nichtig ist und wegfällt, ist selten. In der Regel sind nur einzelne Regelungen oder Teile einer Vereinbarung nichtig. Dann stellt sich die Frage, wie sich dies auf das Schicksal der restlichen Vereinbarung auswirkt. Es ist zum einen denkbar, dass sich die Nichtigkeit isoliert auf den betroffenen Teil der Vereinbarung beschränkt. Ebenso ist es denkbar, dass die Teilnichtigkeit die restliche Vereinbarung „infiziert" und zu deren Gesamtnichtigkeit führt.

Das BAG hat im Fall der unklaren Normqualität einer dreigliedrigen Standortsicherungsvereinbarung die Nichtigkeit der gesamten Vereinbarung wegen Verstoßes gegen das Gebot der Rechtsquellenklarheit angenommen.[620] Es hat jedoch angedeutet, dass eine bloße Teilnichtigkeit in Betracht kommt, wenn sich die Vereinbarung in einzelne Regelungskomplexe zerlegen lässt, deren Urheber zweifelsfrei erkennbar sind.[621] Welcher Weg in einem solchen Fall dogmatisch zu beschreiten ist, lässt das BAG jedoch offen.

---

[619] Ablehnend auch *Gamillscheg*, Kollektives Arbeitsrecht, Band I, S. 643; *Löwisch/Rieble*, TVG, § 1 Rn. 569; *Schaub*, NZA 1994, 597, 599; *Wank*, in: Wiedemann, TVG, § 1 Rn. 998.
[620] BAG v. 15.4.2008, NZA 2008, 1074, 1078.
[621] Vgl. BAG v. 15.4.2008, NZA 2008, 1074; siehe hierzu bereits unter E.V.1.

Da sich die Rechtsfolgen oder zumindest ihre dogmatische Begründung danach unterscheiden können, ob eine einheitliche Kollektivvereinbarung oder eine Mischvereinbarung vorliegt, werden diese Varianten nachfolgend getrennt erörtert.

1. Rechtsfolgen bei einheitlicher Qualifizierung als Firmentarifvertrag oder Betriebsvereinbarung

Die Nichtigkeitsfolgen sind bei Tarifverträgen und Betriebsvereinbarungen grundsätzlich identisch, so dass beide zusammen behandelt werden können.[622]

a) § 139 BGB als Ausgangspunkt

Für die allgemeine Rechtsgeschäftslehre sieht § 139 BGB eine Vermutungsregel vor, dass sich die Teilnichtigkeit eines Rechtsgeschäfts auf das gesamte Rechtsgeschäft auswirkt, wenn nicht anzunehmen ist, dass es auch ohne den nichtigen Teil vorgenommen sein würde.[623] Dies stellt eine Ausnahme von dem gemeinrechtlichen Grundsatz *utile per inutile non vitiatur* dar, wonach eine nichtige Regelung eine wirksame Regelung unberührt lässt.[624] § 139 BGB beruht auf dem Gedanken der Privatautonomie und soll verhindern, dass den Parteien an Stelle des von ihnen gewollten Rechtsgeschäfts ein Geschäft mit anderem Inhalt aufgedrängt wird. Fände § 139 BGB auf dreigliedrige Standortsicherungsvereinbarungen Anwendung, würde dies dazu führen, dass die Teilnichtigkeit einer Vereinbarung im Zweifel zu deren Gesamtnichtigkeit führen würde. Ohnehin fände § 139 BGB auf arbeitsrechtliche Kollektivvereinbarungen wegen ihres Normencharakters nur entsprechende Anwendung.[625]

b) Grundsätzlich keine Anwendbarkeit von § 139 BGB im Rahmen von Tarifverträgen und Betriebsvereinbarungen

Nach allgemeiner Ansicht findet § 139 BGB auf Tarifverträge und Betriebsvereinbarungen jedoch keine Anwendung.[626] Es gilt vielmehr der Grundsatz, dass der

---

[622] Vgl. *Däubler*, in: D/K/K/W, BetrVG, §§ 112, 112a Rn. 25; *Kreutz*, in: GK-BetrVG, § 77 Rn. 61.
[623] § 139 BGB: „Ist ein Teil eines Rechtsgeschäfts nichtig, so ist das ganze Rechtsgeschäft nichtig, wenn nicht anzunehmen ist, dass es auch ohne den nichtigen Teil vorgenommen sein würde."
[624] Vgl. zu diesem Grundsatz *Seiler*, in FS: Kaser, S. 127, 144 ff.
[625] Siehe hierzu in Bezug auf § 140 BGB bereits unter E.II.4.a).
[626] Vgl. BAG v. 18.8.1971, AP Nr. 8 zu § 4 TVG Effektivklausel; BAG v. 10.11.1982, AP Nr. 8 zu § 1 TVG Form; BAG v. 27.2.1996, NZA 1996, 992, 994; BAG v. 15.4.2008, NZA-RR 2008, 586, 589; *Däubler*, Tarifvertragsrecht, Rn. 163; *Fitting*, BetrVG, § 77 Rn. 103; *Gamillscheg*, Kollektives Arbeitsrecht, Band I, S. 709 f.; *Hefermehl*, in: Soergel, BGB, § 139 Rn. 13; *Kreutz*, in: GK-BetrVG, § 77 Rn. 61; *Löwisch/Rieble*, TVG, § 1 Rn. 347; *Reim*, in: Däubler, TVG, § 1 Rn. 168; *Richardi*, in: Richardi, BetrVG, § 77 Rn. 48; *Roth*, in: Staudinger, BGB, § 139

Rest einer Kollektivvereinbarung solange aufrechtzuerhalten ist, als er auch ohne den weggefallenen Teil noch eine brauchbare Regelung darstellt. Dies hängt mit dem Rechtsnormcharakter von arbeitsrechtlichen Kollektivvereinbarungen zusammen. Sie wirken für die Normunterworfenen wie Gesetze, so dass besonders hohe Anforderungen an die Rechtssicherheit zu stellen sind. Hiermit würde es sich jedoch nicht vertragen, wenn man hinsichtlich der Restwirksamkeit auf den hypothetischen Willen der Parteien abstellen würde. Zudem wird es als unbillig angesehen, dass die Nichtigkeit einer einzelnen Regelung dazu führen würde, dass den Arbeitnehmern der tarifvertragliche Schutz vollständig entzogen wird.[627]

Obwohl die Vermutungsregel nach überwiegender Meinung auf Kollektivvereinbarungen nicht anzuwenden ist, gibt es Fälle, in denen sich die Teilnichtigkeit auf den Rest der Vereinbarung dennoch auswirken kann. Zum einen haben die Parteien es kraft ihrer Privatautonomie in der Hand, die Unteilbarkeit einer Vereinbarung festzulegen und somit ihr Auseinanderfallen zu verhindern.[628] Zum anderen geht das BAG in Ausnahmefällen von der Gesamtnichtigkeit einer Vereinbarung aus, wenn der verbleibende wirksame Teil einer Vereinbarung keine „sinnvolle und in sich geschlossene Regelung" mehr enthält.[629] Dies ist nach Ansicht des BAG der Fall, wenn eine Gesamtregelung „ihren Sinn und ihre Rechtfertigung verlieren würde, nähme man einen ihrer Bestandteile heraus".[630] Es muss folglich einen unlösbaren Zusammenhang zwischen dem nichtigen und dem wirksamen Teil geben, der, bei alleiniger Fortgeltung des wirksamen Teils, eine Störung des Äquivalenz- und Ordnungsgefüges der Vereinbarung bewirken würde. Nur in solchen Ausnahmefällen ist nach Ansicht des BAG von der Gesamtnichtigkeit der Vereinbarung auszugehen.

c) *Störung des Äquivalenz- und Ordnungsgefüges bei Teilnichtigkeit einer dreigliedrigen Standortsicherungsvereinbarung?*

Bei Standortsicherungsvereinbarungen besteht eine erhöhte Gefahr, dass die Teilnichtigkeit zu einer Störung des Äquivalenz- und Ordnungsgefüges der gesamten Vereinbarung führt. Dies wird deutlich, wenn man sich den typischen Regelungs-

---

Rn. 20 f.; *Stein*, Tarifvertragsrecht, Rn. 393; *Thüsing*, in: Wiedemann, TVG, § 1 Rn. 245, 332; a.A. für Betriebsvereinbarungen *Worzalla*, in: H/S/W/G/N/R, BetrVG, § 77 Rn. 17, 241.

[627] *Reim*, in: Däubler, TVG, § 1 Rn. 168.
[628] *Löwisch/Rieble*, TVG, § 1 Rn. 348.
[629] BAG v. 18.12.1990, NZA 1991, 484, 489; BAG v. 25.1.2000, NZA 2000, 1069, 1071; BAG v. 21.10.2003, NZA 1004, 559, 561; ebenso *Gamillscheg*, Kollektives Arbeitsrecht, Band I, S. 709 f.; *Löwisch/Rieble*, TVG, § 1 Rn. 347; *Thüsing*, in: Wiedemann, TVG, § 1 Rn. 332.
[630] So BAG v. 23.3.1957, AP Nr. 8 zu § 1 TVG.

inhalt von dreigliedrigen Standortsicherungsvereinbarungen anschaut. Hierbei handelt es sich in der Regel um ein in sich verflochtenes Paket von Vor- und Nachteilen für die Belegschaft, die nur zusammen eine sinnvolle Einheit ergeben.[631] Die Hauptleistungspflichten bestehen dabei in der Regel in Zugeständnissen der Arbeitnehmer in Bezug auf Arbeitszeit und Arbeitsentgelt sowie Zugeständnissen des Arbeitgebers bei der Beschäftigungssicherung. Häufig vereinbaren die Parteien in der Vereinbarung sogar ausdrücklich, dass sich die Hauptleistungen bedingen. Dies stellt freilich den Idealfall dar, da sich die Rechtsfolge dann aus der Vereinbarung selbst ergibt. Bei Fehlen einer ausdrücklichen Regelung ist erst durch Auslegung zu ermitteln, ob die Aufrechterhaltung der restlichen Vereinbarung das Verhandlungsergebnis zulasten einer Partei unangemessen verschiebt.

Von einer solchen Verschiebung kann jedoch grundsätzlich ausgegangen werden, wenn die Teilnichtigkeit eine der Hauptpflichten der Standortsicherungsvereinbarung betrifft. Es ist nicht denkbar, dass sich eine Partei an ihren Zugeständnissen festhalten lassen will, wenn die Verpflichtung der anderen Partei mangels Wirksamkeit der Regelung entfällt. In einem solchen Fall besteht auch kein schutzwürdiges Interesse der Normunterworfenen oder des Arbeitgebers an der Aufrechterhaltung der restlichen Vereinbarung. Sofern eine Regelung zur Entgelt- oder Arbeitszeitverkürzung beispielsweise wegen Verstoßes gegen § 77 Abs. 3 Satz 1 BetrVG unwirksam ist, gibt es kein schutzwürdiges Interesse der Arbeitnehmer, auf den Fortbestand einer im Gegenzug versprochenen Regelung zur Standort- oder Beschäftigungssicherung vertrauen zu dürfen. Dies gilt *vice versa* für den Fall, dass eine Regelung zur Standort- oder Beschäftigungssicherung unwirksam ist. Die Aufrechterhaltung der restlichen Vereinbarung würde das Gesamtgefüge zulasten der von der Unwirksamkeit betroffenen Partei verschieben. Unerheblich ist, dass die verbleibenden Regelungen unter Umständen jeweils sinnvolle und in sich geschlossene Bestimmungen bleiben, die theoretisch jede für sich vollziehbar sind.[632] Eine Regelung zur Arbeitszeitverkürzung kann freilich noch vollzogen werden, wenn der in derselben Vereinbarung geregelte Ausschluss von betriebsbedingten Kündigungen unwirksam ist. Dies ist jedoch nicht sinnvoll und in der Regel auch nicht gewollt. Die Regelungen dürfen gerade nicht jede für sich isoliert betrachtet

---

[631] *Grau/Döring*, NZA 2008, 1335, 1337; *Gravenhorst*, FA 2008, 330; ähnlich *Däubler*, Tarifvertragsrecht, Rn. 163 in Bezug auf den Leber-Kompromiss.
[632] So aber *Ruch*, Dreiseitige Vereinbarungen, S. 155, die im Regelfall davon ausgeht, dass eine dreiseitige Vereinbarung trotz Unwirksamkeit einzelner Regelungen eine in sich sinnvolle Vereinbarung bleibt. Allerdings konzediert sie, dass im Ausnahmefall zu einer unangemessenen Verschiebung des Verhandlungsergebnisses kommen kann.

werden, sondern es muss auf die Sinnhaftigkeit der verbleibenden Regelungen im Gesamtkontext der Vereinbarung abgestellt werden.

Da das Äquivalenz- und Ordnungsgefüge einer Standortsicherungsvereinbarung im Falle der Nichtigkeit einer eine Hauptleistungspflicht betreffenden Regelung grundsätzlich gestört sein wird, ist es interessengerecht, § 139 BGB auf dreigliedrige Standortsicherungsvereinbarungen entsprechend anzuwenden.[633] Die Teilnichtigkeit einer dreigliedrigen Standortsicherungsvereinbarung führt also grundsätzlich zu deren Gesamtnichtigkeit. Dies schließt freilicht nicht aus, dass die Parteien die Vermutung der Gesamtnichtigkeit im Einzelfall widerlegen können. So wird unproblematisch von einer Weitergeltung der restlichen Vereinbarung auszugehen sein, wenn die Teilnichtigkeit nur eine unwesentliche Regelung betrifft und der mit der Standortsicherungsvereinbarung verfolgte Zweck trotz Wegfalls dieser Regelung weiterhin erreicht werden kann, ohne dass sich das Verhandlungsgleichgewicht zulasten einer Partei verschiebt.

2. Rechtsfolgen bei typengemischten Kollektivvereinbarungen

Gelangt man im Rahmen der Auslegung zu dem Ergebnis, dass eine dreigliedrige Standortsicherungsvereinbarung in Gesamtheit keine einheitliche Rechtsqualität hat, sondern in Teilen Tarifvertrag und Betriebsvereinbarung ist, führt dies zu Besonderheiten in Bezug auf die Teil-/Gesamtnichtigkeit der Vereinbarung.

Die Besonderheit einer Mischvereinbarung besteht darin, dass es sich streng genommen nicht um *eine* Vereinbarung handelt, sondern um einen eigenständigen Firmentarifvertrag und eine eigenständige Betriebsvereinbarung, die lediglich in einem einheitlichen Dokument zusammengefasst sind. Sofern in einer dieser Teilvereinbarungen eine Regelung unwirksam ist, führt dies entsprechend § 139 BGB grundsätzlich zur Gesamtnichtigkeit.[634] Wenn eine der Teilvereinbarung in Gesamtheit nichtig ist, stellt sich dann jedoch die Frage, welche Auswirkungen dies auf die jeweils andere Teilvereinbarung hat.

Einer Anwendung von § 139 BGB steht dem ersten Anschein nach der Wortlaut der Norm entgegen. Dieser spricht nämlich davon, dass der Teil *eines* Rechtsgeschäfts nichtig ist. Die Mischvereinbarung konstituiert sich jedoch aus zwei Rechtsgeschäften – dem Firmentarifvertrag und der Betriebsvereinbarung. Für die Anwendung von § 139 BGB ist jedoch nicht entscheidend, ob mehrere formell selbst-

---

[633] So im Ergebnis wohl auch *Grau/Döring*, NZA 2008, 1335, 1337; *Thüsing*, NZA 2008, 201, 206; so in Bezug auf Betriebsvereinbarungen auch *Worzalla*, in: H/S/W/G/N/R, BetrVG, § 77 Rn. 17, 241.
[634] Vgl. F.II.1.

ständige Rechtsgeschäfte vorliegen, sondern ob diese in einem einheitlichen Rechtsgeschäft zusammengefasst sind.[635] Wonach sich dies richtet, wird unterschiedlich beurteilt. Zum Teil wird auf den objektiven Sinnzusammenhang zwischen den Geschäften abgestellt,[636] andere wiederum möchten dies nach dem Willen der Parteien entscheiden.[637] Beide Ansichten werden in der Regel jedoch zu demselben Ergebnis führen, da zur Bestimmung des Parteiwillens danach zu fragen ist, ob der *objektive Sinn* einer Mehrzahl von Geschäften ergibt, dass ihre Einheit gewollt sein muss.[638] Die Kriterien zur Ermittlung des Parteiwillens oder aber zur Bestimmung eines objektiven Sinnzusammenhangs sind damit im Ergebnis fast identisch. Eine tatsächliche Vermutung für das Vorliegen einer Geschäftseinheit soll bestehen, wenn die einzelnen Geschäfte in einer gemeinsamen Urkunde zusammengefasst sind.[639] Dies ist bei einer dreigliedrigen Standortsicherungsvereinbarung der Fall, so dass eine Geschäftseinheit in der Regel vorliegen wird. Hierfür spricht auch die Art des Zustandekommens einer dreigliedrigen Standortsicherungsvereinbarung. Die Parteien handeln die Vereinbarung gemeinsam aus und schließen sie anschließend gemeinsam ab. Lediglich um den einzelnen Teilen zur (vermeintlichen) Wirksamkeit zu verhelfen, haben Teile der Vereinbarung eine unterschiedliche Rechtsqualität. Darüber, dass es sich im Ergebnis um eine einheitliche Vereinbarung – die Standortsicherungsvereinbarung – handelt, dürfte zwischen den Parteien jedoch Konsens herrschen.

Wie bei einheitlicher Qualifizierung der Standortsicherungsvereinbarung steht einer entsprechenden Anwendung von § 139 BGB auch bei der Qualifizierung als Mischvereinbarung kein Schutzbedürfnis der Normunterworfenen entgegen. Die Verbindung beider Vereinbarungen in einem einheitlichen Dokument spricht vielmehr dafür, dass die Vereinbarungen miteinander stehen und fallen sollen. In der Regel werden auch hier die Teilvereinbarungen in einem so starken Maße korrelieren, dass die Aufrechterhaltung von den Parteien nicht gewollt ist. Freilich kann die Vermutung der Gesamtnichtigkeit im Einzelfall durch die Parteien widerlegt werden.

---

[635] So *A. Arnold*, in: Erman, BGB, § 139 Rn. 12.
[636] *Busche*, in: MüKo-BGB, § 139 Rn. 16.
[637] So *A. Arnold*, in: Erman, BGB, § 139 Rn. 21; *Roth*, in: Staudinger, § 139 Rn. 38.
[638] Vgl. *A. Arnold*, in: Erman, BGB, § 139 Rn. 21; ähnlich *Roth*, in: Staudinger, § 139 Rn. 37.
[639] BGH v. 22.5.1970, NJW 1970, 1414, 1415; BGH v. 25.3.1987, NJW 1987, 2004, 2007.

3. Wirkung salvatorischer Klauseln

Salvatorische Klauseln gehören mittlerweile zum Standardrepertoire der meisten Individual- und Kollektivverträge.[640] Sie sollen der Bewältigung von Unsicherheiten dienen und ihre Wirkung besteht in der Regel darin, die Rechtsfolge des § 139 BGB auszuschalten und bei Teilnichtigkeit das Rechtsgeschäft im Übrigen aufrechtzuerhalten (Erhaltungsklausel).[641]

Wenn eine salvatorische Klausel in einer dreigliedrigen Standortsicherungsvereinbarung enthalten ist, führt dies im Falle der Teilnichtigkeit zur Restgültigkeit der Vereinbarung. Die salvatorische Klausel bewirkt – ihrem Zweck entsprechend – eine Nichtanwendung des § 139 BGB. Auch wenn sich die Parteien – wie in so vielen Fällen – keine Gedanken über die Sinnhaftigkeit einer jeden Regelung gemacht haben, kann eine ausdrückliche Regelung nicht im Wege der Auslegung umschifft werden, zumal in den meisten Fällen nicht erkennbar sein wird, ob die Regelung bewusst und somit gewollt, oder lediglich aus Unachtsamkeit in die Standortsicherungsvereinbarung aufgenommen wurde. In der Regel ist den Parteien jedoch von der Verwendung einer Erhaltungsklausel abzuraten, da diese sich mit dem Regelungszweck dreigliedriger Standortsicherungsvereinbarungen nicht verträgt. Wenn eine zentrale Regelung in einer Vereinbarung unwirksam ist, ist die Aufrechterhaltung der übrigen Regelungen zumeist nicht gewollt und wenig sinnvoll.

4. Fazit

Anders als bei Tarifverträgen oder Betriebsvereinbarungen kommt § 139 BGB im Rahmen von Standortsicherungsvereinbarungen zur Anwendung. Im Zweifel hat die Nichtigkeit einer Regelung somit die Gesamtnichtigkeit der Vereinbarung zur Folge.

III. Beendigung von dreigliedrigen Standortsicherungsvereinbarungen

Für eine längere Dauer abgeschlossene Vereinbarungen bringen es mit sich, dass eine Partei sich unter Umständen vorzeitig hiervon lösen möchte. Dies kann im Rahmen von Standortsicherungsvereinbarungen insbesondere für den Arbeitgeber

---

[640] Vgl. näher hierzu *Junker/Kamanabrou*, Vertragsgestaltung, § 1 Rn. 49 ff.; *Schröder*, Der sichere Weg der Vertragsgestaltung, S. 182 ff.
[641] Eine typische Erhaltungsklausel lautet beispielsweise: „Sollten Bestimmungen dieses Vertrages oder eine künftig in ihm aufgenommene Bestimmung ganz oder teilweise nicht rechtswirksam oder nicht durchführbar sein oder ihre Rechtswirksamkeit oder Durchführbarkeit später verlieren, so soll hierdurch die Gültigkeit der übrigen Bestimmungen nicht berührt werden", vgl. *Blaum*, in: Beck'sches Formularhandbuch, S. 1347.

gelten, da die Abgabe einer Standort- oder Beschäftigungsgarantie in großem Maße mit einem Verlust an Flexibilität einhergeht. Welche Beendigungsmöglichkeiten den Parteien von dreigliedrigen Standortsicherungsvereinbarungen zur Verfügung stehen, soll nachfolgend dargestellt werden. Dabei ist es erforderlich, danach zu unterscheiden, ob es sich bei der Vereinbarung um einen Tarifvertrag, eine Betriebsvereinbarung oder aber eine Mischvereinbarung handelt.

1. Beendigungsmöglichkeiten bei einheitlicher Qualifizierung als Tarifvertrag

Das Zustandekommen von Tarifverträgen ähnelt dem von schuldrechtlichen Verträgen. Dies hat zur Folge, dass sich die zu seiner Beendigung führenden Tatbestände grundsätzlich nach den allgemeinen Bestimmungen für schuldrechtliche Verträge richten. Dabei sind jedoch die tariflichen Besonderheiten stets zu berücksichtigen.[642] Zum einen ist ein Tarifvertrag ein Dauerrechtsverhältnis, das kontinuierliche Rechtswirkungen auslöst, so dass vornehmlich die Beendigungsmöglichkeiten heranzuziehen sind, die das bürgerliche Recht für Dauerschuldverhältnisse vorsieht. Daneben sind spezielle tarifrechtliche Beendigungsgründe zu berücksichtigen, die dadurch eintreten können, dass eine Tarifpartei nach Abschluss der Vereinbarung ihre Tariffähigkeit verliert oder ihre Tarifzuständigkeit aufgibt.

a) Beendigung infolge Zeitablaufs oder Zweckerreichung

Pacta sunt servanda! Dieser Grundsatz gilt auch für dreigliedrige Standortsicherungsvereinbarungen. Da sie in der Regel für einen bestimmten Zeitraum abgeschlossen werden, enden sie – dem Prinzip der Vertragstreue folgend[643] – grundsätzlich mit Ablauf der vereinbarten Laufzeit, ohne dass die Parteien tätig werden müssen. Es unterliegt der Parteiautonomie, wie lange sie die Laufzeit einer Vereinbarung festlegen.[644] Die Befristung bedarf hinsichtlich der Dauer keines sachlichen Grundes.[645]

Die Tarifvertragsparteien können ferner eine auflösende Bedingung (§ 158 Abs. 2 BGB) vereinbaren, mit deren Eintritt der Tarifvertrag automatisch endet. Im Inte-

---

[642] *Doerner*, in: Kasseler Handbuch ArbR, Band 2, 8.1 Rn. 28; *Oetker*, in: J/K/O, Tarifvertragsrecht, § 8 Rn. 1; *Wank*, in: Wiedemann, TVG, § 4 Rn. 10.
[643] Vgl. zum Prinzip der Vertragstreue *Oetker*, Das Dauerschuldverhältnis und seine Beendigung, S. 248 ff. m.w.N; *ders*. RdA, 1995, 82, 93 f.
[644] Die Analyse mehrerer dreigliedriger Standortsicherungsvereinbarungen hat ergeben, dass eine Laufzeit zwischen 24 und 48 Monaten üblich ist.
[645] *Franzen*, in: ErfK, § 1 TVG Rn. 30; *Henssler*, in: H/W/K, § 1 TVG Rn. 22; *Oetker*, in: J/K/O, Tarifvertragsrecht, § 8 Rn. 2.

resse der Rechtssicherheit muss sich eine solche Bedingung ohne weiteres aus der Vereinbarung ergeben.[646] Denkbar ist beispielsweise, dass die Parteien die Laufzeit einer Standortsicherungsvereinbarung von der Erreichung bestimmter betriebswirtschaftlicher Kennzahlen abhängig machen, die belegen, dass die zum Abschluss der Vereinbarung führende Krisensituation überwunden ist. Hierbei kann es sich um vom Unternehmen abgekoppelte konjunkturelle Daten handeln, beispielsweise das tatsächliche oder prognostizierte Wirtschaftswachstum in einer bestimmten Branche. Näher liegend ist es jedoch, die Laufzeit an unternehmensbezogene Kennzahlen zu koppeln, da nur diese die wirtschaftliche Situation des betroffenen Unternehmens widerspiegeln. In Betracht kommen hierfür Werte, die die Auftragslage oder die Auslastung des Unternehmens messen. Ebenso können die Parteien beispielsweise Gewinn- und Umsatzzahlen oder EBIT/EBITDA-Kennzahlen an bestimmten Stichtagen als Zielgrößen festlegen.

b) Ausschluss der ordentlichen Kündigung bei befristeten Standortsicherungsvereinbarungen

Dauerrechtsverhältnisse sind grundsätzlich ordentlich kündbar. Dies gilt nach überwiegender Ansicht jedoch nicht für befristete Verträge. Diese enthalten in Ermangelung abweichender Regelungen für die Dauer der Befristung einen konkludenten Ausschluss der ordentlichen Kündbarkeit, da diese dem Zweck einer befristeten Vereinbarung zuwiderlaufen würde.[647] Durch die Festsetzung einer bestimmten Laufzeit beabsichtigen die Parteien einen stabilen vertraglichen Rahmen zu schaffen. Das Ziel, die vertragliche Bindung bis zu einem bestimmten Zeitpunkt aufrecht zu erhalten, ließe sich nicht verwirklichen, wenn einer Partei eine einseitige vorzeitige Lossagung von der Vereinbarung möglich wäre. Dieser Grundsatz hat in verschiedenen gesetzlichen Regelungen Niederschlag gefunden[648] und besitzt auch für Tarifverträge Gültigkeit.[649] Trotz der Befristung der Vereinbarung ist es den Parteien freilich unbenommen, die ordentliche Kündbarkeit der Vereinbarung ausdrück-

---

[646] *Heßhaus,* Kündigung und Wegfall der Geschäftsgrundlage im Tarifvertragsrecht, S. 107 f.; *Stein,* in: Kempen/Zachert, TVG, § 4 Rn. 146; *Wank,* in: Wiedemann, TVG, § 4 Rn. 18.
[647] BAG v. 15.4.2008, NZA-RR 2008, 586, 591; *Deinert,* in: Däubler, TVG, § 4 Rn. 107a; *Heßhaus,* Kündigung und Wegfall der Geschäftsgrundlage im Tarifvertragsrecht, S. 123; *Oetker,* in: J/K/O, Tarifvertragsrecht, § 8 Rn. 10; *Oetker,* RdA 1995, 82, 92; grundlegend zum konkludenten Ausschluss der ordentlichen Kündigung bei befristeten Dauerschuldverhältnissen *Oetker,* Das Dauerschuldverhältnis und seine Beendigung, S. 452 ff.
[648] Vgl. zum Beispiel die Regelungen in § 620 Abs. 1 BGB und § 15 Abs. 3 TzBfG.
[649] *Oetker,* RdA 1995, 82, 92.

lich zu regeln.[650] In diesem Fall gelten die von den Parteien festgesetzten Kündigungsbestimmungen.

Sofern in der Vereinbarung geregelt oder angedeutet ist, dass die ordentliche Kündigung zulässig sein soll, sind nur der Arbeitgeber oder die Gewerkschaft zur Kündigung berechtigt. Der Betriebsrat kann trotz seiner Beteiligung an der Vereinbarung den Vertrag nicht kündigen, da er keine tariffähige Partei ist. Seine Zustimmung zu einer Kündigung durch eine der Parteien ist auch nicht notwendig, da seine Beteiligung an der Vereinbarung rein deklaratorischer Natur ist. Hier kann nichts anderes gelten, als beim Abschluss der Vereinbarung. Dennoch können die Parteien freilich festlegen, dass die ordentliche Kündigung zu ihrer Wirksamkeit auch der Zustimmung des beteiligten Betriebsrats bedarf. Für die Kündigungserklärung gelten die allgemeinen Vorschriften des Bürgerlichen Rechts.[651] Als empfangsbedürftige Willenserklärung wird die Kündigungserklärung folglich erst mit Zugang bei dem richtigen Erklärungsempfänger – dem Arbeitgeber beziehungsweise der Gewerkschaft – wirksam. Eine Zustellung beim Betriebsrat erzeugt keine Rechtswirkung. Jedoch kann er als Bote zur Übermittlung der Kündigung fungieren. Umstritten ist, ob die ordentliche Kündigung ihre Rechtswirkungen bei fehlender vertraglicher Regelung erst mit Ablauf einer Kündigungsfrist entfaltet. Eine ausdrückliche Regelung dazu findet sich im Gesetz nicht. Das ältere Schrifttum verneint aus diesem Grund mehrheitlich die Annahme einer Kündigungsfrist.[652] Angesichts der ausdrücklichen Regelungen in § 77 Abs. 5 BetrVG für Betriebsvereinbarungen und § 28 Abs. 2 Satz 4 SprAuG für Vereinbarungen zwischen Arbeitgeber und Sprecherausschuss wird eine entsprechende Anwendung der dort geregelten 3-Monatsfrist mittlerweile überwiegend befürwortet.[653] Infolge der ähnlichen normativen Wirkung solcher Vereinbarungen und der vergleichbaren Interessenlagen erscheint dies gerechtfertigt. Zu dieser Ansicht tendiert auch die Rechtsprechung.[654]

---

[650] *Oetker*, in: J/K/O, Tarifvertragsrecht, § 8 Rn. 10.
[651] Vgl. näher dazu *Löwisch/Rieble*, TVG, § 1 Rn. 510.
[652] Nachweise bei *Oetker*, RdA 1995, 82, 87 Fn. 94.
[653] *Däubler*, Tarifvertragsrecht, Rn. 1435; *Gamillscheg*, Kollektives Arbeitsrecht, Band I, S. 771; *Henssler*, in: H/W/K, § 1 TVG Rn. 25; *Löwisch/Rieble*, TVG, § 1 Rn. 507; *Oetker*, in: J/K/O, Tarifvertragsrecht, § 8 Rn. 12; *Oetker*, RdA 1995, 82, 87; *Stein*, in: Kempen/Zachert, TVG, § 4 Rn. 132; *Wank*, in: Wiedemann, TVG, § 4 Rn. 24.
[654] Vgl. BAG v. 18.6.1997, NZA 1234, 1237 („Wegen der Geltung der Laufzeit- oder Kündigungsregelungen der inkorporierten Tarifverträge für den jeweiligen Regelungsgegenstand stellt sich nicht die Frage, ob für die Kündigung von Tarifverträgen ohne Laufzeit oder Kündigungsregelung der § 77 Abs. 5 BetrVG entsprechend gilt. Der Senat tendiert in dieser Frage dahin, sich der nahezu einhelligen Meinung in der Literatur anzuschließen, die dies für richtig hält."); in diese Richtung bereits BAG v. 10.11.1982, AP Nr. 8 zu § 1 TVG Form.

c) Außerordentliche Kündigung

Anders als die ordentliche Kündigung kann das Recht zur außerordentliche Kündigung für Dauerrechtsverhältnisse vertraglich nicht ausgeschlossen werden.[655] Dies gilt selbst für befristete Vereinbarungen.[656]

Sofern die Parteien die Voraussetzungen einer außerordentlichen Kündigung vertraglich geregelt haben, sind diese Regelungen maßgeblich. Andernfalls kommen die gesetzlichen Regelungen zur Anwendung. Da das Tarifvertragsgesetz selbst keine Regelungen zur außerordentlichen Kündigung enthält, ist als Rechtsgrundlage die für alle Dauerschuldverhältnisse geltende allgemeine Bestimmung des § 314 BGB heranzuziehen.[657]

aa) Formelle Voraussetzungen

Hinsichtlich der Kündigungsformalitäten kann grundsätzlich auf die Ausführungen zur ordentlichen Kündigung verwiesen werden. Es bestehen jedoch einige Besonderheiten. Naturgemäß ist eine außerordentliche Kündigung grundsätzlich fristlos möglich. Allerdings sieht § 314 Abs. 2 BGB vor, dass die Kündigung erst nach erfolglosem Ablauf einer zur Abhilfe bestimmten Frist oder nach erfolgloser Abmahnung zulässig ist, wenn der zur Kündigung führende wichtige Grund in der Verletzung einer Pflicht aus dem Vertrag selbst besteht. Zudem muss nach § 314 Abs. 3 BGB die Kündigung innerhalb einer angemessenen Frist erfolgen, nachdem der Kündigungsberechtigte von dem Kündigungsgrund Kenntnis erlangt hat. Die Regelung soll einerseits der schnellen Herbeiführung klarer Verhältnisse dienen. Zum anderen liegt ihr aber die Erwägung zugrunde, dass nach längerem Abwarten auch die Fortsetzung des Vertragsverhältnisses nicht unzumutbar ist.[658] Unklar ist, welcher Zeitraum unter einer angemessenen Frist zu verstehen ist. Abzulehnen ist eine Übernahme der recht kurzen Zwei-Wochen-Frist aus § 626 Abs. 2 Satz 1 BGB, da diese Frist auf die Besonderheiten der Kündigung eines Individualarbeits-

---

[655] Vgl. für Tarifverträge BAG v. 18.12.1996, NZA 1997, 830, 833; für Betriebsvereinbarungen BAG v. 28.4.1992, NZA 1993, 31, 35; für Dauerschuldverhältnisse allgemein BGH v. 27.3.1991, NJW 1991, 1828 f; *Wank*, in: Wiedemann, TVG, § 4 Rn. 28.

[656] BAG v. 18.12.1996, NZA 1997, 830, 833.; *Deinert*, in: Däubler, TVG, § 4 Rn. 119; *Franzen*, in: ErfK, § 1 TVG Rn. 33; *Henssler*, ZfA 1994, 467; *Stein*, in: Kempen/Zachert, TVG, § 4 Rn. 134; *Wank*, in: Wiedemann, TVG, § 4 Rn. 28.

[657] *Deinert*, in: Däubler, TVG, § 4 Rn. 119; *Franzen*, in: ErfK, § 1 TVG Rn. 33; *Henssler*, in: H/W/K, § 1 TVG Rn. 26; *Löwisch/Rieble*, TVG, § 1 Rn. 515; *Oetker*, in: J/K/O, Tarifvertragsrecht, § 8 Rn. 14; *Ruch*, Dreiseitige Vereinbarungen, S. 158; *Stein*, in: Kempen/Zachert, TVG, § 4 Rn. 134; *Wank*, in: Wiedemann, TVG, § 4 Rn. 28; vor Einführung des § 314 BGB wurde die außerordentliche Kündigung auf § 626 Abs. 1 BGB analog gestützt, vgl. *Henssler*, ZfA 1994, 487, 490; *Wank*, in: FS Schaub, S. 765.

[658] So die Begründung zu § 314 Abs. 3 RegE, BT-Drucks. 14/6040, S. 178.

verhältnisses zugeschnitten ist.[659] Wegen der weitgehenden Folgen, die die fristlose Kündigung eines Tarifvertrags mit sich bringt, sollte von einer großzügiger bemessenen Frist ausgegangen werden, insbesondere, um den Parteien ausreichend Zeit für Nachverhandlungen zu geben. *Löwisch/Rieble* halten daher eine Überlegungsfrist von einem Monat für angemessen.[660] *Oetker* schlägt vor, die Frist einzelfallabhängig flexibel zu bestimmen. Die Fristlänge solle dabei von der Schwere des Pflichtverstoßes abhängen. Dementsprechend sei eine „angemessene" Frist bei einer schweren Pflichtverletzung kürzer zu bemessen als bei nach Abschluss des Vertrages eingetretenen Veränderungen der wirtschaftlichen Verhältnisse, da in diesem Fall ein ausreichender Zeitraum für Verhandlungen über eine Anpassung des Vertrages zur Verfügung stehen müsse.[661] *Oetker* ist grundsätzlich darin zuzustimmen, dass verschiedenartige Pflichtverletzungen unterschiedliche Fristen erfordern können. Jedoch bleibt dabei unberücksichtigt, dass eine Frist auch Rechtssicherheit schaffen soll. Dies gilt für Tarifverträge umso mehr, als diese Rechtswirkungen für Dritte entfalten. Insofern scheint eine einmonatige Frist am ehesten dem Bedürfnis nach Rechtssicherheit sowie der Notwendigkeit eines angemessenen Zeitraums für Nachverhandlungen gerecht zu werden.

bb) Materielle Voraussetzungen

Eine außerordentliche Kündigung erfordert das Vorliegen eines wichtigen Grundes. Dieser liegt gemäß § 314 Abs. 1 Satz 2 BGB vor, wenn dem kündigenden Teil unter Berücksichtigung aller Umstände des Einzelfalls und unter Abwägung der beiderseitigen Interessen die Fortsetzung des Vertragsverhältnisses bis zur vereinbarten Beendigung oder bis zum Ablauf einer Kündigungsfrist nicht zugemutet werden kann.

Ein wichtiger Grund wird insbesondere bei schweren Pflichtverletzungen einer Partei angenommen.[662] Umstritten ist, ob eine Änderung der wirtschaftlichen Verhältnisse ebenfalls einen zur außerordentlichen Kündigung berechtigenden wichtigen Grund darstellen kann.[663] Hinsichtlich der Unzumutbarkeit des Festhaltens am Vertrag darf nicht alleine auf die Vertragsparteien abgestellt werden, sondern die

---

[659] *Deinert*, in: Däubler, TVG, § 4 Rn. 123; *Henssler*, in: H/W/K, § 1 TVG Rn. 34; *Löwisch/Rieble*, TVG, § 1 Rn. 520; *Oetker*, in: J/K/O, Tarifvertragsrecht, § 8 Rn. 18; *Wank*, in: Wiedemann, TVG, § 4 Rn. 47.
[660] *Löwisch/Rieble*, TVG, § 1 Rn. 520.
[661] So *Oetker*, in: J/K/O, Tarifvertragsrecht, § 8 Rn. 18; ähnlich *Wank*, in: FS Schaub, S. 775.
[662] *Deinert*, in: Däubler, TVG, § 4 Rn. 139; *Oetker*, in: J/K/O, Tarifvertragsrecht, § 8 Rn. 15; *Wank*, in: Wiedemann, TVG, § 4 Rn. 56.
[663] Vgl. hierzu sogleich unter F.III.1.c)bb)(1).

Interessen der Arbeitnehmer sind ebenfalls angemessen zu berücksichtigen, da ein Tarifvertrag während seiner Laufzeit eine Ordnungs- und Sicherungsfunktionen erfüllt.[664] Ob die Fortführung eines Tarifvertrages unzumutbar ist, ist durch Abwägung der widerstreitenden Interessen zu ermitteln. Hierbei stellt die verbleibende Restlaufzeit ein wichtiges Abwägungskriterium dar.[665] Die außerordentliche Kündigung ist das „schärfste Schwert", das den Parteien zur Verfügung steht. Aus dem das Kündigungsrecht beherrschenden *ultima-ratio*-Grundsatz folgt daher, dass eine fristlose Kündigung nur zulässig ist, wenn den Parteien keine andere, gleich wirksame und dabei weniger einschneidende Maßnahme zur Beseitigung der Unzumutbarkeit zur Verfügung steht.[666] Dies erfordert in aller Regel selbst bei Fehlen einer ausdrücklichen Nachverhandlungsklausel, dass die Parteien den Versuch einer einvernehmlichen Vertragsanpassung unternommen haben müssen.[667]

(1) Wirtschaftliche Unzumutbarkeit als wichtiger Kündigungsgrund?

Umstritten ist, ob die wirtschaftliche Unzumutbarkeit als wichtiger Grund im Sinne von § 314 Abs. 1 Satz 1 BGB anzuerkennen ist. Dies betrifft insbesondere solche Fälle, in denen sich eine Partei wegen einer Veränderung der wirtschaftlichen Rahmenbedingungen darauf beruft, dass ein Festhalten am Vertrag für sie wirtschaftlich nicht zumutbar sei. Dies kann beispielsweise der Fall sein, wenn eine Verschlechterung der wirtschaftlichen Lage dazu führt, dass der Arbeitgeber mit den in der Standortsicherungsvereinbarung festgesetzten Löhnen und Arbeitszeiten nicht mehr wirtschaftlich produzieren kann. Ebenso kann eine Situation entstehen, in der sich eine Beschäftigungsgarantie nicht mehr aufrechterhalten lässt, ohne dass das Unternehmen dadurch in seiner Existenz bedroht wird. Eine Kündigung wegen wirtschaftlicher Unzumutbarkeit stellt kein rein theoretisches Problem dar,[668] sondern die Rechtssprechung hatte sich mit solchen Fallgestaltungen bereits häufig auseinanderzusetzen.[669]

---

[664] *Gmelin-Lux*, Die außerordentliche Kündigung des Tarifvertrages, S. 34; *Wank*, in: Wiedemann, TVG, § 4 Rn. 29.
[665] *Löwisch/Rieble*, TVG, § 1 Rn. 529.
[666] *Belling*, NZA 1996, 906, 911.
[667] Vgl. BAG v. 18.12.1996, NZA 1997, 830, 834; ebenso *Belling*, NZA 1996, 906, 911; *Belling/Hartmann*, ZfA 1997, 87, 118 f.; *Kast/Freihube*, BB 2003, 956, 959; *Winter/Zekau*, ArbuR 1997, 89, 94.
[668] So aber *Adomeit*, Regelung von Arbeitsbedingungen, S. 51.
[669] Siehe nur BAG v. 18.6.1997, NZA 1997, 1234 ff.; BAG v. 18.2.1998, NZA 1998 1008 ff.; BAG v. 1.3.2007, NZA 2007, 1445 ff.; ArbG Wiesbaden v. 5.2.1997, NZA 1997, 541 ff.; ArbG Potsdam v. 16.1.1997, ArbuR 1997, 82.

Eine außerordentliche Kündigung wegen wirtschaftlicher Unzumutbarkeit erscheint problematisch, da grundsätzlich jeder Vertragsschluss für die Parteien Risiken birgt, die bewusst oder unbewusst in Kauf genommen werden. Hierzu gehört auch das Risiko, dass Leistung und Gegenleistung zukünftig gegebenenfalls in keinem angemessenen Verhältnis mehr stehen. Diese Risikoübernahme gilt für Tarifverträge ganz besonders, da dem Abschluss eines Tarifvertrages, insbesondere der Festlegung von Löhnen, immer eine Prognose seitens der Tarifparteien hinsichtlich der wirtschaftlichen Entwicklung zugrunde liegt.[670] Das Risiko der Veränderungen der wirtschaftlichen Entwicklung müssen die Vertragsparteien in ihren Verhandlungen berücksichtigen. Daher wird teilweise auch vorgeschlagen, eine außerordentlichen Kündigung wegen wirtschaftlicher Unzumutbarkeit nur zuzulassen, wenn die Unzumutbarkeit auf einem nicht vorhersehbaren Risiko beruhe. Dies könne beispielsweise bei einer Liefersperre von Rohstoffen oder einer Ölkrise der Fall sein.[671] Rechtsprechung und ein großer Teil des Schrifttums erkennen die wirtschaftliche Unzumutbarkeit als wichtigen Kündigungsgrund hingegen an.[672] Dabei herrscht jedoch Einigkeit, dass die Veränderung der wirtschaftlichen Situation nur in wenigen krassen Ausnahmefällen taugliches Mittel zur Beendigung von Tarifverträgen sein kann.[673] Diese restriktive Handhabung beruht zum einen auf der eingangs erwähnten Überlegung, dass jede Partei das von ihr übernommene Markt- und Wirtschaftsrisiko zu tragen hat. Verständigen Vertragspartnern ist es nämlich zuzumuten, künftige Änderungen der Wirtschaftsentwicklung in Betracht zu ziehen.[674] Zum anderen hat ein Tarifvertrag eine stabilisierende Funktion. Für eine gewisse Zeit soll sein Inhalt eine Konstante für die betroffenen Arbeitsverhältnisse darstellen und von einer zwischenzeitlichen Änderung der Wirtschaftsumstände und anderer äußerer Einflüsse abgekoppelt sein.[675]

---

[670] Vgl. *Kast/Freihube*, BB 2003, 956.
[671] Vgl. *Wank*, in: Wiedemann, TVG, § 4 Rn. 59.
[672] Vgl. BAG v. 18.6.1997, NZA 1997, 1234 ff.; BAG v. 18.2.1998, NZA 1998 1008 ff.; BAG v. 1.3.2007, NZA 2007, 1445 ff.; *Henssler*, ZfA 1994, 487, 491; *Kast/Freihube*, BB 2003, 956; *Löwisch/Rieble*, TVG, § 1 Rn. 528; *Oetker*, in: J/K/O, Tarifvertragsrecht, § 8 Rn. 15; *Stein*, in: Kempen/Zachert, TVG, § 4 Rn. 134 f.; sehr einschränkend *Franzen*, in: ErfK, § 1 TVG Rn. 34 f.; a.A. *Gamillscheg*, Kollektives Arbeitsrecht, Band I, S. 771 f.; *Wank*, in: Wiedemann, TVG, § 4 Rn. 60; *Deinert*, in: Däubler, TVG, § 4 Rn. 130 f. möchte eine Kündigung nur zulassen, wenn beide Parteien eine Fehlvorstellung bezüglich der wirtschaftlichen Entwicklung hatten.
[673] *Henssler*, ZfA 1994, 487, 491; *Löwisch/Rieble*, TVG, § 1 Rn. 529; *Oetker*, in: J/K/O, Tarifvertragsrecht, § 8 Rn. 15; *Wank*, in: FS Schaub, S. 767; *Winter/Zekau*, ArbuR 1997, 89, 93.
[674] *Oetker*, RdA 1995, 82, 94; *Wank*, in: FS Schaub, S. 767.
[675] Vgl. *Belling*, NZA 1996, 906, 908; *Deinert*, in: Däubler, TVG, § 4 Rn. 130; *Wank*, in: FS Schaub, S. 768.

Um beurteilen zu können, ob eine außerordentliche Kündigung wegen wirtschaftlicher Unzumutbarkeit möglich sein sollte, muss zunächst geklärt werden, was unter wirtschaftlicher Unzumutbarkeit zu verstehen ist.

(a) Heranziehung von Beurteilungskriterien aus anderen, aber vergleichbaren Fallgestaltungen

Naturgemäß besteht die größte Schwierigkeit darin, den Begriff der wirtschaftlichen Unzumutbarkeit zu präzisieren. Hierzu kann es hilfreich sein, Beurteilungskriterien aus anderen Fallgestaltungen heranzuziehen, die der Vorliegenden ähneln.

(aa) Lösungsmöglichkeit auf individualrechtlicher Ebene durch Änderungskündigung

Zum Teil wird vorgeschlagen, einen Bezug zu den Voraussetzungen herzustellen, unter denen sich ein Arbeitgeber von individualvertraglich vereinbarten Arbeitsbedingungen durch Änderungskündigung lösen kann.[676] Dies wird damit begründet, dass eine Kongruenz der Bewertungsmaßstäbe innerhalb der Arbeitsrechtsordnung es erfordere, dass sich keine wirtschaftliche Unzumutbarkeit begründen lasse, solange ein Unternehmer sich an vergleichbaren einzelvertraglichen Klauseln festhalten lassen müsse. In einem schlüssigen Gesamtsystem könne eine außerordentliche Kündigung eines Tarifvertrags erst dann in Betracht kommen, wenn auf einzelvertraglicher Ebene eine Änderungskündigung zum Zwecke der Lohnsenkung zulässig wäre.[677]

Wendet man diese Ansicht auf dreigliedrige Standortsicherungsvereinbarung an, käme eine außerordentliche Kündigung wegen wirtschaftlicher Unzumutbarkeit für den Arbeitgeber nur in Betracht, wenn zugleich die Voraussetzungen für eine Änderungskündigung zur Entgeltsenkung vorlägen. Nach Ansicht des BAG ist eine außerordentliche Änderungskündigung zur Entgeltreduzierung nicht ausgeschlossen, sie kann jedoch nur in „extremen Ausnahmefällen" zur Anwendung kommen.[678] Dies erfordert nach Ansicht des BAG, dass „durch die Senkung der Personalkosten die Stilllegung des Betriebs oder die Reduzierung der Belegschaft verhindert werden kann und die Kosten durch andere Maßnahmen nicht zu senken

---

[676] So zum Beispiel *Bauer/Diller*, DB 1993, 1085, 1090; *Henssler*, ZfA 1994, 487, 492; *Hromadka*, in: FS Wlotzke, S. 352; *Kast/Freihube*, BB 2003, 956, 957.
[677] *Henssler*, ZfA 1994, 487, 492.
[678] So BAG v. 1.3.2007, NZA 2007, 1445, 1447; vgl. ausführlich zur Änderungskündigung zum Zwecke der Entgeltabsenkung *Krois*, ZfA 2009, 575 ff.

sind."[679] Zwingend erforderlich ist also die drohende Schließung eines Betriebs oder Betriebsteils, falls die angestrebte Senkung der Lohnkosten nicht erfolgt. Eine Änderungskündigung zur Entgeltsenkung ist folglich nur zulässig, wenn diese eine sonst aus wirtschaftlichen Gründen erforderliche Beendigungskündigung vermeidet. Einige Stimme in der Literatur erachten diesen Maßstab als zu restriktiv und möchten bereits angemessene Rentabilitätsziele für eine Änderungskündigung zur Entgeltabsenkung genügen lassen.[680] Diese Ansicht ist jedoch abzulehnen.[681] Die Änderung einer vertraglich eingegangenen Bindung darf nur in dem krassen Ausnahmefall einer sonst drohenden Existenzgefährdung zulässig sein. Dies verdeutlicht auch ein Vergleich mit der Betriebsrisikolehre.[682] Danach hat der Arbeitgeber grundsätzlich das Betriebs- und Wirtschaftsrisiko zu tragen und ist selbst bei unverschuldeten Betriebsstörungen dazu verpflichtet, den Lohn weiter zu bezahlen. Eine Betriebsstörung kann somit keinen Kündigungsgrund darstellen.[683] Auch das BAG ist der Ansicht, dass „Umstände, die in die Sphäre des Betriebsrisikos des Arbeitgebers fallen, (…) nicht als wichtige Gründe für eine außerordentliche Kündigung geeignet" sind.[684] Das Betriebsrisiko soll nach Ansicht der Rechtsprechung lediglich im Falle der Existenzgefährdung eines Betriebs nicht mehr vom Arbeitgeber zu tragen sein.[685] Es gilt also der Grundsatz, dass das Betriebs- und Wirtschaftsrisiko nicht auf die Arbeitnehmer abgewälzt werden darf, solange das Unternehmen sich keiner existenzgefährdenden Situationen gegenübersieht, die zwangsläufig einen Verlust von Arbeitsplätzen mit sich bringen würde. Dieser Maßstab gilt entsprechend für die Bindung an einen Tarifvertrag.

Bevor ein Arbeitgeber Änderungskündigungen zur Lohnsenkung aussprechen kann, muss er zudem sämtliche ihm alternativ zur Verfügung stehenden milderen Mittel ausgeschöpft haben. Als Beispiele nennt das BAG Rationalisierungsmaß-

---

[679] So BAG v. 23.6.2005, NZA 2006, 92, 96; BAG v. 12.1.2006, NZA 2006, 587, 588; BAG v. 1.3.2007, NZA 2007, 1445, 1447.
[680] So beispielsweise *Bengelsdorf*, in: KPK, Teil H, § 2 Rn. 99; *Löwisch*, NZA 1988, 633, 637; *Krause*, DB 1995, 574, 579 möchte als dringendes Erfordernis für eine Kündigung ausreichen lassen, dass die Personalkostensenkung Teil einer Gesamtkonzeption ist, durch die Arbeitsplätze langfristig geschützt werden.
[681] So auch *Rost*, in: KR, § 2 KschG Rn. 107b.
[682] Siehe hierzu *Preis*, in: ErfK, § 615 BGB Rn. 120 ff. m.w.N.
[683] *Fischmeier*, in: KR, § 626 Rn. 96; *Preis*, in: S/P/V, Kündigung, Rn. 752.
[684] BAG v. 28.9.1972, NJW 1973, 342, 343.
[685] Vgl. BAG v. 28.9.1972, NJW 1973, 342, 343, allerdings mit der Einschränkung, dass die Existenz des gesamten Unternehmens und nicht lediglich eines Betriebs gefährdet sein muss; ablehnend *Preis*, in: ErfK, § 615 BGB Rn. 127, da es keinen sachlichen Grund dafür gäbe den Arbeitnehmern das Risiko der Existenzgefährdung eines Unternehmens aufzubürden, solange sie nicht am Gewinn des Unternehmens beteiligt würden.

nahmen und sonstige Einsparungen, ohne jedoch zu präzisieren, was genau darunter zu verstehen ist.[686]

(bb) Leistungsverweigerung wegen wirtschaftlicher Notlage i.S.v. § 7 Abs. 1 Satz 3 Nr. 5 BetrAVG a.F.

Vereinzelt wird vorgeschlagen, die wirtschaftliche Unzumutbarkeit mit dem Begriff der wirtschaftlichen Notlage i.S.v. § 7 Abs. 1 Satz 3 Nr. 5 BetrAVG a.f. zu vergleichen.[687] Diese Norm regelte die Fälle, in denen der Arbeitgeber seine Versorgungsleistungen wegen einer wirtschaftlichen Notlage kürzen oder einstellen durfte, was dann zu einer Übernahme der Leistungen durch den Pensions-Sicherungs-Verein führte. Die arbeitsgerichtliche Rechtsprechung hat in diesem Zusammenhang eine wirtschaftliche Unternehmenskrise angenommen, wenn der Arbeitgeber im Falle der Leistungsverweigerung mit Mitteln der modernen Betriebswirtschaft eine wirtschaftliche Notlage i.S.v. § 7 Abs. 1 Satz 3 Nr. 5 BetrAVG a.F. nachweisen konnte. Dies erforderte, dass eine von einem unparteiischen Sachverständigen erstellte Betriebsanalyse die wirtschaftliche Notlage des Betriebs und deren Ursachen im Einzelnen darlegte.[688] Im Rahmen dieser Analyse musste nachgewiesen werden, dass die finanzielle Belastung und die daraus resultierende Existenzbedrohung des Unternehmens ihre Ursache zumindest auch in der der Altersversorgung hatte und damit mittelbar durch die Tariflohnbelastungen hervorgerufen wurde.[689]

(b) Stellungnahme

Die Ansicht, wonach eine außerordentliche Kündigung wegen wirtschaftlicher Unzumutbarkeit nur möglich sein soll, wenn unvorhersehbare Ereignisse zu dieser Situation führen, ist abzulehnen. Sie wird den Bedürfnissen der Parteien nicht gerecht, wenn eine solche Situation tatsächlich eintritt. Dies wird in der Regel eine Situation sein, in der sich das Unternehmen in einer unmittelbar existenzbedrohenden Lage befindet. Dann kann es jedoch nicht mehr darauf ankommen, ob diese

---

[686] BAG v. 20.8.1998, NZA 1999, 255, 256; BAG v. 20.1.2000, NZA 2000, 592, 594; BAG v. 1.3.2007, NZA 2007, 1445, 1448; *Krause*, DB 1995, 574, 579 wirft ebenfalls die Frage auf, welche Rationalisierungsmaßnahmen von einem Arbeitgeber zuvor getroffen werden müssen, ohne eine Antwort auf diese Frage zu finden. Die fehlende Präzisierung des BAG kritisieren auch *Kast/Freihube*, BB 2003, 956, 957.
[687] So der Vorschlag der *Deregulierungskommission* im Rahmen der Diskussion um gesetzliche Tariföffnungsklauseln, in: Marktöffnung und Wettbewerb, S. 150; vgl. auch *Kast/Freihube*, BB 2003, 956, 957 f.
[688] BAG v. 10.12.1971, AP Nr. 154 zu § 242 BGB Ruhegehalt; bestätigt durch BAG v. 16.3.1993, AP Nr. 18 zu § 7 BetrAVG Widerruf.
[689] BAG v. 16.3.1993, AP Nr. 18 zu § 7 BetrAVG Widerruf.

selbstverschuldet oder ohne Verschulden herbeigeführt worden ist oder vorhersehbar beziehungsweise unvorhersehbar war. Im Vordergrund muss dann stehen, diese prekäre Lage mit allen zur Verfügung stehenden Mitteln abzuwenden und so einen größeren Schaden von allen Beteiligten abzuwenden. Dies muss dann gegebenenfalls eine außerordentliche Kündigung sein, um eine Beschäftigungsgarantie zu beenden und durch den Ausspruch von betriebsbedingten Kündigungen andere Arbeitsplätze zu „retten". Schließlich ist keinem Arbeitnehmer damit geholfen, wenn eine dreigliedrige Standortsicherungsvereinbarung trotz eintretender wirtschaftlicher Unzumutbarkeit nicht kündbar ist, dies jedoch zum Verlust aller Arbeitsplätze führt.

Wegen der vergleichbaren Interessenlage kann eine außerordentliche Kündigung wegen wirtschaftlicher Unzumutbarkeit jedoch nur in den Fällen in Betracht kommen, in denen ein Arbeitgeber zur Entgeltsenkung Änderungskündigungen aussprechen dürfte. Da dies nur zulässig ist, wenn ohne die geplanten Entgeltsenkungen eine zumindest teilweise Stilllegung des Unternehmens drohen würde, die zwangsläufig Entlassungen nach sich ziehen würde, stellt die außerordentliche Kündigung der Standortsicherungsvereinbarung immer noch das mildeste Mittel dar. Die Kündigung der Standortsicherungsvereinbarung setzt folglich die ansonsten drohende Schließung eines Betriebs(teils) voraus.

Unzweckmäßig erscheint es hingegen, den Begriff der wirtschaftlichen Unzumutbarkeit mit dem der wirtschaftlichen Notlage i.S.v. § 7 Abs. 1 Satz 3 Nr. 5 BetrAVG a.F. gleichzusetzen. Dies würde bedeuten, dass eine umfassende betriebswirtschaftliche Analyse durchgeführt werden müsste, bevor der Arbeitgeber weiß, ob er einen Tarifvertrag außerordentlich kündigen darf. Vor dem Hintergrund, dass in einer Situation, in der eine wirtschaftliche Unzumutbarkeit überhaupt in Betracht kommt, schnelle Entscheidungen gefragt sein werden, wäre dieser Ansatz zu zeitaufwendig und damit unpraktikabel.

Es stellt sich allerdings die Frage, ob eine außerordentliche Kündigung wegen wirtschaftlicher Unzumutbarkeit für Standortsicherungsvereinbarungen überhaupt sinnvoll ist. Die Kündigung der Vereinbarung hat nämlich zur Folge, dass die ursprünglichen Arbeitsbedingungen, also diejenigen aus der Zeit vor Abschluss der Standortsicherungsvereinbarung, wieder gelten. Dies wird in der Regel eine Rückkehr zu höheren Löhnen und für den Arbeitgeber ungünstigeren Arbeitszeiten mit sich bringen. Auf den ersten Blick scheint dies in einer Unternehmenskrise kontraproduktiv zu sein. Andererseits wird mit der Kündigung vorrangig die Beendigung einer Standort- oder Beschäftigungsgarantie bezweckt sein, um sich anschließend durch den Ausspruch von betriebsbedingten Kündigungen von Teilen der Belegschaft trennen zu können. Ob dieser Vorteil den Nachteil der Rückkehr zu den ursprünglichen Arbeitsbedingungen überwiegt, ist vorab genau zu prüfen. Grundsätzlich ist die außerordentliche Kündigung einer dreigliedrigen Standortsicherungsvereinbarung wegen wirtschaftlicher Unzumutbarkeit jedoch möglich.

(2) Exkurs: Darlegungspflicht bezüglich Existenzgefährdung und Unternehmensautonomie

Die praktischen Folgen rechtlichen Handelns dürfen nicht außer Acht gelassen werden. Wie bei jeder Kündigung liegt die Beweislast für die Darlegung der die Kündigung begründenden Umstände beim Kündigenden.[690] Hierbei reicht es keineswegs aus, sich pauschal auf die wirtschaftliche Unzumutbarkeit und eine drohende Existenzgefährdung zu berufen, sondern der Arbeitgeber wird im Falle einer außerordentlichen Kündigung die Gründe substantiiert vortragen müssen.[691] Dies kann allerdings mit der Preisgabe hochsensibler Geschäftsinterna wie Bilanzen und Gewinn- und Verlustrechnungen verbunden sein. Fraglich ist, inwieweit dies dem Arbeitgeber zuzumuten ist und wo etwaige Grenzen verlaufen.

(a) Keine Einflussnahme der Gewerkschaft auf die Geschäftspolitik

Die Gegenseite wird ein Interesse daran haben, zu erfahren, welche Gründe zur außerordentlichen Kündigung der Vereinbarung geführt haben. Insofern wäre die pauschale Behauptung der Unzumutbarkeit ein nicht hinzunehmender Angriff auf die Tarifautonomie. Andererseits wurde bereits erörtert, dass die Unternehmensautonomie einen Rahmen gewährleistet, innerhalb dessen bestimmte Entscheidungsspielräume frei von jeglicher gewerkschaftlicher Einflussnahme zu bleiben haben. Die Gewerkschaft kann beispielsweise nicht den Einwand erheben, eine verfehlte Geschäftspolitik habe die prekäre wirtschaftliche Lage des Unternehmens hervorgerufen und so letztlich versuchen, Einfluss auf die zukünftige Unternehmenspolitik zu nehmen. Der Unternehmer entscheidet als Eigentümer frei über die Geschäftspolitik – unabhängig davon, ob dies zum Guten oder zum Schlechten des Unternehmens geschieht. Insofern kann die Gewerkschaft im Rahmen gerichtlicher Streitigkeiten über die Kündigung nicht einwenden, eine schlechte Gewinn- beziehungsweise Ertragslage sei auf eine fehlerhafte Einkaufs-, Absatz- oder marktstrategische Unternehmenspolitik zurückzuführen und könne deshalb nicht zur außerordentlichen Kündigung berechtigen. Ebenso kann eine abweichende Liquiditätsbeurtei-

---

[690] *Wank*, in: Wiedemann, TVG, § 4 Rn. 44.
[691] BAG v. 28.4.1992, NZA 1993, 31, 35 f.

lung seitens der Gewerkschaft nicht von Belang sein. Die Gewerkschaft kann also nicht einwenden, dass sie beispielsweise die Bewertung des Betriebsvermögens anders einschätzt, da aus ihrer Sicht das Unternehmen über nicht notwendiges und deshalb veräußerbares Betriebsvermögen wie etwa Betriebsgrundstücke, Tochtergesellschaften oder sonstige Beteiligungen verfügt. Aufgrund der unternehmerischen Entscheidungsfreiheit bleiben solche wesentlichen strategischen Entscheidungen alleine der Geschäftsleitung vorbehalten.[692]

(b) Pflicht zur Offenlegung von internen Unterlagen

Dennoch birgt die gerichtliche Überprüfung einer außerordentlichen Kündigung wegen wirtschaftlicher Unzumutbarkeit erhebliche Gefahren, so dass im Vorhinein genau überlegt werden sollte, ob dieser Weg beschritten wird. In einem gerichtlichen Verfahren kann sich der Arbeitgeber nicht darauf berufen, dass ihn die Offenlegung sensibler unternehmensinterner Unterlagen, welche die wirtschaftliche Unzumutbarkeit der tariflichen Vereinbarung begründen, in seiner Unternehmensautonomie verletzt. Die Kündigung der Vereinbarung bürdet dem Kündigenden gerade die Darlegungs- und Beweislast auf. Vor dem Hintergrund der weit reichenden Konsequenzen einer außerordentlichen Kündigung und der Berücksichtigung des *ultima-ratio*-Grundsatzes erscheint es durchaus gerechtfertigt, dass der Arbeitgeber als vertraulich einzustufendes Material offen legen muss. Er ist allerdings nicht gänzlich schutzlos gestellt. So kann das Gericht gemäß §§ 52 Satz 2 ArbGG, 172 Nr. 2 GVG auf Antrag die Öffentlichkeit von der Verhandlung ausschließen, wenn Betriebs- oder Geschäftsgeheimnisse[693] erörtert werden. Auch kann das Risiko der Weitergabe von Geschäftsgeheimnissen an Wettbewerber durch die am Verfahren beteiligten Personen dadurch minimiert werden, dass das Gericht den der Sitzung beiwohnenden Personen eine Schweigepflicht gemäß §§ 52 Satz 4 ArbGG, 174 Abs. 3 GVG auferlegt, deren Verletzung nach § 352d Nr. 2 StGB strafbewährt ist.

cc) Rechtsfolge der außerordentlichen Kündigung

Anders als im allgemeinen Zivilrecht führt die Kündigung eines Tarifvertrages nicht zur sofortigen Beendigung des Vertragsverhältnisses, sondern die Tarifnormen wirken gemäß § 4 Abs. 5 TVG nach bis sie durch eine andere Abmachung ersetzt werden. Es handelt sich hierbei um eine Arbeitnehmerschutzvorschrift, der eine Überbrückungsfunktion zukommt. Die Arbeitnehmer sollen nach Beendigung

---

[692] *Kast/Freihube*, BB 2003, 956, 960.
[693] Siehe zum Begriff des Betriebsgeheimnisses BAG v. 16.3.1982, NJW 1983, 134 f.

eines Tarifvertrags nicht schutzlos gestellt sein. Es ist umstritten, ob und inwieweit auch bei einer außerordentlichen Kündigung eine Nachwirkung eintritt.[694] Nach dem Wortlaut des Gesetzes ist dies ohne weiteres der Fall, da auch die außerordentliche Kündigung eine Form des „Ablaufs" des Tarifvertrags im Sinne des § 4 Abs. 5 TVG ist.[695] Dieses Ergebnis würde dem Sinn einer außerordentlichen Kündigung in vielen Fällen jedoch diametral zuwiderlaufen. Wenn man den Tarifvertragsparteien zubilligt, in einer existenzbedrohenden Notlage einen Tarifvertrag fristlos zu kündigen, ist dies nur zielführend, wenn die Wirkungen des Tarifvertrags im Zeitpunkt der Kündigung entfallen. In der Regel wird die außerordentliche Kündigung der Standortsicherungsvereinbarung dazu dienen, anschließend betriebsbedingte Kündigungen auszusprechen, um durch einen Personalabbau signifikante Kostensenkungen herbeizuführen. Wenn die Standortsicherungsvereinbarung lediglich im schuldrechtlichen Teil eine abstrakte Standortgarantie enthält, ist der Personalabbau grundsätzlich möglich, da der schuldrechtliche Teil der Vereinbarung in die Nachwirkung nicht einbezogen ist.[696] Sobald eine Beschäftigungsgarantie jedoch als Beendigungsnorm unmittelbar und zwingend wirkt, würde die Nachwirkung dazu führen, dass der Arbeitgeber nicht sofort Kündigungen aussprechen könnte. Er müsste die Nachwirkung erst durch eine andere Abmachung beenden. Eine tarifvertragliche Regelung wird hierfür nicht in Betracht kommen, da die außerordentliche Kündigung der Standortsicherungsvereinbarung bereits gezeigt hat, dass die Gewerkschaft zu Nachverhandlungen nicht bereit ist. Insofern wird nur eine Beendigung des nachwirkenden Kündigungsausschlusses durch eine Änderungskündigung in Betracht kommen. Das Erfordernis jeden einzelnen Vertrag im Wege einer Änderungskündigung an die geänderten Gegebenheiten anzupassen erscheint vor dem Hintergrund, dass im Rahmen der außerordentlichen Kündigung der Standortsicherungsvereinbarung die Voraussetzungen einer Änderungskündigung zur Entgeltsenkung bereits inzident geprüft wurden, überflüssig.[697] Der Ausspruch einer Änderungskündigung ist im Ergebnis ein zeitraubender Formalismus, der das Unternehmen und die verbleibenden Arbeitsverhältnisse gefährdet, zumal die Durchsetzung von Änderungen auf individualrechtlicher Ebene regelmäßig umständlich und besonders zeitaufwendig ist.[698] Überdies sind die Arbeitnehmer

---

[694] Bejahend: *Löwisch/Rieble*, TVG, § 1 Rn. 536; *Wank*, in: FS Schaub, S. 776; *ders.*, in: Wiedemann, TVG, § 4 Rn. 49; ablehnend hingegen: *Bauer/Diller*, DB 1993, 1085, 1090; *Belling*, NZA 1996, 906, 911; *Oetker*, RdA 1995, 82, 95.
[695] *Bauer/Diller*, DB 1993, 1085, 1090.
[696] *Franzen*, in: ErfK, § 4 TVG Rn. 55; *Löwisch/Rieble*, TVG, § 4 Rn. 407.
[697] Ähnlich *Wank*, in: Wiedemann, TVG, § 4 Rn. 49, der im Ergebnis aber dennoch von einer Nachwirkung ausgeht.
[698] *Wank*, in: FS Schaub, S. 776.

nicht schutzlos gestellt, da ihnen im Falle einer etwaigen Beendigungskündigung hiergegen der Rechtsweg offen steht. Darüber hinaus erfordert auch der Regelungszweck des § 4 Abs. 5 TVG im Falle der außerordentlichen Kündigung einer Standortsicherungsvereinbarung keine Nachwirkung. Mit Beendigung der Standortsicherungsvereinbarung leben nämlich wieder die tariflichen beziehungsweise arbeitsvertraglichen Regelungen auf, die bereits vor Abschluss der Standortsicherungsvereinbarung galten. Soll die außerordentliche Kündigung die mit ihr bezweckte Wirkung entfalten, ist daher eine teleologische Reduktion der Nachwirkungsnorm für die Fallgestaltungen notwendig, in denen die Einhaltung ihrer Rechtswirkung gerade die Unzumutbarkeit der Vertragsfortführung begründet.[699] Dies ist im Falle einer außerordentlichen Kündigung einer Standortsicherungsvereinbarung zum Zwecke des Ausspruchs betriebsbedingter Kündigungen der Fall.

dd) Fazit

Die außerordentliche Kündigung einer Standortsicherungsvereinbarung wegen wirtschaftlicher Unzumutbarkeit ist grundsätzlich möglich. Entsprechend den Voraussetzungen einer Änderungskündigung zur Entgeltsenkung kommt sie jedoch nur in existenzbedrohenden Situationen in Betracht. Die außerordentliche Kündigung erzeugt keine Nachwirkung.

d) Störung der Geschäftsgrundlage als Beendigungsgrund?

Fraglich ist, ob das Rechtsinstitut der Störung der Geschäftsgrundlage neben der außerordentlichen Kündigung im Rahmen dreigliedriger Standortsicherungsvereinbarungen zur Anwendung kommt. Für das allgemeine Schuldrecht ist weitgehend anerkannt, dass bei Dauerschuldverhältnissen das Recht der außerordentliche Kündigung nach § 314 BGB die Berufung auf eine Störung der Geschäftsgrundlage nach § 313 BGB verdrängt.[700] Für Tarifverträge ist diese Frage umstritten.[701] Das BAG hat sie in seinen letzten Entscheidungen unbeantwortet gelassen.[702]

---

[699] So *Bauer/Diller*, DB 1993, 1085, 1090; *Oetker*, RdA 1995, 82, 95.
[700] Vgl. *Haarmann*, Wegfall der Geschäftsgrundlage, S. 79, 170; *Unberath*, in: Bamberger/Roth, BGB, § 313 Rn. 23; *Wank*, in: Wiedemann, TVG, § 4 Rn. 65; *ders.*, in: FS Schaub, S. 781.
[701] Für die grundsätzliche Anwendbarkeit der Geschäftsgrundlagenlehre *Belling/Hartmann*, ZfA 1997, 87, 106 ff.; *Bender*, Wegfall der Geschäftsgrundlage, S. 269; *Hey*, ZfA 2002, 275, 294; gegen eine Anwendbarkeit *Bauer/Diller*, DB 1993, 1085, 1090; *Deinert*, in: Däubler, TVG, § 4 Rn. 170; *Henssler*, ZfA 1994, 487, 493 f.; *Löwisch/Rieble*, TVG, § 1 Rn. 523; *Stein*, in: Kempen/Zachert, TVG, § 4 Rn. 148; *Wank*, in: Wiedemann, TVG, § 4 Rn. 76; *Zachert*, RdA 1996, 140, 149.
[702] BAG v. 18.2.1998, NZA 1998, 1008, 1009; BAG v. 9.12.1999, NZA 2000, 1167, 1169; eine ausführliche Darstellung der jüngeren Rechtsprechung zur Frage der Anwendbarkeit der Ge-

Kernpunkt der Streitigkeiten über die Anwendbarkeit von § 313 BGB ist der vom Gesetzgeber in Abs. 3 primär vorgesehene Weg der Vertragsanpassung. Dieses Vertragsanpassungsgebot dient den Befürwortern als Hauptargument dafür, dass die Lehre von der Störung der Geschäftsgrundlage neben der außerordentlichen Kündigung überhaupt noch einen eigenständigen Anwendungsbereich haben soll.[703] Hiergegen wird jedoch zu Recht eingewandt, dass ein gesetzlich normiertes Vertragsanpassungsgebot bei Tarifverträgen grundsätzlich nicht in Betracht kommt, da eine richterliche Vertragsanpassung einer Tarifzensur gleichkäme und die Parteien in ihrer Tarifautonomie verletzen würde. Die Aushandlung der Tarife und sonstigen Arbeitsbedingungen muss dem freien Spiel der Kräfte überlassen bleiben und das Ergebnis autonomer Rechtsetzung sein.[704] Die inhaltliche Ausgestaltung von Tarifverträgen ist daher alleine den Tarifparteien vorbehalten, jegliche staatliche Einflussnahme verbietet sich. Zudem gilt auch für die außerordentliche Kündigung der Grundsatz „Anpassung vor Kündigung". Die Parteien haben vor Ausspruch der außerordentlichen Kündigung die Obliegenheit, Verhandlungen über eine Vertragsanpassung zu führen. Nur im Falle des Scheiterns solcher Verhandlungen kann eine Kündigung ausgesprochen werden. Dies gebietet der *ultima-ratio*-Grundsatz als Ausfluss des Verhältnismäßigkeitsprinzips. Im Ergebnis setzt also auch eine außerordentliche Kündigung den Versuch einer Vertragsanpassung als milderes Mittel voraus. Somit lassen sich hinsichtlich der Voraussetzungen auf der Tatbestandseite im Ergebnis keine sachlichen Unterschiede zwischen den beiden Rechtsinstituten ausmachen.[705] Damit besteht für die Lehre von der Störung der Geschäftsgrundlage im Rahmen von Standortsicherungsvereinbarungen jedoch auch kein eigenständiger Anwendungsbereich.

e) Beendigung nach dem Ablösungsprinzip

Da der Abschluss eines Tarifvertrags auf dem übereinstimmenden Willen der Tarifvertragsparteien beruht, können diese eine Beendigung oder Abänderung einer bestehenden Vereinbarung durch den Abschluss einer neuen Vereinbarung herbeiführen.[706] Nach dem Grundsatz *lex posterior derogat legi priori* gilt im Verhältnis

---

schäftsgrundlagenlehre auf Tarifverträge findet sich bei *Bender*, Wegfall der Geschäftsgrundlage, S. 154 ff.
[703] Vgl. *Oetker*, RdA 1995, 82, 96 m.w.N.
[704] So *Deinert*, in: Däubler, TVG, § 1 Rn. 164; *Henssler*, ZfA 1994, 487, 493; *Oetker*, RdA 1995, 82, 97; *Stein*, in: Kempen/Zachert, TVG, § 4 Rn. 148.
[705] *Franzen*, in: ErfK, § 1 TVG Rn. 36; *Wank*, in: Wiedemann, TVG, § 4 Rn. 72.
[706] *Deinert*, in: Däubler, TVG, § 4 Rn. 97 ff.; *Franzen*, in: ErfK, § 1 TVG Rn. 30; *Löwisch/Rieble*, TVG, § 1 Rn. 500; *Oetker*, in: J/K/O, Tarifvertragsrecht, § 8 Rn. 5 f.; *Stein*, in: Kempen/Zachert, TVG, § 4 Rn. 144; *Wank*, in: Wiedemann, TVG, § 4 Rn. 15.

von zwei aufeinander folgenden Normen des gleichen Normgebers das Ablösungsprinzip.[707] Das Günstigkeitsprinzip erlangt dabei keine Geltung.[708]

aa) Aufhebungsvertrag

Sollte sich die Situation, die zum Abschluss der Standortsicherungsvereinbarung geführt hat, verbessern oder verschlechtern, können die Parteien durch den Abschluss eines Aufhebungsvertrags zum *status-quo-ante* zurückkehren. Der Aufhebungsvertrag beendet den bestehenden Tarifvertrag, ohne dass die Parteien über den Regelungsgegenstand eine neue Vereinbarung treffen müssen. Die Zulässigkeit einer solchen Vereinbarung ergibt sich aus dem Wortlaut von § 6 TVG, der im Falle einer Aufhebung eine Eintragung im Tarifregister vorsieht. Das BAG geht sogar davon aus, dass auf einen Aufhebungsvertrag das Schriftformgebot des § 1 Abs. 2 TVG, welches nur für den Abschluss von Tarifverträgen gelte, keine Anwendung findet.[709] Diese Ansicht ist zu Recht auf Kritik gestoßen, da der Aufhebungsvertrag *actus contrarius* des Tarifvertrags ist und nicht zuletzt aus Gründen der Rechtssicherheit und Rechtsklarheit derselben Formerfordernisse bedarf.[710] Der Abschluss eines Aufhebungsvertrag wird wegen der Nachwirkung gemäß § 4 Abs. 5 TVG für die Parteien einer Standortsicherungsvereinbarung dennoch nur von eingeschränktem Interesse sein. Es sei denn, sie schließen die Nachwirkung vertraglich aus, was grundsätzlich möglich ist.[711]

bb) Änderungsvertrag

Die Parteien können eine Standortsicherungsvereinbarung auch übereinstimmend abändern. Dies geschieht durch Abschluss eines neuen Tarifvertrages über denselben Regelungsgegenstand. Sofern zwischen den Parteien Konsens besteht, ist der Abschluss eines Änderungsvertrags die einfachste, schnellste und rechtssicherste Variante. Diese kommt insbesondere in Betracht, wenn eine Anpassung der Standortsicherungsvereinbarung an sich verändernde wirtschaftliche Rahmenbedingen erforderlich wird. Das kann etwa dann der Fall sein, wenn durch eine positive Ver-

---

[707] Das BAG bezeichnet das Ablösungsprinzip als „Zeitkollisionregel", vgl. BAG v. 17.3.1987, NZA 1987, 855, 856, dort allerdings in Bezug auf eine Betriebsvereinbarung; ebenso *Richardi*, in: Richardi, BetrVG, § 77 Rn. 174.
[708] Vgl. *Wank*, in: Wiedemann, TVG, § 4 Rn. 77.
[709] BAG v. 8.9.1976, AP Nr. 5 zu § 1 TVG Form; Allerdings konzediert das BAG, dass die schriftliche Fixierung aus Gründen der Rechtssicherheit und Rechtsklarheit empfehlenswert sei.
[710] *Deinert*, in: Däubler, TVG, § 4 Rn. 97; *Löwisch/Rieble*, TVG, § 1 Rn. 500; *Stein*, in: Kempen/Zachert, TVG, § 4 Rn. 144; *Wank*, in: Wiedemann, TVG, § 4 Rn. 15; a.A. *Gamillscheg*, Kollektives Arbeitsrecht, Band I, S. 516.
[711] *Kempen*, in: Kempen/Zachert, TVG, § 4 Rn. 540; *Reim*, in: Däubler, TVG, § 1 Rn. 151.

änderung der wirtschaftlichen Lage oder durch die Gewinnung neuer Aufträge der Arbeitgeber zur Zahlung höherer Löhne wieder imstande ist. Umgekehrt kann eine Verschlechterung der wirtschaftlichen Situation weitere Zugeständnisse der Arbeitnehmerseite zur Reduzierung der Personalkosten erforderlich machen. Die neuen Regelungen treten, sofern nichts anderes vereinbart wurde, mit sofortiger Wirkung an die Stelle der bisherigen Regelungen. Der große Vorteil eines Änderungsvertrags ist die damit einhergehende Rechtssicherheit. Der Arbeitgeber schließt so das Risiko einer gerichtlichen Auseinandersetzung aus, die eine außerordentliche Kündigung nach sich ziehen könnte. Rechtsverfolgungskosten und weitere Kosten im Falle eines Unterliegens werden so vermieden. Der wichtigste Pluspunkt dürfte jedoch in dem Signal an die Belegschaft zu sehen sein, das von einer in gegenseitiger Übereinkunft getroffenen Regelung ausgeht.

Aufhebungsvertrag und Änderungsvertrag müssen nur zwischen den Tarifparteien abgeschlossen werden. Eine Mitunterzeichnung durch den Betriebsrat steht der Wirksamkeit der Vereinbarungen jedoch nicht entgegen.

f) Beendigung durch den Abschluss einer neuen Standortsicherungsvereinbarung mit einer anderen Gewerkschaft

Problematisch ist, ob ein Arbeitgeber sich von einer Standortsicherungsvereinbarung lösen kann, indem er mit einer anderen Gewerkschaft eine neue Vereinbarung zu für ihn günstigeren Bedingungen abschließt. Je nach Fallgestaltung könnte dann eine Tarifkonkurrenz oder Tarifpluralität vorliegen.[712] Bisher löste die Rechtsprechung diese Fälle einheitlich nach dem Grundsatz der Tarifeinheit auf.[713] Dies bedeutet, dass in einem Betrieb nur ein Tarifvertrag zur Anwendung kommen kann beziehungsweise nur ein Tarifvertrag auf ein Arbeitsverhältnis anzuwenden ist. Welcher von mehreren zur Auswahl stehenden Tarifverträgen zur Anwendung kommt, bestimmt sich dann in der Regel nach dem Spezialitätsprinzip („lex specialis derogat legi generali").[714] Der allgemeine Tarifvertrag verliert jedoch nicht

---

[712] Siehe zur Erläuterung der Begriffe „Tarifkonkurrenz" und „Tarifpluralität" sowie zu deren Abgrenzung ausführlich *Jacobs*, Tarifeinheit und Tarifkonkurrenz, S. 95 ff.

[713] Vgl. zur Tarifkonkurrenz BAG v. 20.3.1991, NZA 1991, 736 ff.; BAG v. 23.3.2005, NZA 2005, 1003 ff.; vgl. zur Tarifpluralität BAG v. 14.6.1989, AP Nr. 16 zu § 4 TVG; BAG v. 5.9.1990, NZA 1991, 202 ff.; BAG v. 20.3.1991, NZA 1991, 736 ff.

[714] BAG v. 20.3.1991, NZA 1991, 736 ff.; BAG v. 23.3.2005, NZA 2005, 1003 ff.; *Wank*, in: Wiedemann, TVG, § 4 Rn. 298 ff.; *Wendeling-Schröder*, in: Kempen/Zachert, TVG, § 4 Rn. 177 ; *Zwanziger*, in: Däubler, TVG, § 4 Rn. 932; a.A. *Löwisch/Rieble*, TVG, § 4 Rn. 142; *Jacobs*, AP Nr. 26 zu § 4 TVG Tarifkonkurrenz (Anmerkung); *ders*. Tarifeinheit und Tarifkonkurrenz, S. 260 ff.; *Waas*, Tarifkonkurrenz und Tarifpluralität, S. 42 ff.

seine Gültigkeit, sondern es kommt lediglich zu einem Anwendungsvorrang.[715] Nach über 50 Jahren hat sich das BAG nun durchgerungen, für die Fälle der Tarifpluralität, also wenn aufgrund unterschiedlicher Organisationszugehörigkeit der Arbeitnehmer eines Arbeitgebers verschiedene Tarifverträge im Betrieb des Arbeitgebers zur Anwendung kommen, den Grundsatz der Tarifeinheit nicht mehr anzuwenden.[716] Wie sich diese Rechtsprechungsänderung auf die Beendigungsmöglichkeiten von Standortsicherungsvereinbarungen auswirkt, wird nachfolgend untersucht.

aa) Kollision normativer Regelungen

Die Kollision normativ wirkender Regelungen kann sowohl zu Tarifkonkurrenz als auch zu einem Fall von Tarifpluralität vorliegen. Wann diese unterschiedlichen Fälle vorkommen und wie sie aufzulösen sind, wird sogleich dargestellt.[717] Zunächst ist jedoch erforderlich, dass überhaupt eine Normenkollision vorliegt.

(1) Abschluss eines neuen Firmentarifvertrags

Zunächst müsste der Arbeitgeber mit einer anderen Gewerkschaft einen Firmentarifvertrag abschließen. Damit die Gewerkschaft eine Abschlusskompetenz hat, muss mindestens ein Arbeitnehmer im Betrieb bei der vertragsschließenden Gewerkschaft organisiert sein. Zudem dürfen sich die Vereinbarungen nicht ergänzen.[718] Dies ist klassischerweise der Fall, wenn ein die allgemeinen Arbeitsbedingungen regelnder Manteltarifvertrag mit einem die Lohnhöhe regelnden Lohntarifvertrag zusammentrifft. Beim Abschluss einer weiteren Standortsicherungsvereinbarung kommt jedoch klar zum Ausdruck, dass diese die bisherigen Regelungen nicht ergänzen, sondern ersetzen soll.

(2) Vorliegen normativer Regelungen

Eine Kollision kann zudem nur entstehen, soweit normative Regelungen aufeinander treffen. Zumindest bezüglich der tarifgebundenen Arbeitnehmer wirken die typischen Regelungen in Standortsicherungsvereinbarungen gemäß § 4 Abs. 1 Satz 1 TVG unmittelbar und zwingend. In der Regel wird es sich bei den Regelungen sogar um betriebsbezogene Normen handeln, die gemäß §§ 4 Abs. 1 Satz 2, 3

---

[715] *Jacobs*, in: J/K/O, Tarifvertragsrecht, § 7 Rn. 212.
[716] Vgl. hierzu sogleich unter F.III.1.f)bb)(2).
[717] Vgl. hierzu sogleich unter F.III.1.f)bb).
[718] Ständige Rspr. des BAG, vgl. etwa BAG v. 6.3.1973, AP Nr. 1 zu § 1 TVG Tarifverträge: Papierindustrie; BAG v. 24.8.1993, NZA 1994, 807, 808; *Jacobs*, Tarifeinheit und Tarifkonkurrenz, S. 101 f.; *Löwisch/Rieble*, TVG, § 4 Rn. 122; *Wank*, in: Wiedemann, TVG, § 4 Rn. 271.

Abs. 2 TVG für alle Arbeitnehmer normative Wirkung entfalten. Hiervon ausgenommen ist lediglich eine abstrakte Standortgarantie, die nur schuldrechtliche Wirkung zwischen den Parteien entfaltet.[719] Mangels normativer Wirkung kann die Kollision der schuldrechtlichen Teile mehrerer Tarifverträge weder zu Tarifkonkurrenz noch zu Tarifpluralität führen.[720]

bb) Auflösung der Konkurrenzsituation

Die Auflösung der Kollision mehrerer Tarifverträge unterscheidet sich danach, ob ein Fall von Tarifkonkurrenz oder Tarifpluralität vorliegt.

(1) Tarifkonkurrenz

Von einer Tarifkonkurrenz spricht man nach allgemeiner Ansicht, wenn auf ein konkretes Arbeitsverhältnis zwei oder mehrere Tarifverträge normativ anzuwenden sind, es also unter den räumlichen, sachlichen, persönlichen und zeitlichen Geltungsbereich der Tarifverträge fällt und beide Arbeitsvertragsparteien tarifgebunden sind.[721] Dies kann beispielsweise der Fall sein, wenn Arbeitnehmer Mitglied in mehreren vertragsschließenden Gewerkschaften sind. Zudem entsteht eine so genannte betriebsweite Tarifkonkurrenz, wenn betriebsbezogene Normen miteinander konkurrieren.[722] In diesem Fall genügt bereits die Tarifbindung des Arbeitgebers.[723]

Das BAG behandelt die Fälle der „normalen" Tarifkonkurrenz nach wie vor nach dem Grundsatz der Tarifeinheit, so dass nur einer der Tarifverträge zur Anwendung kommen kann. Mangels ausdrücklicher gesetzlicher Regelung im Tarifvertragsgesetz löst das BAG mit Zustimmung der überwiegenden Meinung im Schrifttum die Tarifkonkurrenz nach dem Spezialitätsprinzip auf.[724] Nach der ständig wiederholten Formel kommt der Tarifvertrag zur Anwendung, der „dem Betrieb räumlich,

---

[719] Siehe hierzu bereits ausführlich E.I.2.
[720] *Jacobs*, Tarifeinheit und Tarifkonkurrenz, S. 104 m.w.N.
[721] BAG v. 5.9.1990, NZA 1991, 202 ff.; BAG v. 20.3.1991, NZA 1991, 736 ff.; BAG v. 22.9.1993, NZA 1994, 667 ff.; BAG v. 20.4.2005, NZA 2005, 1360; *Franzen*, in: ErfK, § 4 TVG Rn. 65; *Henssler*, in: H/W/K, § 4 TVG Rn. 46; *Jacobs*, Tarifeinheit und Tarifkonkurrenz, S. 95 f.; *Löwisch/Rieble*, TVG, § 4 Rn. 115; *Wank*, in: Wiedemann, TVG, § 4 Rn. 268.
[722] Vgl. *Jacobs*, Tarifeinheit und Tarifkonkurrenz, S. 248 und 306 f.
[723] BAG v. 5.9.1990, NZA 1991, 202 ff.; *Jacobs*, Tarifeinheit und Tarifkonkurrenz, S. 96; *ders.*, in: J/K/O, Tarifvertragsrecht, § 8 Rn. 203 m.w.N.
[724] BAG v. 20.3.1991, NZA 1991, 736 ff.; BAG v. 4.12.2002, NZA 2003, 632 ff.; BAG v. 23.3.2005, NZA 2005, 1003 ff.; ebenso *Franzen*, in: ErfK, § 4 TVG Rn. 67; *Gamillscheg*, Kollektives Arbeitsrecht, Band I, S. 754 f.; *Wank*, in: Wiedemann, TVG, § 4 Rn. 298 ff.; *Wendeling-Schröder*, in: Kempen/Zachert, § 4 Rn. 177 ff.; *Wiedemann/Arnold*, ZTR 1994, 399, 408; *Zwanziger*, in: Däubler, TVG, § 4 Rn. 932; ablehnend *Jacobs*, Tarifeinheit und Tarifkonkurrenz, S. 260 ff.; *Waas*, Tarifkonkurrenz und Tarifpluralität, S. 42 ff.

betrieblich, fachlich und persönlich am nächsten steht und deshalb den Erfordernissen und Eigenarten des Betriebes und der darin beschäftigten Arbeitnehmer am besten gerecht wird".[725] Hierzu hat die Rechtsprechung verschiedene Fallgruppen entwickelt. So verdrängt beispielsweise ein Firmentarifvertrag stets einen Verbandstarifvertrag.[726] Von zwei Flächentarifverträgen setzt sich derjenige mit dem engeren betrieblichen Anwendungsbereich durch.[727] Standortsicherungsvereinbarungen werden jedoch als Firmentarifverträge abgeschlossen. Der Abschluss einer zweiten Standortsicherungsvereinbarung in der Absicht, die bisherige Standortsicherungsvereinbarung zu verdrängen, führt zu der Besonderheit, dass zwei Firmentarifverträge miteinander konkurrieren. Mit den zuvor genannten Kriterien wird sich in der Regel kein speziellerer Tarifvertrag bestimmen lassen. Daher wird vorgeschlagen, in diesen Fällen subsidiär das Mehrheitsprinzip heranzuziehen.[728] Entscheidend ist danach allein die Anzahl der mitgliedschaftlich begründeten Tarifbindungen nach § 3 Abs. 1 TVG. Das Mehrheitsprinzip belohnt folglich den Tariferfolg.[729] Dies gilt allerdings nur für die Arbeitsverhältnisse, innerhalb derer eine Tarifkonkurrenz auftritt. Für die anderen Arbeitsverhältnisse bleibt die jeweilige Tarifgebundenheit entscheidend. Regelungen in Standortsicherungsvereinbarungen sind zumeist jedoch betriebsbezogene Normen und gelten daher für alle Arbeitsverhältnisse. Der Abschluss einer weiteren Standortsicherungsvereinbarung führt dann zu einer betriebsweiten Tarifkonkurrenz. Für diese Fälle ist allgemein anerkannt, dass das Mehrheitsprinzip zu sachgerechten Lösungen führt.[730] *Däubler* gibt zwar zu bedenken, dass es kleinen mitgliedsschwachen Gewerkschaften verwehrt bleibe, ihre Interessen mit eigenen Kollektivnormen durchzusetzen.[731] Im Interesse einer möglichst hohen demokratischen Legitimation ist dieser Umstand jedoch hinzunehmen.[732]

---

[725] Vgl. BAG v. 23.3.2005, NZA 2005, 1003, 1005; *Gamillscheg*, Kollektives Arbeitsrecht, Band I, S. 755 m.w.N.
[726] BAG v. BAG v. 20.3.1991, NZA 1991, 736 ff.; BAG v. 4.4.2001, NZA 2001, 1085 ff.; BAG v. 24.1.2001, NZA 2001, 788 ff.
[727] BAG v. 29.11.1978, AP Nr. 12 zu § 4 TVG Tarifkonkurrenz.
[728] *Franzen*, in: ErfK, § 4 TVG Rn. 69; *Thüsing*, NZA 2008, 201, 205; so wohl auch *Wiedemann/Arnold*, ZTR 1994, 399, 408 f.; *Treber*, in: Schaub, Arbeitsrechts-Handbuch, § 204 Rn. 51 will dem Mehrheitsprinzip sogar den Vorrang vor dem Spezialitätsprinzip einräumen.
[729] So *Löwisch/Rieble*, TVG, § 4 Rn. 151.
[730] *Jacobs*, Tarifeinheit und Tarifkonkurrenz, S. 309; ders., in: J/K/O, Tarifvertragsrecht, § 7 Rn. 221; *Löwisch/Rieble*, TVG, § 4 Rn. 151; *Wendeling-Schröder*, in: Kempen/Zachert, TVG, § 4 Rn. 186; *Wiedemann/Arnold*, ZTR 1994, 398, 408; *Zwanziger*, in: Däubler, TVG, § 4 Rn. 935.
[731] *Däubler*, Tarifvertragsrecht, Rn. 1492.
[732] So *Jacobs*, Tarifeinheit und Tarifkonkurrenz, S. 310.

Folglich kann in Fällen der betriebsweiten Tarifkonkurrenz der Abschluss einer weiteren Standortsicherungsvereinbarung zu einer Verdrängung der bisherigen Vereinbarung führen, wenn die neu abgeschlossene Vereinbarung über eine höhere Legitimation innerhalb der Belegschaft verfügt.

(2) Tarifpluralität

Sofern die Regelungen einer Standortsicherungsvereinbarung nur für die aufgrund von Mitgliedschaft tarifgebundenen Arbeitnehmer unmittelbar und zwingend gelten, führt der Abschluss einer neuen Vereinbarung mit einer anderen Gewerkschaft zu einem Fall von Tarifpluralität. Diese liegt vor, wenn innerhalb eines Betriebes unterschiedliche Tarifverträge normative Geltung beanspruchen, indem auf mindestens ein Arbeitsverhältnis die Vorschriften eines Tarifvertrags anzuwenden sind, während auf mindestens ein anderes Arbeitsverhältnis die Normen eines anderen Tarifvertrags nach § 4 Abs. 1 TVG unmittelbar und zwingend wirken.[733] Sofern die Tarifnormen gemäß § 4 Abs. 1, § 3 Abs. 2 TVG für alle Arbeitnehmer normativ wirken, liegt hingegen wieder ein Fall der Tarifkonkurrenz vor.[734]

Das BAG löste die Fälle der Tarifpluralität bisher in ständiger Rechtsprechung ebenfalls nach dem Grundsatz der Tarifeinheit auf. Dies führte dazu, dass die Kollision zweier oder mehrerer Tarifverträge zugunsten des spezielleren Tarifvertrags aufgelöst wurde, der demzufolge im Betrieb alleinige Gültigkeit besaß.[735] Begründet wurde dies vorrangig mit Praktikabilitätserwägungen. Der Grundsatz der Tarifeinheit habe im Tarifvertragsgesetz zwar keinen Niederschlag gefunden, folge aber aus den übergeordneten Prinzipien der Rechtssicherheit und Rechtsklarheit. Rechtliche und tatsächliche Unzuträglichkeiten, die sich aus einem Nebeneinander von Tarifverträgen in einem Betrieb ergäben, würden dadurch vermieden.[736] Diese Rechtsprechung ist in der Literatur zu Recht auf erhebliche Kritik gestoßen.[737] Der

---

[733] BAG v. 20.3.1991, NZA 1991, 736 ff.; BAG v. 26.1.1994, NZA 1994, 1038 ff.; ebenso mit zum Teil unterschiedlichen Formulierungen *Gamillscheg*, Kollektives Arbeitsrecht, Band I, S. 750; *Henssler*, in: H/W/K, § 4 TVG Rn. 55; *Jacobs*, Tarifeinheit und Tarifkonkurrenz, S. 99 f.; *ders.*, in: J/K/O, Tarifvertragsrecht, § 7 Rn. 227; *Löwisch/Rieble*, TVG, § 4 Rn. 125; *Wank*, in: Wiedemann, TVG, § 4 Rn. 280; *Wendeling-Schröder*, in: Kempen/Zachert, TVG, § 4 Rn. 151.
[734] Siehe hierzu bereits unter F.III.1.f)bb)(1).
[735] Vgl. BAG v. 20.3.1991, NZA 1991, 736 ff.; BAG v. 26.1.1994, NZA 1994, 1038 ff.; BAG v. 25.7.2001, NZA 2002, 1406 ff.; zustimmend *Buchner*, in: FS 50 Jahre BAG, S. 637; *Meyer*, DB 2006, 1271 ff.; *Säcker/Oetker*, ZfA 1993, 1 ff.
[736] So BAG v. 20.3.1991, NZA 1991, 736, 738.
[737] Vgl. *Dunker*, Unternehmensbezogene Tarifverträge, S. 175; *Franzen*, in: ErfK, § 4 TVG Rn. 71; *Henssler*, in: H/W/K, § 4 TVG Rn. 57; *Hohenstatt*, DB 1992, 1678 ff.; *Jacobs*, Tarifeinheit und Tarifkonkurrenz, S. 334 ff., 411; *ders.*, in: J/K/O, Tarifvertragsrecht, § 7 Rn. 231 ff.; *Lindemann/Simon*, BB 2006, 1852, 1855 f.; *Löwisch/Rieble*, TVG, § 4 Rn. 132 ff.; *Reichold*, RdA

Grundsatz der Tarifeinheit verstößt zum einen nämlich gegen die positive Koalitionsfreiheit derjenigen, deren Tarifvertrag verdrängt wird. Sie müssen sich trotz eines an sich gültigen Tarifvertrags wie nicht tarifvertraglich gebundene Arbeitnehmer behandeln lassen. Zum anderen findet sich für das Prinzip der Tarifeinheit keine gesetzliche Grundlage. Vor diesem Hintergrund vermögen die vom BAG angeführten Praktikabilitätserwägungen, gerade in einem Zeitalter, in dem die computergestützte Datenverarbeitung der Regelfall ist, ebenfalls nicht zu überzeugen.[738] Die Begründung einer Rechtsfortbildung mit praktischen Erwägungen ist ohnehin kritisch zu beurteilen.[739]

Vor diesem Hintergrund nicht ganz überraschend, hat sich das BAG nach mehr als 50 Jahren dazu durchgerungen, den Grundsatz der Tarifeinheit bei Tarifpluralität aufzugeben.[740] Der 4. Senat beabsichtigte Anfang 2010 seine Rechtsprechung zum Grundsatz der Tarifeinheit zu ändern, sah sich an einer abschließenden Entscheidung jedoch gehindert, da er in dieser entscheidungserheblichen Rechtsfrage von der bisherigen Rechtsauffassung des 10. Senats abweichen wollte. Er stellte daher eine Divergenzanfrage an den 10. Senat.[741] Dieser schloss sich der vom 4. Senat im Anfragebeschluss dargestellten Rechtsauffassung an, wonach Rechtsnormen eines Tarifvertrags, die den Inhalt, den Abschluss und die Beendigung von Arbeitsverhältnissen regeln, auch dann zwischen den beiderseits tarifgebundenen unmittelbar und zwingend wirken, wenn dadurch mehr als ein Tarifvertrag im Betrieb Anwendung findet.[742]

Unter Zugrundelegung dieser neuen Rechtsprechung hat der Arbeitgeber nicht die Möglichkeit, durch den Abschluss einer neuen Vereinbarung die Wirkungen einer bisherigen Vereinbarung zu verdrängen. Dieses Ergebnis überzeugt, zumal es sich bei der hier erörterten Problematik um Fälle der gewillkürten Tarifpluralität handelt. Anders als in Fällen der unbeabsichtigten Tarifpluralität[743] hätte der Arbeitge-

---

2007, 321 ff.; *Rieble*, BB 2003, 1227; *Thüsing/v. Medem*, ZIP 2007, 510 ff.; *Waas*, Tarifkonkurrenz und Tarifpluralität, S. 123; *Wendeling/Schröder*, in: Kempen/Zachert, TVG, § 4 Rn. 188; *Wiedemann/Arnold*, ZTR 1994, 339, 334; *Zwanziger*, in: Däubler, TVG, § 4 Rn. 943 ff.

[738] Vgl. *Jacobs*, in: J/K/O, Tarifvertragsrecht, § 7 Rn. 233; so auch die Präsidentin des BAG *Schmidt* in einem Interwiev mit der FAZ, vgl. FAZ v. 19.7.2010, S. 13 („... im IT-Zeitalter ist die praktische Abwicklung von Tarifpluralität doch gar kein Problem mehr").

[739] Vgl. *Reuter*, JuS 1992, 105; zustimmend *Hohenstatt*, DB 1992, 1678, 1680.

[740] Bereits im Jahr 2007 war über einen Wechsel der Rechtsprechung des BAG spekuliert worden, zu der es letztlich jedoch nicht kam, vgl. hierzu *Jacobs*, NZA 2008, 325 ff.; *Lindemann/Simon*, BB 2006, 1852 ff.; *Thüsing/v. Medem*, ZIP 2007, 510 ff.

[741] Vgl. BAG v. 27.1.2010, Az.: 4 AZR 537/08 und 4 AZR 549/08.

[742] Vgl. BAG v. 23.6.2010, Az.: 10 AS 2/10 und 10 AS 3/10.

[743] Dies sind Fälle, in denen die Tarifpluralität beispielsweise durch die Allgemeinverbindlicherklärung eines Tarifvertrags entsteht, vgl. hierzu *Bayreuther*, NZA 2007, 187, 189.

ber es in der Hand, durch den Abschluss einer neuen Vereinbarung die Tarifpluralität erst herzustellen und sich somit von einer unliebsamen Vereinbarung zu befreien. Dies würde jedoch die Gefahr einer missbräuchlichen Tarifflucht begründen.[744] Der Abschluss einer weiteren Standortsicherungsvereinbarung verdrängt daher nicht die bestehende Vereinbarung, sondern es kommen beide Vereinbarungen zur Anwendung.

cc) Fazit

Die Verdrängung einer bestehenden Standortsicherungsvereinbarung durch den Abschluss einer neuen Vereinbarung mit einer anderen Gewerkschaft ist nur möglich, wenn die Regelungen der Vereinbarung aufgrund ihrer Betriebsbezogenheit für alle Arbeitnehmer gelten und die neue Vereinbarung über eine größere Legitimation innerhalb des Betriebs verfügt. Wenn diese Voraussetzungen erfüllt sind, setzt sich der Arbeitgeber nicht dem Vorwurf aus, dass die neue Vereinbarung in rechtsmissbräuchlicher Weise abgeschlossen worden sei, um sich von einer unangenehmen Vereinbarung zu lösen. Schließlich hat in einem solchen Fall die Gewerkschaft der Vereinbarung zugestimmt, die die Mehrheit der Arbeitnehmer repräsentiert. Der Abschluss eines Firmentarifvertrags mit einer willfährigen Gewerkschaft, bei der jedoch beispielsweise nur eine sehr geringe Anzahl von Arbeitnehmern organisiert ist – und die gegebenenfalls auch nur zur Begründung einer Abschlusskompetenz für diese Gewerkschaft eingestellt worden sind – kommt demnach nicht in Betracht. Bei Tarifpluralität kommt eine Verdrängung einer bestehenden Vereinbarung durch eine neue Vereinbarung aufgrund der Rechtsprechungsänderung des BAG zum Grundsatz der Tarifeinheit nicht in Betracht.

g) Beendigung durch Unternehmensumstrukturierungen

Fraglich ist, ob ein Arbeitgeber es in der Hand hat, sich durch Betriebs- oder Unternehmensumstrukturierungen von einem Firmentarifvertrag zu lösen. Hier sind verschiedene Szenarien denkbar, die nachfolgend untersucht werden.

aa) Verschmelzung

Bei einer Verschmelzung gemäß §§ 2 ff. UmwG kann fraglich sein, ob die im übertragenden und/oder im übernehmenden Unternehmen geltenden Tarifverträge kollektivrechtlich fortgelten. Die Verschmelzung von Unternehmen hat zur Folge, dass das gesamte Vermögen des übertragenden Rechtsträgers auf den übernehmenden Rechtsträger übergeht (§ 20 Abs. 1 Nr. 1 UmwG) und der übertragende

---

[744] So zutreffend *Ruch*, Dreiseitige Vereinbarungen, S. 162.

Rechtsträger erlischt (§ 20 Abs. 1 Nr. 2 UmwG). Da mit Erlöschen des übertragenden Rechtsträgers dessen tarifvertragliche Bindung endet, ließe sich schlussfolgern, dass auch die von dieser Partei abgeschlossenen Tarifverträge enden. Die ganz herrschende Meinung geht hingegen davon aus, dass der übernehmende Rechtsträger im Wege der Gesamtrechtsnachfolge in die bisherige tarifvertragliche Bindung eintritt.[745] Der neue Rechtsträger übernimmt dabei die Parteistellung des vorherigen Rechtsträgers. Sofern keine Verschmelzung durch Neugründung vorliegt, sondern beim übernehmenden Rechtsträger bereits Arbeitnehmer beschäftigt waren, findet keine „Infizierung"[746] dieser Arbeitsverhältnisse statt. Der Geltungsbereich des übergegangenen Tarifvertrags bleibt auf die bisher erfassten Rechtsverhältnisse beschränkt.[747] Die hierdurch entstehende Tarifpluralität ist hinzunehmen.[748] Zu einer Anwendbarkeit des § 613a Abs. 1 Satz 2 BGB, der nach § 324 UmwG unberührt bleibt, kommt es nicht, da diese Regelung lediglich Auffangcharakter hat.[749]

Bei einer Verschmelzung entsteht auf Seiten des Arbeitgebers zwar eine neue Vertragspartei. Da diese jedoch in die Rechtsposition der ursprünglichen Partei eintritt, stellt eine Verschmelzung von Unternehmen kein geeignetes Mittel zur Lossagung von einem Tarifvertrag dar.

bb) Spaltung

Weniger eindeutig gestaltet sich die Rechtslage bei der Spaltung von Unternehmen gemäß §§ 123 ff. UmwG. Insbesondere bei der Abspaltung und der Ausgliederung ist umstritten, ob und zwischen welchen Parteien ein Firmentarifvertrag weitergilt, oder ob sich ein Arbeitgeber durch Zuweisungen im Übernahme- und Spaltungsplan von seiner tariflichen Bindung befreien kann.

Insbesondere *Däubler* vertritt die Auffassung, dass im Falle einer Spaltung bei allen aus der Spaltung hervorgehenden Rechtsträgern die kollektivrechtliche Bin-

---

[745] Vgl. BAG v. 24.6.1998, NZA 1998, 1346, 1347; *Bachner*, NJW 1995, 2881, 2882; *Henssler*, in: H/W/K, § 3 TVG Rn. 47; *Hohenstatt*, in: W/H/S/S, Umstrukturierung und Übertragung von Unternehmen, E II Rn. 101; *Jacobs*, NZA-Beilage 2009, 45, 46; *Kempen*, in: Kempen/Zachert, TVG, § 3 Rn. 140; *Oetker*, in: J/K/O, Tarifvertragsrecht, § 6 Rn. 108 f.; *Thüsing/Mengel*, Flexibilisierung, S. 122; a.A. *Gaul*, NZA 1997, 717, 722.
[746] *Hohenstatt*, in: W/H/S/S, Umstrukturierung und Übertragung von Unternehmen, E II Rn. 102.
[747] Vgl. *Däubler*, RdA 1995, 136, 139; *Hohenstatt*, in: W/H/S/S, Umstrukturierung und Übertragung von Unternehmen, E II Rn. 102; *Jacobs*, NZA-Beilage 2009, 45, 46; *Oetker*, in: J/K/O, Tarifvertragsrecht, § 6 Rn. 109; *ders.*, in: Wiedemann, TVG, § 3 Rn. 194; *Thüsing/v. Medem*, ZIP 2007, 510, 516 f.; a.A. *Gaul*, NZA 1995, 717, 722; *Hanau*, ZGR 1990, 548, 554.
[748] *Jacobs*, NZA-Beilage 2009, 45, 46; dies gilt umso mehr vor dem Hintergrund der Rechtsprechungsänderung des BAG zur Tarifpluralität, vgl. hierzu bereits F.III.1.f)bb)(2).
[749] So BAG v. 24.6.1998, NZA 1998, 1346, 1347; *Hohenstatt*, in: W/H/S/S, Umstrukturierung und Übertragung von Unternehmen, E II Rn. 102 ff.

dung an einen Firmentarifvertrag fortbestehe.[750] Dies soll bei der Abspaltung oder Ausgliederung auch für den ursprünglichen Rechtsträger gelten, der im Zuge der Umstrukturierung einen Teil verloren hat.[751] Dies hätte zur Folge, dass aus dem ursprünglichen Firmentarifvertrag mehrere inhaltlich gleiche Firmentarifverträge würden, die sich auf den alten und die neuen Unternehmensteile erstrecken. Es käme zu einer Zersplitterung des bislang zweiseitigen Vertragsverhältnisses zwischen dem ursprünglichen Rechtsträger und der Gewerkschaft, da so viele neue Firmentarifverträge entstehen würden, wie betriebliche Einheiten aus der Spaltung hervorgehen. Dies stellt die Schwachstelle dieses Begründungsansatzes dar. Mit vertragsrechtlichen Grundsätzen ist die Aufsplitterung eines ursprünglich zweiseitigen Vertragsverhältnisses nämlich nicht zu vereinbaren, weshalb diese Meinung abzulehnen ist.[752]

Bei einer Spaltung ist vielmehr eine differenzierte Vorgehensweise angebracht. Sofern bei einer Spaltung der ursprüngliche Rechtsträger bestehen bleibt, was nur bei einer Abspaltung oder Ausgliederung der Fall ist, bleibt dessen Tarifgebundenheit grundsätzlich unverändert bestehen.[753] Die übernehmenden Rechtsträger, auf die eine Übertragung von Betrieben oder Betriebsteilen infolge der Spaltung erfolgt, werden nur dann Partei des Firmentarifvertrages, wenn dies in dem Spaltungs- und Übernahmevertrag beziehungsweise Spaltungsplan ausdrücklich so zugewiesen worden ist (§ 126 Abs. 1 Nr. 9 UmwG).[754] Wenn eine solche Zuweisung im Spaltungsplan erfolgt ist, kann der Firmentarifvertrag beim übertragenden Rechtsträger nicht mehr weitergelten. Es soll schließlich zu keiner Aufsplitterung des ursprünglichen Vertragsverhältnisses kommen. Es ist somit denkbar, dass sich ein Arbeitgeber durch Spaltung von einem (unbedeutenden) Betriebsteil trennt und diesen im Spaltungs- und Übernahmevertrag beziehungsweise Spaltungsplan die Rechtsstellung aus der Standortsicherungsvereinbarung zuweist. In diesem Fall

---

[750] *Däubler*, RdA 1995, 136, 142; ebenso *Deinert*, in: Däubler, TVG, § 4 Rn. 92 sowie *Lorenz*, in: Däubler, TVG, § 3 Rn. 185; ablehnend *Hohenstatt*, in: W/H/S/S, Umstrukturierung und Übertragung von Unternehmen, E II Rn. 110.
[751] So *Deinert*, in: Däubler, TVG, § 4 Rn. 92.
[752] So zu Recht *Hohenstatt*, in: W/H/S/S, Umstrukturierung und Übertragung von Unternehmen, E II Rn. 110; *Lambrich*, in: FS Ehmann, S. 169; *Oetker*, in: Wiedemann, TVG, § 3 Rn. 156.
[753] So *Hohenstatt*, in: W/H/S/S, Umstrukturierung und Übertragung von Unternehmen, E II Rn. 111; ebenso *Oetker*, in: Wiedemann, TVG, § 3 Rn. 196; etwas anderes gilt nur, wenn die Rechtsstellung aus einem Firmentarifvertrag in einem Spaltungs- und Übernahmevertrag einem der übernehmenden Rechtsträger zugewiesen wird, vgl. dazu *Hohenstatt*, in: W/H/S/S, Umstrukturierung und Übertragung von Unternehmen, E II Rn. 111.
[754] Vgl. *Hohenstatt*, in: W/H/S/S, Umstrukturierung und Übertragung von Unternehmen, E II Rn. 111 m.w.N; ebenso *Lambrich*, FS Ehmann, S. 189; so wohl auch *Oetker*, in: Wiedemann, TVG, § 3 Rn. 198.

wäre der aus der Spaltung verbleibende Teil nicht mehr an die Vereinbarung gebunden. Dass dieses Ergebnis nicht gewollt sein kann, liegt auf der Hand. *Hohenstatt* schlägt daher vor, in einer derartigen Fallkonstellation § 3 Abs. 3 TVG analog anzuwenden und die Tarifbindung beim übertragenden Rechtsträger bis zur vorgesehenen Beendigung des Firmentarifvertrags aufrecht zu erhalten.[755] § 3 Abs. 3 TVG hält die Tarifbindung bis zum Ende des Tarifvertrags aufrecht, wenn sich ein Arbeitgeber durch Austritt aus dem Arbeitgeberverband von dessen Regelungen befreien will. Die Interessenlage ist im Fall einer Spaltung vergleichbar, wenn der Arbeitgeber sich durch eine „geschickte" Spaltung von einem Tarifvertrag zu trennen versucht. Es bestünde nämlich die Gefahr, dass dies in rechtsmissbräuchlicher Weise geschieht. Insofern ist eine analoge Anwendung der Norm zu bejahen. Es liegt auch die für eine Analogie erforderliche Regelungslücke vor, da der Auffangtatbestand des § 613a Abs. 1 BGB mangels Arbeitgeberwechsels nicht zur Anwendung kommt.[756] Zudem gibt es keine Anhaltspunkte dafür, dass der Gesetzgeber diesen speziellen Fall bewusst nicht geregelt hat.

Folglich ist auch die Spaltung von Unternehmen kein geeignetes Mittel, um die Bindung an einen Firmentarifvertrag zu beenden.

cc) Vermögensübertragung

Bei der Vollübertragung (§ 174 Abs. 1 UmwG) gelten die für die Verschmelzung, bei der Teilübertragung (§ 174 Abs. 2 UmwG), die für die Spaltung dargestellten Grundsätze entsprechend.[757] Die Beendigung eines Firmentarifvertrags ist durch entsprechende Umstrukturierungen folglich nicht möglich.

dd) Formwechsel

Selbiges gilt für einen Formwechsel, da bei dieser Umwandlungsart die Rechtspersönlichkeit des Rechtsträgers identisch und somit die Bindung an einen Firmentarifvertrag erhalten bleibt.[758]

---

[755] *Hohenstatt*, in: W/H/S/S, Umstrukturierung und Übertragung von Unternehmen, E II Rn. 111; so auch *Boecken*, Unternehmensumwandlungen und Arbeitsrecht, Rn. 208.
[756] *Hohenstatt*, in: W/H/S/S, Umstrukturierung und Übertragung von Unternehmen, E II Rn. 111.
[757] Vgl. *Gaul*, NZA 1995, 718 f.; *Hohenstatt*, in: W/H/S/S, Umstrukturierung und Übertragung von Unternehmen, E II Rn. 113.
[758] *Gaul*, NZA 1995, 719; *Hohenstatt*, in: W/H/S/S, Umstrukturierung und Übertragung von Unternehmen, E II Rn. 114.

ee) Herbeiführung eines Inhaberwechsels

Auch die Herbeiführung eines Inhaberwechsels ist kein geeignetes Mittel, um sich von einem Firmentarifvertrag zu lösen. Ein Inhaberwechsel vollzieht sich in der Regel in Form eines Betriebs(teil)übergangs im Wege der Einzelrechtsnachfolge, also durch Übertragung von Betriebsmitteln auf den neuen Betriebsinhaber. Dies kann sich im Wege eines Unternehmenskaufs oder einer Konzernumstrukturierung ohne Beteiligung eines wirtschaftlichen Dritten vollziehen.[759] Bei einem vollständigen Betriebsübergang verliert der bisherige Betriebsinhaber den gesamten Betrieb an einen Dritten. Freilich endet damit die Bindung an den Tarifvertrag, allerdings „verliert" der Veräußerer auch den gesamten Betrieb. Ob dies gewollt ist, ist wohl eher eine persönliche oder betriebswirtschaftliche Frage. Selbst wenn der Inhaberwechsel innerhalb einer Konzernumstrukturierung ohne Einbeziehung eines wirtschaftlichen Dritten geschehen sollte, werden die Normen der Standortsicherungsvereinbarung in das Individualarbeitsverhältnis transformiert und gelten in der Regel gemäß § 613a Abs. 1 Satz 2 BGB für ein Jahr beschränkt normativ fort.[760] Zudem unterliegt der Veräußerer unter bestimmten Voraussetzungen weiterhin einer gesamtschuldnerischen Haftung (§ 613a Abs. 2 BGB). Vor diesem Hintergrund dürfte der zeitliche und finanzielle Aufwand einer Umstrukturierung in keinem Verhältnis zu dem gewünschten Erfolg stehen. Sofern lediglich ein Betriebsteil übertragen wird, besteht für den verbleibenden Teil die Bindung an den Firmentarifvertrag unverändert weiter. Auch dies ist somit kein geeignetes Mittel, um sich von einer unliebsam gewordenen Vereinbarung loszusagen.

ff) Fazit

Die Umstrukturierung oder Veräußerung von Unternehmen und/oder Betrieb(steil)en bietet keine praktikablen Möglichkeiten, um sich von tariflichen Regelungen in Standortsicherungsvereinbarungen zu lösen.

2. Beendigungsmöglichkeiten bei einheitlicher Qualifizierung als Betriebsvereinbarung

Die Beendigungsmöglichkeiten von Betriebsvereinbarungen decken sich aufgrund des ähnlichen Rechtscharakters in vielen Fällen mit denen von Tarifverträgen. Der

---

[759] Vgl. *Hohenstatt*, in: W/H/S/S, Umstrukturierung und Übertragung von Unternehmen, E II Rn. 119.
[760] Obwohl sich die Bezeichnung der „individualrechtlichen Fortgeltung" eingebürgert hat, ist es vorzugswürdig, von einer „beschränkt normativen Fortgeltung" zu sprechen, da die Veränderungssperre des § 613 a Abs. 1 Satz 2 BGB nichts anderes ist, als die Anordnung einer zeitlich befristeten zwingenden Fortgeltung, so zutreffend *Zöllner*, DB 1995, 1401, 1402.

Schwerpunkt der nachfolgenden Ausführungen wird somit auf den für Betriebsvereinbarungen spezifischen Beendigungsmöglichkeiten liegen.

a) Beendigung der Vereinbarung infolge Zeitablaufs oder Zweckerreichung

Hinsichtlich der Beendigung einer Betriebsvereinbarung durch Zeitablauf oder Zweckerreichung kann grundsätzlich auf die Ausführungen zu Tarifverträgen verwiesen werden.[761] Sofern eine Betriebsvereinbarung aufgrund einer tarifvertraglichen Öffnungsklausel abgeschlossen wurde, ist jedoch zu beachten, dass sie auf die Laufzeit des Tarifvertrages einschließlich dessen Nachwirkungszeitraum beschränkt ist.[762] Wenn der nachfolgende Tarifvertrag wiederum eine entsprechende Öffnungsklausel enthält, verlängert sich die Laufzeit der Betriebsvereinbarung entsprechend.[763]

b) Ordentliche Kündigung

Anders als im Tarifvertragsgesetz enthält das Betriebsverfassungsgesetz mit § 77 Abs. 5 BetrVG eine ausdrückliche Regelung zur ordentlichen Kündigung von Betriebsvereinbarungen. Danach kann eine Betriebsvereinbarung mit einer Frist von drei Monaten gekündigt werden, sofern zwischen den Parteien nichts anderes vereinbart ist. Wie bei Tarifverträgen ist jedoch davon auszugehen, dass das Recht zur ordentlichen Kündigung bei befristet abgeschlossenen Betriebsvereinbarungen konkludent ausgeschlossen worden ist.[764] Insofern kann auf die Ausführungen zur ordentlichen Kündigung von Tarifverträgen verwiesen werden.[765]

c) Außerordentliche Kündigung

Wie jedes Dauerrechtsverhältnis ist eine Betriebsvereinbarung aus wichtigem Grund außerordentlich kündbar.[766] Dies gilt auch für befristete Vereinbarungen. Für die außerordentliche Kündigung ist § 314 BGB heranzuziehen. Hinsichtlich der Voraussetzungen kann ebenfalls auf die Ausführungen zur außerordentlichen Kün-

---

[761] Vgl. unter F.III.1.a).
[762] *Berg*, in: D/K/K/W, BetrVG, § 77 Rn. 45; *Fitting*, BetrVG, § 77 Rn. 142; *Richardi*, in: Richardi, BetrVG, § 77 Rn. 193.
[763] *Fitting*, BetrVG, § 77 Rn. 142.
[764] BAG v. 7.11.2000, 1 ABR 17/00, n.v. (juris); *Kreutz*, in: GK-BetrVG, § 77 Rn. 363; *Oetker*, RdA 1995, 82, 92.
[765] Vgl. hierzu unter F.III.1.b).
[766] BAG v. 22.6.1962, AP Nr. 2 zu § 52 BetrVG; BAG v. 29.5.1964, AP Nr. 24 zu § 59 BetrVG; *Berg*, in: D/K/K/W, BetrVG, § 77 Rn. 54; *Fitting*, BetrVG, § 77 Rn. 151; *Kreutz*, in: GK-BetrVG, § 77 Rn. 366.

digung von Tarifverträgen verwiesen werden.[767] Unterschiede bestehen insoweit nicht. Anders als ein Tarifvertrag wirkt eine Betriebsvereinbarung im Regelfall schon von Gesetzes wegen nicht nach (vgl. § 77 Abs. 6 BetrVG). Sollte die Betriebsvereinbarung Regelungsgegenstände enthalten, die der erzwingbaren Mitbestimmung unterliegen, ist § 77 Abs. 6 BetrVG teleologisch zu reduzieren.[768]

d) Störung der Geschäftsgrundlage

Wie bei Tarifverträgen kommt die Lehre von der Störung der Geschäftsgrundlage (§ 313 BGB) auch im Rahmen von Betriebsvereinbarungen als eigenständiger Beendigungsgrund nicht zur Anwendung.[769]

e) Aufhebungs- und Änderungsvertrag

Hinsichtlich der Beendigung einer Betriebsvereinbarung durch einen Aufhebungs- oder Änderungsvertrag kann ebenfalls auf die Ausführungen zum Tarifvertrag verwiesen werden.[770] Das Ablösungsprinzip gilt nur für Rechtsquellen gleichen Ranges. Aus diesem Grund ist es nicht möglich, eine Betriebsvereinbarung durch eine Regelungsabrede zu ersetzen.[771]

f) Beendigung durch Unternehmensumstrukturierungen

Die bisher dargestellten Beendigungsgründe waren Gestaltungsrechte der Parteien, um unmittelbar auf den Fortbestand der Vereinbarung einzuwirken. Wie bei Tarifverträgen sind jedoch auch in Bezug auf Betriebsvereinbarungen Konstellationen denkbar, in denen sich Unternehmensumstrukturierungen auf das Schicksal der Vereinbarungen auswirken können. Da die Betriebsverfassung in erster Linie auf den Betrieb abstellt, haben gesellschaftsrechtliche Umstrukturierungen auf den Bestand von Betriebsvereinbarungen grundsätzlich keinen Einfluss.[772] Die Veränderung des rechtlichen Trägers lässt aufgrund der damit im Regelfall einhergehenden Universalsukzession den Betrieb und die geltenden Betriebsvereinbarungen

---

[767] Vgl. hierzu bereits unter F.III.1.c).
[768] Vgl. zum ähnlich gelagerten Fall bei nachwirkenden Tarifverträgen unter F.III.1.c)cc).
[769] Vgl. für Tarifverträge bereits unter F.III.1.d); Für Betriebsvereinbarungen lehnen eine Anwendung der Geschäftgrundlagenlehre als Eigenständigen Beendigungsgrund grundsätzlich ab: *Fitting*, BetrVG, § 77 Rn. 152; *Kreutz*, in: GK-BetrVG, § 77 Rn. 384; *Richardi*, in: Richardi, § 77 Rn. 196.
[770] Vgl. hierzu unter F.III.1.e).
[771] *Berg*, in: D/K/K/W, BetrVG, § 77 Rn. 46; *Fitting*, BetrVG, § 77 Rn. 143; *Kreutz*, in: GK-BetrVG, § 77 Rn. 355; *Richardi*, in: Richardi, BetrVG, § 77 Rn. 194.
[772] Vgl. *Beathaler*, Einseitige Gestaltungsmöglichkeiten, S. 353; *Hohenstatt*, in: W/H/S/S, Umstrukturierung und Übertragung von Unternehmen, E I Rn. 74.

unberührt. Dies gilt für eine Änderung der Beteiligungsverhältnisse auf Gesellschafterebene ebenso wie für die Fälle des Formwechsels (§§ 190 ff. UmwG). Im Fokus der nachfolgenden Ausführungen stehen daher unternehmensinterne Umstrukturierungen, die durchaus Auswirkungen auf bestehende Betriebsvereinbarungen haben können.[773] Dabei darf nicht außer Acht gelassen werden, ob ein theoretisch gangbarer Weg in der Praxis tatsächlich sinnvoll ist.

aa) Unternehmensinterne Umstrukturierungen als Beendigungsgrund?

Es ist umstritten, ob unternehmensinterne Umstrukturierungen dazu führen können, dass eine bestehende Betriebsvereinbarung endet.

(1) Betriebsstilllegung

Die weitestgehende „Umstrukturierung" stellt die Stilllegung eines Betriebs oder Betriebsteils dar.[774] Lange Zeit ging man davon aus, dass eine Betriebsvereinbarung zwingend an den Fortbestand des Betriebs gebunden ist.[775] Diese Auffassung ist in dieser Pauschalität jedoch nicht zutreffend, da es Betriebsvereinbarungen gibt, die ihrem Zweck gemäß gerade nach einer Stilllegung noch Wirkung entfalten sollen. Dies ist beispielsweise bei einem Sozialplan der Fall, der gemäß § 112 Abs. 1 Satz 3 BetrVG die Wirkung einer Betriebsvereinbarung hat.[776] Daher ist nach verbreiteter Ansicht das Schicksal einer Betriebsvereinbarung bei einer vollständigen Betriebsstilllegung nur dann an dessen Existenz geknüpft, wenn sie das Bestehen einer betrieblichen Organisation und in ihr beschäftigter Arbeitnehmer voraussetzt.[777] Der Beendigungsgrund einer Betriebsvereinbarung ist dann nicht in der Betriebsstilllegung als solcher, sondern in der Erledigung beziehungsweise im Wegfall ihrer Gestaltungsaufgabe zu sehen.[778] Eine Standortsicherungsvereinbarung setzt im Regelfall das Bestehen einer betrieblichen Organisation voraus, so dass sie mit der vollständigen Betriebsstilllegung endet.[779] Ähnlich wie eine Betriebsveräußerung ist jedoch auch eine Betriebsstilllegung kein praxistaugliches

---

[773] Vgl. *Hohenstatt*, in: W/H/S/S, Umstrukturierung und Übertragung von Unternehmen, E I Rn. 75.
[774] *Lerch*, Betriebsübergänge und Umstrukturierungen, S. 85.
[775] Vgl. *Kreutz*, in: GK-BetrVG, § 77 Rn. 372 m.w.N.
[776] *Kreutz*, in: GK-BetrVG, § 77 Rn. 375; wohl auch *Richardi*, in: Richardi, BetrVG, § 77 Rn. 210; zur Rechtsnatur eines Sozialplans vgl. *Fitting*, BetrVG, §§ 112, 112a Rn. 174 („Betriebsvereinbarung besonderer Art") sowie *Annuß*, in: Richardi, BetrVG, § 112 Rn. 171 („Betriebsvereinbarung").
[777] Vgl. *Fitting*, BetrVG, § 77 Rn. 160; *Hohenstatt*, in: W/H/S/S, Umstrukturierung und Übertragung von Unternehmen, E I Rn. 77; *Kreutz*, in: GK-BetrVG, § 77 Rn. 373.
[778] So *Hohenstatt*, in: W/H/S/S, Umstrukturierung und Übertragung von Unternehmen, E I Rn. 77.
[779] Etwas anderes kann gelten, wenn die Standortsicherungsvereinbarung sozialplanähnliche Inhalte hat; vgl. hierzu *Ruch*, Dreiseitige Vereinbarungen, S. 165 f.

Mittel zur Beendigung einer Betriebsvereinbarung, da dies den Verlust des Betriebs mit sich bringt. Sofern ein Arbeitgeber eine Betriebsstilllegung aufgrund einer existenzgefährdenden Situation in Betracht zieht, für die die Regelungen der Standortsicherungsvereinbarung (mit)ursächlich sind, wird vorrangig eine außerordentliche Kündigung der Vereinbarung in Betracht zu ziehen sein.

(2) Verlust der Betriebsidentität

Nach einer weit verbreiteten Ansicht ist die Frage der Fortgeltung von Betriebsvereinbarungen an den Fortbestand der Betriebsidentität geknüpft.[780] Umstrukturierungen, die die Identität des Betriebs unberührt lassen, führen demnach nicht zu einer Beseitigung bestehender Betriebsvereinbarungen. Dies soll sowohl für Umstrukturierungen auf Unternehmensebene gelten (zum Beispiel durch Veräußerung des gesamten Betriebs, Formwechsel, Verschmelzung ohne Zusammenfassung betrieblicher Einheiten), als auch für Umstrukturierungen auf betrieblicher Ebene, sofern die Identität eines der Ausgangsbetriebe unangetastet bleibt.[781] Wenn dies der Fall ist, soll die bestehende Betriebsvereinbarung unverändert normativ und zwingend fortgelten. Verliert der Betrieb hingegen seine Identität, ist umstritten, ob beziehungsweise in welcher Form die Regelungen einer Betriebsvereinbarung noch anzuwenden sein sollen.

(a) Ersatzloser Wegfall der Betriebsvereinbarung

Zum Teil wird vertreten, bei einer identitätsverändernden unternehmensinternen Umstrukturierung entfielen die Regelungen einer Betriebsvereinbarung ersatzlos. Dies wird damit begründet, dass bei einem Identitätsverlust die „Sinnhaftigkeit" einer bisherigen Betriebsvereinbarung durch die neuen Betriebspartner gänzlich neu beurteilt werden müsse.[782] Dies würde bedeuten, dass der Arbeitgeber durch eine identitätsverändernde Spaltung, Eingliederung oder Zusammenlegung von Betrieben eine Standortsicherungsvereinbarung beenden könnte.

---

[780] BAG v. 5.2.1991, NZA 1991, 639, 641; BAG v. 27.7.1994, NZA 1995, 222 ff.; ebenso BAG v. 18.9.2002, NZA 2003, 670 ff., allerdings stellte dies keine unternehmensinterne Umstrukturierung dar; *Gaul*, in: H/W/K, § 77 BetrVG Rn. 69, 85; *Hohenstatt*, in: W/H/S/S, Umstrukturierung und Übertragung von Unternehmen, E I Rn. 83 ff.; *Kreft*, in: FS Wissmann, S. 351; *Thüsing*, DB 2004, 2474, 2476 f.; *Thüsing/Mengel*, Flexibilisierung, S. 121; kritisch *Jacobs*, in: FS Konzen, S. 345 ff.; *Kreutz*, in: GK-BetrVG, § 77 Rn. 376 ff.

[781] Vgl. *Hohenstatt*, in: W/H/S/S, Umstrukturierung und Übertragung von Unternehmen, E I Rn. 83.

[782] *Gussen/Dauck*, in: Weitergeltung, Rn. 292; *Ruch*, Dreiseitige Vereinbarungen, S. 168 ff.; *Thüsing*, DB 2004, 2474, 2478; *Worzalla*, in: H/S/W/G/N/R, BetrVG, § 77 Rn. 244.

(b) Anwendung von § 613a Abs. 1 Satz 2 BGB analog

Andere wiederum wollen § 613a Abs. 1 Satz 2 BGB entsprechend anwenden.[783] Dies sei geboten, um in derartigen Fällen ein Vakuum hinsichtlich der vereinbarten Regelungen zu verhindern. Zwar sei die Norm von ihrem Wortlaut her nur für Fallkonstellationen vorgesehen, die mit einem Inhaberwechsel verbunden seien. Allerdings würde es einen erheblichen Wertungswiderspruch darstellen, wenn einerseits „sogar" bei einem Wechsel des Betriebsinhabers gemäß § 613a Abs. 1 Satz 2 BGB die Fortgeltung von Betriebsvereinbarungen angeordnet werde, andererseits durch eine unternehmens*interne* Umstrukturierungen sämtliche Betriebsvereinbarungen außer Kraft gesetzt werden könnten.[784] Nimmt man also an, dass eine unternehmensinterne Umstrukturierung mit einem Verlust der Betriebsidentität einhergeht, so hätte dies eine Transformation der Regelungen der Standortsicherungsvereinbarung gemäß § 613a Abs. 1 Satz 2 BGB in die Einzelarbeitsverhältnisse zur Folge.

(c) Kollektive Fortgeltung in Anlehnung an das Übergangsmandat gemäß § 21a BetrVG

Insbesondere *Kreutz* lehnt das Kriterium des Identitätsverlustes wegen seiner kaum zu bewältigenden Handhabbarkeit ab.[785] Er möchte die Fortgeltung von Betriebsvereinbarungen in Fällen der unternehmensinternen Umstrukturierung davon abhängig machen, ob infolge der Umstrukturierung die Gestaltungsaufgabe der Vereinbarung weggefallen ist. Dies sei in der Regel bei unternehmensinternen Umstrukturierungen jedoch nicht der Fall.[786] Wenn die Gestaltungsaufgabe der Vereinbarung nach der Umstrukturierung nach wie vor bestehe, sei es gerechtfertigt, dass die Betriebsvereinbarung kollektivrechtlich fortgelte. Zur Begründung verweist *Kreutz* darauf, dass der Gesetzgeber des Betriebsverfassungsreformgesetzes von 2001 mit der Verankerung des Übergangsmandats des Betriebsrats als allgemeinem Rechtsgrundsatz in § 21a BetrVG klare rechtspolitische Vorgaben zur Beurteilung von betriebsverfassungsrechtlichen Auswirkungen infolge betrieblicher Umstrukturierungen gemacht habe. Das Übergangsmandat, das die Entstehung betriebsratsloser Zeiten verhindern solle, sichere die Amtskontinuität in den neu geschaffenen Betriebseinheiten, und zwar unabhängig davon, ob es bei der Spaltung von Betrieben

---

[783] *Gaul*, in: H/W/K, § 77 BetrVG Rn. 85; *Hanau*, RdA 1989, 207, 210 f.; *Hohenstatt*, in: W/H/S/S, Umstrukturierung und Übertragung von Unternehmen, E I Rn. 86; *Mengel*, Umwandlungen im Arbeitsrecht, S. 188 Fn. 799; ähnlich *S. Edenfeld*, in: Erman, § 613a BGB Rn. 76; im Ergebnis wohl auch *Düwell*, NZA 1996, 393, 396; *Kania*, in: ErfK, § 77 BetrVG Rn. 121.

[784] So *Hohenstatt*, in: W/H/S/S, Umstrukturierung und Übertragung von Unternehmen, E I Rn. 86.

[785] *Kreutz*, in: GK-BetrVG, § 77 Rn. 376 ff.; *ders.*, in: FS Wiese, S. 247.

[786] *Kreutz*, in: GK-BetrVG, § 77 Rn. 377.

(§ 21a Abs. 1 BetrVG) oder der Zusammenfassung von Betrieben oder Betriebsteilen zu einem neuen Betrieb (§ 21a Abs. 2 BetrVG), Fallkonstellationen gebe, die nicht zum Wegfall des bisherigen Betriebsrats führten. Diese Amtskontinuität verlange grundsätzlich die kollektive Fortgeltung der Betriebsvereinbarungen in ihrem bisherigen Geltungsbereich.[787] Faktisch komme es in dem von der Umstrukturierung betroffenen Betrieb zu einem Gleichlauf des Übergangsmandats beziehungsweise eines fortbestehenden Vollmandats des Betriebsrats und der kollektiven Fortgeltung der Betriebsvereinbarung.[788] In den meisten Fällen der unternehmensinternen Umstrukturierung würde dies bedeuten, dass eine Betriebsvereinbarung und somit auch eine Standortsicherungsvereinbarung mangels Wegfalls der Gestaltungsaufgabe kollektivrechtlich fortgilt.

(d) Gestaltungsaufgabe der Betriebsvereinbarung als zentrales Kriterium für deren Fortgeltung

Abzulehnen ist die Auffassung, wonach der Verlust der Betriebsidentität infolge einer unternehmensinternen Umstrukturierung grundsätzlich zur Beendigung aller bisher geltenden Betriebsvereinbarungen führt. Es wäre in der Tat widersprüchlich, wenn selbst in Fällen von Umstrukturierungen, die mit einem Wechsel des Betriebsinhabers einhergehen, eine beschränkt normative Fortgeltung der Normen nach § 613a Abs. 1 Satz 2 BGB gesetzlich angeordnet würde, dies für interne Umstrukturierungen jedoch nicht gelten würde. Diese Ansicht würde zudem eine erhebliche Missbrauchsgefahr mit sich bringen, da findige Arbeitgeber es in der Hand hätten, sich durch interne Umstrukturierungen von unliebsamen Vereinbarungen zu trennen. Dennoch bereitet auch die analoge Anwendung von § 613a Abs. 1 Satz 2 BGB Schwierigkeiten. Die Bildung einer Analogie setzt nämlich neben der vergleichbaren Interessenlage – die vorliegend ohne weiteres angenommen werden kann – das Vorhandensein einer planwidrigen Regelungslücke voraus. Diese erscheint vorliegend jedoch ausgesprochen fraglich. Dem Gesetzgeber war die problematische Frage der Fortgeltung von Betriebsvereinbarungen bei unternehmensinternen Umstrukturierungen spätestens aufgrund eines Gesetzesvorschlags im Rahmen der Reform des Betriebsverfassungsgesetzes bekannt. Er hat sich ohne europarechtlichen Druck jedoch nicht veranlasst gesehen, diese Frage zu regeln.[789]

---

[787] So *Kreutz*, in: GK-BetrVG, § 77 Rn. 377; *ders.*, in: GS Sonnenschein, S. 835 ff.; zustimmend *Bachner*, in: Kittner/Zwanziger/Deinert, Arbeitsrecht, § 97 Rn. 8 ff.; *ders.*, NJW 2003, 2861, 2865; *Berg*, in: D/K/K/W, BetrVG, § 77 Rn. 47a.
[788] *Kreutz*, in: GK-BetrVG, § 77 Rn. 378.
[789] *Lerch*, Betriebsübergänge und Umstrukturierungen, S. 182 f.; *Rieble*, NZA-Sonderbeilage Heft 16/2003, 62, 68; *Rieble/Gutzeit*, NZA 2003, 233, 235; *Thüsing*, DB 2004, 2474, 2478.

Insofern muss eine Analogiebildung ausscheiden. Am überzeugendsten ist der von *Kreutz* vorgeschlagene Weg, die Gestaltungsaufgabe der Betriebsvereinbarung in den Mittelpunkt zu rücken. Dies bringt nicht die Definitionsschwierigkeiten mit sich, die dem Begriff der Betriebsidentität innewohnen.[790] Dieser auslegungsbedürftige Begriff ist wenig griffig und es werden unterschiedlichste Herangehensweisen vorgeschlagen, um ihn mit Leben zu füllen.[791] Teile der Literatur stellen auf den Betriebszweck ab.[792] Demgegenüber wird der Fortbestand der Betriebsidentität zum Teil von einer fortbestehenden Zusammengehörigkeit der Belegschaft abhängig gemacht.[793] Das BAG und ein Teil des Schrifttums neigen hingegen eher zu einer typologischen Betrachtungsweise.[794] Danach sei die Frage nach dem Fortbestand der Betriebsidentität einzelfallabhängig anhand einer Gesamtschau von Merkmalen zu beantworten, die den Betrieb ausmachten. Dies könnten die Organisation der Arbeitsmittel, -abläufe und -verfahren sowie die Strukturen des Arbeitnehmereinsatzes anhand bestimmter Leitungsebenen sein, aber ebenso die Zusammensetzung der Arbeitnehmerschaft vor und nach der Umstrukturierung.[795] Eine klare Linie lässt sich nicht ausmachen. Dem Rechtsanwender ist damit wenig geholfen.

Stellt man hingegen auf die Gestaltungsaufgabe einer Betriebsvereinbarung ab, lassen sich sachgerechte Lösungen finden. Es ist danach zu fragen, ob die Vereinbarung nach Beendigung der Umstrukturierung immer noch ihren Zweck in der neu geschaffenen betrieblichen Einheit erfüllt. Wenn beispielsweise ein Betrieb in zwei eigenständige Betriebe aufgespalten wird, muss dies keineswegs bedeuten, dass die bisherige Vereinbarung nicht in beiden Einheiten sinnvollerweise weiterhin zur Anwendung kommen kann. Etwas anderes gilt natürlich, wenn sich Regelungen gerade durch die neuen Betriebsstrukturen erledigt haben. Dies könnte bei Standortsicherungsvereinbarungen zum Beispiel der Fall sein, wenn sich nach der Umstrukturierung in dem Betrieb effizienter und kostengünstiger produzieren lässt und der Arbeitgeber unter wirtschaftlichen Gesichtspunkten daher zu den ursprünglichen Arbeitsbedingungen zurückkehren kann. Ebenso ist denkbar, dass die Verlagerung eines ausgegliederten Betriebsteils zu günstigeren Kostenstrukturen führt, weil bei-

---

[790] Vgl. *Kreutz*, in: GK-BetrVG, § 77 Rn. 376; *Thüsing*, DB 2004, 2474 hält den Begriff für nicht definitionsfähig.
[791] Vgl. hierzu *Salamon*, RdA 2007, 153 ff.; *ders.*, NZA 2009, 74, 75 f.
[792] *Wahlig/Witteler*, AuA 2004, 14, 15.
[793] *Rieble/Gutzeit*, NZA 2003, 233, 234.
[794] BAG v. 18.3.2008, NZA 2008, 1259, 1261 f.; ebenso *Fischer*, RdA 2005, 39, 42 f.; *Ruch*, Dreiseitige Vereinbarungen, S. 168; *Salamon*, RdA 2007, 153, 155, 159; *ders.*, NZA 2009, 74, 76; *Thüsing*, DB 2004, 2474.
[795] So *Salamon*, NZA 2009, 74, 75.

spielsweise die Steuern und Abgaben oder das grundsätzliche Gehaltsniveau in dieser Region geringer sind. In solchen Fällen würde ein Festhalten an der auf eine Krisensituation zugeschnittenen Standortsicherungsvereinbarung keinen Sinn machen. Ihre Regelungen hätten, trotz bestehender Amtskontinuität des Betriebsrats, keine eigenständige Berechtigung mehr. In solchen, wohl eher die Ausnahme darstellenden Fällen ist davon auszugehen, dass die Vereinbarung wegen Wegfalls ihrer Gestaltungsaufgabe endet. Die Anknüpfung an die Gestaltungsaufgabe deckt sich auch mit dem eingangs zum Sozialplan Gesagten. Es entspricht der herrschenden Meinung, dass ein Sozialplan im Falle einer Betriebsstilllegung seine Geltung behält, obwohl die Betriebsstilllegung zweifelsohne zu einem Verlust der Betriebsidentität führt. Entscheidend ist auch hier die Gestaltungsaufgabe und eben nicht der Begriff der Betriebsidentität. Es ist nicht ersichtlich, warum dieses Kriterium in anderen Umstrukturierungsfällen nicht gelten sollte.[796] Der Begründung einer Fortgeltung mit dem Übergangsmandat nach § 21a BetrVG wird zuweilen entgegengehalten, das dieses nur transitorisch sei.[797] Der Zweck von § 21a BetrVG bestehe darin, die Arbeitnehmer vor dem Verlust von Beteiligungsrechten zu schützen. Es solle verhindert werden, dass es zu einer betriebsratslosen Phase im Zusammenhang einer Umstrukturierung komme.[798] Diesem grundsätzlich zutreffenden Argument lässt sich jedoch begegnen, indem die Laufzeit der Betriebsvereinbarung an die Dauer des Übergangsmandats geknüpft wird. Mit dem Amtsbeginn eines neu gewählten Betriebsrats enden dann auch die Betriebsvereinbarungen des vorherigen Betriebsrats. Dies ist spätestens nach 12 Monaten der Fall (§ 21a Abs. 1 Satz 3 und 4 BetrVG). Dies bringt den Vorteil mit sich, dass eine Betriebsvereinbarung, deren Gestaltungsaufgabe trotz einer betrieblichen Umstrukturierung weiter fortbesteht, nicht plötzlich ersatzlos entfällt. Zum anderen wird der Überbrückungsfunktion des § 21a BetrVG Rechnung getragen. Wenn die Betriebsvereinbarung auch nach der Übergangsfrist des § 21a BetrVG von beiden Seiten für sinnvoll erachtet wird, steht es den Betriebsparteien frei, eine entsprechende Vereinbarung neu abzuschließen.

Neben dem Fortbestand der Gestaltungsaufgabe der Vereinbarung setzt die kollektivrechtliche Fortgeltung der Betriebsvereinbarung freilich voraus, dass die neue

---

[796] Kritisch *Thüsing*, DB 2004, 2474, 2477, der die Regelungen zum Sozialplan für nicht verallgemeinerungsfähig hält. Dies trifft allerdings nur zu, wenn man zu Grunde legt, dass die Betriebsidentität das entscheidende Kriterium ist. Stellt man hingegen auf die Gestaltungsaufgabe der Vereinbarung ab, kann die Parallele durchaus gezogen werden.
[797] *Thüsing*, DB 2004, 2474, 2477.
[798] *Jacobs*, in: FS Konzen, S. 349; *Lerch*, Betriebsübergänge und Umstrukturierungen, S. 201 f.; *Ruch*, Dreiseitige Vereinbarungen, S. 168 f.; *Thüsing*, DB 2004, 2474, 2477.

betriebliche Einheit nach wie vor betriebsratsfähig ist. Wenn die Voraussetzungen von § 1 Abs. 1 Satz 1 BetrVG nicht mehr erfüllt sind, kann für diesen Betrieb auch keine Betriebsvereinbarung fortbestehen.

bb) Fazit

Unternehmensinterne Umstrukturierungen können nur in Ausnahmefällen zur Beendigung von Standortsicherungsvereinbarungen führen. Dies ist der Fall, wenn sich durch die Umstrukturierung die Gestaltungsaufgabe der Vereinbarung erledigt hat und die Regelungen deshalb keinen sinnvollen Anwendungsbereich mehr haben.

3. Beendigung von typengemischten Kollektivvereinbarungen

Bei typengemischten dreigliedrigen Standortsicherungsvereinbarung stellt sich die Frage, wie sich die typische inhaltliche Verflechtung der verschiedenen Regelungen auf die Beendigung der Vereinbarung(en) auswirkt. Es ließe sich zunächst daran denken, dass es sich um selbständige, voneinander unabhängige Vereinbarungen handelt, die jeweils auch eigenständig beendet werden können. Wie sich dies auf den Rest der Vereinbarung auswirkt, ist dann eine Frage der Auslegung, wie sie bereits im Rahmen der Teilunwirksamkeit einer solchen Vereinbarung erörtert worden ist.[799] Denkbar ist jedoch auch, dass die Vereinbarungen nur gemeinsam beendet werden können. Dies hätte zur Folge, dass der Firmentarifvertrag und die Betriebsvereinbarung zwingend ein gemeinsames Schicksal haben. Hierfür scheint der gemeinsame Abschluss der Standortsicherungsvereinbarung zu sprechen, da es den Parteien unbenommen gewesen wäre, unabhängig voneinander eigenständige Regelungen mit dem Arbeitgeber zu schließen. Aufgrund der Ähnlichkeit von dreigliedrigen Vereinbarungen und mehrgliedrigen Tarifverträgen kann gegebenenfalls auf die dazu entwickelten Lösungsansätze zurückgegriffen werden.

a) Parteiwille als Ausgangspunkt

Primär ist zu untersuchen, ob die Parteien ausdrücklich etwas über das Verhältnis der beiden Vereinbarungen geregelt haben.[800] Die Parteien können sich in ihrer Autonomie nämlich durchaus dahingehend beschränken, dass die Wirksamkeit der Beendigung einer Vereinbarung von der Zustimmung der jeweils anderen Partei abhängt. Ebenso können die Parteien eine auflösende Bedingung vereinbaren, wo-

---

[799] Siehe unter F.II.2.
[800] Vgl. für Tarifverträge *Deinert*, in: Däubler, TVG, § 4 Rn. 106; *Löwisch/Rieble*, TVG, § 1 Rn. 507; *Wank*, in: Wiedemann, TVG, § 4 Rn. 23; für Betriebsvereinbarungen *Berg*, in: D/K/K/W, BetrVG, § 77 Rn. 53b; *Fitting*, BetrVG, § 77 Rn. 145; *Kreutz*, in: GK-BetrVG, § 77 Rn. 363; *Worzalla*, in: H/S/W/G/N/R, BetrVG, § 77 Rn. 221.

nach die Beendigung einer Vereinbarung zur Beendigung der anderen Vereinbarung führt.[801] Auch kann der anderen Partei beispielsweise ein Sonderkündigungsrecht eingeräumt werden, falls eine der Vereinbarungen gekündigt wird oder aus einem anderen Grund endet. Haben die Parteien eine ausdrückliche Regelung getroffen, geht diese einer Auslegung vor.

b) Getrennte oder gemeinsame Beendigung als Regelfall?

Unklar ist hingegen, wie die Beendigung der Vereinbarung(en) erfolgt, wenn diese selbst keine Anhaltspunkte über ihr Verhältnis zueinander enthalten.

Eine ähnliche Problematik besteht im Rahmen der Beendigung von mehrgliedrigen Tarifverträgen. Dort stellt sich ebenfalls die Frage, ob es sich um ein einheitliches Tarifwerk oder um mehrere selbständige Tarifverträge handelt. Im Regelfall ist davon auszugehen, dass es sich um mehrere rechtlich selbständige Tarifverträge handelt, da nicht anzunehmen ist, dass sich die Tarifvertragsparteien in ihrer Hoheit über den Fortbestand des Tarifvertrags beschränken lassen wollen.[802] Abweichend von diesem Regelfall können die an einem mehrgliedrigen Tarifvertrag beteiligten Parteien auch einen Einheitstarifvertrag abschließen. Ein Indiz hierfür soll sein, wenn die Parteien die Vereinbarung gemeinsam ausgehandelt haben. Im Falle eines Einheitstarifvertrages werden die auf einer Seite stehenden Parteien gemeinsam berechtigt und verpflichtet. Rechtlich bilden sie eine Verhandlungs- und Vertragsgemeinschaft[803] in Form einer BGB-Gesellschaft mit der Folge, dass die Geschäftsführungsregelungen der §§ 709 ff. BGB Anwendung finden.[804] Die Parteien können ihre Rechte gegenüber der Gegenpartei (z.B. Kündigung, Abschluss einer neuen Vereinbarung) dann nur gemeinsam ausüben. Ist eine Tarifvertragspartei mit der Kündigung des Tarifvertrags nicht einverstanden, muss sie gesellschaftsrechtlich die Zustimmung erzwingen oder die Auflösung der Gesellschaft betreiben. Etwas anderes gilt nur, wenn einer Partei die Geschäftsführung nach § 710 Satz 1 BGB übertragen wurde. In diesem Fall ist die geschäftsführende Partei zur Vertretung

---

[801] Vgl. für Tarifverträge *Deinert*, in: Däubler, TVG, § 4 Rn. 75; *Thüsing*, in: Wiedemann, TVG, § 1 Rn. 305; *Wank*, in: Wiedemann, TVG, § 4 Rn. 18; für Betriebsvereinbarungen *Fitting*, BetrVG, § 77 Rn. 145; *Worzalla*, in: H/S/W/G/N/R, BetrVG, § 77 Rn. 231.

[802] Vgl. BAG v. 29.6.2004, AP Nr. 36 zu § 1 TVG unter III.4.b)aa) der Gründe; BAG v. 8.11.2006, NZA 576, 577; ebenso *Löwisch/Rieble*, TVG, § 1 Rn. 473; *Oetker*, in: J/K/O, Tarifvertragsrecht, S. 488; *ders.*, RdA 1995, 82, 100; *Reim*, in: Däubler, TVG, § 1 Rn. 75; *Spinner*, ZTR 1999, 546, 547; *Thüsing*, in: Wiedemann, TVG, § 1 Rn. 213; *Zachert*, in: Kempen/Zachert, TVG, § 1 Rn. 39.

[803] Z.T. wird auch von einer Tarifgemeinschaft gesprochen, vgl. *Rieble/Klumpp*, in: MünchArbR, Band 2, § 164 Rn. 72.

[804] *Löwisch/Rieble*, TVG, § 2 Rn. 166 f. und 475; *Thüsing*, in: Wiedemann, TVG, § 1 Rn. 212.

der anderen Gesellschafter befugt (§ 714 BGB) und kann etwaige Gestaltungsrechte alleine ausüben.

Würde es sich bei einer dreigliedrigen Standortsicherungsvereinbarung, entsprechend der Situation bei mehrgliedrigen Tarifverträgen, um einen „Einheitsvertrag" handeln, hätte dies zur Folge, dass die Vereinbarung grundsätzlich nur von den Parteien gemeinsam beendet werden könnte. Es ist allerdings fraglich, ob sich diese rechtlichen Überlegungen überhaupt auf dreigliedrige Standortsicherungsvereinbarungen übertragen lassen. Dies ist aus mehreren Gründen zweifelhaft. Zum einen bereitet die Übertragung dieser Überlegungen Schwierigkeiten, da Tarifvertragsgesetz und Betriebsverfassungsgesetz keine gemeinsame Vertragsform für Gewerkschaft und Betriebsrat vorsehen. Bei einem Einheitstarifvertrag liegt schließlich trotz des Vorhandenseins mehrerer beteiligter Parteien ein *Tarifvertrag* vor, den tariffähige Parteien abgeschlossen haben. Vor diesem Hintergrund ist es unbedenklich, dass eine Tarifpartei für die andere Tarifpartei ein Gestaltungsrecht ausübt. Sie bilden dann eine Tarifgemeinschaft. Eine „Standortsicherungsvereinbarung" als anerkannte Vertragsform von Gewerkschaft und Betriebsrat gibt es jedoch nicht. Weder das Tarifvertragsgesetz noch das Betriebsverfassungsgesetz sehen eine Vereinbarung vor, an der sowohl Gewerkschaft als auch Betriebsrat originär konstituierend mitgewirkt haben. Selbst wenn man also von einer Verhandlungs- und Vertragsgemeinschaft zwischen Gewerkschaft und Betriebsrat ausgehen würde, könnten diese kein einheitliches Vertragswerk der Rechtsqualität „Standortsicherungsvereinbarung" abschließen, sondern die Vereinbarung würde weiterhin aus einem Firmentarifvertrag und einer Betriebsvereinbarung bestehen. Darüber hinaus lässt sich die Annahme einer Verhandlungs- und Vertragsgemeinschaft zwischen Gewerkschaft und Betriebsrat auch nicht mit der Tarifautonomie vereinbaren. Wenn bereits bei mehrgliedrigen Tarifverträgen im Regelfall angenommen wird, dass sich die Tarifvertragsparteien ihrer Tarifmacht nicht zugunsten einer anderen Tarifpartei begeben wollen, drängt sich diese Annahme für typengemischte Vereinbarungen geradezu auf. Es ist kaum vorstellbar, dass sich eine Gewerkschaft zugunsten eines Betriebsrats in ihrer Entscheidungshoheit derart einschränken will, dass für die Ausübung eines Gestaltungsrechts ein Mehrheitsbeschluss der Parteien erforderlich ist. Darüber hinaus unterliegt die tarifliche Willensbildung einem strikten Fremdbestimmungsverbot, welches seine Grundlage ebenfalls in der Tarifautonomie findet.[805] Aus diesem Grund dürfen an einer Tarifgemeinschaft auch nur solche Mitglieder teilnehmen, die ihrerseits tariffähig und für den intendierten Tarifabschluss

---

[805] *Löwisch/Rieble*, TVG, § 1 Rn. 169 sowie § 2 Rn. 169; *Rieble/Klumpp*, in: MünchArbR, Band 2, § 164 Rn. 74.

zuständig sind. Da ein Betriebsrat diese Voraussetzungen nicht erfüllt, kann er mit einer Gewerkschaft keine Verhandlungs- und Vertragsgemeinschaft bilden, da dies gegen das Fremdbestimmungsverbot verstieße. Sofern die Parteien die gemeinsame Beendigung ausdrücklich vereinbaren, verstößt dies nicht gegen das Fremdbestimmungsverbot, da es der Gewerkschaft unbenommen ist, sich in ihrer Tarifautonomie einzuschränken. Ohne konkrete Anhaltspunkte in der Vereinbarung selbst, kann das Vorliegen eines Einheitsvertrags, wie er im Rahmen von mehrgliedrigen Tarifverträgen vorkommen kann, nicht angenommen werden.

Folglich ist bei typengemischten Kollektivvereinbarungen davon auszugehen, dass die Vereinbarungen selbständig nebeneinander bestehen und jede für sich gesondert von den Parteien beendet werden kann. Allerdings ist es unschädlich, wenn eine unzuständige Partei eine Beendigungserklärung mitunterzeichnet. Ebenso wie die Mitunterzeichnung durch eine unzuständige Partei für den Abschluss der Vereinbarung unschädlich ist, steht sie der Wirksamkeit einer Beendigungserklärung nicht entgegen. Allerdings muss sich klar ergeben, welche der Vereinbarungen beendet werden soll. Die Mitunterzeichnung stellt zudem ein starkes Indiz dafür dar, dass die unzuständige Partei ihre eigene Teilvereinbarung auch beenden möchte. Dies ist im Einzelfall durch Auslegung zu ermitteln. Aufgrund der inhaltlichen Nähe der Vereinbarungen ist davon auszugehen, dass eine Anzeigeobliegenheit der Beendigung gegenüber der jeweils dritten Partei besteht. Nur so ist diese in der Lage, sich auf die veränderte Situation und daraus gegebenenfalls erwachsende Konsequenzen einzustellen.

Die Frage der eigenständigen Beendigung ist jedoch davon zu unterscheiden, welche Auswirkungen die Beendigung einer Vereinbarung auf das Schicksal der anderen Vereinbarung hat. Sofern die Parteien dies nicht ausdrücklich geregelt haben, ist durch Auslegung zu ermitteln, ob die verbleibende Vereinbarung alleine fortbestehen soll. Hiervon ist in der Regel nicht auszugehen. Insoweit kann auf die Ausführungen zur Gesamtnichtigkeit verwiesen werden.[806] § 139 BGB kommt bei der nachträglichen Beendigung einer Vereinbarung jedoch nicht zur Anwendung, da die Vorschrift lediglich Nichtigkeitsfälle erfasst. Übertragbar ist jedoch der Gedanke, dass bei einer engen inhaltlichen Verbindung von Tarifvertrag und Betriebsvereinbarung im Zweifel keine Vereinbarung ohne die andere alleine fortbestehen soll. Dogmatisch lässt sich dieses Ergebnis begründen, indem die beiden Vereinbarun-

---

[806] Vgl. unter F.II.

gen zu einer Geschäftseinheit verbunden sind, so dass die Wirksamkeit der einen Vereinbarung die Wirksamkeit der anderen bedingt (§ 158 Abs. 2 BGB).[807]

c) *Fazit*

Sofern die Parteien keine ausdrücklichen Regelungen über eine gemeinschaftliche Beendigung getroffen haben, können die Teilvereinbarungen einer typengemischten Kollektivvereinbarung nur durch die jeweils zuständigen Parteien beendet werden. Gewerkschaft und Betriebsrat können keine Verhandlungs- und Vertragsgemeinschaft bilden. Allerdings werden die Teilvereinbarungen in der Regel zu einer Geschäftseinheit verbunden sein.

---

[807] Vgl. für mehrgliedrige Tarifverträge *Löwisch/Rieble*, TVG, § 1 Rn. 474; *Zachert*, in: Kempen/Zachert, TVG, § 1 Rn. 39.

G. Gestaltungsmöglichkeiten für dreigliedrige Standortsicherungsvereinbarungen

Die bisherigen Ausführungen haben gezeigt, dass der Abschluss dreigliedriger Standortsicherungsvereinbarungen zwar grundsätzlich möglich ist, sich hierbei jedoch viele „Fallstricke" auftun können. Grundsätzlich steht es den Vertragsparteien frei, sich der Regelungsmöglichkeiten eines Firmentarifvertrags oder – in engen Grenzen – einer Betriebsvereinbarung zu bedienen. Auch die äußerliche Verbindung von Firmentarifvertrag und Betriebsvereinbarung in einer Urkunde ist grundsätzlich zulässig, sofern sich die Urheber der jeweiligen Regelungen zweifelsfrei erkennen lassen. Andernfalls schwebt über der Vereinbarung das Damoklesschwert der Unwirksamkeit. Nachfolgend sollen die Gestaltungsmöglichkeiten, die den Parteien für den Abschluss einer dreigliedrigen Standortsicherungsvereinbarung verbleiben, aufgezeigt werden.

I. Abschluss in Gesamtheit als Firmentarifvertrag oder Betriebsvereinbarung

Zunächst besteht die Möglichkeit, eine dreigliedrige Standortsicherungsvereinbarung in Gesamtheit als Firmentarifvertrag oder Betriebsvereinbarung abzuschließen. Die Mitverhandlung und Mitunterzeichnung eines Firmentarifvertrags durch einen Betriebsrat steht der Zulässigkeit einer solchen Vereinbarung ebenso wenig entgegen, wie die Mitverhandlung und Mitunterzeichnung einer Betriebsvereinbarung durch eine Gewerkschaft. Allerdings ist zu beachten, dass die Beteiligung einer grundsätzlich unzuständigen Partei zu Auslegungsschwierigkeiten führen kann. Daher muss klargestellt werden, um welche Art von Vereinbarung es sich handelt. Dies erfordert zum einen eine klare Bezeichnung der Vereinbarung als „Firmentarifvertrag" oder „Betriebsvereinbarung" sowie einen Hinweis, dass die Beteiligung der dritten Partei alleine aus Gründen der Unterstützung geschieht. Neben der eindeutigen Überschrift empfiehlt sich die Aufnahme einer Klausel, in der die Parteien klar zum Ausdruck bringen, dass sie den Willen haben, die Vereinbarung in der Rechtsform eines Tarifvertrags oder einer Betriebsvereinbarung abzuschließen.

Beim Abschluss einer Standortsicherungsvereinbarung in Form einer Betriebsvereinbarung müssen die Parteien darauf achten, dass dies aufgrund der Regelungssperre des § 77 Abs. 3 Satz 1 BetrVG nur in engen Grenzen zulässig ist. Allerdings können die Tarifvertragsparteien nachträglich eine Öffnungsklausel für betriebliche Regelungen vereinbaren. Dies kann auch befristet geschehen, um beispielsweise für einen überschaubaren Zeitraum von einem Tarifvertrag abweichende Regelungen zuzulassen.[808] Die Öffnungsklausel muss von den Parteien desjenigen Tarifvertrags vereinbart werden, von dem abgewichen werden soll. Sie muss zudem in einem Tarifvertrag vereinbart sein. Es genügt somit nicht, dass die Tarifparteien die Standortsicherungsvereinbarung mit unterschreiben. Vielmehr müssen sie klar erkennbar eine tarifvertragliche Regelung beschließen. Diese kann mit der Betriebsvereinbarung in einer Urkunde verbunden werden, wenn sich eindeutig ergibt, dass sie nicht Teil der Betriebsvereinbarung sondern eines eigenständigen Tarifvertrags ist. Wenn die Parteien sich nicht sicher sind, ob die Standortsicherungsvereinbarung gegen die Regelungssperre verstößt, können sie die Betriebsvereinbarung auch unter einen Genehmigungsvorbehalt der Tarifvertragsparteien stellen.[809] Die Betriebsvereinbarung wird dann aufschiebend unter der Bedingung (§ 158 Abs. 1 BGB) abgeschlossen, dass die Tarifvertragsparteien den Regelungen zustimmen, worin dann eine nachträgliche Öffnungsklausel zu sehen ist. Dieser Fall dürfte jedoch nur in Betracht kommen, wenn die an der dreigliedrigen Standortsicherungsvereinbarung beteiligte Gewerkschaft nicht Partei des Tarifvertrags war, von dem abgewichen werden soll.

Vor dem Hintergrund eines möglichen Verstoßes gegen die Regelungssperre ist der Abschluss eines Firmentarifvertrags aus Gründen der Rechtssicherheit grundsätzlich vorzugswürdig. Eine als Firmentarifvertrag abgeschlossene Standortsicherungsvereinbarung kann zudem wie eine Betriebsvereinbarung für sämtliche Arbeitnehmer Geltung entfalten. Regelungen über den Ausschluss von betriebsbedingten Kündigungen sowie im Gegenzug dafür vereinbarte Zugeständnisse der Arbeitnehmer sind betriebsbezogene Normen und gelten gemäß §§ 3 Abs. 2, 4 Abs. 1 Satz 2 TVG auch für die nicht- oder anderstarifgebundenen Arbeitnehmer unmittelbar und zwingend.

II. Getrennter Abschluss von Firmentarifvertrag und Betriebsvereinbarung mit gemeinsamer dreigliedriger Absichtserklärung

Vor dem Hintergrund der sehr strengen Anforderungen, die das Gebot der Rechtsquellenklarheit den Parteien auferlegt, stellt der getrennte Abschluss eines eigenständigen Firmentarifvertrags zwischen Arbeitgeber und Gewerkschaft sowie einer eigenständigen Betriebsvereinbarung zwischen Arbeitgeber und Betriebsrat die rechtssicherste Variante dar. Verschiedene Konstellationen sind hierbei denkbar.

---

[808] Vgl. zu eingeschränkten Öffnungsklauseln *Walker*, ZTR 1997, 193, 196.
[809] *Grau/Döring*, NZA 2008, 1335, 1337; *Thüsing*, in: Wiedemann, TVG, § 1 Rn. 303, 305.

Zum einen ist es möglich, dass die Vereinbarungen mit gleichem Inhalt doppelt abgeschlossen werden.[810] Wegen § 77 Abs. 3 Satz 1 BetrVG hat dies zwar zur Folge, dass die Betriebsvereinbarung in (großen) Teilen unwirksam ist. Sie erlangt jedoch Geltung bezüglich der Regelungen, die nicht gegen die Regelungssperre verstoßen oder bezüglich derer die Tarifvertragsparteien keine Regelungskompetenz haben. Die Tarifvertragsparteien können, sofern sie hierfür zuständig sind, auch eine Öffnungsklausel im Tarifvertrag vereinbaren. Dies hat eine weitgehende Wirksamkeit der Betriebsvereinbarung zur Folge. Der Tarifvertrag fungiert dann nur noch als „Auffangbecken" für solche Abreden, über die die Betriebsparteien nicht wirksam disponieren können, weil der Arbeitgeber beispielsweise von den Regelungen eines geltenden Tarifvertrags abweichen möchte.[811]

Ein eleganterer Weg als die reine Verdoppelung der beiden Vereinbarungen besteht darin, zwei getrennte Vereinbarungen abzuschließen, in denen, abhängig von den Zuständigkeiten und Regelungskompetenzen der jeweiligen Parteien, eine genaue inhaltliche Zuordnung der Regelungen vorgenommen wird.[812] Dem bezweckten Gleichlauf der beiden Vereinbarungen kann dadurch Rechnung getragen werden, dass die Regelungen zur Standort- und Beschäftigungssicherung ausdrücklich unter die Bedingung des (Nicht-)Eingreifens bestimmter tariflicher Regelungen gestellt werden.[813] Vorsichtshalber sollte der Tarifvertrag auch bei dieser Gestaltung eine Öffnungsklausel zu Gunsten der Betriebsvereinbarung enthalten. Um keiner doppelten Inanspruchnahme ausgesetzt zu sein, können die Regelungen durch gegenseitige Anrechnungsklauseln miteinander verbunden werden.[814] Darüber hinaus können die Parteien die Vereinbarungen so gestalten, dass die Unwirksamkeit oder Beendigung der einen Vereinbarung zugleich zur Beendigung der anderen Vereinbarung führt. Dies lässt sich ebenfalls über auflösende Bedingungen erreichen. Die Teilvereinbarungen stellen dann eine Geschäftseinheit dar.

Ergänzend zu dem getrennten Abschluss des Firmentarifvertrags und der Betriebsvereinbarung haben die Parteien die Möglichkeit, eine dreigliedrige Absichtserklä-

---

[810] Vgl. *Bayreuther*, NZA 2010, 378, 380 f.; *Ruch*, Dreiseitige Vereinbarungen, S. 147, 150 f.; im Ansatz auch *Gravenhorst*, FA 2008, 330, 331; *Matthes*, jurisPR-ArbR 35/2008 Anm. 1; *Oetker*, EWIR § 77 BetrVG, 1/2009, 6.
[811] *Bayreuther*, NZA 2010, 378, 380 f.
[812] Diese Vorgehensweise befürworten *Grau/Döring*, NZA 2008, 1335, 1338.
[813] So *Grau/Döring*, NZA 2008, 1335, 1338; zustimmend *Bayreuther*, NZA 2010, 378, 381; ähnlich *Thüsing*, in: Wiedemann, TVG, § 1 Rn. 305.
[814] Die Gefahr einer doppelten Inanspruchnahme stellt sich bei den infrage stehenden Regelungen zumeist jedoch nicht, da es um Einschnitte und nicht um die Gewährung von Leistungen geht. Eine Standortgarantie kann ohnehin nicht doppelt in Anspruch genommen werden.

rung[815] zu beschließen.[816] Diese Vereinbarung entfaltet keine verbindlichen Rechtswirkungen, ihr Inhalt dient jedoch als Grundlage für den Abschluss von Tarifvertrag und Betriebsvereinbarung. Durch diese gemeinsame Erklärung haben die Parteien die Möglichkeit, ihren gemeinsamen Willen zur Umsetzung der geplanten Einschnitte zu demonstrieren. Der Abschluss einer solchen rechtlich unverbindlichen Erklärung ist durchaus empfehlenswert, da so der Rückhalt in der Belegschaft für die geplanten Maßnahmen durch einen einheitlichen Gestaltungswillen aller Beteiligten erhöht werden kann. Zudem kann in einer solchen Vereinbarung deutlich ausführlicher begründet werden, welche Motivation hinter dem Abschluss der Kollektivvereinbarungen steht und welche Ziele die Parteien damit verfolgen, als dies in einem Tarifvertrag und einer Betriebsvereinbarung möglich wäre.[817]

III. Typengemischte dreigliedrige Kollektivvereinbarung

Letztlich können die Parteien weiterhin tarifvertragliche und betriebsverfassungsrechtliche Regelungen in einem einheitlichen Dokument kombinieren. Hierbei müssen die Parteien jedoch die sehr strengen Vorgaben des BAG zum Gebot der Rechtsquellenklarheit beachten. Es muss klar und unmissverständlich erkennbar sein, welche Regelungskomplexe welchem Normgeber zuzuordnen sind. Dazu ist es zunächst erforderlich, die Vereinbarung durch eindeutige Überschriften wie „Tarifvertraglicher Regelungsbereich" und „Betriebsverfassungsrechtlicher Regelungsbereich" zu unterteilen. Auch wenn eine abschließende gemeinsame Unterzeichnung der Wirksamkeit der jeweiligen Teilvereinbarungen nicht entgegensteht, empfiehlt es sich aus Klarstellungsgründen dennoch, dass die jeweiligen Teilvereinbarungen nur von den Parteien unterschrieben werden, die auch abschlussbefugt sind.[818] Darüber hinaus ist sorgfältig zu prüfen, welche Regelungsmaterien mit welcher Partei und damit innerhalb welches Regelungsbereichs getroffen werden sollen. Hierbei muss besonderes Augenmerk auf die eingeschränkte Regelungsbefugnis der Betriebsparteien aufgrund der Regelungssperre des § 77 Abs. 3 Satz 1 BetrVG gelegt werden. Unzureichend ist die Aufnahme einer Klausel in die Vereinbarung, nach der sich die Rechtsnatur der einzelnen Regelungskomplexe nach dem recht-

---

[815] Die Bezeichnung einer solchen Absichtserklärung ist unterschiedlich. Zum Teil wird auch von Eckpunktevereinbarung, Rahmenvereinbarung, Verhandlungsergebnis oder Letter of Intent gesprochen.
[816] *Kolbe*, AP Nr. 96 zu § 77 BetrVG (Anmerkung).
[817] Vgl. zu den psychologischen Vorteilen einer dreigliedrigen Vereinbarung B.III.
[818] So auch *Grau/Döring*, NZA 2008, 1335, 1338; *Salamon*, ArbRAktuell 2009, 199 erachtet eine gemeinsame Unterzeichnung hingegen als ausreichend.

lich Zulässigen und Erforderlichen bestimmt.[819] Durch eine solche Klausel bringen die Parteien zwar ihren Normsetzungswillen zum Ausdruck, allerdings verstößt sie gegen das Gebot der Rechtsquellenklarheit.[820] Durch die Klausel ist für die Arbeitnehmer nämlich nicht ohne weiteres erkennbar, ob eine Regelung tarifvertraglicher oder betriebsverfassungsrechtlicher Natur ist.

Auch wenn der gemeinsame Abschluss in einem Dokument möglich ist, ist hiervon abzuraten.[821] Zum einen bringt die Zusammenfassung beider Vereinbarungen in einer Urkunde keinen rechtlichen Vorteil. Zum anderen birgt sie immer die Gefahr in sich, Tarif- und Betriebsautonomie könnten in unzulässiger Weise miteinander vermengt worden sein. Vorzugswürdig ist daher die Trennung von Tarifvertrag und Betriebsvereinbarung in gesonderten Dokumenten.

---

[819] *Ruch*, Dreiseitige Vereinbarungen, S. 148 schlägt folgende Formulierung vor: „Die jeweiligen Regelungskomplexe sollen tarifvetraglicher beziehungsweise betriebsverfassungsrechtlicher Natur sein, soweit dies jeweils rechtlich zulässig und zur Verwirklichung des Willens der Kollektivvertragsparteien erforderlich ist."
[820] Dies konzediert auch *Ruch*, Dreiseitige Vereinbarungen, S. 148.
[821] So auch *Grau/Döring*, NZA 2008, 1335, 1338; *Kolbe*, AP Nr. 96 zu § 77 BetrVG (Anmerkung); *Oetker*, EWIR § 77 BetrVG, 1/2009, 6; *Thüsing*, in: Wiedemann, TVG, § 1 Rn. 305.

H. Zusammenfassung der wesentlichen Ergebnisse

1. Als klassisches Hochlohnland sieht sich die deutsche Wirtschaft einem starken Wettbewerb insbesondere mit seinen osteuropäischen Nachbarstaaten und China ausgesetzt. Dies hat in der Vergangenheit zu Standortverlagerungen und Standortschließungen geführt. Zur Vermeidung eines solchen Szenarios schließen immer mehr Unternehmen Standortsicherungsvereinbarungen ab, in denen sich die Arbeitnehmer oder ihre Vertreter zu Zugeständnissen bei Arbeitszeit und Arbeitsentgelt bereit erklären und im Gegenzug eine Standort-/Beschäftigungsgarantie erhalten. Um die Akzeptanz solcher Vereinbarungen innerhalb der Belegschaft zu steigern, werden diese Vereinbarungen vermehrt zwischen Arbeitgeber, Gewerkschaft und Betriebsrat abgeschlossen. Man spricht in einem solchen Fall von dreigliedrigen Standortsicherungsvereinbarungen.

2. Dreigliedrige Standortsicherungsvereinbarungen können grundsätzlich als Firmentarifvertrag oder Betriebsvereinbarung abgeschlossen werden. Darüber hinaus ist die Kombination eines Firmentarifvertrags und einer Betriebsvereinbarung in einer Urkunde möglich. Es liegt dann eine typengemischte Kollektivvereinbarung vor. In einem Tarifvertrag enthaltene Regelungen über den Ausschluss betriebsbedingter Kündigungen sowie im Gegenzug für eine solche Beschäftigungsgarantie vereinbarte Einschnitte bei Arbeitszeit und Arbeitsentgelt sind in der Regel betriebsbezogene Normen und wirken wie die Regelungen einer Betriebsvereinbarung für alle Arbeitnehmer unmittelbar und zwingend. Regelungen über die Fortführung, Schließung oder Verlegung eines Standortes können hingegen nur im schuldrechtlichen Teil eines Tarifvertrages geregelt werden.

3. Die typischen Regelungen in Standortsicherungsvereinbarungen lassen sich unter die „Arbeits- und Wirtschaftsbedingungen" i.S.d. Art. 9 Abs. 3 Satz 1 GG subsumieren und unterfallen damit grundsätzlich der gewerkschaftlichen Regelungsbefugnis. Sofern der Inhalt einer Standortsicherungsvereinbarung unternehmerische Grundlagenentscheidungen betrifft, was bei Regelungen über die Fortführung, Schließung oder Verlegung eines Betriebes sowie bei der Zusage einer Beschäftigungsgarantie der Fall ist, liegt ein Eingriff in die von Art. 12 GG geschützte Unternehmerfreiheit vor. Dies hat zur Folge, dass diese Regelungen nicht mit Mitteln des Arbeitskampfes durchgesetzt werden können. Der Unternehmer kann jedoch freiwillig Standortsicherungsvereinbarungen mit entsprechendem Inhalt abschließen („volenti non fit iniuria").

4. §§ 111 ff. BetrVG entfalten keine Sperrwirkung zulasten tarifvertraglicher Regelungen mit sozialplanähnlichen Inhalten in Standortsicherungsvereinbarungen. Die Regelungen im Betriebsverfassungsgesetz sprechen vielmehr dafür, dass der Gesetzgeber von einem Nebeneinander von betrieblichen und tariflichen Regelungen auch auf dem Gebiet von Sozialplänen oder sozialplanähnlichen Regelungen ausgegangen ist. Einen „Zangengriff" durch das Nebeneinander von tariflichen und betrieblichen Regelungen wird der Unternehmer bei dreigliedrigen Standortsicherungsvereinbarungen nicht befürchten müssen, da die Parteien die Vereinbarung konsensual ausgehandelt haben.

5. In vielen Unternehmen werden Arbeitsentgelte und sonstige Arbeitsbedingungen zumindest üblicherweise durch Tarifverträge geregelt. Standortsicherungsvereinbarungen, die als Betriebsvereinbarung abgeschlossen werden, verstoßen aufgrund ihres Regelungsinhalts daher häufig gegen die Sperrwirkung des § 77 Abs. 3 Satz 1 BetrVG und sind unwirksam. Gewerkschaft und Arbeitgeber können jedoch nachträglich eine Öffnungsklausel vereinbaren und einer grundsätzlich tarifvorbehaltswidrigen Standortsicherungsvereinbarung somit zur Wirksamkeit verhelfen. Die Öffnungsklausel muss jedoch in einem Tarifvertrag ausdrücklich vereinbart werden. In der bloßen Beteiligung einer Gewerkschaft an einer dreigliedrigen Standortsicherungsvereinbarung ist keine (konkludente) Vereinbarung einer tarifvertraglichen Öffnungsklausel zu sehen. Wenn eine Gewerkschaft an einer tarifvorbehaltswidrigen Standortsicherungsvereinbarung mitgewirkt hat, kann sie sich nicht auf den Verstoß gegen § 77 Abs. 3 Satz 1 BetrVG berufen. § 87 Abs. 1 BetrVG spielt als Ausnahmetatbestand von der Regelungssperre nur eine untergeordnete Rolle.

6. Eine tarifvorbehaltswidrige Standortsicherungsvereinbarung kann entsprechend § 140 BGB in einen Firmentarifvertrag umgedeutet werden. Dies setzt in der Regel jedoch voraus, dass die Parteien die Nachwirkung des Firmentarifvertrages ausschließen, da dieser andernfalls eine stärkere Bindungsintensität als die Betriebsvereinbarung hätte. Eine Umdeutung in eine Regelungsabrede oder eine vertragliche Einheitsregelung kommt hingegen nicht in Betracht.

7. Die Bestimmung der Rechtsqualität und des Inhalts von dreigliedrigen Standortsicherungsvereinbarungen erfolgt durch Auslegung. Methodisch sind hierbei die Grundsätze über die Gesetzesauslegung heranzuziehen. Wenn eine als Betriebsvereinbarung abgeschlossene Standortsicherungsvereinbarung gegen die Regelungssperre verstoßen würde, ist im Zweifel davon auszugehen, dass die Parteien einen Firmentarifvertrag abschließen wollten.

8. Im Rahmen von dreigliedrigen Standortsicherungsvereinbarungen kommt – abweichend von der gängigen Praxis bei Tarifverträgen und Betriebsvereinbarungen – § 139 BGB entsprechend zur Anwendung. Die Nichtigkeit einer Regelung führt demzufolge grundsätzlich zur Gesamtnichtigkeit der Vereinbarung. Dies beruht auf dem Umstand, dass es sich bei Regelungen in Standortsicherungsvereinbarungen regelmäßig um ein in sich verflochtenes Paket aus Vor- und Nachteilen handelt. Der Wegfall einer Regelung führt dann regelmäßig zu einer Störung des Äquivalenz- und Ordnungsgefüges der Vereinbarung.

9. Die Beendigung von dreigliedrigen Standortsicherungsvereinbarungen erfolgt grundsätzlich nach denselben Prinzipien wie diejenige von schuldrechtlichen Dauerschuldverhältnissen. Bei befristeten Vereinbarungen wird das Recht zur ordentlichen Kündigung in der Regel konkludent ausgeschlossen sein. Standortsicherungsvereinbarungen können wegen wirtschaftlicher Unzumutbarkeit außerordentlich gekündigt werden. Dies ist unter den Voraussetzungen möglich, unter denen der Arbeitgeber eine Änderungskündigung zur Entgeltsenkung aussprechen könnte. Das Unternehmen muss sich also in einer existenzbedrohenden Lage befinden. Im Falle einer außerordentlichen Kündigung wirkt eine als Firmentarifvertrag abgeschlossene Vereinbarung ausnahmsweise nicht nach. Durch den Abschluss einer weiteren Standortsicherungsvereinbarung mit einer anderen Gewerkschaft kann eine bestehende Vereinbarung verdrängt werden, wenn es sich um betriebsbezogene Normen handelt (so genannte betriebsweite Tarifkonkurrenz) und die Gewerkschaft eine stärkere mitgliedschaftliche Legitimation hat. Gelten die Regelungen der Standortsicherungsvereinbarung hingegen nur für die tarifgebundenen Arbeitnehmer unmittelbar und zwingend, führt der Abschluss einer weiteren Vereinbarung mit einer Konkurrenzgewerkschaft dazu, dass beide Vereinbarungen nebeneinander zur Anwendung kommen. Die Umstrukturierung von Unternehmen bietet keine praktikablen Möglichkeiten, um sich von einer tariflichen Standortsicherungsvereinbarung zu lösen. Hingegen können unternehmensinterne Umstrukturierungen in Ausnahmefällen die Beendigung einer als Betriebsvereinbarung abgeschlossenen Standortsicherungsvereinbarung bewirken. Dies ist der Fall, wenn die Standortsicherungsvereinbarung gerade durch die Umstrukturierung ihre Gestaltungsaufgabe verloren hat und ihre Regelungen daher keinen sinnvollen Anwendungsbereich mehr haben. Sofern die Parteien keine ausdrücklichen Regelungen über eine gemeinschaftliche Beendigung getroffen haben, können die Teilvereinbarungen einer typengemischten Kollektivvereinbarung nur durch die jeweils zuständigen Parteien beendet werden. Gewerkschaft und Betriebsrat

können keine Verhandlungs- und Vertragsgemeinschaft bilden. Allerdings werden die Teilvereinbarungen in der Regel zu einer Geschäftseinheit verbunden sein, so dass die Wirksamkeit der einen Vereinbarung die Wirksamkeit der anderen bedingt.

10. Trotz vieler Fallstricke, die der Abschluss einer dreigliedrigen Standortsicherungsvereinbarung mit sich bringt, verbleiben den Parteien Gestaltungsmöglichkeiten. Aus Gründen der Rechtssicherheit ist der gesonderte Abschluss eines Firmentarifvertrags und einer Betriebsvereinbarung jedoch vorzugswürdig. Ergänzend hierzu können die Parteien eine gemeinsame Absichtserklärung beschließen.

Literaturverzeichnis

Adam, Roman F.	Abschied vom „Unkündbaren"?, NZA 1999, 846-850.
Adomeit, Klaus	Die Regelungsabrede – nach 40 Jahren, in: Isenhardt (Hrsg.), Arbeitsrecht und Sozialpartnerschaft, Festschrift für Peter Hanau, Köln 1999, S. 347-358 (zit.: *Adomeit*, in: FS Hanau).
ders.	Die Regelungsabrede als die neben der Betriebsvereinbarung zulässige Ausübungsform der Mitbestimmung in sozialen Angelegenheiten, 2. Auflage, Düsseldorf 1961 (zit.: *Adomeit*, Die Regelungsabrede).
ders.	Regelung von Arbeitsbedingungen und ökonomische Notwendigkeiten, München/Landsberg am Lech 1996 (zit.: *Adomeit*, Regelung von Arbeitsbedingungen).
Annuß, Georg	Arbeitsrechtliche Aspekte von Zielvereinbarungen in der Praxis, NZA 2007, 290-296.
ders.	Schutz der Gewerkschaften vor tarifwidrigem Handeln der Betriebsparteien?, RdA 2000, 287-297.
Ascheid, Reiner *Preis*, Ulrich *Schmidt*, Ingrid (Hrsg.)	Kündigungsrecht, Großkommentar zum gesamten Recht der Beendigung von Arbeitsverhältnissen, 3. Auflage, München 2007 (zit.: *Bearbeiter*, in: A/P/S).
Bachner, Michael	Auswirkungen unternehmensinterner Betriebsumstrukturierungen auf die Wirksamkeit von Betriebsvereinbarungen, NZA 1997, 79-82.
ders.	Fortgeltung von Gesamt- und Einzelbetriebsvereinbarungen nach Betriebsübergang, NJW 2003, 2861-2865.

ders.	Individualarbeits- und kollektivrechtliche Auswirkungen des neuen Umwandlungsgesetzes, NJW 1995, 2881-2887.
Badura, Peter	Arbeitsgesetzbuch, Koalitionsfreiheit und Tarifautonomie, RdA 1974, 129-138.
ders.	Das Recht der Koalitionen – Verfassungsrechtliche Fragestellungen, Das Arbeitsrecht der Gegenwart, Band 15 (1977) (zit.: *Badura*, ArbRGegw, Band 15).
Bamberger, Heinz Georg *Roth*, Herbert	Kommentar zum Bürgerlichen Gesetzbuch, Band 1, 2. Auflage, München 2007 (zit.: *Bearbeiter*, in: Bamberger/Roth, Band 1).
Bauer, Jobst-Hubertus *Krieger*, Steffen	„Firmentarifsozialplan" als zulässiges Ziel eines Arbeitskampfes?, NZA 2004, 1019-1025.
Bauer, Jobst-Hubertus *Haußmann*, Katrin	Betriebliche Bündnisse für Arbeit und gewerkschaftlicher Unterlassungsanspruch, NZA-Beilage 2000, Heft 24, 42-50.
Bauer, Jobst-Hubertus *Diller*, Martin	Flucht aus Tarifverträgen, DB 1993, 1085-1090.
Baumann, Thomas	Die Rechtsfolgen eines Grundrechtsverstoßes der Tarifpartner, RdA 1994, 272-279.
Bayreuther, Frank	Der Streik um einen Tarifsozialplan – Konsequenzen des Urteils des BAG vom 24.4.2007 für die Tarifrechtspraxis, NZA 2007, 1017-1023.
ders.	Konsolidierungstarifvertrag und freiwilliger Tarifsozialplan als Regelungsinstrumente in der Unternehmenskrise, NZA 2010, 378-381.
ders.	Tarifautonomie als kollektiv ausgeübte Privatautonomie, München 2005, zugl. Habil. Erlangen-Nürnberg 2003/2004.

ders.	Tarifpluralitäten und -konkurrenzen im Betrieb – Zur Zukunft des Grundsatzes der Tarifeinheit, NZA 2007, 187-191.
Beathaler, André	Einseitige Gestaltungsmöglichkeiten der Arbeitgeberseite zur Einwirkung auf Gesamtvereinbarungen im Rahmen wirtschaftlicher Krisen, Berlin 1999, zugl. Diss. Bonn 1997/1998 (zit.: *Beathaler*, Einseitige Gestaltungsmöglichkeiten).
Becker, Friedrich Bader, Peter Etzel, Gerhard (Hrsg.)	Gemeinschaftskommentar zum Kündigungsrecht und zu sonstigen kündigungsrechtlichen Vorschriften, 8. Auflage, Neuwied 2007 (zit.: *Bearbeiter*, in: KR).
Belling, Detlev	Die außerordentliche Anpassung von Tarifverträgen an veränderte Umstände, NZA 1996, 906-912.
Belling, Detlev Hartmann, Christian	Die Rechtswirkungen einer gegen § 77 III BetrVG verstoßenden Betriebsvereinbarung, NZA 1998, 673-680.
Belling, Detlev Hartmann, Christian	Die Unzumutbarkeit als Begrenzung der Bindung an den Tarifvertrag, ZfA 1997, 87-144.
Bender, Wolfgang	Der Wegfall der Geschäftsgrundlage bei arbeitsrechtlichen Kollektivverträgen am Beispiel des Tarifvertrages und des Sozialplans, München 2005, zugl. Diss. Köln 2004 (zit.: *Bender*, Wegfall der Geschäftsgrundlage).
Bengelsdorf, Peter	Tarifliche Arbeitszeitbestimmungen und Günstigkeitsprinzip, ZfA 1990, 563-606.
Bengelsdorf, Peter Köster, Hans-Wilhelm Meisel, Peter Ramrath, Ulrich Schiefer, Bernd Sowka, Hans-Harald	Kündigungsschutzgesetz, Kölner Praxiskommentar unter Berücksichtigung sozialrechtlicher Bezüge, 2. Auflage, Köln 2000 (zit.: *Bearbeiter*, in: KPK).

Benrath, Gerd	Tarifvertragliche Öffnungsklauseln zur Einführung variabler Entgeltbestandteile durch Betriebsvereinbarung, Baden-Baden 2007, zugl. Diss. Berlin 2007 (zit.: *Benrath*, Tarifvertragliche Öffnungsklauseln).
Berg, Peter *Wendeling-Schröder*, Ulrike *Wolter*, Henner	Die Zulässigkeit tarifvertraglicher Besetzungsregelungen, RdA 1980, 299-313.
Berkowsky, Wilfried	Die betriebsbedingte Kündigung, 6. Auflage, München 2008.
Bernhardt, Marion *Barthel*, Thomas	Personalkosten senken ohne Personalabbau – Betriebsbedingte Änderungskündigungen, AuA 2006, 269-271.
Beuthien, Volker	Die Unternehmensautonomie im Zugriff des Arbeitsrechts, ZfA 1988, 1-30.
ders.	Mitbestimmung unternehmerischer Sachentscheidungen kraft Tarif- oder Betriebsautonomie?, ZfA 1984, 1-30.
ders.	Tariföffnungsklauseln zwecks Arbeitsplatzsicherung, BB 1982, 1992-1998.
Biedenkopf, Kurt H.	Grenzen der Tarifautonomie, Karlsruhe 1964, zugl. Habil. Wiesbaden 1964.
ders.	Sinn und Grenzen der Vereinbarungsbefugnis der Tarifvertragsparteien, Gutachten für den 46. Deutschen Juristentag, hrsg. von der Ständigen Deputation des Deutschen Juristentages, Band 1, München 1966 (zit.: *Biedenkopf*, Gutachten 46. DJT 1966).
Biehl, Björn	Grundsätze der Vertragsauslegung, JuS 2010, 195-200.
Birk, Rolf	Innerbetriebliche Absprachen – Typen und Rechtswirkungen, ZfA 1986, 73-108.

Bispinck, Reinhard *Schulten*, Thorsten	Deutschland vor dem tarifpolitischen Systemwechsel, WSI-Mitteilungen 2005, 466-472.
Boecken, Winfried	Unternehmensumwandlungen und Arbeitsrecht, Köln 1996.
Bork, Reinhard	Allgemeiner Teil des Bürgerlichen Gesetzbuchs, 3. Auflage, Tübingen 2011 (zit.: *Bork*, AT-Bürgerliches Recht).
Bott, Günter	Die neuere Rechtsprechung des Bundesarbeitsgerichts zu Fragen der Rückwirkung im Tarifrecht, in: Schlachter, Ascheid, Friedrich (Hrsg.), Tarifautonomie für ein neues Jahrhundert, Festschrift für Günter Schaub zum 65. Geburtstag, München 1998, S. 47-53 (zit.: *Bott*, in: FS Schaub).
Braun, Axel	Formale Nichtigkeit gemischter Kollektivvereinbarungen, ArbRB 2008, 303-304.
Buchner, Herbert	Betriebsräte auf schwierigem Terrain – die Viessmann-Entscheidung des Arbeitsgerichts Marburg, NZA 1996, 1304-1306.
ders.	Der Unterlassungsanspruch der Gewerkschaft – Stabilisierung oder Ende des Verbandstarifvertrages? Zum Beschluss des BAG vom 20.4.1999 – 1 ABR 72/98, NZA 1999, 897-902.
ders.	Die Reichweite der Regelungssperre aus § 77 Abs. 3 Satz 1 BetrVG, DB 1997, 573-577.
ders.	Tarifpluralität und Tarifeinheit, in: Oetker, Preis, Rieble (Hrsg.), 50 Jahre Bundesarbeitsgericht, München 2004, S. 631-644.
ders.	Unternehmensbezogene Tarifverträge – tarif-, verbands- und arbeitskampfrechtlicher Spielraum, DB 2001, Beilage 9, S. 1-15.

Bydlinski, Franz	Juristische Methodenlehre und Rechtsbegriff, 2. Auflage, Wien 1991.
Cherdron, Julianne	Tarifliche Sanierungs- und Sozialplanvereinbarungen, Berlin 2008, zugl. Diss. Mainz 2007.
Däubler, Wolfgang	Das Arbeitsrecht im neuen Umwandlungsgesetz, RdA 1995, 136-147.
ders.	Das Grundrecht auf Mitbestimmung und seine Realisierung durch tarifvertragliche Begründung von Beteiligungsrechten, 4. Auflage, Frankfurt am Main 1976 (zit.: *Däubler*, Grundrecht auf Mitbestimmung).
ders.	Gewerkschaftsrechte im Betrieb, Handkommentierung, 10. Auflage, Baden-Baden 2000.
ders.	Tarifvertragsgesetz mit Arbeitnehmer-Entsendegesetz, 2. Auflage, Baden-Baden 2006 (zit.: *Bearbeiter*, in: Däubler, TVG).
ders.	Tarifvertragsrecht, 3. Auflage, Baden-Baden 1993 (zit.: *Däubler*, Tarifvertragsrecht).
ders.	Unternehmerische Entscheidungsfreiheit und Betriebsverfassung, in: Blank (Hrsg.), Reform der Betriebsverfassung und Unternehmerfreiheit, Frankfurt am Main 2001.
Däubler, Wolfgang *Kittner*, Michael *Klebe*, Thomas *Wedde*, Peter (Hrsg.)	Betriebsverfassungsgesetz mit Wahlordnung und EBR-Gesetz, 12. Auflage, Frankfurt am Main 2010 (zit.: *Bearbeiter*, in: D/K/K/W, BetrVG).
Deregulierungskommission	Marktöffnung und Wettbewerb, Deregulierung als Programm?, Berichte 1990 und 1991, Stuttgart 1991 (zit.: *Deregulierungskommission*, Makrtöffnung und Wettbewerb).

Dieterich, Thomas	Die grundrechtsdogmatischen Grenzen der Tarifautonomie, in: Wank, Hirte, Frey, Fleischer, Thüsing (Hrsg.), Festschrift für Herbert Wiedemann zum 70. Geburtstag, München 2002, S. 229-249 (zit.: *Dieterich*, in: FS Wiedemann).
ders.	Zur Verfassungsmäßigkeit tariflicher Betriebsnormen, in: Klebe, Wedde, Wolmerath (Hrsg.), Recht und soziale Arbeitswelt, Festschrift für Wolfgang Däubler, Frankfurt am Main 1999, S. 451-464 (zit.: *Dieterich*, in: FS Däubler).
Dieterich, Thomas *Hanau*, Peter *Henssler*, Martin *Oetker*, Hartmut *Wank*, Rolf *Wiedemann*, Herbert	Empfehlungen zur Entwicklung des Tarifvertragsrechts, RdA 2004, 65-78.
Dreier, Horst	Grundgesetz Kommentar, Band 1, 2. Auflage, Tübingen 2004 (zit.: *Bearbeiter*, in: Dreier, GG).
Dunker, Daniela	Unternehmensbezogen Tarifverträge, Herbolzheim 2007, zugl. Diss. Hamburg 2005.
Düring, Günter	Art. 9 Grundgesetz in der Kartellproblematik, NJW 1955, 729-733.
Dütz, Wilhelm	Subjektive Umstände bei der Auslegung kollektivvertraglicher Normen, in: Gamillscheg, Rüthers, Stahlhacke (Hrsg.), Sozialpartnerschaft in der Bewährung, Festschrift für Karl Molitor zum 60. Geburtstag, München 1988, S. 63-79 (zit.: *Dütz*, in: FS Molitor).
Düwell, Franz Josef (Hrsg.)	Betriebsverfassungsgesetz, Handkommentar, 3. Auflage, Baden-Baden 2010 (zit.: *Bearbeiter*, in: Düwell, BetrVG).

Eder, Jost	Die Regelungsabrede als Alternative zur Betriebsvereinbarung bei der Gestaltung materieller Arbeitsbedingungen, Frankfurt am Main 2004, zugl. Diss. Göttingen 2004 (zit.: *Eder*, Die Regelungsabrede).
Ehler, Karl	Unbeachtlichkeit tarifrechtlicher Kündigungsschutzregelungen bei der personellen Konkretisierung der Sozialauswahl, BB 1994, 2068-2069.
Ehlers, Merve	Personalkosten und betriebliche Bündnisse für Arbeit, RdA 2008, 81-86.
Ehmann, Horst	Zur Rechtsverbindlichkeit von Betriebsvereinbarungen über den Fortbestand des Betriebs, in: Heinze, Söllner (Hrsg.), Arbeitsrecht in der Bewährung, Festschrift für Otto Rudolf Kissel zum 65. Geburtstag, München 1994, S. 175-191 (zit. *Ehmann*, in: FS Kissel).
Ehmann, Horst *Lambrich*, Thomas	AP Nr. 14 zu § 77 BetrVG 1972 Tarifvorbehalt (Anmerkung).
Ehmann, Horst *Lambrich*, Thomas	Vorrang der Betriebs- vor der Tarifautonomie kraft des Subsidiaritätsprinzips? – Betriebsvereinbarungen als „andere Abmachungen", NZA 1996, 346-356.
Ehmann, Horst *Schmidt*, Thomas Benedikt	Betriebsvereinbarungen und Tarifverträge – Grenzen des Tarifvorrangs, NZA 1995, 193-203.
Eich, Rolf-Achim	Rechtsmissbräuchliche Ausnutzung von Mitbestimmungsrechten durch den Betriebsrat (Koppelungsgeschäfte), ZfA 1988, 93-98.
ders.	Tarifverträge und Sozialpartnervereinbarungen am Beispiel der chemischen Industrie, NZA 1995, 149-155.
Farthmann, Friedhelm	Die Mitbestimmung des Betriebsrats bei der Regelung der Arbeitszeit, RdA 1974, 65-72.

Federlin, Gerd	Die Zukunft der betrieblichen Bündnisse für Arbeit, in: Oetker, Preis, Rieble (Hrsg.), 50 Jahre Bundesarbeitsgericht, München 2004, S. 645-656 (zit.: *Federlin*, in: FS 50 Jahre BAG).
Fischer, Christian	Die tarifwidrigen Betriebsvereinbarungen, München 1998, zugl. Diss. Konstanz 1998.
Fischer, Ulrich	Die Eingliederung eines Betriebes oder Betriebsteils nach § 21a BetrVG als Sonderfall der Betriebszusammenfassung, RdA 2005, 39-44.
Fischinger, Philipp S.	Arbeitskämpfe bei Standortverlagerung und -schließung, Berlin 2006, zugleich Diss. Regensburg 2006 (zit.: *Fischinger*, Arbeitskämpfe).
ders.	Streik um Tarifsozialpläne, NZA 2007, 310-313.
Fitting, Karl (Begr.)	Betriebsverfassungsgesetz mit Wahlordnung, Handkommentar, 25. Auflage, München 2010 (zit.: *Fitting*, BetrVG).
Forsthoff, Ernst	Der Entwurf eines Zweiten Vermögensbildungsgesetzes – Eine verfassungsrechtliche Würdigung, BB 1965, 381-392.
Franzen, Martin	Standortverlagerung und Arbeitskampf, ZfA 2005, 315-351.
Freckmann, Anke	Kurswechsel im Tarifrecht, Deutscher Anwalt Spiegel 2010, Heft 13, 3-5.
Frischmann, Georg	Tarifliche Unkündbarkeit nach dem BAT in der außeruniversitären Forschung, ZTR 1996, 344-349.
Fröhlich, Oliver	Dreigliedrige Standortsicherungsvereinbarungen, ArbRB 2009, 208-211.
Gamillscheg, Franz	Der zweiseitig-zwingende Charakter des § 626 BGB, AuR 1981, 105-109.

ders.	Kollektives Arbeitsrecht, Band I, München 1997 (zit.: *Gamillscheg*, Kollektives Arbeitsrecht, Band I).
ders.	Kollektives Arbeitsrecht, Band II, München 2008 (zit.: *Gamillscheg*, Kollektives Arbeitsrecht, Band II).
ders.	Überlegungen zum Verhältnis von Gewerkschaft und Betriebsrat, in: Farthmann, Hanau, Isenhardt, Preis (Hrsg.), Arbeitsgesetzgebung und Arbeitsrechtsprechung, Festschrift zum 70. Geburtstag von Eugen Stahlhacke, Neuwied 1995, S. 129-148 (zit.: *Gamillscheg*, in: FS Stahlhacke).
Gaul, Björn	Das Schicksal von Tarifverträgen und Betriebsvereinbarungen bei der Umwandlung von Unternehmen, NZA 1995, 717-725.
Gaumann, Ralf *Schafft*, Marcus	Tarifvertragliche Öffnungsklauseln – ein sinnvolles Flexibilisierungsinstrument, NZA 1998, 176-187.
Gentz, Manfred	Werden die geltenden Tarifverträge der betrieblichen Praxis gerecht?, in: Schlachter, Ascheid, Friedrich (Hrsg.), Tarifautonomie für ein neues Jahrhundert, Festschrift für Günter Schaub zum 65. Geburtstag, München 1998, S. 205-217 (zit.: *Gentz*, in: FS Schaub).
Gmelin-Lux, Christina	Die außerordentliche Kündigung des Tarifvertrages, Frankfurt am Main 2006, zugl. Diss. Bielefeld 2004.
Goebel, Anne Babette	Der betriebsverfassungsrechtliche Durchführungsanspruch gemäß § 77 Abs. 1 S. 1 BetrVG, Berlin 2006, zugl. Diss. Köln 2005 (zit.: *Goebel*, Der betriebsverfassungsrechtliche Durchführungsanspruch).

Goethner, Ralf	Nochmals: Die Regelungsschranken des § 77 III BetrVG im System der tarifvertraglichen Ordnung des TVG, NZA 2006, 303-306.
Gotthardt, Michael	Grenzen von Tarifverträgen zur Beschäftigungssicherung durch Arbeitszeitverkürzung, DB 2000, 1462-1466.
Grau, Timon *Döring*, René	Unwirksamkeit dreigliedriger Standortsicherungsvereinbarungen bei unklarem Normcharakter als Tarifvertrag oder Betriebsvereinbarung, NZA 2008, 1335-1338.
Gravenhorst, Wulf	„Gebot der Rechtsquellenklarheit" – Quelle von Unklarheit?, FA 2008, 330-331.
Gussen, Heinz *Dauck*, Andreas	Die Weitergeltung von Betriebsvereinbarungen und Tarifverträgen bei Betriebsübergang und Umwandlung, 2. Auflage, Berlin 1997 (zit.: *Gussen/Dauck*, Weitergeltung).
Haarmann, Wilhelm	Wegfall der Geschäftsgrundlage bei Dauerrechtsverhältnissen, Berlin 1979, zugl. Diss. Münster 1978 (zit.: *Haarmann*, Wegfall der Geschäftsgrundlage).
Hablitzel, Hans	Das Verhältnis von Tarif- und Betriebsautonomie im Lichte des Subsidiaritätsprinzips, NZA 2001, 467-472.
Hammacher, Peter	Aus der Praxis eines Arbeitsdirektors, RdA 1993, 163-169.
Hanau, Hans	Die Verfassungsmäßigkeit von tarifvertraglichen Betriebsnormen am Beispiel der qualitativen Besetzungsregeln, RdA 1996, 158-181.
Hanau, Max Ulrich	Die Deregulierung von Tarifverträgen durch Betriebsvereinbarung als Problem der Koalitionsfreiheit (Art. 9 Abs. 3 GG), RdA 1993, 1-11.

Hanau, Peter	Beschäftigungssicherung durch Regelungsabrede, in: Hanau, Thau, Westermann (Hrsg.), Gegen den Strich: Festschrift für Klaus Adomeit, Köln 2008, S. 251-257 (zit.: *Hanau*, in: FS Adomeit).
ders.	Personelle Mitbestimmung in Tendenzbetrieben, insbesondere Pressebetrieben, BB 1973, 901-908.
ders.	Rechtswirkungen der Betriebsvereinbarung, RdA 1989, 207-211.
Hanau, Peter *Thüsing*, Gregor	Neue Herausforderungen der Sozialpartner: Tarifverträge zur Beschäftigungssicherung, in: Thüsing (Hrsg.), Tarifautonomie im Wandel, Beiträge zum Tarif-, Arbeitskampf- und Koalitionsrecht, Köln 2003, S. 7-33 (zit.: *Bearbeiter*, in: Thüsing, Tarifautonomie im Wandel).
dies.	Tarifverträge zur Beschäftigungssicherung – Grenzen und Perspektiven, ZTR 2001, 1-6.
dies.	Tarifverträge zur Beschäftigungssicherung – Grenzen und Perspektiven, ZTR 2001, 49-53.
Heckmann, Markus *Kettner*, Anja *Pausch*, Stephanie *Szameitat*, Jörg *Vogler-Ludwig*, Kurt	Wie Betriebe in der Krise Beschäftigung stützen, IAB-Kurzbericht, 18/2009.
Heinze, Meinhard	Flexible Arbeitszeitmodelle, NZA 1997, 681-689.
Hensche, Detlef	Tarifvertrag und Unternehmenspolitik – Von der Unantastbarkeit der Unternehmerfreiheit, AuR 2004, 443-450.

Henssler, Martin	Der „Arbeitgeber in der Zange" – Rechtsfragen der Firmentarifsozialpläne, in: Annuß, Picker, Wissmann (Hrsg.), Festschrift für Reinhard Richardi zum 70. Geburtstag, München 2007, S. 553-572 (zit.: *Henssler*, in: FS Richardi).
ders.	Flexibilisierung der Arbeitsmarktordnung, ZfA 1994, 487-515.
ders.	Tarif- und arbeitsvertragliche Folgen der Auflösung von Arbeitgeberverbänden und Tarifgemeinschaften, in: Bauer, Beckmann, Lunk, Meier, Schipp, Schütte (Hrsg.), Arbeitsgemeinschaft Arbeitsrecht im Deutschen Anwaltverein, Festschrift zum 25-jährigen Bestehen, Bonn 2006, S. 37-60 (zit.: *Henssler*, in: FS ARGE).
ders.	Tarifautonomie und Gesetzgebung, ZfA 1998, 1-40.
ders.	Unternehmensumstrukturierung und Tarifrecht, in: Schlachter, Ascheid, Friedrich (Hrsg.), Tarifautonomie für ein neues Jahrhundert, Festschrift für Günter Schaub zum 65. Geburtstag, München 1998, S. 311-336 (zit.: *Henssler*, in: FS Schaub).
Henssler, Martin *Willemsen*, Heinz Josef *Kalb*, Heinz-Jürgen (Hrsg.)	Arbeitsrecht Kommentar, 4. Auflage, Köln 2010 (zit.: *Bearbeiter*, in: H/W/K).
Herschel, Wilhelm	Die Auslegung der Tarifvertragsnormen, in: Nipperdey (Hrsg.), Festschrift für Erich Molitor zum 75. Geburtstag, München 1962, S. 161-202 (zit.: *Herschel*, in: FS Molitor).

Hess, Harald *Schlochauer*, Ursula *Worzalla*, Michael *Glock*, Dirk *Nicolai*, Andrea *Rose*, Franz-Josef(Hrsg.)	Kommentar zum Betriebsverfassungsgesetz, 8. Auflage, Köln 2011 (zit.: *Bearbeiter*, in: H/S/W/G/N/R, BetrVG).
Heßhaus, Andrea	Kündigung und Wegfall der Geschäftsgrundlage im Tarifvertragsrecht, Konstanz 1997, zugl. Diss. Bochum 1997.
Hey, Felix Christopher	Wegfall der Geschäftsgrundlage bei Tarifverträgen, ZfA 2002, 275-294.
Hohenstatt, Klaus-Stefan	Problematische Ordnungsvorstellungen des BAG im Tarifrecht, DB 1992, 1678-1683.
Hohenstatt, Klaus-Stefan *Schramm*, Nils E.	Erstreikbarkeit von „tariflichen Sozialplänen"?, DB 2004, 2214-2218.
Hölters, Wolfgang	Harmonie normativer und schuldrechtlicher Abreden in Tarifverträgen, Berlin 1973, zugl. Diss. Köln 1972.
Hromadka, Wolfgang	Reformbedarf im Tarifrecht, in: Anzinger, Wank (Hrsg.), Entwicklungen im Arbeitsrecht und Arbeitsschutzrecht, Festschrift für Otfried Wlotzke zum 70. Geburtstag, München 1996, S. 333-355 (zit.: *Hromadka*, in: FS Wlotzke).
Hromadka, Wolfgang *Schmitt-Rolfes*, Günther	Am Ziel? Senat will Grundsatz der Tarifeinheit bei Tarifpluralität kippen, NZA 2010, 687-691.
Hueck, Alfred *Nipperdey*, Hans Carl	Lehrbuch des Arbeitsrechts, Band II/1, 1. Auflage, Berlin 1930 (zit.: *Hueck/Nipperdey*, Arbeitsrecht, Band II/1, 1. Aufl.).
Hufen, Friedhelm	Staatsrecht II, Grundrechte, 2. Auflage, München 2009 (zit.: *Hufen*, Grundrechte).

Isensee, Josef *Kirchhoff*, Paul (Hrsg.)	Handbuch des Staatsrechts der Bundesrepublik Deutschland, Band V, 3. Auflage, Heidelberg 2007 (zit.: *Bearbeiter*, in: Isensee/Kirchhoff, HdbStR, Band V).
Jacobs, Matthias	AP Nr. 26 zu § 4 TVG Tarifkonkurrenz (Anmerkung)
ders.	Betriebsschließung, Standortverlagerung und deren Androhung – neues Kampfmittel der Arbeitgeberseite?, in: Rieble (Hrsg.), Zukunft des Arbeitskampfes, ZAAR Schriftenreihe Band 2, München 2005 (zit.: *Jacobs*, in: ZAAR Schriftenreihe).
ders.	Fortgeltung und Änderung von Tarif- und Arbeitsbedingungen bei der Umstrukturierung von Unternehmen, NZA-Beilage 2009, 45-54.
ders.	Gesamtbetriebsvereinbarung und Betriebsübergang, in: Dauner-Lieb, Hommelhoff, Jacobs, Kaiser, Weber (Hrsg.), Festschrift für Horst Konzen zum siebzigsten Geburtstag, Tübingen 2006, S. 345-365 (zit.: *Jacobs*, in: FS Konzen).
ders.	Tarifeinheit und Tarifkonkurrenz, Berlin 1999, zugl. Diss. Mainz 1999.
ders.	Tarifpluralität statt Tarifeinheit – Aufgeschoben ist nicht aufgehoben, NZA 2008, 325-333.
Jacobs, Matthias *Krause*, Rüdiger *Oetker*, Hartmut	Tarifvertragsrecht, München 2007 (zit.: *Bearbeiter*, in: J/K/O, Tarifvertragsrecht).
Jaeger, Georg *Röder*, Gerhard *Heckelmann*, Günther	Praxishandbuch Betriebsverfassungsrecht, München 2003 (zit.: *Bearbeiter*, in: Jaeger/Röder/Heckelmann, Praxishandbuch BetrVG).

Jarass, Hans D. *Pieroth*, Bodo	Grundgesetz für die Bundesrepublik Deutschland, Kommentar, 11. Auflage, München 2011 (zit.: *Bearbeiter*, in: Jarass/Pieroth, GG).
Jarass, Hans D.	Tarifverträge und Verfassungsrecht, NZA 1990, 505-510.
Joost, Detlev	Betriebliche Mitbestimmung bei der Lohngestaltung im System von Tarifautonomie und Privatautonomie, ZfA 1993, 257-278.
Junker, Abbo	Der Flächentarifvertrag im Spannungsverhältnis von Tarifautonomie und betrieblicher Regelung, ZfA 1996, 383-417.
Junker, Abbo *Kamanabrou*, Sudabeh	Vertragsgestaltung, 3. Auflage, München 2010.
Kaiser, Dagmar	Standortsicherungs- und Tarifsozialpläne zwischen Tarif- und Betriebsverfassungsrecht, in: Bauer, Kort, Möllers, Sandmann (Hrsg.), Festschrift für Herbert Buchner zum 70. Geburtstag, München 2009, S. 385-400 (zit.: *Kaiser*, in: FS Buchner).
Kamanabrou, Sudabeh	Die Auslegung tarifvertraglicher Entgeltfortzahlungsklauseln – zugleich ein Beitrag zum Verhältnis der Tarifautonomie zu zwingenden Gesetzen, RdA 1997, 22-34.
Kania, Thomas *Kramer*, Michael	Unkündbarkeitsvereinbarungen in Arbeitsverträgen, Betriebsvereinbarungen und Tarifverträgen, RdA 1995, 287-298.
Karsten, Timo	Schuldrechtliche Tarifverträge und außertarifliche Sozialpartnervereinbarungen, Frankfurt am Main 2004, zugl. Diss. Bonn 2003.
Kast, Matthias *Freihube*, Dirk	Die fristlose Kündigung von (Haus-)Tarifverträgen, BB 2003, 956-960.

Kast, Matthias *Stuhlmann*, Christian	Sind betriebliche Bündnisse für Arbeit noch durchführbar?, BB 2000, 614-621.
Kempen, Otto Ernst	Ansätze zu einer Neuorientierung des gegenwärtigen Tarifvertragsrechts, AuR 1980, 193-203.
Kempen, Otto Ernst *Zachert*, Ulrich	Tarifvertragsgesetz, 4. Auflage, Frankfurt am Main 2006 (zit.: *Bearbeiter*, in: Kempen/Zachert).
Kissel, Otto Rudolf	Arbeitskampfrecht, München 2002.
Kittner, Michael	Öffnung des Flächentarifvertrags, in: Schlachter, Ascheid, Friedrich (Hrsg.), Tarifautonomie für ein neues Jahrhundert, Festschrift für Günter Schaub zum 65. Geburtstag, München 1998, S. 389-420 (zit.: *Kittner*, in: FS Schaub).
Kittner, Michael *Zwanziger*, Bertram *Deinert*, Olaf (Hrsg.)	Arbeitsrecht, Handbuch für die Praxis, 5. Auflage, Frankfurt am Main 2009 (zit.: *Bearbeiter*, in: Kittner/Zwanziger/Deinert, Arbeitsrecht).
Kleinebrink, Wolfgang	In der Krise: Arbeitsrechtliche Möglichkeiten zur Verringerung des Volumens der Arbeitszeit, DB 2009, 342-346.
Kolbe, Sebastian	AP Nr. 96 zu § 77 BetrVG 1972 (Anmerkung).
Konzen, Horst	Die Tarifautonomie zwischen Akzeptanz und Kritik, NZA 1995, 913-920.
ders.	Tarifvertragliche Kampfklauseln, ZfA 1980, 77-120.
Koop, Stefan	Das Tarifvertragssystem zwischen Koalitionsmonopolismus und Koalitionspluralismus, Berlin 2009, zugl. Diss. Hannover 2008 (zit.: *Koop*, Das Tarifvertragssystem).

Kort, Michael	Arbeitszeitverlängerndes „Bündnis für Arbeit" zwischen Arbeitgeber und Betriebsrat – Verstoß gegen die Tarifautonomie?, NJW 1997, 1476-1481.
ders.	Rechtsfolgen einer wegen Verstoßes gegen § 77 Abs. 3 BetrVG (teil-)unwirksamen Betriebsvereinbarung, NZA 2005, 620-621.
Krause, Rüdiger	Die Änderungskündigung zum Zweck der Entgeltreduzierung, DB 1995, 574-579.
ders.	Gewerkschaften und Betriebsräte zwischen Kooperation und Konfrontation, RdA 2009, 129-143.
ders.	Standortsicherung und Arbeitsrecht, Baden-Baden 2007.
Kreft, Burghard	Normative Fortgeltung von Betriebsvereinbarungen nach einem Betriebsübergang, in: Kothe, Dörner, Anzinger (Hrsg.), Arbeitsrecht im sozialen Dialog, Festschrift für Hellmut Wissmann zum 65. Geburtstag, München 2005, S. 347-363 (zit.: *Kreft*, in: FS Wissmann).
ders.	Zur Zulässigkeit von Tarifsozialplänen, BB-Special Arbeitsrecht zu Heft 14 2008, 14-15.
Kreßel, Eckhard	Kollektivrechtliche Maßnahmen im Arbeitsrecht zur Bewältigung der Weltwirtschaftskrise in Deutschland, in: Baeck, Hauck, Preis, Rieble, Röder, Schunder, Festschrift für Jobst-Hubertus Bauer zum 65. Geburtstag, München 2010, S. 593-599 (zit.: *Kreßel*, in: FS Bauer).
Kreutz, Peter	Betriebsverfassungsrechtliche Auswirkungen unternehmensinterner Betriebsumstrukturierungen – Skizze eines neunen Lösungskonzepts, in: Hanau, Lorenz, Matthes (Hrsg.), Festschrift für Günther Wiese zum 70. Geburtstag, S. 235-248 (zit.: *Kreutz*, in: FS Wiese).

ders.	Grenzen der Betriebsautonomie, München 1997, zugleich Habil. Mainz 1997.
ders.	Übergangsmandat des Betriebsrats und Fortgeltung von Betriebsvereinbarungen bei unternehmensinternen Betriebsumstrukturierungen, in: Jickeli, Kreutz, Reuter (Hrsg.), Gedächtnisschrift für Jürgen Sonnenschein, Berlin 2003, S. 829-843 (zit.: *Kreutz*, in: GS Sonnenschein)
Krieger, Steffen *Wiese*, Nils	Neue Spielregeln für Streiks um Tarifsozialpläne, BB 2010, 568-572.
Krois, Maximilian	Die Änderungskündigung zum Zweck der Entgeltsenkung, ZfA 2009, 575-616.
Kruse, Jürgen *Lüdtke*, Peter-Bernd *Reinhard*, Hans-Joachim *Winkler*, Jürgen *Zamponi*, Irene	Sozialgesetzbuch III, Arbeitsförderung, Lehr- und Praxiskommentar, 1. Auflage, Baden-Baden 2008 (zit.: *Bearbeiter*, in: LPK, SGB III).
Kühling, Jürgen	Freie Unternehmerentscheidung und Betriebsstilllegung, AuR 2003, 92-98.
Kühling, Jürgen *Bertelsmann*, Klaus	Tarifautonomie und Unternehmerfreiheit – Arbeitskampf aus Anlass von Standortentscheidungen, NZA 2005, 1017-1027.
Kulka, Michael	Die kartellrechtliche Zulässigkeit von Tarifverträgen über das Ende der täglichen Arbeitszeit im Einzelhandel, RdA 1988, 336-346.
Lambrich, Thomas	Tarif- und Betriebsautonomie, Berlin 1999, zugl. Diss. Trier 1998/99.

ders.	Weitergeltung und Ablösung von Tarifverträgen nach Betriebsübergang, in: Sutschet (Hrsg.), Tradition und Moderne – Schuldrecht und Arbeitsrecht nach der Schuldrechtsreform, Festschrift für Horst Ehmann zum 70. Geburtstag, Berlin 2005, S. 169-235 (zit.: *Lambrich*, in: FS Ehmann).
Larenz, Karl *Canaris*, Claus-Wilhelm	Methodenlehre der Rechtswissenschaft, 3. Auflage, Berlin 1995 (zit.: *Larenz/Canaris*, Methodenlehre).
Larenz, Karl *Wolf*, Manfred	Allgemeiner Teil des Bürgerlichen Rechts, 9. Auflage, München 2004 (zit.: *Larenz/Wolf*, AT-Bürgerliches Recht).
Leinemann, Wolfgang (Hrsg.)	Kasseler Handbuch zum Arbeitsrecht, Band 2, 2. Auflage, Neuwied 2000 (zit.: *Bearbeiter*, in: Kasseler Handbuch ArbR, Band 2).
Lerch, Sascha	Auswirkungen von Betriebsübergängen und unternehmensinternen Umstrukturierungen auf Betriebsvereinbarungen, Frankfurt am Main 2006, zugl. Diss. Mainz 2006 (zit.: *Lerch*, Betriebsübergänge und Umstrukturierungen).
Lesch, Hagen	Der Flächentarifvertrag aus ökonomischer Sicht, in: Hromadka, Wolff (Hrsg.), Flächentarifvertrag: Zukunft oder Auslaufmodell, Festschrift für Rolf-Achim Eich, Heidelberg 2005, S. 59-76 (zit.: *Lesch*, in: FS Eich).
ders.	Gewerkschaftlicher Organisationsgrad im internationalen Vergleich, iw-trends, 2/2004, 1-20
Lieb, Manfred	Mehr Flexibilität im Tarifvertragsrecht? „Moderne" Tendenzen auf dem Prüfstand, NZA 1994, 289-294.

Lindemann, Achim *Simon*, Oliver	Tarifpluralität – Abschied vom Grundsatz der Tarifeinheit?, BB 2006, 1852-1857.
Linnenkohl, Karl	Lean law – die „ingeniöse" Nichtanwendung von Arbeitsrecht, BB 1994, 2077-2083.
Linsenmaier, Wolfgang	Normsetzung der Betriebsparteien und Individualrechte der Arbeitnehmer, RdA 2008, 1-13.
Lobinger, Thomas	Arbeitskämpfe bei Standortschließungen und -verlagerungen, in: Rieble (Hrsg.), Zukunft des Arbeitskampfes, ZAAR Schriftenreihe Band 2, München 2005 (zit.: *Lobinger*, in: ZAAR Schriftenreihe).
Löwisch, Manfred	Beschäftigungssicherung als Gegenstand betrieblicher und tariflicher Regelungen und von Arbeitskämpfen, DB 2005, 554-559.
ders.	Deliktsschutz gegen abtrünnige Mitglieder?, BB 1999, 2080-2083.
ders.	Die Änderung von Arbeitsbedingungen auf individualrechtlichem Wege, insbesondere durch Änderungskündigung, NZA 1988, 633-644.
ders.	Kündigungsprävention durch Tarifvertrag, in: Bauer, Kort, Möllers, Sandmann (Hrsg.), Festschrift für Herbert Buchner zum 70. Geburtstag, München 2009, S. 565-570 (zit.: *Löwisch*, in: FS Buchner).
ders.	Tarifliche Regelung von Arbeitgeberkündigungen, DB 1998, 877-883.
Matthes, Hans-Christoph	Unwirksamkeit von Bestimmungen in gemischten Vereinbarungen bei unklarer Normurheberschaft, jurisPR-ArbR 35/2008 Anm. 1.
Maunz, Theodor *Düring*, Günter (Begr.)	Grundgesetz Kommentar, Band I und II, 57. Auflage, München 2010 (zit.: *Bearbeiter*, in: Maunz/Düring, GG, Band).

Meik, Andreas	Der Kernbereich der Tarifautonomie, Berlin 1987, zugl. Diss. Marburg 1986/87.
Mengel, Anja	Umwandlungen im Arbeitsrecht, Heidelberg 1997, zugl. Diss. Köln 1995/1996.
Mengel, Horst	Die betriebliche soziale Mitbestimmung und ihre Grenzen, DB 1982, 43-45.
Meyer, Cord	Aktuelle Fragen zum Grundsatz der Tarifeinheit, DB 2006, 1271-1273.
ders.	Das Regelungsverhältnis von Verbands- und firmenbezogenem Verbandstarifvertrag im Vergleich zum Haustarifvertrag, NZA 2004, 366-370.
ders.	Der Firmentarif-Sozialplan als Kombinationsvertrag, DB 2005, 830-833.
Misera, Karlheinz	Anmerkung zu BAG v. 24.1.1996 – 1 AZR 597/95, SAE 1997, 45-50.
Molitor, Karl	Außertarifliche Sozialpartnervereinbarungen, in: Farthmann, Hanau, Isenhardt, Preis (Hrsg.), Arbeitsgesetzgebung und Arbeitsrechtsprechung, Festschrift zum 70. Geburtstag von Eugen Stahlhacke, Neuwied 1995, S. 339-347 (zit.: *Molitor*, in: FS Stahlhacke).
Moll, Wilhelm (Hrsg.)	Münchener Anwalts Handbuch, Arbeitsrecht, 2. Auflage, München 2009 (zit.: *Bearbeiter*, in: MAH).
ders.	Unkündbarkeitsregelungen im Kündigungsschutzsystem, in: Wank, Hirte, Frey, Fleischer, Thüsing (Hrsg.), Festschrift für Herbert Wiedemann zum 70. Geburtstag, München 2002, S. 333-365 (zit.: *Moll*, in: FS Wiedemann).
Moll, Wilhelm *Kreitner*, Jochen	Anmerkung zu BAG v. 23.8.1989 – 5 AZR 391/88, in: EzA § 140 BGB Nr. 16.

Müller, Gerhard	Zur Stellung der Verbände im neuen Betriebsverfassungsrecht, ZfA 1972, 213-245.
Müller-Glöge, Rudi *Preis*, Ulrich *Schmidt*, Ingrid (Hrsg.)	Erfurter Kommentar zum Arbeitsrecht, 12. Auflage, München 2012 (zit.: *Bearbeiter*, in: ErfK).
Mutschler, Bernd *Bartz*, Ralf *Schmidt-De Caluwe*, Reimund (Hrsg.)	Sozialgesetzbuch III, Arbeitsförderung, Großkommentar, 3. Auflage, Baden-Baden 2008 (zit.: *Bearbeiter*, in: M/B/S, SGB III)
Neumann, Dirk	40 Jahre Rechtsprechung zum Tarifrecht, RdA 1994, 370-375.
Nicolai, Andrea	Zur Zulässigkeit tariflicher Sozialpläne – zugleich ein Beitrag zu den Grenzen der Tarifmacht, RdA 2006, 33-39.
Niebler, Michael *Schmiedl*, Wolfgang	Sind Abweichungen vom Tarifvertrag zur Beschäftigungssicherung zulässig?, BB 2001, 1631-1636.
Nikisch, Arthur	Ankündigungsfristen bei Einführung von Kurzarbeit oder Betriebsstilllegung, BB 1949, 103-104.
ders.	Arbeitsrecht, Band II, 2. Auflage, Tübingen 1959 (zit.: *Nikisch*, Arbeitsrecht, Band II).
Oetker, Hartmut	Arbeitsrechtlicher Kündigungsschutz und Tarifautonomie, ZfA 2001, 287-340.
ders.	Das Dauerschuldverhältnis und seine Beendigung – Bestandsaufnahme und kritische Würdigung einer tradierten Figur der Schuldrechtsdogmatik, Tübingen 1994, zugl. Habil. Kiel 1994 (zit.: *Oetker*, Das Dauerschuldverhältnis und seine Beendigung).
ders.	Die Kündigung von Tarifverträgen, RdA 1995, 82-103.

ders.	EWIR § 77 BetrVG 1/2009 (Kurzkommentar), 5-6.
Palandt, Otto (Begr.)	Bürgerliches Gesetzbuch, 71. Auflage, München 2012 (zit.: *Bearbeiter*, in: Palandt)
Papier, Hans-Jürgen	Das Mitbestimmungsurteil des Bundesverfassungsgerichts, ZGR 1979, 444-470.
ders.	Der verfassungsrechtliche Rahmen für Privatautonomie im Arbeitsrecht, RdA 1989, 137-144.
Peters, Jürgen *Schwitzer*, Helga *Volkert*, Klaus *Widuckel-Mathias*, Werner	Nicht kapitulieren – trotz Krise und Rezession, Der Weg zur Sicherung der Beschäftigung bei Volkswagen, WSI-Mitteilungen 1994, 165-170.
Petrak, Torsten	Kurzarbeit, NZA-Beil. 2010, 44-50.
Pfab, Christian	Wirkungsweise und Reichweite tarifvertraglicher Öffnungsklauseln, Frankfurt am Main 2004, zugl. Diss. Erlangen-Nürnberg 2004.
Plander, Harro	Was sind Tarifverträge?, ZTR 1997, 145-152.
Preis, Ulrich	Konstitutive und deklaratorische Klauseln in Tarifverträgen, in: Schlachter, Ascheid, Friedrich (Hrsg.), Tarifautonomie für ein neues Jahrhundert, Festschrift für Günter Schaub zum 65. Geburtstag, München 1998, S. 571-592 (zit.: *Preis*, in: FS Schaub).
Preis, Ulrich (Hrsg.)	Der Arbeitsvertrag, 3. Auflage, Köln 2010 (zit.: *Bearbeiter*, in: Preis, Arbeitsvertrag).
Raab, Thomas	Betriebliche Bündnisse für Arbeit – Königsweg aus der Beschäftigungskrise?, ZfA 2004, 371-403.
Rauschenberg, Hans-Jürgen	Flexibilisierung und Neugestaltung der Arbeitszeit, 1. Auflage, Baden-Baden 1993.

Reichold, Hermann	Abschied von der Tarifeinheit im Betrieb und die Folgen, RdA 2007, 321-328.
ders.	Die reformierte Betriebsverfassung 2001 – ein Überblick über die neuen Regelungen des Betriebsverfassungs-Reformgesetzes, NZA 2001, 857-865.
ders.	Rechtsprobleme der Einführung einer 32-Stunden-Woche durch Tarifvertrag oder Betriebsvereinbarung, ZfA 1998, 237-258.
ders.	Zulässigkeitsgrenzen eines Arbeitskampfs zur Standortsicherung, BB 2004, 2814-2818.
Reinartz, Oliver	Der Firmentarifvertrag als Flexibilisierungsinstrument, Frankfurt am Main 2008, zugl. Diss. Köln 2007 (zit.: *Reinartz*, Der Firmentarifvertrag).
Reuter, Dieter	Anmerkung zu BAG v. 20.4.1999 – 1 ABR 72/98, SAE 1999, 262-267.
ders.	Anmerkung zu BAG v. 3.4.1990 – 1 AZR 123/89, EzA Art. 9 GG Nr. 49.
ders.	Das Verhältnis von Individualautonomie, Betriebsautonomie und Tarifautonomie, RdA 1991, 193-204.
ders.	Die problematische Tarifeinheit, JuS 1992, 105-110.
ders.	Möglichkeit und Grenzen einer Auflockerung des Tarifkartells, ZfA 1995, 1-94.
Richardi, Reinhard	Die Betriebsvereinbarung als Rechtsquelle des Arbeitsverhältnisses, ZfA 1992, 307-330.
ders.	Die tarif/ und betriebsverfassungsrechtliche Bedeutung der tarifvertraglichen Arbeitszeitregelung in der Metallindustrie, NZA 1984, 387-390.

ders.	Kollektivgewalt und Individualwille bei der Gestaltung des Arbeitsverhältnisses, München 1968, zugl. Habil. München 1966/67 (zit.: *Richardi*, Kollektivgewalt und Individualwille).
ders.	Kollektivvertragliche Arbeitszeitregelung, ZfA 1990, 211-243.
Richardi, Reinhard *Wlotzke*, Otfried *Wissman*, Hellmut *Oetker*, Hartmut (Hrsg.)	Münchener Handbuch zum Arbeitsrecht, Band 2, 3. Auflage, München 2009 (zit.: *Bearbeiter*, in: MünchArbR, Band 2).
Richardi, Reinhard *Wlotzke*, Otfried (Hrsg.)	Münchener Handbuch zum Arbeitsrecht, Band 3, 2. Auflage, München 2000 (zit.: *Bearbeiter*, in: MünchArbR, Band 3).
Richardi, Reinhard (Hrsg.)	Betriebsverfassungsgesetz mit Wahlordnung, 12. Auflage, München 2010 (zit.: *Bearbeiter*, in: Richardi, BetrVG).
Rieble, Volker *Gutzeit*, Martin	Betriebsvereinbarungen nach Unternehmensumstrukturierung, NZA 2003, 233-238.
Rieble, Volker	Betriebsverfassungsrechtliche Folgen der Betriebs- und Unternehmensumstrukturierung, NZA-Sonderbeilage Heft 16/2003, 62-72.
ders.	Krise des Flächentarifvertrages, RdA 1996, 151-158.
ders.	Öffnungsklausel und Tarifverantwortung, ZfA 2004, 405-429.
ders.	Staatshilfe für Gewerkschaften, ZfA 2005, 245-271.
Riesenhuber, Karl *v. Steinau-Steinrück*, Robert	Zielvereinbarungen, NZA 2005, 785-793.

Robbers, Gerhard	Der Grundrechtsverzicht, JuS 1985, 925-931.
Rolfs, Christian *Clemens*, Fabian	Entwicklungen und Fehlentwicklungen im Arbeitskampfrecht, NZA 2004, 410-417.
Ruch, Kristina	Dreiseitige Vereinbarungen – Vereinbarungen zwischen Arbeitgeber, Gewerkschaft und Betriebsrat, Frankfurt am Main 2010, zugl. Diss. Bonn 2009 (zit.: *Ruch*, Dreiseitige Vereinbarungen).
Rudolph, Bernd	Die internationale Finanzkrise: Ursachen, Treiber, Veränderungsbedarf und Reformansätze, ZGR 2010, 1-47.
Rüthers, Bernd	Diskussionsbeitrag, RdA 1994, 176-177.
ders.	Tarifmacht und Mitbestimmung in der Presse, Berlin 1975.
Sachs, Michael	Grundgesetz Kommentar, 5. Auflage, München 2009 (zit.: *Bearbeiter*, in: Sachs, GG).
ders.	Verfassungsrecht II, Grundrechte, 2. Auflage, Berlin 2003 (zit.: *Sachs*, Grundrechte).
Säcker, Franz Jürgen	Gruppenautonomie und Übermachtkontrolle im Arbeitsrecht, Berlin 1972, zugl. Habil. Bochum 1971 (zit.: *Säcker*, Gruppenautonomie).
ders.	Mitbestimmung und Vereinigungsfreiheit (Art. 9 Abs. 1 GG), RdA 1979, 380-387.
Säcker, Franz Jürgen *Oetker*, Hartmut	Grundlagen und Grenzen der Tarifautonomie, München 1992
dies.	Tarifeinheit im Betrieb – ein Akt unzulässiger richterlicher Rechtsfortbildung?, ZfA 1993, 1-21.

Säcker, Franz Jürgen *Rixecker*, Roland (Hrsg.)	Münchener Kommentar zum Bürgerlichen Gesetzbuch, Band 1, Allgemeiner Teil, 6. Auflage, München 2012 (zit.: *Bearbeiter*, in: MüKo-BGB).
Säcker, Franz Jürgen *Rixecker*, Roland (Hrsg.)	Münchener Kommentar zum Bürgerlichen Gesetzbuch, Band 2 Schuldrecht Allgemeiner Teil, 5. Auflage, München 2007 (zit.: *Bearbeiter*, in: MüKo, BGB, Band 2).
Salamon, Erwin	Die kollektivrechtliche Geltung von Betriebsvereinbarungen beim Betriebsübergang unter Berücksichtigung der neueren BAG-Rechtsprechung, RdA 2007, 153-159.
ders.	Dreiseitige Standortsicherungsverträge, ArbRAktuell 2009, 199.
ders.	Fortbestand der Betriebsidentität trotz Entstehung betrieblicher Organisationseinheiten nach § 3 BetrVG?, NZA 2009, 74-77.
Schaub, Günter	Auslegung und Regelungsmacht von Tarifverträgen, NZA 1994, 597-602.
ders.	Kurzkommentar zu BAG, Urt. v. 7.11.2000, E-WiR 2001, 639-640.
ders.	Wege und Irrwege aus dem Flächentarifvertrag, NZA 1998, 617-623.
Schaub, Günter *Koch*, Ulrich *Linck*, Rüdiger *Treber*, Jürgen *Vogelsang*, Hinrich	Arbeitsrechts-Handbuch, Systematische Darstellung und Nachschlagwerk für die Praxis, 14. Auflage, München 2011 (zit.: *Bearbeiter*, in: Schaub, Arbeitsrechts-Handbuch).
Schiefer, Bernd *Worzalla*, Michael	Unzulässige Streiks um Tarifsozialpläne, DB 2006, 46-49.

Schleusener, Axel Aino	Der Begriff der betrieblichen Norm im Lichte der negativen Koalitionsfreiheit (Art. 9 Abs. 3 GG) und des Demokratieprinzips (Art. 20 GG), ZTR 1998, 100-109.
Schliemann, Harald	Arbeitsgerichtliche Kontrolle von Tarifverträgen, ZTR 2000, 198-206.
ders.	Tarifliches Günstigkeitsprinzip und Bindung der Rechtsprechung, NZA 2003, 122-128.
ders.	Zur arbeitsgerichtlichen Kontrolle kollektiver Regelungen, in: Isenhardt, Preis (Hrsg.), Arbeitsrecht und Sozialpartnerschaft, Festschrift für Peter Hanau, Köln 1999, S. 577-606 (zit.: *Schliemann*, in: FS Hanau).
Scholz, Rupert	Koalitionsfreiheit als Verfassungsproblem, München 1971, zugleich Habil. München 1970.
Schröder, Christoph	Industrielle Arbeitskosten im internationalen Vergleich, IW-Trends, Heft 3, 2009.
Schröder, Hans-Peter	Der sichere Weg bei der Vertragsgestaltung, Frankfurt am Main 1990, zugl. Diss. Frankfurt 1989.
Schubert, Claudia	Europäische Grundfreiheiten und nationales Arbeitskampfrecht im Konflikt, RdA 2008, 289-299.
Schwab, Brent	Arbeitsrecht-Blattei, Systematische Darstellungen, Ordner 5, Heidelberg 2007 (zit.: *Bearbeiter*, in: AR-Blattei SD, Ordner 5).
Schweibert, Ulrike	Die Verkürzung der Wochenarbeitszeit durch Tarifvertrag, Baden-Baden 1994, zugl. Diss. Frankfurt am Main 1993/94.
Seifert, Achim	Umfang und Grenzen der Zulässigkeit von tarifabweichenden Betriebsvereinbarungen, Baden-Baden 2000, zugleich Diss. Frankfurt am Main 1998.

Seifert, Hartmut	Betriebliche Bündnisse für Arbeit – Beschäftigen statt entlassen, WSI-Mitteilungen 2000, S. 437-450.
Seiler, Hans Hermann	Utile per inutile non vitiatur – Zur Teilunwirksamkeit von Rechtsgeschäften im römischen Recht, in: Medicus, Seiler (Hrsg.), Festschrift für Max Kaser zum 70. Geburtstag, München 1976, S. 127-148 (zit.: *Seiler*, in: FS Kaser).
Seitz, Stefan *Reiche*, Stefanie	Flexibilisierung von Arbeitsbedingungen in der Krise, BB 2009, 1862-1867.
Simitis, Spiros	Diskussionsbeitrag, RdA 1994, 174-175.
Simitis, Spiros *Weiss*, Manfred	Zur Mitbestimmung des Betriebsrats bei Kurzarbeit, DB 1973, 1240-1252.
Singer, Reinhard	Tarifvertragliche Normenkontrolle am Maßstab der Grundrechte?, ZfA 1995, 611-638.
Soergel, Hans Theodor (Begr.)	Bürgerliches Gesetzbuch mit Einführungsgesetz und Nebengesetzen, Allgemeiner Teil 2, §§ 104-240, 13. Auflage, Stuttgart 1999 (zit.: *Bearbeiter*, in: Soergel, BGB).
Söllner, Alfred	Das Begriffspaar der Arbeits- und Wirtschaftsbedingungen in Art. 9 Abs. 3 GG, Das Arbeitsrecht der Gegenwart, Band 16 (1978), 19-28 (zit.: *Söllner*, ArbRGegw, Band 16).
Spinner, Günter	Mehrgliedrige Haustarifverträge zur Regelung betriebsverfassungsrechtlicher Fragen, ZTR 1999, 546-549.
Stahlhacke, Eugen *Preis*, Ulrich *Vossen*, Reinhard	Kündigung und Kündigungsschutz im Arbeitsverhältnis, Handbuch, 10. Auflage, München 2010 (zit.: *Bearbeiter*, in: S/P/V, Kündigung).
Stein, Axel	Der Abschluss von Firmentarifverträgen, RdA 2000, 129-140.

ders.	Tarifvertragsrecht, Stuttgart 1997 (zit.: *Stein*, Tarifvertragsrecht).
Stein, Peter	Inhaltskontrolle von Unternehmerentscheidungen, AuR 2003, 99-103.
Steinau-Steinrück, Robert *Mosch*, Ulrich	Standortsicherung in der Krise, NJW-Spezial 2009, 210-211.
Stern, Klaus	Das Staatsrecht der Bundesrepublik Deutschland, Band III/2, München 1994 (zit.: *Stern*, Staatsrecht).
Sutschet, Holger	Firmenstreik und Abwehrmaßnahmen, ZfA 2005, 581-645.
Thon, Horst	Die Regelungsschranken des § 77 III BetrVG im System der tarifvertraglichen Ordnung des TVG – Eine Bestandsaufnahme des geltenden Rechts, NZA 2005, 858-860.
Thüsing, Gregor	Der Schutz des Tarifvertrags vor den tarifvertraglich Geschützten, DB 1999, 1552-1555.
ders.	Dreigliedrige Standortvereinbarungen, NZA 2008, 201-207.
ders.	Folgen einer Umstrukturierung für Betriebsrat und Betriebsvereinbarung, DB 2004, 2474-2480.
Thüsing, Gregor *Mengel*, Anja	Flexibilisierung von Arbeitsbedingungen und Entgelt, München 2005 (zit.: *Thüsing/Mengel*, Flexibilisierung).
Thüsing, Gregor *Ricken*, Oliver	Zweimal Otis – Tarifliche Sozialpläne und die Grenzen zulässiger Streikziele, Jahrbuch des Arbeitsrechts, Band 42, Berlin 2005, S. 113-131 (zit.: *Thüsing/Ricken*, JahrbArbR, Band 42).
Thüsing, Gregor *von Medem*, Andreas	Tarifeinheit und Koalitionspluralismus: Zur Zulässigkeit konkurrierender Tarifverträge im Betrieb, ZIP 2007, 510-517.

Trappehl, Bernhard *Lambrich*, Thomas	Unterlassungsanspruch der Gewerkschaft – das Ende für betriebliche „Bündnisse für Arbeit"?, NJW 1999, 3217-3224.
Veit, Barbara	Die funktionelle Zuständigkeit des Betriebsrats, München 1998, zugleich Habil. Göttingen 1998.
Veit, Barbara *Waas*, Bernd	Die Umdeutung einer kompetenzwidrigen Betriebsvereinbarung, BB 1991, 1329-1337.
Vogt, Aloys	Umfang und Grenzen der Leitungs- und Entscheidungsbefugnis von Arbeitgeber/Unternehmer in der Betriebsverfassung, RdA 1984, 140-154.
von Hoyningen-Huene, Gerrick	Betriebsverfassungsrecht, 6. Auflage, München 2007.
ders.	Die Bezugnahme auf einen Firmentarifvertrag durch Betriebsvereinbarung, DB 1994, 2026-2032.
ders.	Vergütungsregelungen und Mitbestimmung des Betriebsrats (§ 87 I Nr. 10 BetrVG), NZA 1998, 1081-1089.
von Staudinger, Julius (Begr.)	Kommentar zum Bürgerlichen Gesetzbuch mit Einführungsgesetz und Nebengesetzen, Buch 1, Allgemeiner Teil 4b, §§ 139-163, Berlin 2010 (zit.: *Bearbeiter*, in: Staudinger, BGB).
von Staudinger, Julius (Begr.)	Kommentar zum Bürgerlichen Gesetzbuch mit Einführungsgesetz und Nebengesetzen, Buch 2, Einl. zu § 241 ff.; §§ 241-243, 13. Auflage, Berlin 2005 (zit.: *Bearbeiter*, in: Staudinger, BGB).
von Stebut, Dietrich	Die Zulässigkeit der Einführung von Kurzarbeit, RdA 1974, 332-346.
Waas, Bernd	Tarifkonkurrenz und Tarifpluralität, 1. Auflage, Baden-Baden 1999.

Wagner, Christian-David	Betriebliche Bündnisse für Arbeit – Retter der Tarifautonomie?, Berlin 2009, zugl. Diss. Passau 2008 (zit.: *Wagner*, Betriebliche Bündnisse für Arbeit).
Wahlig, Thomas *Witteler*, Michael	Was wird aus Gesamtbetriebsvereinbarungen, AuA 2004, Heft 2, 14-18.
Walker, Wolf-Dietrich	Beschäftigungssicherung durch betriebliche Bündnisse für Arbeit, in: Hanau, Lorenz, Matthes (Hrsg.), Festschrift für Günter Wiese zum 70. Geburtstag, Neuwied 1998, S. 603-615 (zit.: *Walker*, in: FS Wiese).
ders.	Der rechtliche Rahmen für tarifpolitische Reformen, ZTR 1997, 193-203.
ders.	Möglichkeiten und Grenzen einer flexibleren Gestaltung von Arbeitsbedingungen, ZfA 1996, 353-381.
ders.	Rechtsschutz der Gewerkschaft gegen tarifwidrige Vereinbarungen, ZfA 2000, 29-51.
Waltermann, Raimund	Beschäftigungspolitik durch Tarifvertrag?, NZA 1991, 754-760.
ders.	Kollektivvertrag und Grundrechte, RdA 1990, 138-144.
ders.	Rechtsetzung durch Betriebsvereinbarung zwischen Privatautonomie und Tarifautonomie, Tübingen 1996, zugl. Habil. Münster 1993 (zit.: *Waltermann*, Rechtsetzung durch Betriebsvereinbarung).
ders.	Zur Grundrechtsbindung der tarifvertraglichen Rechtsetzung, in: Oetker, Preis, Rieble (Hrsg.), 50 Jahre Bundesarbeitsgericht, München 2004, S. 913-927 (zit.: *Waltermann*, in: FS 50 Jahre BAG).

ders.	Zuständigkeiten und Regelungsbefugnisse im Spannungsfeld von Tarifautonomie und Betriebsautonomie, RdA 1996, 129-139.
Wank, Rolf	Die Auslegung von Tarifverträgen, RdA 1998, 71-90.
ders.	Kündigung und Wegfall der Geschäftsgrundlage bei Tarifverträgen, in: Schlachter, Ascheid, Friedrich (Hrsg.), Tarifautonomie für ein neues Jahrhundert, Festschrift für Günter Schaub zum 65. Geburtstag, München 1998, S. 761-791 (zit.: *Wank*, in: FS Schaub).
ders.	Tarifautonomie oder betriebliche Mitbestimmung?, RdA 1991, 129-139.
Weber, Werner	Unzulässige Einschränkungen der Tariffreiheit, BB 1964, 764-767.
Westermann, Harm Peter	Erman, Bürgerliches Gesetzbuch, Handkommentar, Band I, 13. Auflage, Köln 2011 (zit.: *Bearbeiter*, in: Erman, BGB).
Wiedemann, Herbert	AP Nr. 5 zu § 3 TVG Betriebsnormen (Anmerkung).
ders.	Tarifvertragliche Öffnungsklauseln, in: Isenhardt, Preis (Hrsg.), Arbeitsrecht und Sozialpartnerschaft, Festschrift für Peter Hanau, Köln 1999, S. 577-606 (zit.: *Wiedemann*, in: FS Hanau).
ders.	Unternehmensautonomie und Tarifvertrag, in: Jayme, Kegel, Lutter (Hrsg.), Ius inter nationes, Festschrift für Stefan Riesenfeld aus Anlass seines 75. Geburtstages, Heidelberg 1983, S. 301-327 (zit.: *Wiedemann*, in: FS Riesenfeld).
ders.	Unternehmensautonomie und Tarifvertrag, RdA 1986, 231-241.

Wiedemann, Herbert (Hrsg.)	Tarifvertragsgesetz, 7. Auflage, München 2007 (zit.: *Bearbeiter*, in: Wiedemann, TVG).
Wiedemann, Herbert *Arnold*, Markus	Tarifkonkurrenz und Tarifpluralität in der Rechtsprechung des Bundesarbeitsgerichts, ZTR 1994, 399-410.
Wiese, Günther	Das Initiativrecht nach dem Betriebsverfassungsgesetz, Neuwied 1977.
Wiese, Günther *Kreutz*, Peter *Oetker*, Hartmut *Raab*, Thomas *Weber*, Christoph *Franzen*, Martin (Hrsg.)	Betriebsverfassungsgesetz, Gemeinschaftskommentar, Band I und Band II, 9. Auflage, Köln 2010 (zit.: *Bearbeiter*, in: GK-BetrVG).
Willemsen, Heinz Josef	Arbeitsrechtliche Strategien für eine Änderung der Tarifstruktur am Beispiel der Arbeitszeitverlängerung ohne Lohnausgleich, in: Bauer, Beckmann, Lunk, Meier, Schipp, Schütte (Hrsg.), Arbeitsgemeinschaft Arbeitsrecht im Deutschen Anwaltverein, Festschrift zum 25-jährigen Bestehen, Bonn 2006, S. 1013-1035 (zit.: *Willemsen*, in: FS ARGE).
Willemsen, Heinz Josef *Hohenstatt*, Klaus-Stefan	Zur umstrittenen Bindungs- und Normwirkung des Interessenausgleichs, NZA 1997, 345-352.
Willemsen, Heinz Josef *Hohenstatt*, Klaus-Stefan *Schweibert*, Ulrike *Seibt*, Christoph H.	Umstrukturierung und Übertragung von Unternehmen, 4. Auflage, München 2011 (zit.: *Bearbeiter*, in: W/H/S/S, Umstrukturierung und Übertragung von Unternehmen).
Willemsen, Heinz Josef *Stamer*, Katrin	Erstreikbarkeit tariflicher Sozialpläne: Die Wiederherstellung der Arbeitskampfparität, NZA 2007, 413-418.
Winter, Engelbert *Zekau*, Wolfgang	Außerordentliche Kündigung von Tarifverträgen, AuR 1997, 89-94.

Witt, Alexander	Der Firmentarifvertrag, Berlin 2004, zugl. Diss. Hamburg 2002/2003.
Wlotzke, Otfried *Preis*, Ulrich	Betriebsverfasungsgesetz, Kommentar, 4. Auflage, München 2009 (zit.: *Bearbeiter*, in: Wlotzke/Preis, BetrVG).
Wolter, Henner	Richtungswechsel im Tarifvertragsrecht – Betriebliche Bündnisse für Arbeit und Tarifvorrang, NZA 2003, 1317-1321.
ders.	Standortsicherung, Beschäftigungssicherung, Unternehmensautonomie, Tarifautonomie, RdA 2002, 218-226.
Zachert, Ulrich	„Jenseits des Tarifvertrags"? – Sonstige Kollektivvereinbarungen der Koalitionen, NZA 2006, 10-14.
ders.	Auslegung und Überprüfung von Tarifverträgen durch die Arbeitsgerichte, in: Hanau (Hrsg.), Die Arbeitsgerichtsbarkeit, Festschrift zum 100jährigen Bestehen des Deutschen Arbeitsgerichtsverbandes, Neuwied 1994, S. 573-599 (zit.: *Zachert*, in: FS Arbeitsgerichtsverband).
ders.	Beschäftigungssicherung durch Tarifvertrag als Prüfstein für Umfang und Grenzen der Tarifautonomie, DB 2001, 1198-1202.
ders.	Krise des Flächentarifvertrages?, RdA 1996, 140-151.
ders.	Sozialpartnervereinbarungen – ein Modell für die Zukunft?, in: Isenhardt (Hrsg.) Arbeitsrecht und Sozialpartnerschaft, Festschrift für Peter Hanau, Köln 1999, S. 137-148 (zit.: *Zachert*, in: FS Hanau).
ders.	Zur Erweiterung der Mitbestimmung durch Tarifvertrag, AuR 1985, 201-210.

Zöllner, Wolfgang	Arbeitsrecht und Marktwirtschaft, ZfA 1994, 423-437.
ders.	Das Wesen der Tarifnormen, RdA 1964, 443-450.
ders.	Tarifmacht und Außenseiter, RdA 1962, 453-459.
ders.	Veränderung und Angleichung tarifvertraglich geregelter Arbeitsbedingungen nach Betriebsübergang, DB 1995, 1401-1408.
Zöllner, Wolfgang *Loritz*, Karl-Georg *Hergenröder*, Curt Wolfgang	Arbeitsrecht, 6. Auflage, München 2008
Zwanziger, Bertram	Arbeitskampf- und Tarifrecht nach den EuGH-Entscheidungen „Laval" und „Viking", DB 2008, 294-298.

Forum Arbeits- und Sozialrecht

Jan Friedrich Beckmann
Rechtsgrundlagen der beruflichen Weiterbildung von Arbeitnehmern
Band 37, 2012, ca. 425 S.,
ISBN 978-3-86226-151-2, € **28,80**

Bastian Kiehn
Konzernbetriebsrat und Konzernbetriebsvereinbarung in der Betriebs- und Unternehmensumstrukturierung
Band 36, 2012, 264 S.,
ISBN 978-3-86226-145-1, € **25,80**

Jacob Glajcar
Altersdiskriminierung durch tarifliche Vergütung
Band 34, 2011, 350 S.,
ISBN 978-3-86226-035-5, € **27,80**

Antje Hoops
Die Mitbestimmungsvereinbarung in der europäischen Aktiengesellschaft (SE)
Band 33, 2009, 300 S.,
ISBN 978-3-8255-0737-4, € **22,80**

Alexander Willemsen
Einführung und Inhaltskontrollen von Ethikrichtlinien
Band 32, 2009, 302 S.,
ISBN 978-3-8255-0732-9, € **25,-**

Jörg Gawlick
Die stufenweise Wiedereingliederung arbeitsunfähiger Arbeitnehmer in das Erwerbsleben nach § 28 StGB/§74 StGB 5
Eine arbeitsrechtliche Betrachtung
Band 31, 2009, 314 S.,
ISBN 978-3-8255-0725-1, € **28,-**

Sebastian Naber
Der massenhafte Abschluss arbeitsrechtlicher Aufhebungsverträge
Band 30, 2009, 312 S.,
ISBN 978-3-8255-0720-6, € **29,90**

Henriette Norda
Der Anspruch auf Elternteilzeit – de lege lata und de lege ferenda
Band 29, 2008, 286 S.,
ISBN 978-3-8255-0699-5, € **27,90**

Sonja Boller
Die Zuständigkeiten der gewerblichen Berufsgenossenschaften
Band 28, 2006, 308 S.,
ISBN 978-3-8255-0662-9, € **29,50**

---

www.centaurus-verlag.de

Centaurus Buchtipps

Felix Walther
Bestechlichkeit und Bestechung im geschäftlichen Verkehr
Internationale Vorgaben und deutsches Strafrecht
Studien zum Wirtschaftsstrafrecht, Bd. 36, 2011, 338 S.,
ISBN 978-3-86226-089-7, **€ 26,80**

Karl Huber
Strafrechtlicher Verfall und Rückgewinnungshilfe bei der Insolvenz des Täters
Studien zum Wirtschaftsstrafrecht, Bd. 35, 2011, 262 S.,
ISBN 978-3-86226-053-9, **€ 26,80**

Patrick Alf Hinderer
Insolvenzstrafrecht und EU-Niederlassungsfreiheit am Beispiel der englischen private company limited by shares
Studien zum Wirtschaftsstrafrecht, Bd. 34, 2011, 196 S.,
ISBN 978-3-86226-033-1, **€ 25,80**

Carsten Labinski
Zur strafrechtlichen Verantwortlichkeit des directors einer englischen limited
Studien zum Wirtschaftsstrafrecht, Bd. 33, 2011, 410 S.,
ISBN 978-3-86226-025-6, **€ 29,-**

Dorith Deibel
Die Reichweite des § 153 Abs. 1 S. 1 AO
Steuerverfahrensrechtliche und steuerstrafrechtliche Aspekte der Verpflichtung zur „Berichtigung von Erklärungen"
Reihe Rechtswissenschaft, Bd. 216, 2011, 432 S.,
ISBN 978-3-86226-107-9, **€ 29,80**

Jochen Stockburger
Unternehmenskrise und Organstrafbarkeit wegen Insolvenzstraftaten
Eine Untersuchung zu aktuellen Problemen der Bestimmung der strafrechtlichen Krisenmerkmale und der Strafhaftung von AG-Vorständen und GmbH- und UG-Geschäftsführern wegen Insolvenzstraftaten
Reihe Rechtswissenschaft, Bd. 215, 2011, 364 S.,
ISBN 978-3-86226-093-5, **€ 25,80**

Bianca Schöpper
Die Systeme der progressiven ‚Kundenwerbung unter besonderer Berücksichtigung des Multi-Level-Marketing-Systems
Reihe Rechtswissenschaft, Bd. 214, 2011, 240 S.,
ISBN 978-3-86226-063-8, **€ 24,80**

Martin Seuffert
Die Flurbereinigung vor dem Hintergrund des Art. 14 GG
Aktuelle Beiträge zum öffentlichen Recht, Bd. 13, 2011, 225 S.,
ISBN 978-3-86226-034-8, **€ 24,80**

Informationen und weitere Titel unter www.centaurus-verlag.de

MIX
Papier aus verantwortungsvollen Quellen
Paper from responsible sources
FSC® C105338

If you have any concerns about our products,
you can contact us on
ProductSafety@springernature.com
In case Publisher is established outside the EU,
the EU authorized representative is:
**Springer Nature Customer Service Center GmbH
Europaplatz 3, 69115 Heidelberg, Germany**

Printed by Libri Plureos GmbH
in Hamburg, Germany